LICHTSCHLAG 52

Terry L. Anderson and Peter J. Hill
The Not So Wild, Wild West
Property Rights on the Frontier
Stanford University Press, Stanford, California

Ins Deutsche übersetzt von David Schah.

LICHTSCHLAG 52

Umschlag: Lichtschlag Medien Meerbusch
Printed in Germany.

ISBN: 978-3-939562-90-0

DER GAR NICHT SO WILDE WESTEN

EIGENTUMSRECHTE IM FRONTIER

Terry L. Anderson und Peter J. Hill

Unseren Kindern Sarah, Peter, Jennifer, Josh und Lisa.
Mögen sie stets gesegnet sein mit der Freiheit und dem Geist des Westens.

Inhaltsverzeichnis

Danksagungen

Dieses Buch zu schreiben, hat lange gedauert. Es war in den frühen 70er Jahren, als wir zum ersten Mal über die Entstehung von Eigentumsrechten im amerikanischen Frontier nachdachten, dem noch unerschlossenen Grenzland im Westen. Dieses Thema machte einen großen Teil unseres Kurses in Wirtschaftsgeschichte aus, den wir zwei Jahrzehnte lang zusammen an der Montana State University leiteten. Daher sind wir unseren vielen Studenten, die unseren damals noch unausgegorenen Ideen zuhörten und uns halfen, sie weiterzuentwickeln, zu Dank verpflichtet.

Während des langen Heranreifens dieses Projekts wurde die Liste der Seminare, in denen wir unsere Arbeiten vorstellten, sowie die Anzahl der mit Kollegen geführten Diskussionen viel zu lang, um sie hier detailliert aufführen zu können. Die kurze Auflistung von Freunden und Kollegen, denen wir für ihre Anmerkungen danken, muss sich daher auf folgende Namen beschränken: Dan Benjamin, Bruce Benson, James Buchanan, David Friedman, David Haddock, Ron Johnson, Gary Libecap, Fred McChesney, Andrew Morriss, Seth Norton, Richard Stroup und Bruce Yandle. Wir danken auch Anna Nordberg für ihre Hilfe bei der Recherche und für das Lektorieren des Manuskripts. Selbstverständlich sind ausschließlich wir selbst für etwaige Mängel in unserer Analyse oder in unseren Schlussfolgerungen verantwortlich.

Wir können uns glücklich schätzen, dass unsere Forschung von Stiftungen und individuellen Zuwendungen vermittels des PERC (Property and Environment Research Center), der Hoover Institution und dem Wheaton College unterstützt wurde. Besonders dankbar sind wir für die Hilfe der Earhart Foundation, die uns in die Lage versetzte, unsere vielen verstreuten Ideen und Arbeiten zu diesem Thema zusammenzufügen und das Bildmaterial für dieses Buch zusammenzustellen. Andy Morriss organisierte ein „Liberty Fund Colloquium" für einige Kapitel dieses Buchs. Wir danken ihm, den Teilnehmern und dem Liberty Fund für ihre Zuwendungen zur Verbesserung des Buchs. Der Ideenunternehmer Bill Dunn hat großzügige allgemeine Unterstützung für das PERC geleistet, das wiederum bei der Produktion dieses Buchs geholfen hat. Bei der Hoover Institution hat John Raisian die nötige Flexibilität für Terrys Arbeit an diesem Werk an den Tag gelegt, und Marty und Illie Anderson haben Terrys Stellung als Senior Fellow unterstützt. Am Wheaton College hat die Bennett-Familie Peters Stiftungsprofessur unterstützt.

Über die Entstehung von Eigentumsrechten im Grenzland nachzudenken und über die faszinierende Geschichte des amerikanischen Westens zu forschen, machten die einfachen Teile dieses Projekts aus. Alle unsere Ergebnisse in einem veröffentlichungsreifen Manuskript zusammenzuführen, war der schwere Teil. Ohne die harte Arbeit von Michelle Johnson und ihre Liebe zum Detail wäre das nicht möglich gewesen. Wir können ihr nicht genug dafür danken, dass sie uns stets zur nötigen Organisation anhielt, unsere Fehler korrigierte und dabei stets ein Lächeln auf den Lippen hatte. Darüber hinaus möchten wir Monica Lane Guenther dafür danken, dass sie die Termine der beteiligten Mitarbeiter am PERC koordinierte, um die Produktion dieses Manuskripts zu ermöglichen, und Michelle McReynolds danken wir für ihre Hilfe bei der Beschaffung der notwendigen Illustrationen.

Schließlich danken wir unseren Familien für ihre Geduld, ihr Interesse und ihre Unterstützung. Sie waren immer „liebevoll kritisch", wenn wir günstige Gelegenheiten nutzten, unsere neuen Ideen an ihnen auszuprobieren. Sicherlich würden unsere Kinder Sarah und Peter sowie Jennifer, Josh und Lisa nur ungern die zahlreichen Vorlesungen beim Abendessen aufzählen wollen, die sie zu verdauen hatten. Vor allem danken wir unseren Frauen Janet und Lois für ihre Liebe und ihre moralische Unterstützung während der Höhen und Tiefen beim Verfassen dieses Buchs.

Kapitel 1

Helden, Schurken und echte Cowboys

An einem kalten Aprilmorgen des Jahres 1892 suchte Peter Jensen einen Mietstall in Denver auf, sattelte sein kurz zuvor erstandenes Pferd, schnürte all seine Habseligkeiten zusammen und ritt von dannen, um sein Glück in Montana zu suchen. Fünf Jahre zuvor hatte der 22 Jahre alte dänische Einwanderer den Siedlerhof seiner Familie in Nebraska verlassen, um in Cheyenne im Bundesstaat Wyoming, dann in Cripple Creek im Bundesstaat Colorado und schließlich in Denver zu arbeiten. Er hatte seine Abenteuer genossen, doch jetzt meinte er, Land erwerben zu müssen, um mehr aus seinem Leben zu machen. Ost-Montana war erst zehn Jahre vorher in das Zeitalter der Viehzucht eingetreten und schien eine Fülle an Möglichkeiten zu bieten.

Jensens Reise nach Norden sollte sich als beschwerlich erweisen, obwohl er offenbar nicht davon ausging, dass sie gefährlich sein würde. Gleich am ersten Tag fand er seinen frisch gekauften Revolver so lästig, dass er ihn in einen Bach warf und seitdem keine Waffe mehr trug. Im weiteren Verlauf der Reise gerieten Jensen und seine zwei mitreisenden Begleiter in einen Frühlingsschneesturm, der sie dazu veranlasste, ihre Pferde zwei Tage lang zu Fuß zu führen, und sie mussten drei Tage lang hungern. In der zweiten Nacht nach dem Unwetter fanden sie unterwegs Zuflucht in einer verlassenen Hütte, und sie konnten Pappelzweige abschneiden, um ihre Pferde zu füttern, doch für sich selbst hatten sie immer noch nichts zu essen gefunden. In der dritten Nacht schließlich boten ein Trapper und dessen Familie den Reisenden in ihrer abgelegenen Blockhütte etwas zu essen an.

Als Jensen in Montana ankam, arbeitete er auf der Ranch von Biddle und Ferdon im südöstlichen Teil des Bundesstaats. Noch im selben Jahr zog er in deren Powder Ranch um, wo er zwei Jahre lang wohnen blieb. 1894 kaufte er dieser Ranch ein Weidegebiet ab, das er „bull camp“, „Bullenfeld“, nannte und auf dem die Bullen gehalten wurden, wenn sie sich nicht zu den Kühen gesellen durften. Dieses Grundstück am Crow Creek wurde das Hauptquartier für Jensens Projekt, die PJ-Ranch, die dann 98 Jahre lang im Familienbesitz bleiben sollte. Obwohl Jensen eine Hütte, ein paar Viehpferche und ein mehrere Hundert Morgen großes Bachtal-Grundstück besaß, ließ er sein Vieh auf offenem Gelände zusammen mit dem Vieh anderer Rancher dieser Gegend weiden.

Ungefähr zur gleichen Zeit ging auf der anderen Welthälfte ein junger Serbe namens Novak Kapor an Bord eines Schiffes mit Kurs nach New York. Zusammen mit seinem Bruder erreichte er die Stadt im Jahre 1896, und er hatte vor, den weiten Kontinent zu durchqueren, um in den Minen von Montana Arbeit zu finden. Nachdem sie die Einreiseformalitäten auf Ellis Island erledigt hatten, ließen die beiden Brüder, während sie auf die transkontinentale Eisenbahn warteten, eine Münze darüber entscheiden, wer nach Red Lodge in Montana gehen würde, um dort in den Kohleminen zu arbeiten, und wer zu den Kupferminen nach Butte gehen sollte. Novak zog das Los mit der Kohlemine.

Als er in Red Lodge ankam, war dies ein blühendes multiethnisches Städtchen, das der Northern-Pacific-Eisenbahn Kohle lieferte. In dieser tief im Westen gelegenen Wildnis fanden sich viele weitere multiethnische Orte wie Finn Town, Little Italy oder Slav Town. Es gab nur wenige Spannungen zwischen diesen Gemeinden, obwohl die Einwanderer versuchten, ihre kulturelle Identität zu bewahren, während sie Englisch lernten und nebeneinander in den Minen arbeiteten. Für Novak waren sein serbisches Häuschen und seine südslawischen Picknicks bis ins 20. Jahrhundert hinein ein bedeutender Teil seines Lebens.

Mit seiner Arbeit in den Minen verdiente Novak ein Vermögen verglichen mit dem, was seine Familie vorher in Serbien verdient hatte. Als er kurz vor Beginn des Ersten Weltkriegs seiner Heimat einen Besuch abstattete, wurde er so etwas wie ein örtlicher Volksheld, weil er seiner Familie einen Bauernhof kaufen konnte. Während der Prohibition mehrte er seinen Wohlstand, indem er im Keller eines anderen Serben in Red Lodge Whisky brannte und diesen in der ganzen Region verkaufte. Mit den Einnahmen aus seiner Minen- und Schmuggeltätigkeit zog er 27 Meilen weiter nach Bridger in Montana, wo er ein Hotel mit Kneipe und Café baute, das zu einem wichtigen Geschäftsknotenpunkt auf der kurzen Hauptstraße des Ortes wurde.

Die beiden oben aufgeführten Personen waren unsere Großväter. Peter Jensen ist P.J. Hills und Novak Kapor ist Terry Andersons Großvater. Wir sind zu diesem Buch also sowohl als Wirtschaftswissenschaftler gekommen, die sich für Fragen der Institutionenökonomik interessieren, als auch als Enkel von Neuankömmlingen im Grenzland des Westens, dem „Frontier“. Die Erfahrungen unserer Großväter werfen einige Fragen auf, die wir in diesem Buch zu beantworten versuchen. War Pete Jensen töricht, als er seinen Revolver wegwarf, als er die angeblich gewalttätige Gesellschaft der Viehzüchterstädtchen und der Viehzucht im offenen Weideland betrat? Wie hatte er vor, sich selbst und sein Eigentum zu verteidigen?

Und als er seine eigene Ranch mit dem Bullenfeld gründete, hatte er da wirklich irgendwelche Eigentumsrechte an nicht eingehegtem Viehland, die für sein Überleben erforderlich gewesen wären? Wie konnte er sicher sein, dass seine Verbesserungen am Kapital, wie etwa ein mit einem Zwei-Pferde-Pflug ausgehobenes Wasserreservoir für sein Vieh, nicht wertlos wurden, indem immer mehr fremdes Vieh des offenen Weidelands sich daran bediente? Erfuhr Novak Kapor ethnische Diskriminierung in den Minengesellschaften, für die er arbeitete, und entgingen ihm dadurch Chancen? Wie konnte dieser kein Englisch sprechende Einwanderer, der als gewöhnlicher Arbeiter begonnen hatte, zu einem Unternehmer (wenn auch im Falle des Alkoholbrennens zu einem illegalen) und Grundeigentümer werden? Warum herrschte keine rohe Gewalt? Wie entstanden Rechte an Minen? Was hielt eine zusammengewürfelte Gemeinschaft verschiedener Einwanderergruppen davon ab, zu einem Chaos einander bekriegender Banden zu degenerieren?

Zu dieser persönlichen Neugier kommt unser berufliches Interesse an der Wirtschaftsgeschichte des amerikanischen Westens. Im Jahre 1893 dachte Frederick Jackson Turner als erster Historiker über die Bedeutung des Frontier für die amerikanische Geschichte nach. Vor der American Historical Association vertrat Turner die Ansicht, dass die Schließung des Frontier 1890 auch „die Schließung eines großartigen historischen Zeitfensters“[1] dargestellt habe, eines Zeitfensters, das seiner Meinung nach das Beste am amerikanischen Charakter hervorgebracht habe. Durch robusten Individualismus und heldenhafte Tatkraft hätten die Siedler ein gesetzloses Grenzland und eine feindliche Natur gezähmt. Generationen von Historikern übernahmen und erweiterten Turners These und machten daraus das dominierende Paradigma für die Interpretation der Geschichte des amerikanischen Westens. Sie porträtierten den Westen als einen Ort, der „Individualismus, Selbstvertrauen, praktisches Denken, Optimismus und einen demokratischen Geist befördert hat, der äußere Zwänge überwunden hat“.[2] In diesem Rahmen ist das heroische Individuum zum Fixpunkt einer Analyse geworden, die dieses Individuum dabei zeigt, wie es seine natürliche Umgebung, einheimische Völker und Gesetzlose gefügig gemacht hat und den Westen von einem Ort der Anarchie zu einem Ort von Recht und Ordnung verwandelt hat. Gewalt war demnach lediglich ein Teil des Übergangs zur Zivilisation.[3]

Im Gegensatz zum heroischen Individualismus haben revisionistische Historiker in jüngster Zeit die Dominanzthese entwickelt.[4] Diese neue Perspektive fokussiert sich auf Eroberung, Umweltzerstörung und Antagonismus zwischen Klassen und ethnischen Gruppen. Begriffe wie „Invasion“, „Kolonisierung“ und „Ausbeutung“ haben „offenkundiges Schicksal“, „Fortschritt“ und „Zivilisation“ ersetzt.[5] Patricia Nelson Limerick, die vermutlich einflussreichste dieser neuen Historiker des Westens, behauptet, dass „die Geschichte des Westens eine Studie über einen Ort ist, der Eroberung über sich hat ergehen lassen und niemals deren Folgen ganz überwunden hat“.[6] Hier hat also das heldenhafte Porträt kühner und den Wohlstand der Menschen mehrender Siedler der Beschreibung einer rücksichtslosen und machthungrigen Elite Platz gemacht, die nach der Kontrolle über die natürlichen Ressourcen und über alle Menschen strebte. Wie auch bei früheren Ansätzen spielt Gewalt eine gewichtige Rolle bei dieser Interpretation der Geschichte des Westens, doch nun wird aus dieser Gewalt ein Werkzeug der Mächtigen für Unterdrückung und Ausbeutung.

Obgleich beide Interpretationen nützliche Einsichten in die Entwicklung des amerikanischen Westens bieten, erklärt keine von ihnen, wie Individuen, ob Helden oder Schurken, ihre institutionelle Umgebung formten und wie im Gegenzug die institutionelle Umgebung die Art und Weise formte, wie die Menschen interagierten. Diese Lücke schließen wir. Unser Ansatz gehört zur „neuen Institutionenökonomie“, die erklärt, wie Institutionen entstehen und wie sie die wirtschaftliche Aktivität beeinflussen.[7] Mit „Institutionen“ meinen wir jene Regeln, die festlegen, wie Menschen miteinander interagieren. Genauer gesagt sind es die Eigentumsrechte, die bestimmen, wer Ressourcen nutzen darf (darunter natürliche Ressourcen, Kapital und Arbeit), wie diese Ressourcen genutzt werden dürfen und wie man mit ihnen handeln darf. Wir werden zum Beispiel erklären, wie Eigentumsrechte entstanden sind, um die Beweidung in den Great Plains, der Großen Ebene, zu regeln, wie Schürfer, die zu den Goldfeldern strömten, Regeln ausgearbeitet haben, um Ansprüche auf Minenvorkommen entlang von Flüssen oder Erzadern geltend zu machen, und wie im trockenen Westen das Wasser für die Bewässerung verteilt wurde.

In unserem „institutionellen" Erklärungsansatz wird Gewalt (ein Negativsummenspiel) normalerweise durch Handel und Kooperation (Positivsummenspiele) abgelöst. Wir betrachten, wie die Regeln die Vorteile und Kosten bestimmt haben, mit denen sich die Individuen konfrontiert sahen, und wie diese Individuen diese Regeln oder Institutionen zu verändern trachteten. Wenn die Regeln zum Wasserhaushalt es den Bewässerern nicht erlaubt hätten, vom Bau von Dämmen und Kanälen zu profitieren, dann hätte es nur wenig Investitionen in die Infrastruktur der Bewässerung gegeben. Und wenn spiegelbildlich dazu Beweidungsregeln es den Hirten erlaubt hätten, von einer Beweidungsverwaltung zu profitieren, wäre eine entsprechende Verwaltung dieser Ressourcen wahrscheinlicher gewesen. Das Fehlen von Regeln für die Förderung von Investitionen in die Wasserinfrastruktur oder für die Förderung einer verantwortungsvollen Verwaltung von offenem Weideland lieferte einen Anreiz für Unternehmer, die Regeln zu ändern und von diesen Veränderungen zu profitieren.

Immer wenn diese Institutionen die Kooperation und die Vorteile aus dem Handel begünstigten, war der „Wilde Westen“ tatsächlich der „nicht so wilde Westen“. Aus diesem Grund wurden Unternehmer in Sachen Institutionen zu Helden, die Recht und Ordnung, den wirksamen Gebrauch von natürlichen und menschlichen Ressourcen sowie eine gute Ressourcenverwaltung beförderten. Diese Institutionen-Unternehmer sahen Chancen bei Weidegras im Überfluss, bei knappem Wasser, reichhaltigen Erzadern und sogar bei den Geysiren im Yellowstone, denn all diese Dinge ermöglichten einen sich lohnenden Ertrag für diejenigen, die neue Regeln ausheckten.

Die Bedeutung von Institutionen-Unternehmern kann man am besten im Zusammenhang mit ihrer Fähigkeit verstehen, die „Tragik der Allmende“[8] zu verhindern. Die Tragik der Allmende tritt auf, wenn es keine Zugangsgrenzen zu einer Ressource gibt, was zur Folge hat, dass die Ressource übernutzt wird. Die Überweidung einer dörflichen Allmende wird oft als das typische Beispiel dafür angeführt. Wenn Bräuche und Traditionen den Zugang zur Allmende nicht begrenzen, werden Einzelne sie überweiden, da ja alles übrig gebliebene Gras sonst einfach von der Herde eines anderen verbraucht würde. Der Unternehmer, der Regeln für die Einschränkung der Beweidung entwickelt, wird eher einen Teil des dadurch entstandenen Mehrwerts für sich beanspruchen wollen, als dass er zulässt, dass es zu einem Wertverlust durch die Tragik der Allmende kommt. In solchen Fällen ist so ein Unternehmer ein Held, da er nicht nur die Zerstörung von Ressourcen verhindert, sondern auch Chancen für Gewinne aus

Handel eröffnet und so den allgemeinen Wohlstandskuchen vergrößert.

Mit alledem soll nicht das Vorhandensein von Gewalt im Westen abgestritten werden. Sicherlich kam es auch zu Gewalt, und dort, wo sie auftrat, nahm sie eine von zwei verschiedenen Formen an. Die erste Form der Gewalt, oder genauer gesagt, der Ausübung von Zwang, wurde von Privatpersonen und Institutionen angewandt, um Eigentumsrechte gegenüber Eindringlingen zu verteidigen. Zum Beispiel ließen Vereinigungen von Viehhirten ihre Muskeln spielen, um Neuankömmlinge vom offenen Weideland auszuschließen, und Bürgerwehren (Vigilanten) traten in Aktion, um Gesetze durchzusetzen. Zweitens zeigte sich Gewalt durch die Ausübung der Staatsmacht zwecks Wegnahme von Vermögenswerten. Dafür standen exemplarisch die Indianerkriege des späten 19. Jahrhunderts.

Wenn der Westen nicht jener wilde und verworrene Ort war, wie er von einigen Historikern sowie in Westernromanen und -filmen beschrieben wurde, dann entsteht die Frage, welche Bedingungen eher die Zusammenarbeit im Grenzland begünstigten als den Konflikt. Wir behaupten, dass die Zusammenarbeit gegenüber dem Konflikt bei Weitem überwog, weil die Erträge und die Kosten einer institutionellen Veränderung kleinen und fest umrissenen Gruppen zum Vorteil gereichten. Solange neue Institutionen auf lokaler und freiwilliger Ebene entstanden, wurden die Kosten des Konflikts und die Erträge der Kooperation von den Entscheidungsträgern internalisiert. Lokale Institutionen passten sich mithin auf effiziente Weise neuen

Umweltbedingungen und wirtschaftlichen Bedingungen an. Als jedoch die Regierungen auf bundesstaatlicher und nationaler Ebene begannen, die Rolle des Regelsetzers zu übernehmen, sah die Rechnung anders aus, da nun die Individuen bei einem Konflikt weniger Kosten zu befürchten hatten und aus einer Kooperation weniger Vorteile zogen. Wenn man etwa eine aus öffentlichen Mitteln bezahlte Armee zur Verfügung hatte, die den Indianern Land abnahm, oder wenn man die Regierung des Bundesstaates dazu brachte, unwirtschaftliche Bewässerungsprojekte zu subventionieren, dann tat man das auch unabhängig von den Nettovorteilen für die Gesellschaft. Diese Transformation erfolgte, weil eine Zentralregierung, die weiter weg von den Auswirkungen institutionellen Wandels entfernt war, dazu in der Lage war, die Kosten auf die gesamte Bevölkerung zu verteilen, während die Erträge sich in den Händen spezieller Interessengruppen konzentrierten.

Der amerikanische Westen bietet eine Fülle von Beispielen dafür, wie Institutionen-Unternehmer harmonisierende Regeln schufen und sie anpassten, um sich auf natürliche und technische Beschränkungen im Frontier einzustellen:

- Bereits vor der Ankunft der Europäer hatten sich die amerikanischen Indianer Institutionen der Zusammenarbeit ausgedacht, die über das bloße Überleben hinausgingen, indem sie Erträge aus Handel und Spezialisierung erkannten und nutzten. Auch wenn man sich darunter keine kapitalistischen Gesellschaften vorstellen darf, so schufen die Institutionen der Indianer doch Anreize für den „Wohlstand der Nationen“ im Sinne von Adam Smith.

Diese Erkenntnis, dass aus dem Handel wirtschaftliche Vorteile erwachsen, übertrug sich bei den Indianern auch auf ihre Beziehungen zu den Weißen, als diese die Bühne des Westens betraten. Mit dem Wachsen eines stehenden Heeres gingen die Weißen jedoch dazu über, den Indianern das Land abzunehmen, statt mit ihnen Handel zu treiben.

• Auf der Jagd nach dem „weichen Gold“ tauschten Pelzhändler mit den Indianern Fertigwaren gegen Biberpelze und organisierten komplexe Unternehmen, um die Pelze auf den Markt zu bringen, obwohl die Transport- und Werbekosten recht hoch waren. Zwar waren die Unternehmer in der Lage, die meisten Probleme des Einsammelns und des Verkaufs von Biberpelzen zu lösen, doch der Handel mit Büffeln war schwieriger. Die Kosten für die Festlegung von Eigentumsrechten an lebendigen Büffeln, was deren Fortbestand gesichert hätte, waren hoch. So kam es, dass Einzelpersonen im Grenzland die Büffel ausrotteten und so neue Weideflächen für Vieh entstanden.

• Schürfer in den Goldfeldern Kaliforniens und Nevadas entwickelten ordentlich ausgeklügelte Eigentumsrechte, die Konflikte eindämmten und eine effiziente Förderung von Gold und Silber bewirkten.

• Auf ähnliche Weise reagierten Schürfer und Farmer auf Trockenheit dort, wo Wasser gespeichert und umgeleitet werden musste, indem sie vor der Aneignung von Landbesitz Wasserrechte entwickelten, die jene Rechte an Flussuferflächen ersetzten, die in Regionen mit Wasser im Überfluss entstanden waren.

• Einwanderer in Wagentrecks verstanden die Bedeutung der Kooperation für ihre Überlebensfähigkeit unter rauen Bedingungen auf ihrer Wegstrecke und gingen deshalb konstitutionelle Vereinbarungen ein, die Effizienz und Gerechtigkeit beförderten.

• Recht bald formierten sich Viehzüchtervereinigungen, die Eigentumsrechte am Vieh und am Weidegras festlegten und durchsetzten. Der gemeinsame Zusammentrieb und das Brandzeichenwesen genügten, um den Zugang zu den Weidegründen zu begrenzen, und zwar bis zur Ankunft von Schafen und Schafhirten, die das vorherige System aufsprengten und Kriege um Nutzflächen heraufbeschworen.

Die Lehren aus dem amerikanischen Westen beschränken sich nicht auf die damalige Zeitperiode, denn sie gewähren allgemeine Einsichten in die Gründe sowohl für eine effiziente als auch für eine ineffiziente Evolution von Institutionen. Als die Berliner Mauer fiel und der Kommunismus zusammenbrach, war den meisten Beobachtern klar, dass Institutionen die entscheidenden Determinanten für die wirtschaftliche Entwicklung darstellten. Einige neuere Studien haben den Einfluss der Eigentumsrechte und der Herrschaft des Rechts[9] quantifiziert und Schätzungen über den Zusammenhang zwischen Wirtschaftswachstum und Eigentumsrechten ermöglicht. Seth Norton fasst diese Studien zusammen und kommt zu dem Schluss, dass „die jüngsten Ergebnisse eindeutig sind. Eigentumsrechte und das damit verwandte Konzept, die Herrschaft des Rechts, oder ganz allgemein eine fehlende Einschränkung von Eigentumsrechten, sind allesamt positiv mit Wirtschaftswachstum korreliert. Das Fehlen dieser Voraussetzungen wiederum führt zu wirtschaftlicher Stagnation und Verfall."[10]

Obwohl auch offizielle Eigentumsrechte, Regeln und Gesetze wichtige Determinanten wirtschaftlichen Wohlstands sein können, hängt ihre Effizienz, was die Herstellung von Harmonie angeht, zu einem großen Teil davon ab, wie diese offiziellen Regeln mit informellen Institutionen interagieren. Bräuche und Kultur können wichtige Determinanten des Wachstumsprozesses sein. Wenn Menschen Eigentumsrechte respektieren, weil sie es für richtig halten, oder wenn ein Handschlag genauso gut ist wie ein gesetzlicher Vertrag, dann sind die Transaktionskosten geringer und das Potenzial für Gewinne durch Handel höher.

Der Prozess der Entstehung von Institutionen betrifft auch deren Fähigkeit, die Bildung von Kapital und den Gewinn durch Handel zu befördern. Das ist das Hauptthema von Hernando de Sotos Buch „Freiheit für das Kapital! Warum der Kapitalismus nicht weltweit funktioniert". De Soto betont, dass wir heute zwar die Bedeutung von Eigentumsrechten für den Wachstumsprozess verstehen, dass wir jedoch nicht ganz erkannt haben, wie bedeutsam es ist, dass die Eigentumsrechte sich von unten nach oben entwickeln. Was den amerikanischen Frontier angeht, bemerkt de Soto: „Informationen über Eigentum und über die Regeln des Eigentums waren zerstreut, atomisiert und unzusammenhängend. Sie waren in rudimentären Grundbüchern, persönlichen Notizen, informellen Vertragswerken, Regelungen auf Bezirksebene oder in mündlichen

Überlieferungen auf jeder Farm, in jeder Mine und in jeder Siedlung vorhanden."[11]

Eigentumsrechte, die von unten nach oben, also nicht von oben herab, entstehen, sind viel mehr dazu angetan, Ressourcen zu bewahren und Investitionen anzuspornen. Und im Gegenzug bedeutet dies: Wenn Eigentumsrechte von zentralen Autoritäten diktiert werden, die weniger Eigeninteresse am Ergebnis haben, dann werden oft Zeit und Mühe für den Prozess der Entstehung von Eigentumsrechten verschwendet, worunter produktive Investitionen leiden. So wie auch der technische Wandel normalerweise eher in kleinen Schritten als jählings erfolgt, so entwickelt sich auch ein effektiver institutioneller Wandel langsam, wobei er sich an die spezifischen Zeit- und Ortsbedingungen anpasst. Entwicklungsländer und besonders die ehemaligen kommunistischen Länder machen allgemein die Erfahrung, dass es sehr schwierig ist, diesen evolutionären Prozess zu befeuern. Wir glauben, dass wir wichtige Lehren aus dem amerikanischen Westen ziehen können, wo wir es eher mit einer Evolution der Institutionen als mit einer institutionellen Revolution zu tun hatten.

Kapitel 2

Die Institutionen, die den Westen zähmten

Wenn man die Geschichte des US-Frontiers anhand seiner Institutionen studiert, verlagert sich das Augenmerk weg von den Einzeltaten traditioneller Helden hin zu den gemeinschaftlichen Anstrengungen von Gemeinschaften und Interessengruppen. In so einem „institutionellen" Ansatz untersuchen wir, wie die Menschen zusammenkamen, um formelle oder informelle Regeln aufzustellen, anhand derer Nutzen und Kosten der jeweiligen Handlungen zugeteilt wurden. Wenn wertvolle Ressourcen wie Land und Wasser in einer Welt, in der die Mächtigsten sich nehmen, was sie wollen, noch zu haben sind, wird das Leben sicherlich „garstig, grausam und kurz" sein, wie Hobbes vorhersagte. In einer solchen Welt hätte der Frontier so ausgesehen wie in den Westernfilmen von Hollywood. Aber wenn Regeln zur Festlegung und Durchsetzung von Eigentumsrechten und zur Begünstigung friedlichen Handels aufgestellt werden, kann Ordnung den Kampf ersetzen und Wohlstand an die Stelle von Mühsal treten.

Als Alexis de Tocqueville in den 1830er Jahren in die USA reiste, erkannte er als Erster, dass der Frontier ein Schmelztiegel für eine die Kooperation begünstigende Evolution der Institutionen war.[12] Als sie den Grenzbereich der formellen Staatsverwaltung überschritten, auf neue Beschränkungen durch Klima und Umwelt trafen und neue Produktionstechniken entwickelten, mussten die Pioniere Regeln und Organisationen entwerfen und umsetzen, die ihren Erfordernissen entsprachen.

Nehmen wir zum Beispiel die Nutzung von Wasser (die wir ausführlich in Kapitel 10 behandeln werden). Im östlichen Teil der Vereinigten Staaten, wo Wasser im Überfluss vorhanden war, funktionierte das englische Gewohnheitsrecht (common law) recht gut, das den Landbesitzern entlang eines Wasserlaufs das Recht auf eine unbegrenzte Wassermenge und auf Wasserqualität gewährte. Weil diese Regel jedoch keine Wasserableitungen erlaubte, war sie für den trockenen Westen nicht geeignet, wo Wasser aus dem Wasserlauf umgeleitet werden musste, um Bergbau und Landwirtschaft zu betreiben. So ist es nicht überraschend, dass Bergleute und Farmer diese Uferregel aufgaben und ein neues System namens „Erstaneignungsdoktrin" ersannen, wonach das knappe Wasser eines fließenden Gewässers verteilt und der Notwendigkeit der Umleitung von Wasser Rechnung getragen wurde.

Das Problem, geeignete Regeln zu entwickeln, beschränkte sich nicht auf Wasser. Fallensteller, Mitglieder von Wagentrecks, Rancher, Viehtreiber und sogar Indianer der Great Plains sahen sich mit Bedingungen konfrontiert, die nach neuen Regeln verlangten. In all diesen Fällen mussten Individuen und Gruppen Institutionen erfinden, die ihre Interaktionen untereinander und mit anderen regelten.

Wenn wir diese Regeln und Organisationen untersuchen, fragen wir uns: Was bewog die Menschen, die Regeln zu ändern? Warum wählten sie ein bestimmtes Regelwerk aus und nicht ein anderes? Wer erhielt die neuen Eigentumsrechte, die sich gerade herausbildeten? Welchen Einfluss hatten die neuen Regeln darauf, ob die Menschen friedlichen und produktiven Handel trieben oder sich mit Gewalt nahmen, was sie brauchten?

Definition des Frontiers

Bevor wir einen Strukturrahmen für die Bearbeitung dieser Fragen aufstellen, müssen wir definieren, was wir unter „Frontier" verstehen. Für ein Individuum oder eine Gruppe ist der Frontier der Zwischenraum zwischen zwei Polen, und zwar erstens dem zeitlichen oder örtlichen Raum, in dem Ressourcen keinen Wert haben, und zweitens dem zeitlichen oder örtlichen Raum, in dem Ressourcen einen positiven Wert aufweisen.[13] Betrachten wir beispielsweise den Status eines hypothetischen Stücks Land im Jahre 1821, das sich auf dem Gebiet befand, das wir heute als „Montana" kennen. 1821 hatte dieses Land vielleicht einen Wert für die dort lebenden Indianer, da es einmalige Charakteristika aufwies, die es zu einer heiligen Stätte oder zu ausgezeichneten Büffeljagdgründen machten.[14] Für diese Menschen lag jenes Land eher innerhalb als außerhalb des Frontiers.

Doch wenn ein Gebiet für ein Individuum oder eine Gruppe als Frontier gilt, muss das nicht für ein anderes Individuum oder eine andere Gruppe gelten, da diese Charakterisierung eher von Wertzuschreibungen als von geographischen Merkmalen abhängt. Das Stück Land, das für die Indianer einen Wert darstellt, muss nicht einen Wert für Nichtindianer darstellen. In der Tat hätte das Land sogar einen negativen Wert für Nichtindianer haben können, wenn sie es wirklich fernab ihrer Gesellschaft und ihres Wirtschaftsraums hätten besetzen müssen. Solch ein Land würde sich für Nichtindianer jenseits des Frontiers befinden.

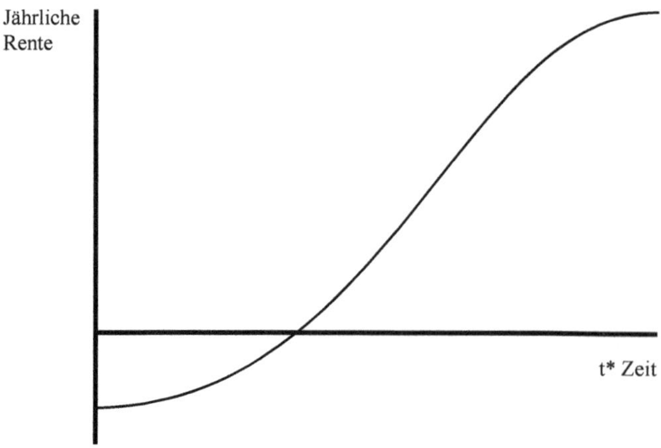

Abbildung 2.1 Der Pfad des Landes rentiert sich mit der Zeit.
“Rente” ist der Wert eines einmaligen nicht-reproduzierbaren Vermögenswerts.

Abbildung 2.1 beschreibt einen denkbaren Weg der Entwicklung des Werts dieses hypothetischen Stück Lands im Laufe der Zeit für Nichtindianer. 1821 hätte das Land einen negativen Wert gehabt, doch während die nichtindianische Bevölkerung wuchs und nach Westen vorrückte, wobei sie ihre Zivilisation und ihre eher landgebundene Wirtschaft mit sich brachte, wäre der Wert des Landes gestiegen und hätte schließlich einen positiven Wert erreicht. Diese Wende hätte am Punkt t* stattgefunden, also dem Zeitpunkt, an dem das Land für Nichtindianer zum Frontier wird.

Betrachten wir den Begriff des „Frontiers“ mal in einem außerirdischen Kontext. Der Mars ist ein Planet, den wir mit unbemannten Sonden erforschen, doch wir werden diesen Ort wahrscheinlich in naher Zukunft nicht bewohnen. Jeder Wert, der sich vielleicht durch eine Besiedlung des Planeten ergäbe, würde überwogen durch Reisekosten, Risiken sowie die Entfernung von Familie und Freunden. So wie auch Eisenbahnen den Wert des Landes im Westen für Nichtindianer erhöht und den Frontier verschoben haben, so können wir uns auch vorstellen, dass Verbesserungen bei Weltraumreisen den Wert von Eigentum auf dem Mars erhöhen. Schließlich kann der Wert solchen Eigentums in einen positiven Bereich übergehen. Wenn das der Fall ist, wird dieses Eigentum eher innerhalb als außerhalb des Frontiers liegen.

Ressourcen des Frontier und wirtschaftliche Renten

Der Wert des Landes, von dem wir hier sprechen, wird von Wirtschaftswissenschaftlern als „Rente“ bezeichnet. „Rente“ ist einfach der Wert eines einzelnen Vermögensgegenstands, der nicht reproduziert werden kann. Kehren wir nun zum Wert eines hypothetischen Stücks Land zurück und nehmen diesmal einen Ort, der einen sogenannten Büffelsprung darstellt.[15] Klippen, über die die Indianer die Bisons trieben, mussten besondere Eigenschaften aufweisen. Zunächst einmal mussten sie in der Nähe eines Bison-Wanderpfads liegen, da die Bisons ja in die Nähe der Klippen gelockt werden mussten. Zweitens durfte zur Klippe keine einfache Ausweichroute für die Bisons existieren. Eine Klippe mit der Form einer Sanduhr war besonders wertvoll, da die Bisons, sobald sie durch die enge Öffnung gelockt worden waren, nur noch schwer wieder entkommen konnten. Solche besonderen Merkmale bedeuteten, dass bestimmte Klippen wertvoller waren als andere, da sie mehr Renten versprachen. Gleichermaßen waren auch Sackgassen-Canyons rentabel, in die die Bisons hineingetrieben wurden, um dann von hinten eingesperrt und geschlachtet werden zu können.

Während Sackgassen-Canyons für Nicht-Indianer vielleicht keinen Wert für die Bisonbeschaffung darstellen, könnten sie jedoch von Nutzen sein, um Vieh vom Wegstreunen abzuhalten und um es vor Viehdieben zu schützen. Wenn aber ein Canyon so weit entfernt von einem Markt lag, dass der Weg des gemästeten Viehs vom Canyon zum Markt nicht zu bewerkstelligen war, dann lag der Canyon außerhalb des Frontiers. In dem Maße, wie die Märkte näher zum betreffenden Stück Land rückten oder wie die Transportkosten fielen, etwa aufgrund des näher rückenden Eisenbahnbaus, stieg auch die mit diesem Stück Land verbundene Rente.

Offensichtlich ergeben sich Renten aus allen Arten einmaliger Ressourcen. Land am Zusammenfluss von Flüssen wirft Renten aufgrund seiner Nähe zu Transport und Handel ab. Deshalb war es so wichtig für die Mandan-Indianer im heutigen North Dakota, das Land am Zusammenfluss von Missouri und Yellowstone zu kontrollieren, also am Treffpunkt von Handelsrouten zwischen den Great Plains und dem Mittleren Westen. Die einzigartigen Geysire und Canyons im Yellowstone-Gebiet wurden ursprünglich als „Colters Hölle“ bezeichnet und ihnen somit ein negativer Wert zugeschrieben, und zwar aufgrund der schrecklichen Beschreibung durch John Colter, den ersten weißen Mann, der sie zu Gesicht bekam. Doch als die transkontinentalen Eisenbahngesellschaften die Transportkosten für die Besichtigung dieses Gebiets herabsetzten, wendeten sich die Renten in den positiven Bereich, so dass das Yellowstone-Gebiet nicht mehr außerhalb des Frontiers lag. Goldführende Wasserläufe zogen natürlich mehr Renten nach sich als Wasserläufe ohne Gold. In modernen Zeiten bedeuten Wellenlängen im elektromagnetischen Spektrum, talentierte Athleten und unverwechselbare Domain-Namen Renten.

Renten sollten nicht mit Profit verwechselt werden. Der Unterschied ist, dass Renten durch Wettbewerb nicht beseitigt werden können, da sie als Ergebnis einer bestimmten Einzigartigkeit (im Sinne von „nur einmal vorkommend“) entstehen, während Profite vom Wettbewerb beeinträchtigt werden können. Als zum Beispiel Ray Kroc McDonald‘s „erfand“, waren einige der Einnahmen aus dieser Idee Renten und andere Profite. Seine Produktionstechniken und sein schneller und stimmiger Service waren neu und einzigartig und warfen daher Renten ab. In dem Ausmaß, wie er diese Techniken geheim halten konnte und die „goldenen Bögen“ sowie Ronald McDonald als

Markenzeichen etablieren konnte, vermochte er aus seinen Ideen Renten zu gewinnen. Doch in dem Maße, wie seine Ideen einfach nachgemacht werden konnten, stellten seine Gewinne Profite dar, die vom Wettbewerb zunichtegemacht werden konnten. Wettbewerb verminderte zwar den Profit für McDonald's, doch vernichtete er nicht die Renten, die mit den Ideen und den einzigartigen Standorten, für die McDonald's berühmt war, verbunden waren. Auf ähnliche Weise versuchten Athleten, die Fähigkeiten von Michael Jordan nachzuahmen und sich im Wettbewerb ein paar Scheiben von seinem Profit abzuschneiden, doch insofern Jordans athletisches Können einzigartig war, konnte es nicht wiederholt werden und entsprechende Renten abwerfen.

Es ist wichtig, anzumerken, dass Renten zwar nicht hinwegkonkurriert werden können, sie aber durchaus verbraucht werden können.[16] Renten können nicht wegkonkurriert werden, weil sie aus einzigartigen Vermögenswert-Eigenschaften bestehen, über die Eigentumsrechte eingerichtet werden können. Sie können jedoch verbraucht oder vernichtet werden, wenn die Eigentumsrechte schlecht definiert und durchgesetzt werden, wodurch einzigartige Vermögenswerte übernutzt oder umkämpft werden können. Besonders wertvolles Weideland bringt eine Rente hervor, da man auf ihm Vieh mästen kann, doch wenn es allen Neuankömmlingen zur Verfügung steht, wird es überweidet werden, und dann bekommen wir es mit der Tragik der Allmende zu tun. Diese Tragik besteht darin, dass die Renten durch Überweidung verwässert werden. Und auf ähnliche Weise wird ein ungehinderter

Zugang zu wertvollen Fischgründen die Renten durch Überfischung verwässern, was auch für wertvolle Ölquellen oder Grundwasserreservoirs durch Überpumpung sowie für Schnellstraßen durch Staubildung gilt.

Auch wenn die Renten aus einzigartigen Ressourcen nicht durch Übernutzung verbraucht werden, können sie immer noch durch einen Wettstreit um die Kontrolle oder den Besitz dieser Ressourcen zunichtegemacht werden.[17] Das Wettrennen um Farmland etwa veranlasste die Menschen sogar, den Frontier zu überschreiten und sich dort niederzulassen, wo das Land noch keine positive Rente abwarf. Länger zu warten bedeutete nämlich, das Risiko einzugehen, es an andere zu verlieren, die ihnen zuvorkommen würden. Doch die Mühsal, die die frühen Siedler auf sich nehmen mussten, bedeutete Kosten, die einen Teil, wenn nicht sogar die gesamten Renten des Landes verzehrten. Die Wettrennen, um andere auszustechen, wenn es um Fischfang, Öl- oder Grundwasserförderung oder um Satellitenumlaufbahnen geht, sind weitere Beispiele dafür, wie Renten aufgezehrt werden können.

Renten können auch durch Krieg vernichtet werden.[18] Als das Indianerland noch jenseits des nichtindianischen Frontiers lag und deshalb einen negativen Wert für Nichtindianer hatte, gab es keinen Wettstreit um das Land zwischen Indianern und Nichtindianern (obgleich es Wettstreit und Kämpfe zwischen verschiedenen Indianerstämmen gab). Doch als das Land in den Einzugsbereich des nichtindianischen Frontiers geriet und positive Renten für Nichtindianer versprach (weil etwa die Transportkosten gesunken waren), brachen gelegentlich Kämpfe aus.

Am Ende wurden die Beuteerträge aufgeteilt, doch der Aufwand für die Kämpfe fraß einiges, wenn nicht alles an Renten auf, ganz zu schweigen von den Ungerechtigkeiten, die man den Indianern zufügte.

Die Geschichte des westlichen Frontiers ist auch eine Geschichte der Renten und davon, wie diese genutzt oder verbraucht wurden. Das Bild des „Wilden Westens“ suggeriert, dass Renten durch harten Konkurrenzkampf und gewaltsame Kämpfe verbraucht wurden. Im Gegensatz dazu legt das Bild des „nicht so wilden Westens“ nahe, dass Renten genutzt und bewirtschaftet wurden, indem Individuen und Gruppen auf friedliche Weise Eigentumsrechte definiert und umgesetzt haben und Markt-Transaktionen dafür verwendet haben, solche Rechte miteinander auszutauschen. Die Einführung von Bodenschatz-Claims, Wasserrechten und Weiderechten in nicht umzäunten Gebieten sind allesamt Beispiele, die wir in den folgenden Kapiteln ausführlicher behandeln werden. Ein Verständnis für die Bedingungen, unter denen der Westen wild oder nicht wild war, erfordert ein Verstehen dessen, wie Eigentumsrechte definiert oder umgesetzt wurden.

Transaktionskosten

Ob Menschen um wertvolle Ressourcen kämpfen oder sich auf Kooperation und Handel einlassen, hängt davon ab, wie gut die Eigentumsrechte definiert sind und umgesetzt werden. Eigentumsrechte bestimmen, wer Zugang zu wertvollen Gütern und Leistungen hat, wer den Nutzen daraus einfährt und wer die Kosten für die Nutzung zahlen muss. Mit anderen Worten: Es sind die Regeln, die bestimmen, wer was bekommt und wer für was zahlt.

Transaktionskosten sind der wichtigste Faktor, um zu bestimmen, ob Menschen Eigentumsrechte definieren und anwenden können, ohne die Renten zu verbrauchen, die sie durch diese Rechte einstreichen möchten.[19] Transaktionskosten sind die Kosten, die aus der Festlegung, Überwachung, Durchsetzung und dem Handel der Eigentumsrechte resultieren. Höhere Transaktionskosten erhöhen für die Menschen die Kosten der Zusammenarbeit und verringern die Wahrscheinlichkeit, dass sie aus Handel einen Gewinn erzielen, während die Wahrscheinlichkeit wächst, dass ein Konflikt entsteht. Nehmen wir an, Tex und Hoss einigen sich auf einen Handel, bei dem Tex ein paar Kühe für ein Stück Land von Hoss tauscht. Diese Transaktion macht es erforderlich, dass die beiden festlegen, welche Kühe und welches Stück Land genau gehandelt werden, wie viele Kühe für wie viel Land getauscht werden, wie die Umsetzung des Vertrags überwacht wird, um sicherzustellen, dass beide Seiten sich an die Vertragsregeln halten, und wie Unstimmigkeiten bei der Umsetzung geregelt werden. Wenn Tex und Hoss einander gut kennen, die auszutauschenden Güter kennen und auch weitere Handelsakte miteinander erwarten, sind die Transaktionskosten wahrscheinlich niedrig. Doch wenn sie nicht dieses bestimmte Wissen voneinander sowie von den Kühen und dem Land haben, müssen sie mehr Aufwand betreiben, um den Vertrag auszuarbeiten, zu überwachen und umzusetzen. Sie hätten dann also höhere Transaktionskosten zu tragen.

Transaktionskosten in Märkten kann man vergleichen mit Reibungsverlusten bei einer Maschine. So wie Reibung die Effizienz einer Apparatur vermindert und wertvolle Energie in unerwünschte Nebenprodukte lenkt, können Transaktionskosten den Rohertrag eines Handels vermindern. Wenn Tex und Hoss einen Anwalt anheuern müssen, um den Vertrag aufzusetzen, einen Tierarzt beauftragen, um jede Kuh zu untersuchen, und einen Landvermesser benötigen, dann müssen diese Kosten von den zu erwartenden Gewinnen aus dem Handel abgezogen werden. Wenn des Weiteren eine Seite gegen die Vertragsbedingungen verstößt, etwa durch das Unterjubeln minderwertiger Kühe oder durch eine falsche Darstellung der Qualität des betreffenden Landstrichs, dann werden die Bemühungen, die vertragsverletzende Seite zur Einhaltung zu bewegen, weitere Kosten auslösen, etwa für rechtliche Belange. Ein bestimmtes Maß kostenintensiver Reibung wird dazu führen, dass das Geschäft zwischen Tex und Hoss sich wie eine schwerfällige und schlecht geölte Maschine verhält.

Ob man Geschäftspartnern trauen kann, ob Menschen lügen und ob sie betrügen oder stehlen, hängt von mehr ab als lediglich von den rechtlichen Konsequenzen von Vertragsverletzungen. Moralische und kulturelle Beschränkungen, die Menschen dazu anhalten, Verträge und Eigentumsrechte zu achten, sind ebenfalls bedeutende Schmiermittel für wirtschaftliche Transaktionen. Religiöse Gebote und Doktrinen, brüderliche Zeremonien, die Individuen aneinander binden, durch Erziehung vermittelte moralische Grundsätze und eine durch Unterricht eingeimpfte Ethik der Zusammenarbeit halten einen von opportunistischem Verhalten ab. „Du sollst nicht stehlen“, „Arbeit zum Wohle des Ordens“, „Was du nicht willst, das man dir tu…“, „Teamgeist“ und ähnliche Grundsätze drängen Individuen dazu, engstirnigen Eigennutz einem allgemeinen Gut unterzuordnen. Bei wirtschaftlichen Transaktionen reduzieren moralische Beschränkungen die Transaktionskosten, indem Menschen dazu veranlasst werden, sich an ihre Vertragspflichten zu halten und davor zurückzuschrecken, sich des Eigentums anderer Menschen zu bemächtigen. In dem Maße, wie solche moralischen Grundsätze es weniger erforderlich machen, die Einhaltung eines Vertrags zu überwachen oder Eigentumsrechte zu verteidigen, sind die Transaktionskosten niedriger und der potenzielle Ertrag aus dem Handel höher.

Weil kulturelle und moralische Werte die Transaktionskosten reduzieren, agieren Menschen oft innerhalb homogener Gemeinschaften, tragen eine bestimmte Art der Kleidung oder nehmen an Ritualen teil, bei denen moralische Leitsätze eingeprägt werden.[20] Bündische Organisationen wie die Freimaurer[21], religiöse Sekten wie die Mormonen sowie Freiwilligengruppen wie die Viehzüchtervereinigungen spielten alle eine Rolle bei der Verminderung von Transaktionskosten im Frontier des Westens.

Wenn moralische Beschränkungen nicht ausreichen, um Menschen zur Einhaltung von Verträgen oder zum Respektieren von Eigentumsrechten anzuhalten, muss Gewalt angewandt werden, um Regelverstöße zu ahnden. Egal ob diese Gewalt nun aus gesellschaftlichen Sanktionen besteht oder von Bürgerwehr-Gruppen oder staatlicher Polizei ausgeht – sie wird zu einem Bestandteil der Transaktionskosten.

Nehmen wir an, Tex und Hoss kennen und vertrauen einander, dann sind ihre Transaktionskosten niedrig, aber Jesse, dem man nicht über den Weg trauen kann, versucht, Tex' Vieh zu stehlen oder seine eigene Herde auf dem Land weiden zu lassen, das gewohnheitsrechtsmäßig Hoss gehört. Tex und Hoss erzielen dann weniger Gewinn aus ihrem Handel und werden einige Kosten auf sich nehmen müssen, um ihre Rechte gegen Jesses Machenschaften durchzusetzen.

Wie auch bei Individuen existieren Transaktionskosten auch, wenn es sich um verschiedene Gruppen handelt. Rechtliche, kulturelle und sprachliche Hürden können es Gruppen schwer machen, miteinander zu interagieren. Streit um Land zwischen Indianern und Weißen im Westen ist ein Beispiel dafür. Da die Indianer der Great Plains normalerweise keine Eigentumsrechte an kleinen Landparzellen hatten, die die weißen Farmer für Ackerbau und Viehzucht benötigten, war es schier unmöglich, dass die eine Gruppe mit der anderen verhandelte. Die blutigen Indianerkriege waren zum Teil dramatische Beispiele dafür, was passieren kann, wenn die Transaktionskosten so hoch sind, dass kein Handel erfolgen kann.

Die Kosten für die Durchsetzung von Eigentumsrechten und Verträgen können aus zwei Gründen durch kollektive Aktionen herabgesetzt werden.[22] Zunächst einmal bieten Kollektive oft Größenvorteile, auch „Skaleneffekte" genannt. Statt dass jeder Hausbesitzer seinen eigenen Wächter einstellt, um seine Eigentumsrechte durchzusetzen, kann eine Gruppe von Hausbesitzern einen einzigen Wächter anstellen, der mehrere Eigenheime zu niedrigeren Kosten bewacht. Zweitens können Kollektive das Ausmaß des Trittbrettfahrerproblems vermindern, das mit der Durchsetzung von Eigentumsrechten im Fall von Diebstahl im Zusammenhang steht. Wenn der von den Hausbesitzern angestellte Wächter einen Einbrecher sieht, aber nicht weiß, auf wessen Haus es dieser abgesehen hat, würde dieser Wächter seine Pflicht nicht erfüllen, wenn er den Einbrecher nicht aufhielte. Doch falls das ins Visier geratene Haus einer Person gehören würde, die nicht Teil des Hauseigentümerkollektivs ist, dann würde dieser Hausbesitzer ein Trittbrettfahrer sein, da er seine Eigentumsrechte geschützt hätte, ohne sich an den Wächterkosten zu beteiligen. Indem man alle Hausbesitzer eines Gebiets dazu verpflichtet, zahlende Mitglieder zu sein, kann das Kollektiv das Trittbrettfahrerproblem lösen und somit die Durchsetzungskosten eines jeden Beteiligten reduzieren.

Ohne eine solche Verpflichtung würden alle Hausbewohner einen Anreiz zum Trittbrettfahren haben, und in einem solchen Fall gäbe es dann vielleicht gar keinen Wächterdienst. Allgemein gesagt können kollektive Aktionen eine mögliche Lösung für das Trittbrettfahrerproblem bei öffentlichen Gütern bieten, die allen zur Verfügung stehen, auch wenn sie zunächst nur für ein Individuum vorgesehen waren. Feuerschutz in städtischen Regionen weist einen öffentlichen Nutzen auf, da es unmöglich ist, ein Gebäude zu schützen, ohne dass dabei auch andere Gebäude zumindest ein wenig mitgeschützt werden. Und so ähnlich verhält es sich bei der Eindämmung von Flutschäden durch den Bau von Dämmen und Deichen, die nicht nur einer Person, sondern auch den Nachbarn zugutekommt.

Wagentrecks illustrieren, wie eine kollektive Aktion die Transaktionskosten auf der Reise durch die Great Plains reduzierte (siehe Kapitel 7). Indem man sich zu einem Treck vereinigte, konnten die Siedler einen Anführer bestimmen, die Verteidigung koordinieren, Flussüberquerungen erleichtern und Streitigkeiten regeln. Sobald jemand sich dem Treck freiwillig anschloss, wurde er angehalten, zur Produktion öffentlicher Güter beizutragen, so dass alle sich durch den Zusammenschluss besser stellten.

Bislang haben wir uns mit Transaktionskosten befasst, die nicht vollständig vermieden werden können. Um noch mal auf die Analogie mit der Reibung zurückzukommen: Genauso wie keine Maschine frei von Reibung ist, so gibt es auch keinen Austausch ohne Transaktionskosten. Es müssen Käufer gefunden werden, Verkäufer müssen überprüft und Verträge durchgesetzt werden. All das erfordert das Ausgeben von Ressourcen, somit wird der Nettoertrag des Austauschs vermindert. Reibungsverluste können niemals ganz ausgeschlossen werden, doch Einölung reduziert die entsprechende Wirkung. Auf ähnliche Weise können einige Transaktionskosten niemals ganz beseitigt werden, doch sie können vermindert werden durch wiederholten Umgang, Sitten und Moral, eine sorgfältige Ausarbeitung von Verträgen und durch gemeinsames Handeln. So wie eine Einölung mehr Energie in einen nützlichen Ertrag lenkt, so können niedrigere Transaktionskosten mehr menschlichen Einfallsreichtum in wertvolle Produktion lenken. Institutionen, die bestehende Eigentumsrechte darlegen oder Eigentumsrechte schaffen, wo sie vorher fehlten, verringern die mit Bewertungen und Überprüfung verbundenen Transaktionskosten. Zum Beispiel haben Regeln für das Brandmarken von Nutztieren den Viehmarkt effizienter gemacht, und die Vermessung und Protokollierung von Land haben die Kosten für die Übertragung von Landgrundstücken herabgesetzt.

So wie gewisse Reibungen sind jedoch auch einige Transaktionskosten unnötig oder künstlich. Hat ein Auto nicht ausreichend Luft in den Reifen oder kein Schmiermittel für den Motor, so erhöht dies die Reibung und verringert das nutzbringende Leistungsergebnis. Auf ähnliche Weise können den Handel einschränkende Regeln die Menschen von profitablen Geschäften abhalten und Konflikte begünstigen, und Privateigentum verhindernde Gesetze können zur Verprassung von Renten führen, so wie das auch mit Überweidung, Überfischung oder Überpumpung der Fall ist. Solche Regeln bewirken das, was wir „künstliche Transaktionskosten" nennen wollen. Beispielsweise schließen Wasserrechte oft den Verkauf von Wasser unter willigen Käufern und Verkäufern aus. In Kalifornien wird Wasser heute immer noch für landwirtschaftliche Zwecke verwendet, wobei es weniger als 100 US-Dollar pro Acre-Foot (ein Fuß Wasser auf einen Acre) kostet, während es mindestens dreimal so viel wert wäre, wenn man es städtischen Nutzern verkaufen würde.[23]

Wenn wir näher auf die Transaktionskosten in Verbindung mit verschiedenen Institutionen eingehen, können wir den Ursprung von Kooperation und Wohlstand besser verstehen. Bei gut definierten und durchgesetzten

Eigentumsrechten fördern Märkte Gewinne aus Handelstätigkeiten zutage und ziehen eine effizientere Nutzung von Ressourcen nach sich. Wenn auf der anderen Seite Eigentumsrechte nicht gut festgelegt oder geschützt werden, werden Ressourcenwerte verschwendet, da die Menschen dann um die Erhaschung von Renten aus einzigartigen Ressourcen ringen.

Institutionelle Unternehmer

Unser Augenmerk gilt hier nicht nur der Frage, wie Institutionen Kooperation und Wohlstand befördern, sondern auch der Frage, wie und warum diese Institutionen sich verändern. Wenn Renten verbraucht werden, wenn Eigentumsrechte nicht gut definiert und durchgesetzt werden, gibt es offensichtlich einen Anreiz dafür, die Institutionen zu ändern, um ein Vergeuden wertvoller Ressourcen zu vermeiden. Wenn Menschen denken, sie könnten der Renten einer Ressource habhaft werden, dann werden sie Anstrengungen unternehmen, die Regeln, die über die Ressource bestimmen, zu ändern, und das Ausmaß der Anstrengungen für die Einrichtung von Eigentumsrechten wird beeinflusst werden durch die Ertragsrate, die man aus solchen Investitionen erzielen zu können vermutet. Kurzum: Eigentumsrechte sind weit davon entfernt, exogener Natur (von außen kommend) zu sein, sondern sie werden auf endogene Weise (von innen kommend) hergestellt. Die Menschen, die mögliche Gewinne aus der Errichtung von Eigentumsrechten erkennen und tätig werden, um Regeln zur Realisierung solcher Gewinne aufzustellen, sind institutionelle Unternehmer.

Diese Leute werden letztlich bestimmen, wer Zugang zu Ressourcen hat, wer die Renten aus diesen Ressourcen bezieht und wer die Kosten für die Nutzung von Ressourcen trägt. Traditionellerweise denken wir bei Unternehmern an diejenigen, die dadurch Werte schöpfen, dass sie neue Waren und neue Produktionsmethoden schaffen, neue Märkte erschließen, neue Lieferwege entdecken und den Produktionsprozess neu organisieren.[24] Dieser Liste der unternehmerischen Leistungen fügen wir das Entwickeln neuer institutioneller Vereinbarungen hinzu. Einige dieser Institutionen werden Produktivität und Kooperation befördern, doch andere werden den Wohlstand umverteilen und Konflikte fördern. Für das Verständnis dafür, dass der Westen gar nicht so wild war, muss man eine Ahnung davon haben, unter welchen Umständen sich eher das erste Ergebnis einstellt als das zweite.

Wege für institutionelle Unternehmer

Institutionelle Unternehmer profitieren von drei Aktivitäten: 1. der Reorganisation bestehender Eigentumsrechte, 2. der Definierung neuer Eigentumsrechte, die es vorher noch nicht gab, und 3. der Umverteilung bestehender Eigentumsrechte. Ein Vergleich dieser drei Optionen zeigt, dass nicht jedes institutionelle Unternehmertum auf das Gleiche hinausläuft: Die Neuvergabe und Definition von Rechten schafft gesellschaftlichen Wohlstand, während die Umverteilung von Rechten diesen reduziert.

Reorganisation von Eigentumsrechten

Unter einem Unternehmer stellt man sich für gewöhnlich eine Person vor, die höherwertige Gebrauchsmöglichkeiten von Ressourcen erkennt sowie möglichen Profit durch das Handeln nach dieser Erkenntnis erzielt. Wenn Hoss sein Land als Viehweide nutzt und Tex denkt, dieses Land sei ertragreicher im Falle von Weizenanbau, dann kann Tex davon profitieren, indem er das Land kauft und es dem höherwertigen Gebrauch zuführt. Wie oben beschrieben, erfordert dieser Vorgang, dass die Eigentumsrechte an dem Land zu ausreichend niedrigen Kosten definiert und durchgesetzt werden, damit dieser Tausch profitabel bleibt. Wenn er diesen Weg einschlägt, nimmt der institutionelle Unternehmer den bestehenden Satz an Eigentumsrechten und stellt sie durch den Marktprozess neu zusammen. Dieser Prozess manifestiert sich in Verträgen, die die Verfügung über ein Eigentumsrecht von einer Person auf eine andere übertragen.

Die Gründung eines neuen Unternehmens ist ein weiteres Beispiel für diesen Weg. Nehmen wir zum Beispiel an, dass Hoss glaubt, es wäre profitabel, Vieh von Texas nach Montana zu treiben, wo es auf üppigem Gras gemästet und dann an Minenarbeiter veräußert werden kann. Er könnte Tex Vieh in Texas abkaufen, es nach Montana überführen und dort die Rendite einfahren. Alternativ könnten

Hoss und Tex sich zu einer gemeinsamen geschäftlichen Spekulation entschließen, bei der Tex, der sich mehr mit dem Vieh in Texas auskennt, das Vieh bereitstellt und Hoss, der die Wegstrecke kennt, das Vieh nach Montana treibt und es in den Bergarbeiterlagern vermarktet. Diese Unternehmung erlaubt es ihren Betreibern, Vorteile aus Skaleneffekten, Spezialisierung und der Teilung von Sonderwissen zu ziehen, doch sie bringt auch organisatorische Kosten mit sich.

Hoss und Tex müssen festlegen, welchen Beitrag jeder einzelne für diese Unternehmung leisten muss und welchen Gewinnanteil jeder der beiden Partner erhalten wird. Sie müssen sich auch gegenseitig überwachen, um sicherzugehen, dass jeder sich an die Absprache hält. Unvollständige Verträge ermöglichen opportunistisches Verhalten, indem es einem Vertragspartner erlaubt wird, sich eines Teils der Erträge auf Kosten des anderen Vertragspartners zu bemächtigen. Das heißt also, wenn die Vertragsbedingungen nicht einfach bemessen und überwacht werden können, werden die Parteien sich um die anfallenden Profite der Unternehmung streiten. So kann ein Arbeiter sich um den Job drücken, wenn er unabhängig von seinem Einsatz denselben Lohn erhält. Um dies zu vermeiden, könnte das Unternehmen Akkordlohnverträge verwenden, wonach der Lohn der Arbeiter sich nach ihrem Arbeitsergebnis bemisst.

Hoss und Tex werden nur dann ein Unternehmen gründen, wenn sie glauben, dass die Vorteile daraus, zum Beispiel Skaleneffekte oder Spezialisierung, unter Berücksichtigung der Kosten der Aufsetzung und Durchführung ihres Vertrags insgesamt größer sind als die Vorteile eines separaten Vorgehens, bei dem Tex sein Vieh direkt an Hoss verkauft und Hoss danach ganz unabhängig agiert. Bei der Bildung eines Unternehmens, das die Kontrolle über das Vieh von seinem Erwerb in Texas bis zum Verkauf in Montana integriert, wählen die Besitzer interne Zuordnungsentscheidungen anstelle eines Markttausches, bei dem die Kontrolle von einem Besitzer auf den anderen übergeht. Der Ökonom Oliver Williamson behandelt die Frage, ob man Eigentumsrechte austauscht oder sich zu einem Unternehmen zusammenschließt, als Suche nach „effizienten Grenzen".[25] In der Tat ist die unternehmerische Suche nach effizienten Grenzen des Unternehmens eine Suche nach dem optimalen Produktionsrahmen sowie der optimalen Vertragsform.

Im amerikanischen Westen war die Suche nach der optimalen Vertragsform ein fortlaufender Prozess, da man sich den natürlichen Bedingungen anpassen musste, die von denen im Osten aufgrund der dynamischen Wirtschaft abwichen, die wiederum durch eine schnelle Besiedlung und Entwicklung gekennzeichnet war. Unternehmen, die entstanden, um Vieh aus Texas zu den Endbahnhöfen in Missouri und Kansas oder zu vieharmen Regionen weiter nördlich zu bringen, stehen exemplarisch für die vertragliche Anpassung an neue Geschäftschancen (siehe Kapitel 8). Zwischen 1866 und 1886 wurden etwa zehn Millionen Langhornrinder aus dem Südwesten in nördliche Gebiete getrieben. Die Viehtreiber experimentierten dabei mit Herden, die zwischen 70 und 45.000 Stück groß waren, und fanden heraus, dass die optimale Größe für einen Viehtrieb bei ungefähr 25.000 Stück lag.[26]

Da eine Herde dieser Größe umfangreicher war als der Bestand einer typischen Viehranch, musste das Vieh für die lange Reise zusammengeworfen werden. Als die Viehtriebe begannen, war es schwer, die Aufgabenfunktionen des Treibers festzulegen und die Risiken der Triebstrecke angemessen einzuschätzen. Da texanische Viehbesitzer nicht wussten, wie man die großen Herden am besten bewegte und welche Gefahren auf der langen Strecke lauerten, zögerten sie, andere für die Überwachung solcher Viehtriebe anzuheuern. Hätten sie dies nämlich gemacht, hätten die Viehtreiber leicht Vieh stehlen und den Verlust unüberprüfbaren Umständen zuschreiben können. Mit anderen Worten: Ein einfacher Vertrag, demzufolge der Viehbesitzer die Treiber für deren Dienste bezahlt, hätte dazu geführt, dass ein gewisser Anteil der Profite wegen Diebstahls hätte abgeschrieben werden müssen.

Um die Kosten für die Überwachung der Treiber zu vermeiden, haben Viehbesitzer einfach ihr Vieh an die Treiber verkauft. Als neue Besitzer haben die Viehtreiber dann die Profite aus dem Trieb nach Norden erhalten und hatten keinen Anreiz, sich selbst zu betrügen. Mit der Zeit wurde es möglich, die Risiken der Viehreise zu quantifizieren und sie in Verträgen niederzulegen. So konnten spezialisierte Firmen entstehen, die als Transportagenturen bekannt wurden und die Verträge für den Viehtransport über lange Strecken ausarbeiteten.[27] Arbeitsverträge für die Treiber spiegelten ebenfalls institutionelles Unternehmertum wider. Da der Viehtrieb ganze Arbeiterteams über den gesamten Triebweg erforderte und da neue Arbeiter entlang der abgelegenen Strecken nur schwer zu bekommen waren, gingen die Anführer des Triebs dazu über, ihre Mannschaft für die gesamte Dauer der Reise unter Vertrag zu nehmen. Löhne wurden erst bezahlt, wenn die Herde an ihrem Zielort angekommen war. Durch die Schaffung von Viehtreiberfirmen und durch die Bezahlung von Cowboys am Ende des Triebs verhinderten institutionelle Unternehmer opportunistisches Verhalten, das aufgrund einer Umverteilung der Ressourcenverwendung den Gewinn reduziert hätte.

Die Bestimmung von Eigentumsrechten

Die Umgestaltung von Eigentumsrechten setzt voraus, dass diese Eigentumsrechte bereits vorhanden sind, und falls das nicht der Fall ist, kann ein Unternehmer Erfolg haben, indem er Eigentumsrechte durch Festlegung und Aktivitäten zu deren Durchsetzung schafft. Dadurch kann der Unternehmer von den mit einem einzelnen Vermögenswert verbundenen Renten profitieren, so dass diese nicht durch ein ruinöses Wettrennen oder durch Kämpfe vergeudet werden. Wenn ein Unternehmer beispielsweise ein Eigentumsrecht festlegen und durchsetzen kann, um den Zugang zu einem Open-Range-Landgebiet zu kontrollieren, hat er einen Anreiz, Überweidung vorzubeugen, da er von den Renten des Landes profitiert. Bei diesem Unternehmen besteht die Herausforderung für den institutionellen Unternehmer darin, die mit der Verhinderung der Tragödie der Allmende verbundenen erhöhten Renten mit den Kosten der Festlegung und Durchsetzung der nutzungseinschränkenden Eigentumsrechte in Einklang zu bringen. Wir würden also eine erhöhte unternehmerische Aktivität im Hinblick auf die Erwartung höherer Ressourcen-Renten sowie auf abnehmende Kosten für die Festlegung und Durchsetzung von Rechten vermuten.[28]

Viehrancher im Frontier verstanden die Tragödie der Allmende durchaus und arbeiteten daran, sie zu beseitigen (siehe Kapitel 8). Sie beschränkten den Zugang zu Weideland, indem sie Viehzüchtervereinigungen gründeten, die Nichtmitglieder von den Weideflächen auf dem Gebiet der betreffenden Vereinigung ausschlossen. Sie suchten auch die Unterstützung lokaler, territorialer und bundesstaatlicher Verwaltungen zur Einführung von Brandzeichen-Gesetzen, wonach Brandzeichen registriert und beim Verkauf inspiziert wurden. Auf ähnliche Weise ließen Bergarbeiter Abbaurechte (Claims) einführen. Da sie davon ausgingen, dass sie zukünftige Renten aus ihren Investitionen erhalten würden, waren sie bereit, Grabungsarbeiten und Investitionen in Infrastruktur in Kauf zu nehmen, was ihnen erlaubte, ihre Bodenschätze zu heben, zu bearbeiten und zu vermarkten. Indem sie Regeln unter dem Schutz ihrer Bergbaulager einführten, waren die Bergarbeiter in der Lage, ihre Abbaurechte relativ friedlich festzulegen und auszuüben.

Doch dass Unternehmer, indem sie Eigentumsrechte für Vermögenswerte einrichten, Renten erzielen möchten, bedeutet nicht unbedingt, dass ihre Tätigkeit stets einen Nettogewinn für die Gesellschaft nach sich zieht. Wie der Ökonom William Baumol ausführt, gibt es eine Reihe von Regeln, durch die die Bemühungen des Unternehmers neu verteilt werden können, und einige dieser Regeln folgen nicht der konstruktiven und innovativen Rolle, die man dieser Person normalerweise zuschreibt. Tatsächlich kann der Unternehmer bisweilen sogar ein parasitäres Dasein fristen, das der Gesamtwirtschaft eigentlich schadet. Wie der Unternehmer zu einer bestimmten Zeit und an einem bestimmten Ort handelt, hängt sehr von den gerade herrschenden Regeln des Spiels ab, also dem Belohnungssystem in einer Wirtschaftsordnung.[29]

Mit anderen Worten ist das Streben nach Renten durch Unternehmer nicht immer ein Positivsummenspiel. Durch die Kanalisierung ihrer Bemühungen in die Neuverteilung von bestehenden Eigentumsrechten oder durch opportunistisches Verhalten bei vertraglichen Übereinkünften kann sich auch ein Null- oder Negativsummenspiel ergeben. In solchen Fällen wird der gesamtgesellschaftliche Wirtschaftskuchen kleiner.

Um die Kontrolle über bestehende und vorher anderen Menschen gehörende Rechte zu erlangen, müssen institutionelle Unternehmer Aufwand für die Umsetzung der Neuverteilung betreiben, und das wiederum zwingt den derzeitigen Ressourcenbesitzer, Anstrengungen zur Verteidigung seiner Rechte zu unternehmen.[30] Dieser Prozess ist unter Wirtschaftswissenschaftlern als „Rentensuche" („Rent Seeking") bekannt, da der Unternehmer Renten sucht, die andere schon haben.[31] Der Unternehmer, der diese Suche betreibt, muss wertvolle Zeit und Mühe investieren, um sich die Rente zu nehmen, und die bestehenden Besitzer wiederum müssen wertvolle Zeit und Mühe investieren, um ihre Renten vor einem solchen Zugriff zu verteidigen.

Ob die Neuverteilung durch private Aktionen wie etwa durch einen Dieb bewerkstelligt wird oder durch die Handlung einer Regierung wie etwa Besteuerung und Regulierung – das Ergebnis ist das gleiche: Es werden Ressourcen verbraucht, und die Gesamtgröße des wirtschaftlichen Kuchens wird entsprechend reduziert. Privater Diebstahl verteilt Renten sicherlich um, doch die politische „Rentensuche" tut dies ebenso.

Ein Paradebeispiel dafür war im amerikanischen Westen die Subventionierung von Wasserprojekten durch die US-Bundesregierung durch das „Urbarmachungsgesetz" („Reclamation Act") aus dem Jahre 1902 (siehe Kapitel 10). Empirische Studien über diese Projekte berichten, dass sie die herkömmlichen Kosten-Nutzen-Tests nicht bestanden hätten, so dass wir uns fragen müssen, warum sie dann überhaupt durchgeführt wurden. Die Antwort ist, dass die Empfänger der staatlichen Großzügigkeit in Bezug auf Wasser heftige Lobbyarbeit geleistet haben, um Wassersubventionen zu erhalten.[32] Ein weiteres Beispiel für Rent-Seeking-Verhalten war, dass die Bundesregierung solchen frühen Viehzüchtern Land abnahm, die den Zugang zum freien Weideland („Open Range") versperrten. Mit ihren privaten Vereinigungen hatten Viehzüchter Eigentumsrechte am Open Range festgelegt und ausgeübt, doch die Bundesregierung erkannte diese Rechte ab und machte das Land für Siedler verfügbar. Auch hier wurde der Prozess von politischen Interessen vorangetrieben, die die Eigentumstitel am Land umorganisieren wollten.[33] Und natürlich verloren die Indianer Eigentumsrechte, indem die Bundesregierung Reservate für Besiedlung und Bergbau freigab und somit ihr Vermögen an die Siedler umverteilte (siehe Kapitel 4).

Während das Rent-Seeking-Verhalten, also die Beeinflussung des Staats zur Umverteilung von Eigentumsrechten, zwar durch die Demokratie legitimiert werden mag, sind seine Auswirkungen auf den Anreiz zu produktiven Investitionen und zur Förderung von Wohlstand kaum anders als die Auswirkungen eines Krieges. Krieg ist in der Tat die ultimative Form des Rent-Seeking: Eine Seite unternimmt Anstrengungen, um ihr Territorium und ihre Vermögenswerte gegen die Aggression einer anderen zu verteidigen. Diese Form des Rent-Seeking prägt das eigentliche Bild des „Wilden Westens", in dem Indianer gegen das Eindringen der Weißen auf ihr Territorium kämpften, Viehtreiber und Schafhirten um Grasflächen stritten, Bergarbeiter sich wegen Gold-Claims und Farmer um Wasser schlugen. In jedem dieser Fälle haben wir ein Negativsummenspiel, da nur eine Seite gewinnt, auf dem Weg dahin jedoch sowohl die Gewinner als auch die Verlierer Ressourcen und Menschenleben vergeuden. Wie wir jedoch sehen werden, waren solche Kämpfe weitaus weniger vorherrschend, als herkömmliche Historiker das nahelegen.

Ein Gewinner dieses Rent-Seeking-Prozesses ist der Politiker, der seine Fähigkeit, die Regeln des Spiels zu verändern, „verkauft". Solche Politiker ziehen einen Teil der Renten für sich selbst ab, indem sie mit der Konfiszierung von Renten im Privatbesitz durch Regulierung oder Besteuerung drohen.[34] Die Drohung muss nicht wahrgemacht werden, solange der Besitzer dazu gezwungen werden kann, seine Eigentumsansprüche „zurückzuerwerben", und zwar von Polit-Unternehmern mit der Macht, diese Drohungen glaubwürdig auszusprechen. Wie bei der Rentensuche ist auch die Rentenabzweigung ein Negativsummenspiel, bei dem Politiker um die Macht wetteifern, drohen zu können. Ein augenfälliges Beispiel der Rentenabzweigung im amerikanischen Westen ist der skrupellose Sheriff, der seine Macht dazu nutzt, Eigentümer auf die gleiche Weise zu bedrohen, wie das heute etwa ein Mafia-Boss tut.

Welche Motivation haben institutionelle Unternehmer?

Wie bei jedem anderen Unternehmertum wird institutionelles Unternehmertum durch die Erwartung hoher Gewinne aktiviert.[35] Dafür ist es erforderlich, dass der Unternehmer Kontrolle über produktive Ressourcen wie Arbeit, Kapital und Land gewinnt. Somit ist der Unternehmer in erster Linie ein Innovator, was Verträge angeht, der also

Wege finden muss, Werte zu schöpfen, die durch die Umorganisation und Schaffung von Eigentumsrechten erzeugt werden.

Die offensichtlichste Motivation für institutionelle Unternehmer ist die Rente, die dem Besitzer einer Ressource zufällt. Als zum Beispiel die Landpreise im Westen niedrig waren, waren Bemühungen zur Festlegung und Durchsetzung von Eigentumsrechten zur Einschränkung des Zugangs zum Land kaum ein lohnendes Unterfangen, da die Renten nur minimal waren. Als der Wert des Landes wuchs, wurde der Gewinn aus einer Einschränkung des Zugangs größer, und verschiedene Aktivitäten in Bezug auf Eigentumsrechte waren die Folge. Anfangs machten Siedler einfach ihre Ansprüche durch Zeitungen und Aushänge geltend, doch mit der Zeit wurden ihre Bemühungen organisierter, und sie drohten mit gewaltsamen oder gesetzlichen Sanktionen gegen mögliche Eindringlinge.

Eine Wertminderung kann die gegenteilige Wirkung zeitigen. Als der Wert von Pferden gegen Ende des Ersten Weltkriegs stark zurückging, reduzierte man die Investitionen in die Festlegung und Durchsetzung ihrer Eigentumsrechte, indem man die Pferde brandmalfrei auf öffentlichem Gelände laufen ließ (siehe Kapitel 8). Wie bei allen wirtschaftlichen Entscheidungen ist die Entscheidung, in die Festlegung und Durchsetzung von Eigentumsrechten zu investieren, nicht nur vom Wert des Eigentums abhängig, sondern auch von den Kosten, die Eigentümerschaft zu sichern. Letzteres wiederum hängt von der Technik ab. So verminderte die Erfindung des Stacheldrahts die Kosten der Einzäunung individueller Landansprüche am Open

Range und erlaubte es Viehzüchtern, ihre Eigentumsrechte genauer zu bestimmen und sie effektiver durchzusetzen. Es war billiger, Stacheldrahtzäune zu ziehen, als Cowboys anzuheuern, die den Open Range durchritten, um das Vieh innerhalb eines bestimmten Gebiets zu halten und Strauchdiebe abzuschrecken.

Die Entscheidung darüber, wie viel Draht man für die Umzäunung braucht, veranschaulicht das Wesen der Frage, wie viele Aktivitäten man für die Festlegung und Durchführung von Rechten investieren muss. Ein einsträngiger Draht würde zwar eine Eigentumsgrenze hinreichend markieren, das Vieh jedoch kaum einhegen. Ein zweisträngiger Zaun würde das Vieh besser, ein dreisträngiger noch besser einschließen und ein viersträngiger noch viel besser, und so weiter. Doch ab einem bestimmten Punkt (normalerweise bei vier Strängen im Falle von Vieh) ist eine Grenze für die Zaunsicherung erreicht, da die zusätzlichen Kosten eines weiteren Strangs nicht abgedeckt werden durch den zusätzlichen Nutzen eines noch besseren Eigentumsschutzes.

Trockenheit, das Fehlen von sofort verfügbarem Kapital und Arbeitskräftemangel bedeuteten, dass es Belohnungen für Innovatoren von Verträgen gab. Die Person, die einen Vertrag mit Viehbesitzern in Texas schließen konnte, um deren Herden nach Norden zu treiben und die auf sattem Gras gemästeten Kühe zu vermarkten, konnte einen hübschen Profit einfahren, doch dies erforderte Vertragsabschlüsse mit vielen Eigentümern, um die Durchführung der langen Viehtrecks zu erleichtern. Und so ähnlich würde auch ein Unternehmer, der mit Arbeitskräften und

Kapitalbesitzern einen Vertrag abschließt, um Wasser in trockenes Ackerland zu leiten, einen beträchtlichen Anteil des neugeschaffenen Wohlstands beanspruchen. Doch die Schaffung von Lager- und Liefersystemen und das Aushandeln langfristiger Vereinbarungen mit Farmern erforderte eine gewisse Geschicklichkeit in der Ausfertigung von Verträgen, die nicht alle besaßen.

Neue Technologien stießen oft einen institutionellen Wandel an. Stacheldraht machte es für den einzelnen Rancher billiger, sein Territorium zu markieren und sein Vieh einzuhegen. Das wiederum reduzierte den Bedarf an und die Kosten für einen koordinierten Zusammentrieb durch Viehzüchtervereinigungen. Als in Kalifornien Gold entdeckt wurde, wurde es in der Regel von einem Schürfer allein aus Kies in Wasserläufen in einer Pfanne herausgeschwenkt. Als diese Ressource erschöpft war, wurden neue Technologien wie Waschrinnen und Hydraulikförderung verwendet, um das Gold herauszuholen, und dafür brauchte man große Mengen an Wasser, was wiederum Kapitalinvestitionen und einen breiteren Organisationsaufwand erforderte, um wirtschaftlich zu bleiben. Es entstanden große Firmen, die aus diesen Möglichkeiten Vorteile zogen.

Eine andere institutionelle Antwort auf einen technologischen Wandel kam mit der Einführung des Pferdes in die Kultur der Indianer der Großen Ebene auf (siehe Kapitel 3). Vor der Einführung des Pferdes waren die Indianer viel ortsgebundener, und wenn sie Bisonjagd betrieben, organisierten sie sich eher in großen Gruppen, um von den Skaleneffekten zu profitieren.[36] Ihre Jagdtechniken machten starke Jagdleiter erforderlich, die von Stammespolizeivereinigungen unterstützt wurden, die die Regeln der Jagd durchsetzten.[37] Mit der Ankunft des Pferdes jedoch änderte sich die Organisation der Bisonjagd grundlegend. Eine kleine Zahl berittener Jäger reichte aus, um so viele Büffel zu jagen, dass der jeweilige Fleischbedarf der Gruppe gedeckt war. Es gab bei dieser Art der Jagd keine Skaleneffekte durch Größenvorteile mehr. In der Tat hätten zu viele Menschen eine Büffelherde eher davonscheuchen können, sanitäre Probleme in den Lagern wären größer gewesen und es hätten Futterengpässe für die Pferde auftreten können.

Innerhalb dieses neuen technischen Rahmens ging die Bedeutung der Jagdleiter zurück, während die Bedeutung geschickter Reiter wuchs, und das wiederum änderte das Schema der Entlohnung. Bei der gemeinschaftlichen Jagd zu Fuß, bei der jedermann gleichermaßen zur Produktivität beitrug, wurde das Fleisch gleichmäßig unter den Jägern verteilt, wobei ein gewisser Anteil auch den Angehörigen zugutekam. Der Jagdleiter und der Lockvogel, also jener tapfere Mann, der sich ein Büffelkostüm über den Rücken zog und die Herde zur Klippe lockte, haben möglicherweise einen abweichenden Fleischanteil zugestanden bekommen.[38] In der Pferdekultur bekam derjenige den Löwenanteil, dem die Büffeljagdpferde gehörten, der reiten und gleichzeitig mit Pfeil und Bogen schießen konnte. Jeder Büffel gehörte demjenigen Reiter, der den tödlichen Schuss abgegeben hatte, wobei der Pfeil markiert war, um die eindeutige Zugehörigkeit anzuzeigen. Ein technischer Wandel hat also die Organisation der indianischen Dörfer und die vertraglichen Arrangements unter den Mitgliedern einer Indianergruppe verändert.[39]

Obgleich technischer Wandel normalerweise die Kosten für die Einrichtung von Eigentumsrechten vermindert, kann er die Aufgabe des institutionellen Unternehmers auch schwieriger machen, wenn der Zugang zu Ressourcen erleichtert wird. Auf den offenen Ozeanen zum Beispiel hat eine verbesserte Schiffstechnologie die Renten aus der Fischerei in küstenfernen Gewässern vergrößert, was die Zugangsbeschränkung schwieriger gemacht und somit eine Vermeidung der Tragödie der Allmende erschwert hat. Als die Besiedlung im Westen voranschritt, haben zunächst Wagentrecks und dann Eisenbahnen den Zugang zu unbeanspruchtem Land erleichtert. Tatsächlich entstanden viele Konflikte zwischen Viehzüchtern und Ackerbausiedlern durch die verminderten Kosten für Farmer, gen Westen zu ziehen und mit den Viehzüchtern um Land zu konkurrieren (siehe Kapitel 9). Ob eine solch gestiegene Konkurrenz um Renten durch institutionelles Unternehmertum überwunden wird, hängt von unzähligen Faktoren ab, einschließlich der Möglichkeit des gemeinschaftlichen Tätigwerdens, worauf wir bald noch zurückkommen werden.

Der politische Zugang zur US-Regierung ermutigte Frontier-Unternehmer, sich im Rent-Seeking zu engagieren. Frühe Bewässerungsprojekte waren privat finanziert, doch westliche Farmer sahen einen beträchtlichen Vorteil darin, die Bewässerung von anderen durch den „Reclamation Act“ von 1902 subventionieren zu lassen. Auch Indianerland wurde umverteilt, da es im Wert stieg, so dass die US-Armee die Indianer wegen ihres Landes bekriegte.

Kollektives institutionelles Unternehmertum

In vielen Fällen hängt die Wirksamkeit von institutionellem Unternehmertum von den Kosten der organisierenden Gruppen oder Einzelpersonen ab, die für den Schutz der Renten durch Vergeudung durch außenstehende Kräfte entstehen. Im Open Range beispielsweise mag ein Individuum versucht haben, ein kleines Gebiet des Ranges für sich selbst abzuriegeln, doch ohne Zaunmaterialien oder Techniken wie Stacheldraht mussten Viehzüchter mit immer mehr Konkurrenz um den Open Range zurechtkommen. Die Frage, ob man da alleine oder kollektiv handelte, war einfach zu beantworten. Durch kollektives Handeln konnte man schon vorhandene Range-Bewohner einschließen und Neuankömmlinge ausschließen.

Wenn man das Kollektiv zugänglicher macht, bedeutet dies, dass zwar weniger Leute ausgeschlossen werden, dass aber jedes Mitglied des Kollektivs auch weniger Renten einfährt. Wenn man es weniger zugänglich macht, dann werden mehr Menschen ausgeschlossen, doch jedes Mitglied des Kollektivs wird auch mehr Renten erzielen.[40] Zu kleine Kollektive könnten vielleicht nicht in der Lage sein, potenzielle Eindringlinge in das Kollektiveigentum auszuschließen, doch zu große Kollektive würden höhere Organisationskosten, oder, wie Ökonomen es ausdrücken, „Agenturkosten“ mit sich bringen. Eine erfolgreiche institutionelle Innovation bei der Schaffung von Eigentumsrechten erfordert daher die Suche nach einem angemessenen Lenkungsrahmen. Drei allgemeine Faktoren bestimmen die Größe und die Struktur dieses Rahmens.

Territoriale Größe

Die optimale Größe einer kollektiven Einheit, die für eine Zugangsbeschränkung zu Renten genutzt wird, variiert mit der Größe des zu schützenden Territoriums, die wiederum in beträchtlichem Maße variieren kann, und zwar abhängig von der Natur der Ressource und des Produktionsprozesses.[41] Die optimale kollektive Organisation für eine Zugangsbeschränkung eines kleinen Fischteichs wird kleiner sein als das optimale Kollektiv für die Zugangsbeschränkung eines 200 Meilen von der Küste entfernten Ozeangewässers, das wiederum kleiner ist als das optimale Kollektiv für eine Zugangsbeschränkung zum offenen Ozean. Ähnlich könnte ein kleines Bergbaulager den Zugang zu einem relativ begrenzten und nicht gut bekannten Erzvorkommen wirksam begrenzen, doch war etwa ein Indianerstamm zu klein, um den Zugang zu den Büffelherden zu beschränken, die durch große Gebiete wanderten.[42]

Eine Viehzüchtervereinigung mit einem Dutzend Mitgliedern konnte den Zugang zu einem nicht umzäunten Weidegebiet beschränken, indem sie Nichtmitglieder von kollektiven Zusammentrieben ausschloss. Doch dieselbe Vereinigung musste sich auf örtliche oder bundesstaatliche Regierungen verlassen, um die Brandmalregistrierung durchzusetzen, da das Vieh über große Gebiete hinweg, auf denen es graste, gekauft und verkauft wurde. Daher galt, dass je größer unter solch gleichen Bedingungen das zu schützende Gebiet war, desto höher auch die optimale Größe für eine kollektive Einheit war.[43]

Wettbewerbsvorteile bei Gewaltanwendung

Einer der wichtigsten wirtschaftlichen Gründe für eine kollektive Aktion ist die Durchsetzung von territorialen Grenzen gegen den Zugang von Leuten, die nicht Mitglieder des Kollektivs sind. Den Zugang zu einem solchen Territorium zu verhindern, macht es erforderlich, dass das Kollektiv Gewalt sowohl gegen Grenzübertreter als auch gegen Mitglieder des Kollektivs ausübt, um sicherzustellen, dass sie auch für die Verhinderung von Grenzübertritten durch Außenstehende mitbezahlen.[44]

Ein bestimmender Faktor für die optimale Größe des Kollektivs ist derjenige Punkt, an dem eine größere Machtstärke die Durchschnittskosten für die Verteidigung herabsetzt. Gibt es demnach Skaleneffekte bei der Produktion von Gewalt? Wenn es nur geringe Skaleneffekte gibt, können kleine Kollektive ihre Eigentumsrechte angemessen durchsetzen, doch wenn die Kosten mit der Größe der betreffenden territorialen Einheit abnehmen, werden wohl größere Kollektive bevorzugt werden.

Skaleneffekte bei der Gewaltanwendung erzeugen bei Menschen den Druck, größere kollektive Einheiten zu bilden. Normalerweise war im westlichen Frontier der Sechskammer-Revolver eine Technik, die fast jedermann die gleiche Macht verlieh, was die kollektiven Einheiten überschaubar hielt.[45] Bürgerwehrgruppen waren in der Lage, größere kollektive Gewalt gegenüber Einzelpersonen oder Banden auszuüben, doch der Umstand, dass sie nicht im Dauereinsatz waren und sich zumeist lediglich um lokale Probleme kümmerten, legt nahe, dass sie keine besonderen Kostenvorteile boten.

Das nationale Militär, das organisiert wurde, um die Grenzen der Nation gegenüber fremden Bedrohungen zu schützen, war notwendig, um Skalenvorteile zu erzielen, doch diese großen Skalenvorteile schufen auch die Möglichkeit, die kollektive Zwangsgewalt für die Umverteilung von Rechten zu verwenden. Lokale Milizen waren die ersten Militäreinheiten in der ganzen Frühgeschichte der USA, doch sie wurden nach dem Bürgerkrieg ersetzt durch eine große stehende Armee. Für die Siedler änderte die Existenz der stehenden Armee die Kalkulation, ob Verhandeln oder Kampf sinnvoller war, indem nämlich die Kosten für den Einzelnen, die für die Gewalt zwecks Landnahme zu Lasten der Indianer aufzuwenden waren, herabgesetzt wurden. Da die Armee eine spezielle Interessengruppe darstellte, die einen Anreiz zu kriegerischen Handlungen hatte, ist es nicht überraschend, dass die Daten zum Verhältnis von Kämpfen und Verträgen zeigen, dass nach dem Bürgerkrieg der friedliche Handel durch Raubzüge ersetzt wurde.[46]

Agenturkosten

Obwohl der Nutzen mit der Größe der kollektiven Einheit steigt – entweder weil die größere Einheit ein größeres geographisches Territorium mit höheren Renten umfasst oder weil sie von Skaleneffekten bei der Gewaltanwendung profitiert –, wird dieser Nutzen wieder aufgewogen durch Kosten, die durch das Versagen staatlicher Vertreter entstehen, wenn sie nicht den Wünschen der Bürger entsprechend handeln. Nehmen wir zum Beispiel an, dass eine Gruppe von Viehzüchtern Wyatt zur Verteidigung gegen Viehdiebe anheuert. Diese zusätzliche Verteidigung wird die Renten aus dem Land erhöhen, doch es besteht das Risiko, dass Wyatt sich opportunistisch verhält, indem er einen Teil der gestiegenen Renten für sich selbst abzweigt.

Er könnte ein höheres Gehalt verlangen und dies damit begründen, dass seine Arbeit gefährlich sei oder dass er seine Arbeit nicht ohne einen beträchtlichen Mehraufwand verrichten könne. Er könnte ein paar Viehdiebe davonkommen lassen und behaupten, dass er über mehr Ressourcen verfügen müsse, um seinen Job zu erledigen. In einem größeren Rahmen auf der politischen Bühne haben die betreffenden Akteure die Möglichkeit, Renten durch Regulierung und Besteuerung abzuziehen. Wenn es schwer ist, Wyatts Produktivität zu bemessen und seine Argumente zu überprüfen, wird er in der Lage sein, mehr Renten abzuzweigen, vor allem wenn er besondere Kompetenzen zur Durchsetzung von Gesetzen hat. Es ist stets kostenintensiv, sicherzustellen, dass (staatliche) Akteure im Sinne der Bürger handeln und dass sie ihre eigene Macht nicht dazu nutzen, von ihren Auftraggebern Renten abzuzweigen. Die Bürger müssen also Kosten auf sich nehmen, um die von ihnen beauftragten Akteure (Politiker, Bürokraten, Polizei und so weiter) davon abzuhalten, sich opportunistisch zu verhalten.

Diese Kosten für eine Agentur (Staat) sind besonders offensichtlich, wenn die kollektive Einheit geographisch gesehen so groß ist, dass ihre Mitglieder es schwer haben, auszutreten. Diese Situation gibt den staatlichen Akteuren mehr Macht über die einzelnen Mitglieder des Kollektivs. Es ist eine Sache, von einer Gemeinde zur anderen oder von einem Landkreis zum anderen zu ziehen, doch es ist viel kostenträchtiger, von einem Land in ein anderes zu migrieren. Diese Kosten werden umso größer, wenn die Grenze bezäunt und vermint ist, wie das etwa zwischen Ost- und Westberlin der Fall war. Wenn es für die Menschen einfacher ist, mit ihren Füßen abzustimmen, werden die Akteure des Staates weniger Möglichkeiten der Rentenentnahme haben und umgekehrt.

Die Kosten der Überwachung dieser Akteure steigen nicht nur mit der geographischen Größe des Kollektivs, sondern auch mit der Zahl der Menschen in einem Kollektiv. Das liegt daran, dass in einem größeren Kollektiv jedes Mitglied einen kleineren Anteil der Renten erhält, die durch einen kollektiven Gesetzesvollzug entstehen, und daher weniger Anreiz hat, den staatlichen Akteur zu überwachen. Im Ergebnis wird es, je mehr die Gruppengröße ansteigt, für jeden Einzelnen leichter, Trittbrettfahrer in

Bezug auf die Überwachungsbemühungen anderer zu sein. In einer kleineren Gruppe hat jedes Mitglied einen größeren Nutzen davon, die gemeinsam geschaffenen Renten zu schützen, und hat daher auch einen größeren Anreiz, die Akteure zu überwachen. Wenn der anteilige Nutzen am Kollektiv indirekt proportional zur Gruppengröße steht, können wir weniger Überwachung und mehr Rent-Seeking und Rentenabzweigung erwarten, wenn die Gruppengröße steigt. Daraus folgt, dass, wenn Akteure Regeln zur Steuerung der Eigentumsrechtsbildung für eine kleinere kollektive Gruppe entwerfen, diese Gruppe dann die Akteure effizienter überwachen wird, um sicherzugehen, dass die zu schaffenden Regeln keine Aufwandsverschwendung beim Entstehungsprozess für Eigentumsrechte verursachen. Und wenn im Gegenzug die staatlichen Akteure nicht so lückenlos überwacht werden, da die Kosten des betreffenden Staatsgebildes hoch sind, dann werden die von dieser Agentur entworfenen Regeln mit einer höheren Wahrscheinlichkeit Rentenvergeudung begünstigen.

Um diesen Punkt ganz zu verstehen, betrachten wir einmal die Regel für die Einrichtung von Eigentumsrechten an Land mit Hilfe einer Zeitkurve der Renten wie in Abbildung 2.1. Die optimale Zeit für die Besiedlung und Nutzung dieses Stücks Land ist t*, wenn die Renten in den positiven Bereich drehen. Eine vorzeitige Besiedlung, um Renten zu erhalten, bevor sie von anderen beansprucht werden, erfolgt mit einiger Wahrscheinlichkeit und könnte die Renten völlig verbrauchen, bevor die kollektive Gruppe darin übereinkommt, den Wettstreit zu begrenzen und Außenseiter auszuschließen, die sich vielleicht nicht an ihre Regeln halten.[47] Das war der Fall bei Vereinen für Landansprüche, die von Leuten organisiert wurden, die ein Interesse an der Vermeidung einer durch Wettstreit verursachten Rentenvergeudung hatten (siehe Kapitel 9). Wenn auf der anderen Seite die Regeln für die Einrichtung von Eigentumsrechten von Akteuren mit wenig oder keinem Anspruch auf die nicht verschwendeten Renten gesetzt werden, geschieht mit einer höheren Wahrscheinlichkeit ein verschwenderischer Verbrauch der Renten. Ein extremer Fall war dabei der sogenannte Landrausch von Oklahoma (Oklahoma land rush), bei dem die Früheren („Sooner") sich beeilten, das Land früher zu bekommen als andere. Und in ähnlicher Weise wurden in dem Maße, wie die Besiedlungsgesetze zu einer vorzeitigen (also früher als t*) Besiedlung ermutigten und dadurch sonst nicht getätigte Investitionen erforderlich wurden, auch potenzielle Renten aus dem Land im Frontier verbraucht.

Auch andere Faktoren als kleinere Gruppengrößen und Konkurrenz durch andere kollektive Einheiten können dazu beitragen, die Agenturkosten herabzusetzen. Zunächst einmal kann eine Homogenität der Gruppe (die indirekt proportional zur Gruppengröße sein kann) die Kosten von Akteuren reduzieren, die für die Überwachung zuständig sind. In relativ stabilen Gesellschaften mit zahlreichen wiederholten Interaktionen kann es günstiger sein, sich auf Normen und moralische Restriktionen zu verlassen als auf formelle Gesetze, die von offiziellen staatlichen Agenturen durchgesetzt werden. Solche sozialen und kulturellen Normen entwickeln sich mit der Zeit, wobei effizienzverbessernde Normen effizienzmindernde Normen ersetzen und diejenigen, die mit den Normen nicht einverstanden sind, zu anderen homogenen Gruppen ziehen, wo die Normen besser zu ihren Vorlieben passen.[48] Kulturelle Homogenität reduziert auch die Transaktionskosten durch eine gemeinsame Sprache und durch gegenseitiges Verstehen, was die Kosten für die Festlegung von Eigentumsrechten und das Verhandeln über deren Anwendung reduziert.[49]

Der Erhalt der kulturellen Homogenität erfordert den Ausschluss von Außenseitern von kollektiven Tätigkeiten und kann vielleicht zu einem Verständnis der Grenzen der Übertragbarkeit von Eigentumsrechten beitragen. Solche Nutzungsrechte, die nicht an Menschen außerhalb der Gruppe verkauft oder von ihnen erworben werden können, können in diesem Zusammenhang vernünftig begründet werden. In einer Gesellschaft, die von gemeinsamen Werten und wiederholten Interaktionen als Mechanismus der Durchsetzung von Eigentumsrechten abhängt, wäre es schädlich, einem Mitglied der betreffenden Gesellschaft zu erlauben, Rechte an Menschen außerhalb dieser Gesellschaft zu übertragen. Solch eine Übertragung könnte es Neulingen erlauben, Mitglieder der Gruppe zu werden, ohne sozial in sie eingebunden zu sein, was den gesellschaftlichen Konsens bezüglich der Rechteverteilung beschädigen könnte.[50]

Das Wassergesetz im Westen ist ein Beispiel dafür. Als die Wasserrechte in entlegenen Bergbaulagern und Bewässerungsprojekten sich entwickelten, wurden die Regeln oft nach Gewohnheit befolgt und unterlagen nur selten einer formellen Kodifizierung. Selbst als Staaten begannen, ihre

Rechte zu kodifizieren, verließen sich lokale Wassernutzer auf informelle Strukturen, um die Zuteilung zu bestimmen. Wenn beispielsweise ein jüngerer Wasserrechte-Anwender in einem Trockenjahr nicht über ausreichend Wasser verfügte, konnte durch informelle Mechanismen unter den Bewässerern Wasser auch ohne einen formellen Vertrag zugunsten des Wasserbedürftigen umverteilt werden. Wenn überdies formelle Rechtsstreitigkeiten aufkamen, war eine Einmischung in den Streit solchen Menschen vorbehalten, die tatsächlich über die Wasserrechte am betreffenden Wasserlauf verfügten. Indem man den Rechtetransfer abseits einer gewohnheitsmäßigen Nutzung wie etwa für die Bewässerung nicht gestattet, können solche Regeln die Zuteilung zu einer höherwertigen Nutzung wie zum Beispiel der Bewahrung umweltbezogener Annehmlichkeiten zwar vereiteln, doch dafür können sie dazu beitragen, die kulturelle Homogenität zu erhalten, die wiederum die Transaktionskosten reduziert.

Wenn Normen und Gebräuche nicht ausreichen, um die Beauftragten des Kollektivs zu kontrollieren, bieten formelle Regeln einen Weg, um die Akteure einzuschränken. Solche Regeln können von verfassungsmäßigen Regeln bis hin zu Statuten reichen. Sie dienen dazu, die Zwangsmacht der Akteure zu begrenzen, so dass die Renten nicht durch eine Umverteilung von Eigentumsrechten verbraucht werden. Die Enteignungsklausel in der US-Verfassung ist ein offensichtliches Beispiel. Sie legt fest, dass Eigentum vom Staat nicht ohne Entschädigung und einen angemessenen Prozess beschlagnahmt werden kann. Wenn solche Regeln für staatliches Handeln verbindlich sind, werden die Optionen für eine Umverteilung von Eigentumsrechten vermindert, wenn diese Regeln jedoch nicht verbindlich sind, kann die Umverteilung mit ihren Negativsummenergebnissen die Positivsummenspiele ersetzen. Das erklärt, warum Wagentrecks verfassungsähnliche Verträge aufsetzten, bevor sie sich in Richtung Großer Ebene aufmachten (siehe Kapitel 7). Die Wagentreck-Verfassungen legten Pflichten und Rechte fest und wurden in der Absicht erstellt, den Gebrauch von Zwangsgewalt durch die Wagentreckanführer zu begrenzen. Zusammengefasst können wir mehr verfassungsmäßige Beschränkungen für staatliche Akteure erwarten, wenn die Größe des Kollektivs wächst, die Konkurrenz zwischen den Kollektiven abnimmt und die Homogenität zurückgeht.

Die Vergangenheit vorhersagen

Aufgrund der oben beschriebenen Faktoren ergeben sich einige Hypothesen zur Evolution von Eigentumsrechten im amerikanischen Frontier.

1. Wenn der Wert einer Ressource steigt, werden institutionelle Unternehmer darauf reagieren, indem sie mehr Mühe für die Schaffung, Neuorganisation und Neuverteilung von Eigentumsrechten aufwenden, und umgekehrt.

2. Wenn ein technischer Wandel die Kosten der Bestimmung und Durchsetzung von Eigentumsrechten vermindert, wird auch mehr Mühe für deren Bestimmung und Durchsetzung aufgewendet.

3. Wenn ein technischer Wandel die Art und Weise

der Produktion von Gütern verändert, werden neue vertragliche Arrangements entstehen, um die Produktion zu organisieren und den Nutzungsaufwand zu bemessen und zu überwachen.

4. Wenn es sich um mobile Ressourcen auf großen Territorien handelt, wenn der Produktionsprozess die Kontrolle großer Gebiete erforderlich macht oder wenn es Größenvorteile bei Gewaltanwendung gibt, dann wird das Kollektiv größer sein.

5. Weil jedes Mitglied einer kleineren kollektiven Einheit ein größeres Interesse an den restlichen Renten (also den Renten, die nach Abzug der Transaktionskosten übrig bleiben) hat, werden kleinere Einheiten mit größerer Wahrscheinlichkeit die Transaktionskosten senken, während größere Einheiten diese wahrscheinlich erhöhen.

6. Größere kollektive Einheiten schaffen mit größerer Wahrscheinlichkeit Wettbewerbsvorteile bei der Anwendung von Gewalt und sind somit wahrscheinlich anfälliger für die Umverteilung von Rechten.

7. Da Agenturkosten mit der Größe des Kollektivs, mit der Heterogenität seiner Mitglieder und mit einer zunehmenden Schwierigkeit des Austritts aus dem Kollektiv steigen, werden größere kollektive Einheiten mit größerer Wahrscheinlichkeit eine Umverteilung von Rechten erleben.

Schauen wir uns nun an, wie diese Vorhersagen mit der Geschichte des amerikanischen Westens übereinstimmen.

Kapitel 3

Eigentumsrechte im Indianerland

Für die Untersuchung der Frage, warum der amerikanische Westen nicht so wild war, gibt es keinen besseren Ausgangspunkt als das „Gesetz des roten Mannes“.[51] Das Leben der amerikanischen Indianer vor ihrem Kontakt mit den Europäern wird gerne als das Vorbild schlechthin für die Koexistenz zwischen Mensch und Natur dargestellt. „Wie kann man den Himmel oder die Wärme des Landes kaufen oder verkaufen?“, fragte angeblich Häuptling Seattle in einer Rede in den 1850er Jahren.[52]

Diese Rede erweckt den Eindruck, dass eine indianische Kultur, die die Natur und ihre Großzügigkeit verehrte, Eigentumsrechten und Märkten abhold gewesen sei. Doch heute ist wohlbekannt, dass die Worte aus dieser oft zitierten Rede tatsächlich nicht von Häuptling Seattle, sondern aus der Feder eines Ted Perry stammten, der die Übersetzung des Philologen William Arrowsmith paraphrasierte und „ganz schön viel hinzufügte, insbesondere moderne ökologische Bildsprache“.[53]

Obgleich also Perry und nicht Häuptling Seattle schrieb, dass „jeder Teil der Erde meinem Volk heilig ist“, wurde die dieser Rede zugrundliegende Philosophie als Erklärung dafür akzeptiert, warum die Indianer die Natur nicht ausbeuteten und ihre Umwelt nicht verunreinigten. Boyce Timmons etwa formulierte es so: „Aufgrund ihres kulturellen Erbes haben die amerikanischen Indianer eine besondere Beziehung zu allen Dingen sowie eine Ganzheitlichkeit oder Einheit von Körper und Geist, die es ihnen ermöglichte, die unglaublichsten Notlagen und Unterdrückungen auszuhalten.“[54]

Diese simple Sichtweise ignoriert einige wichtige Antworten der indianischen Kulturen auf Knappheit und einen Wandel bei der Konkurrenz um Ressourcen. Tatsächlich ist es so, dass „lange bevor Darwin und Wallace 1858 die Aufmerksamkeit der Welt auf die biologische Evolution lenkten, die Beobachter der amerikanischen Indianer erkannt hatten, dass in Kulturen eine Evolution stattfindet“.[55] Diese Evolution brachte eine Reihe institutioneller Arrangements hervor, die so verschiedenartig sind wie auch sonst überall in der Geschichte der Menschheit.

Die Not war für die amerikanischen Indianer oft die Mutter der institutionellen Erfindung. Alle Gesellschaften müssen sich an ein sich wandelndes Ressourcenangebot anpassen, doch die Evolution von Kultur und Institutionen war besonders wichtig für jene Gesellschaften, die „am Rande der Subsistenz lebten. In höher entwickelten Gesellschaften bedeuten Abweichungen vom Optimum geringere Lebensstandards und niedrigere Wachstumsraten, also Luxusprobleme, die man aushalten kann. Im Gegensatz dazu hatten in Gesellschaften am Rande der Subsistenz mit Populationen unterhalb der Malthusianischen Kontrollschwelle entsprechende Abweichungen weitaus schlimmere Folgen. Eine ungesunde Rechtestruktur bewirkte allgemein eine niedrigere

Bevölkerungsgröße bis hin vielleicht zum Verschwinden der betreffenden Gesellschaft."[56] Sicherlich lebten nicht alle nordamerikanischen Indianer am Rande der Subsistenz, doch sie mussten sich alle an sich verändernde Umstände anpassen. Wenn sie das nicht gekonnt oder getan hätten, wären sie entweder verhungert oder unterworfen worden.

Auf Eigentum bezogene sprachliche Begriffe, wie wir sie kennen, gab es allgemein bei amerikanischen Indianern nicht, doch das Fehlen formeller Gesetze und moderner Eigentumsrechtsbegriffe heißt nicht, dass sie keine Regeln hatten, die auf Anreize abzielten. Solange Ressourcen knapp waren, hing das Überleben von Regeln oder Gebräuchen ab, die bestimmten, wer Zugang zu diesen Ressourcen hatte und diese nutzen konnte. Ein privates Ethiksystem wirkte entlang privater und gemeinschaftlicher Eigentumsrechte, um den Zugang zu knappen Ressourcen zu begrenzen. Der Juraprofessor James Huffman kommt zu folgendem Schluss:

„Es ist nicht ganz richtig, dass die amerikanischen Ureinwohner nichts über Eigentum wussten. Die sprachliche Begrifflichkeit des bürgerlichen Rechts in Bezug auf Eigentum war ihnen, wie auch ganz allgemein die englische Sprache, zwar nicht bekannt. Doch nicht fremd waren den Gruppen und Stämmen die Konzepte der Pacht, da sie Nutzungsansprüche auf Jagd- und Fischgründe geltend machten und verteidigten. Auch war das Konzept des uneingeschränkten Eigentums den amerikanischen Ureinwohnern nicht fremd, die Kriegswerkzeuge und andere Geräte persönlich besaßen und sogar Landgebiete aufwiesen, von denen sie andere ausschließen konnten."[57]

Des Weiteren waren institutionelle Veränderungen bei den amerikanischen Indianern ebenso in ihren Gesellschaften veranlagt wie bei den Europäern, die ganz andere Beschränkungen an Ressourcen vorfanden, als sie den amerikanischen Frontier erreichten.

Wer besaß wirklich die Erde und den Himmel?

Es ist schwer, die präkolumbianischen indianischen Institutionen im Rahmen des modernen Kontexts aus Gesetz, Staat und Eigentumsrechten zu sehen. Obwohl wir heute von „indianischen Nationen" sprechen, hatten nur wenige Stämme formelle Regierungsstrukturen, die über lokale Gruppen hinausgingen. Bei der Beschreibung der Yurok-Indianer, die am Klamath-Fluss im pazifischen Nordwesten lebten, meint Goldsmidt, dass „wir vielleicht die Begriffe ‚Dorf' und ‚Stamm' nicht verwenden können. Obwohl Menschen durch ihren Wohnort und ihren Herkunftsstamm identifiziert wurden, hatte keine dieser Gruppen einen direkten Herrschaftsanspruch auf die Handlungen des Einzelnen. Es gab keine Dorfregierung oder eine nationale Regierung, keine Dorf- oder Stammeshandlungen in Kriegen."[58] Zudem fanden moderne Vorstellungen von privaten Eigentumsrechten sowie definierter Eigentümerschaft, die von staatlichen Institutionen durchgesetzt wurden und auf Märkten verhandelt wurden, kaum Anwendung in indianischen Gesellschaften.

Nichtsdestotrotz bedeutet das Fehlen von zentralisierten formellen Regierungsstrukturen keineswegs, dass präkolumbianische Indianer keine Regeln hatten, die die Tragödie der Allmende verhinderten. Der Anthropologe Adamson Hoebel drückte es so aus: „Primitive Anarchie bedeutet nicht Unordnung."[59] Über lange Perioden hinweg entwickelten sich Bräuche, die es den Indianern erlaubten, zu überleben und zu gedeihen, vom ressourcenreichen pazifischen Nordwesten bis hin zu den Wüsteneien im Südwesten.

Der Juraprofessor und Richter Richard Posner fast zusammen, warum wir eigentlich indianische Institutionen erwarten sollten, die sich auf lokaler Ebene entwickelten, um Transaktionskosten zu minimieren und die Schaffung von Wohlstand zu befördern:

„Es ist in der Tat sogar einfacher zu erklären, warum Effizienz einen großen gesellschaftlichen Überlebenswert in einer primitiven Welt hat, als wir dies für unsere moderne Welt erklären können. Die effiziente Gesellschaft ist wohlhabender als die ineffiziente – das ist die eigentliche Bedeutung von Effizienz –, und eine wohlhabendere Gesellschaft kann eine größere Bevölkerungszahl verkraften. Der Effekt des größeren Wohlstands kann entscheidend sein bei der Konkurrenz zwischen primitiven Gesellschaften, in denen die Methoden der Kriegsführung simpel sind und die Zahl der Menschen viel mehr ausmacht als bei der modernen Kriegsführung. Archaische Gesellschaften, die lange genug bestanden, um beträchtliche literarische oder archäologische Überreste zu hinterlassen, sowie primitive Gesellschaften, die beständig genug waren, um bis ins

19. Jahrhundert hinein überlebt zu haben, sind daher mit hoher Wahrscheinlichkeit Gesellschaften, deren Bräuche effizient sind.“[60]

Effizienz in diesem Zusammenhang bedeutet zwei Dinge. Zunächst einmal beinhaltet sie, dass Menschen Institutionen nur dann zu ändern trachten, wenn der erwartete Nettoertrag positiv ist. Daher würden wir nicht erwarten, dass Menschen ihre Zeit und ihre Energie damit vergeuden, Eigentumsrechte für nicht knappe Ressourcen festzulegen und durchzusetzen. Zweitens bedeutet sie, dass Gesellschaften Institutionen entwickeln, die sich an individuellen Anreizen orientieren, so dass die Menschen die Kosten ihrer Handlungen tragen und die Früchte ihrer Handlungen einfahren.

Weil Indianer in die Errichtung von Eigentumsrechten investierten, sobald diese wirtschaftlich wurden, variierte der indianische Landbesitz von Stamm zu Stamm und von Ort zu Ort und „reichte von vollständig oder fast vollständig gemeinschaftlichen Systemen hin zu Systemen, die kaum weniger individualistisch waren als unsere Systeme mit dem Schwerpunkt auf uneingeschränktem Landbesitz“.[61]

Bezüglich der nomadisierenden Stämme des Großen Beckens kommt der Anthropologe Julian Steward zu dem Schluss, dass diese Indianer sich nicht darum kümmerten, Eigentumsrechte an Ressourcen festzulegen und durchzusetzen, die keinen oder einen nur geringen Wert für sie hatten: „Alle natürlichen Ressourcen, mit der einzigen Ausnahme privat besessener Adlernester, waren für jedermann frei verfügbar. Dies war keine gemeinschaftliche

Eigentümerschaft. Es war gar keine Eigentümerschaft, da keine Gruppe jemals natürliche Ressourcen beanspruchte. Wasser, Samen, Jagdgründe, Mineral- und Salzlager und so weiter wurden von jedermann frei genutzt."[62]

Auf der anderen Seite war es so, dass, wo Ressourcen knapp waren oder wo Investitionen erforderlich waren, um das Land produktiv zu machen, „wirklich gemeinschaftliches Eigentum knapp war. Landbesitz allgemein und auch unbeschränkter Besitz fanden sich bei den meisten Landwirtschaft betreibenden Stämmen. Vor allem in den Fällen, wo Kapitalinvestitionen erforderlich waren für Bewässerung, Ackerbau oder einen sparsamen Umgang, legten Indianer individuelle oder familiäre Eigentumsrechte an Land fest und setzten sie durch."[63]

Die Pueblo-Indianer, die im Oberen Colorado-Becken lebten, waren typisch für solche landwirtschaftlichen Stämme. Da der Anbau von Nutzpflanzen eine erhebliche Investition in die Rodung und Ebnung von Land erforderte, wurde das Ackerland von dem Clan besessen, der diese Investitionen getätigt hatte. „Durch Bestimmung des Oberhaupts der Isleta-Indianer konnte eine Einzelperson normalerweise einen Morgen Land (und die dazu nötigen Wasserrechte) erhalten, doch wenn das Oberhaupt oder dessen Verwalter fanden, dass der Landnutzungsbevollmächtigte das Land nach einem Jahr verlassen oder es nicht bewirtschaftet hatte, wurden das Landstück und die damit verbundenen Wasserrechte wieder in den Besitz des Pueblos überführt und neu zugeteilt."[64]

Auch die Havasupai erkannten Privatbesitz an Ackerland an, solange das Land auch genutzt wurde. Wie Edward Kennard bemerkt, teilten die Hopi-Indianer den verschiedenen matrilinearen Clans des Dorfes Exklusivrechte an den Feldern zu: „Jede einem Clan zugeteilte Landfläche war durch Grenzsteine markiert, die an den Ecken der Felder aufgestellt und mit Symbolen der Clans bemalt wurden."[65] Auch Daryll Forde merkt an, dass die Ländereien der Hopi-Indianer „mit zahlreichen Grenzsteinen" markiert waren, „die an den Ecken und Verbindungspunkten platziert und auf denen die Symbole des betreffenden Clans eingraviert waren".[66] Die Clan-Landstücke wurden normalerweise den Frauen zugeteilt und waren mit einem bestimmten durch Erbschaft weitergegebenen Haushalt verbunden.

Im Gegensatz zum Land befanden sich von den Pueblo-Indianern gebaute Dämme gegen Überschwemmungen sowie Bewässerungskanäle im Gemeineigentum. Gemeineigentum war effizienter als individueller Besitz, da solche Systeme eine beträchtliche Investition erforderten, die der Einzelne nicht aufbringen konnte, und da solche Bauten eine erhebliche Wirtschaftlichkeit durch Skalenvorteile mit sich brachten. Die Transaktionskosten des ständigen Verhandelns von Vereinbarungen zwischen Privatbesitzern für die Instandhaltung dieser Systeme wären demnach untragbar gewesen.

Weitere Belege für die Effizienz von Institutionen bei den Pueblo-Indianern finden sich in der Art und Weise, wie sie mit dem Risiko von Ernteausfällen in einer ariden Umgebung umgingen. „Die Streuung von Landgrundstücken jedes Clans über eine Reihe von Flächen ist von einer großen praktischen Bedeutung, da sie das Risiko von Anbaumisserfolgen reduziert. Wenn eine Reihe von Feldern ausgewaschen wird, bleibt die Chance, dass die Felder an anderen Stellen verschont bleiben."[67] Der Erfolg der institutionellen Struktur der Hopi wird von Forde zusammengefasst: „Die Landwirtschaft der Hopi weist eine Reihe von bemerkenswerten Charakteristika auf, die dazu dienen, die Unwirtlichkeit einer ariden Umgebung abzumildern. Durch vorsichtige Anpassung an lokale Gegebenheiten und durch den Gebrauch von erfindungsreichen, jedoch unausgefeilten Gerätschaften werden alle charakteristischen Pflanzen des amerikanischen Mais-Kürbis-Komplexes in einem beträchtlichem Ausmaß erfolgreich kultiviert."[68]

Zahlreiche indianische Kulturen haben wohldefinierte Eigentumsrechte auf Ressourcen entwickelt, die einzigartig waren oder die langfristige Investitionen und Pflege erforderten, und diese Rechte wurden normalerweise vererbt.[69] Im Großen Becken waren „die Pinienbestände so wichtig, dass Pinienhaine an manchen Orten als Familieneigentum betrachtet wurden".[70] In einem Fall überlegte ein nördlicher Paiute, dass sein Vater „ein Pferd für eine bestimmte Menge Pinienkerne gekauft" habe[71], und legte damit nahe, dass Eigentumsrechte werthaltig und verhandelbar waren. Auf der anderen Seite wurden Weiderechte üblicherweise kollektiv ausgeübt, und zwar wegen der Kosten für das Zusammenhalten von Vieh und die Vielfalt von Futter in dem betreffenden Gebiet.

Die sesshafteren kalifornischen Indianer setzten ebenfalls Eigentumsrechte für wertvolle und Investitionen benötigende Wirtschaftsgüter durch. „Land bei den Paiute vom Owens Valley und in geringerem Ausmaß bei den Schoschonen des Salinas Valles befand sich im Gruppeneigentum und wurde gegen unbefugten Zutritt verteidigt."[72] Verglichen mit den Stämmen in der Großen Ebene hatten kalifornische Indianer fruchtbareres Land, das gute Bedingungen für eine produktive Landwirtschaft bot und eine dichtere Bevölkerung mit sich brachte, die normalerweise in ständig bewohnten Dörfern organisiert war. Steward berichtet, dass unter den Paiute-Indianern des Owens Valley „gemeinschaftliche Gruppen innerhalb ihres Bezirks-Territoriums blieben", das durch natürliche Gegebenheiten wie Berge, Klippen und Flussläufe begrenzt wurde.[73]

Das Ergebnis war ein System durchsetzbarer privater Eigentumsrechte, die mit einem gewissen Grad organisierter Kontrolle durch den Stamm umgesetzt wurden. „Das ökologische Umfeld erlaubte somit und verursachte vielleicht sogar die Entstehung von Gruppen."[74] Landbesitzende Gruppen mit bestimmten Namen lebten unter der Führung von Häuptlingen mit fest umrissener Autorität. Gemeinschaftliche Arbeitsstätten und Trauerzeremonien verstärkten die Gruppenbande. Familien besaßen Pinyon-, Mesquite- oder Süßhülsenbäume und ein paar Wildsamenlandflecken, deren Eigentümerschaft „durch Steinlinien markiert wurde".[75] Obwohl manchmal in Zeiten des Überflusses die Erlaubnis zum Sammeln von Nahrung erteilt wurde, wurde ein unbefugtes Eindringen nicht toleriert, wobei „der Besitzer ihn [den Übertreter] mit Worten schalt wie ‚Pflück hier keine Nüsse! Das sind nicht deine, sondern meine.'"[76] In einem extremen Fall, so berichtete

John Muir, tötete der Besitzer eines Pinyonbaums einen Weißen, nachdem dieser den Baum gefällt hatte.[77]

Steward fasst den Einfluss von langfristigen Investitionen auf Eigentumsrechte wie folgt zusammen:

„Wasser, Samen und Jagdgründe, Bodenschätze und Salzlager und so weiter wurden frei von jedermann genutzt. Doch sobald bei den Produkten aus natürlichen Ressourcen Arbeit im Spiel war, wurden diese zum Eigentum der Person oder der Familie, die diese Arbeit geleistet hatte. Weidenhaine konnten von allen genutzt werden, doch Weidenkörbe gehörten ihren Herstellern. Wilde Samen konnten von jedermann gesammelt werden, doch sobald sie geerntet waren, gehörten sie unstreitig der Familie, die die Arbeit damit gehabt hatte.“[78]

Wenn nun Eigentumsrechte an indianischem Land sich dann entwickelten, als die Festlegung und Durchsetzung dieser Rechte wirtschaftlich wurde, wie sieht es dann mit Eigentumsrechten an anderen Ressourcen aus, etwa Fisch oder Wild, bei denen die Festlegung und Durchsetzung dieser Rechte viel kostenintensiver gewesen sein dürfte? Wir würden erwarten, dass, solange das Wild in Hülle und Fülle vorhanden war, nur wenige Anstrengungen in Aktivitäten zur Festlegung und Durchsetzung solcher Rechte unternommen wurden, dass jedoch, wenn dieser Überfluss aufgrund natürlicher Bedingungen oder Konkurrenz zwischen den Nutzern abgebaut worden war, sich Eigentumsrechte entwickelt hätten. Harold Demsetz fand heraus, dass dies sowohl im Nordwesten als auch im Westen der Fall war, wo gemeinschaftliche Gewohnheitsrechte für Jagd, Fischerei, Sammeln oder Ackerbau die

Regel waren.[79] Bei den Apatschen hatte jede Gruppe „ihre eigenen Jagdgründe und hielt sich, außer bei sonst drohendem Hungertod, damit zurück, sich bei den Nachbarn zu bedienen … Jede lokale Gruppe hatte Exklusivrechte auf bestimmte Ackerflächen und Jagdgegenden, und jede Gruppe wurde von einem Häuptling angeführt, der die gemeinschaftlichen Unternehmungen dirigierte."[80]

Obwohl also die Rechte gemeinschaftlicher Art waren, war der Zugang nicht offen für alle Mitglieder einer größeren Gemeinschaft. Es wurden Grenzen gezogen, die sowohl den Wert der Ressource als auch die Kosten der Festlegung und Durchsetzung der Rechte widerspiegelten. Einige Stämme führten Rechte ein auf „Bären- und Ziegenjagdgegenden, Beeren- und Wurzelstätten, heiße Quellen, Seeotter-Reviere, Robben- und Seelöwenfelsen, Meeresfrüchtelager, Zedernbestände und Handelsrouten".[81]

Vielleicht kommt das beste Beispiel für territoriale Fischereirechte aus dem pazifischen Nordwesten, wo die Indianer wohldefinierte Fischgründe entlang des Columbia River hatten.[82] Weil Fische natürlicherweise bei Wasserfällen oder seichten Stellen konzentriert sind, bauten die Indianer an solchen Orten Fischschleusen, Stauwehre und andere feste Vorrichtungen und konnten einfach den aus dem Ozean in Süßwasserläufe zurückkehrenden Lachs abfischen. „Der rote Mann hatte sorgfältig die Gewohnheiten und Bewegungen der Lachse studiert und wusste, dass die Orte, an denen man sie fangen konnte, an der Einmündung von Zuflüssen sowie bei strudelnden Kaskaden und Wasserfällen lagen."[83] Die Eigentumsrechte an diesen Orten und den festen Vorrichtungen wurden von den Küstenindianern eindeutig durchgesetzt. Der Zugang zu solchen Orten war dem Clan oder einer Familie vorbehalten. Robert Higgs merkt an, dass die Stellen für „den Fischfang an den großen Cleilo-Fällen des Columbia sowie die Riffbänke des Lummi-Stamms am nördlichen Puget Sound … sich in vererbbarer individueller Eigentümerschaft befanden, die vom Vater an den Sohn überging“.[84]

Die Verwalter dieser Stätten konnten andere Clans oder Familien von ihren Fischereigegenden ausschließen. Wenn jemand ein solches Territorium widerrechtlich betrat, wurde der Eindringling dazu angehalten, die Eigentümergruppe zu entschädigen oder andernfalls gewalttätige Konsequenzen in Kauf zu nehmen.[85] Entscheidungen bezüglich des Managements des Eigentums wurden im Allgemeinen von den Yitsati, den „Haushältern“, getroffen. Die Yitsati hatten die Macht, Entscheidungen über die Höhe der Ernte, die Fischbestandsschonung und die Fischfangsaison sowie über Erntemethoden zu treffen. Es handelte sich um den ältesten Mann des Clans, der ein größeres Wissen bezüglich der Lachswanderung, der Fischbestandsschonung und der Fischereitechnik hatte und daher in der besten Position war, ein „Wächter oder Treuhänder der Jagd- und Fischereigebiete zu sein“.[86]

Obwohl Anthropologen darüber debattieren, wie mächtig der Yitsati tatsächlich war, ist es dennoch eindeutig, dass Lachswanderungen über lange Perioden hinweg durch ortsspezifische Regeln verwaltet wurden, die sich in kleinen Gruppen mit einer hohen Ergebnisorientierung entwickelten.[87] Obgleich die indianischen Techniken zum

Fang von laichendem Lachs so effizient waren, dass sie den Lachsbestand hätten dezimieren können, erkannten die Indianer, wie wichtig es war, einigen laichenden Fischen das Entkommen stromaufwärts zu erlauben. Higgs zitiert einen um 1852 geborenen Quileute-Indianer:

„Wenn die Indianer ausreichend Fische erhalten hatten, entfernten sie die Fischwehre vom Fluss, so dass die nicht benötigten Fische stromaufwärts wandern und dort ihre Eier ablegen konnten, so dass es auch in späteren Jahren ausreichend Fisch geben würde."[88]

In einem wichtigen Fall bezüglich der indianischen Fischrechte im pazifischen Nordwesten fasste der Boldt-Beschluss (benannt nach Richter George Boldt) die historischen indianischen Fischereirechte zusammen: „Im Allgemeinen hatte der einzelne Indianer die Hauptnutzungsrechte an dem Territorium, in dem er wohnte, sowie Erlaubnisnutzrechte im Herkunftsterritorium (falls dieses sich vom Wohnterritorium unterschied) oder in Territorien, in denen er Blutsverwandte hatte. Gemäß solchen individuellen Ansprüchen machten die meisten Gruppen herbstliche Fischereinutzungsrechte in den Gewässern in der Nähe ihrer Winterdörfer geltend. Frühlings- und Sommerfischereigegenden lagen oft weiter entfernt und wurden mit anderen Gruppen aus anderen Dörfern geteilt ... Bestimmte Arten [von Fischfanggeschirr] erforderten kooperative Bemühungen beim Bau und beim Gebrauch. Fischstauwehre wurden als gemeinschaftliches Eigentum angesehen, doch die einzelnen am Wehr anliegenden Fischfangstationen wurden von Einzelpersonen kontrolliert."[89]

Der Anthropologe Frank Speck fasst zusammen, warum er glaubt, dass Indianer so etwas wie „eingeborene Bewahrer" waren: „[Sie] führten ihre Jagd in begrenzten Familienjagdterritorien durch, die von Generation zu Generation in männlicher Linie weitergegeben wurden. In solchen Familiengebieten wurde der Bestand an Waidtieren durch ausgeklügelte Systeme der Rotation bei Jagd- und Sammeltätigkeiten erhalten und wurde von den Familiengruppen als Erbe aus jenen vergangenen Zeiten verteidigt, als das Land vom Schöpfer ihren Vorfahren übergeben worden war."[90]

Was Speck „nackten Besitz" nannte, führte zur „Erhaltung des Bestands von Tieren und Nutzpflanzen, zu Methoden für die Sicherstellung ihrer Verbreitung, um Nahrungsquellen für die Nachkommen zu sichern, zu einem permanenten Familienwohnort mit wohlbekannten und oft auch umkämpften Eigentumsgrenzen sowie zu einer feindlichen Haltung gegenüber Übergriffen durch Familiengruppen in der Nachbarschaft, die selbst eigene Landbezirke besaßen".[91]

Persönliches Eigentum war fast immer in Privatbesitz, da es eine beträchtliche Zeitinvestition erforderte, es zu produzieren und instand zu halten. Kleider, Waffen, Gerätschaften und Wohnstätten waren oft das Eigentum der Frauen, die diese herstellten. Das Tipi zum Beispiel war Eigentum der Frauen, die die Felle dafür sammelten (normalerweise zwischen acht und 20 Stück), diese färbten und abkratzten und sie dann gemeinsam zusammennähten. Weil sehr viel Zeit für das Schnitzen von Pfeilspitzen und für den Bau von Bögen und Pfeilen aufgewendet wurde, waren diese Objekte ebenfalls in privater Hand. Hochqualitative Steine für Pfeilspitzen und Messer waren auch in Privatbesitz, so auch das Holz für die Bögen, das von weit entfernten Stellen stammte und nur durch Fernhandel angeeignet werden konnte.

In einigen Gegenden wurden „Kaninchen gemeinschaftlich unter der Führung eines lange amtierenden Kaninchenführers gejagt. Dieses Amt wurde von einer anderen Person besetzt als dem Rotwildjagdführer und dem Antilopenflüsterer.“[92]

Doch wurden die Netze, in die die Kaninchen getrieben wurden, in Privatbesitz gehalten und instand gesetzt. „Der Fang aus diesen großen Treibjagden wurde normalerweise gleichmäßig unter den Teilnehmern geteilt, doch manchmal wurde ein größerer Anteil dem Organisator und Führer der Jagd oder den Netzbesitzern angeboten.“[93]

Die Auswirkungen des Pferdes

Der Ökonom Martin Bailey führt fünf Eigenschaften von Ressourcen oder Technologien auf, die bestimmen, wann im evolutionären Prozess in Stammesgesellschaften Gemeineigentum gegenüber Privateigentum vorherrscht:

1. Niedrige Vorhersagbarkeit von Beute- oder Pflanzenstandorten innerhalb des Stammesterritoriums.
2. Der Gemeinwohlaspekt der Informationen über den Standort dieser Art von unvorhersagbarer Nahrungsressource.

3. Hohe Variabilität des individuellen Erfolgs wegen der Eigenschaften aus Punkt 1 und Punkt 2 oder anderer Umstände, die außerhalb der Kontrolle einer Einzelperson stehen.

4. Die überlegene Produktivität von Gruppenjagdtechniken wie etwa das Treiben der Beute in einen Hinterhalt oder über eine Klippe.

5. Sicherheit vor großen Raubtieren, vor allem wenn man die Ergebnisse eines erfolgreichen Jagdausflugs heimbringt.[94]

Diese Aspekte legen einen Ausgleich zwischen überlegenen Anreizeffekten, die dem Privateigentum innewohnen, auf der einen Seite und der Wirtschaftlichkeit durch Größenvorteile auf der anderen Seite nahe, die durch gemeinschaftliche Aktivitäten gewonnen werden. In einer Jäger- und Sammlergesellschaft erklärt eine niedrige Vorhersagbarkeit von Beutetier- und Nutzpflanzenstellen, warum die Zusammenarbeit eine notwendige Bedingung für das Überleben darstellte. Auf ähnliche Weise kann das, was Bailey den „Gemeinwohl-Aspekt der Informationen" nennt, zutreffender verstanden werden als Wirtschaftlichkeit durch Skaleneffekte bei der Sammlung von Informationen.[95]

Dies beförderte eine Koordination bei der Suche, da eine solche Koordination „bessere Gesamtergebnisse für die Gruppe ergeben würde als bei den Bemühungen einer Einzelperson".[96] Eine hohe Variabilität beim Jagd- und Sammelerfolg bedeutete, dass Einzelbemühungen zum Hungertod führen konnten. Und schließlich, so wie auch eine moderne Geschäftsfirma die Gewinne aus Skaleneffekten gegen die Kosten der Überwachung des Fließbands aufrechnen muss, so mussten auch die Indianer die höhere Produktivität der Gemeinschaftsjagd gegen die Möglichkeit der Drückebergerei bei einzelnen Mitgliedern abwägen.[97]

Der Kontakt mit den Europäern änderte einige dieser Variablen und übte Druck auf die amerikanischen Indianer aus, ihre Institutionen zu ändern. In einigen Fällen waren diese Veränderungen mehr revolutionärer als evolutionärer Natur, und zwar aus zwei Gründen. Erstens änderte der Handel mit den Europäern die relativen Preise auf dramatische Weise. Wie bereits erwähnt, bewegte der Bedarf nach Biberpelzen die nordöstlichen Indianer dazu, Eigentumsrechte an Fangterritorien einzuführen. Dasselbe passierte bei Büffeln. Als die Stämme mobiler wurden, wuchs die Wahrscheinlichkeit für die Tragik der Allmende. Zur gleichen Zeit erhöhte die europäische Nachfrage nach Fellen die möglichen Renten aus dem Zugang zu dieser Ressource. Die Indianer der Großen Ebene reagierten, indem sie ihre Jagdterritorien abpatrouillierten.[98]

Zweitens veränderte die europäische Technik, vor allem aber die Einführung des Pferdes, den Produktionsprozess auf dramatische Weise. Das Pferd „war eine der dramatischsten und folgenreichsten Veränderungen, die jemals in irgendeinem Land der Erde stattgefunden hatte. Das bloße Aufkommen des Pferdes brachte eine schier epische und weltweit einmalige Transformation mit sich.“[99] Die indianische Antwort auf das revolutionäre Aufkommen des Pferdes war das Ersinnen neuer effizienter Institutionen und Eigentumsrechte, weil dieser evolutionäre Prozess in kleinen Gruppen stattfand, in denen die Menschen ein Eigeninteresse am Ergebnis hatten.

Wenn man Baileys Theorie auf die indianische Pferdekultur anwendet, ergeben sich drei Faktoren, die die Wahl zwischen unkoordinierten individuellen Aktivitäten und kollektiven Unternehmungen bedingten. Zunächst einmal begünstigten Skaleneffekte bei der Beschaffung von Informationen über den Standort von Wandertieren wie dem Büffel sowie bei der Jagd auf diese Tiere ein koordiniertes Vorgehen. Zweitens ermöglichten es gemeinschaftliche Organisationen den Subsistenzwirtschaft betreibenden Gesellschaften, die Risiken angesichts der Variabilität bei den Wildbretstandorten, beim Wetter oder bei anderen biologischen Faktoren zu teilen. Drittens mussten die Gewinne aus den Skaleneffekten und die Risikoteilung aufgewogen werden gegen die Kosten einer kollektiven Organisation. Die zentrale Hypothese, die aus diesen Rahmenbedingungen folgt, ist die, dass Pferde die Art und Weise der indianischen Büffeljagd veränderten. Durch eine Verminderung der Skaleneffekte, eine Abnahme der Variabilität bei der Verfügbarkeit der Büffel und eine Veränderung des relativen Werts der Jagdergebnisse nahm die optimale Größe für soziale Organisationen ab.

Jagdorganisation zu Pferde

Vor der Einführung des Pferdes war die Büffeljagd eine gemeinschaftliche Aufgabe, die im Sommer stattfand und Gruppen zusammenführte, die ansonsten in den restlichen

Jahreszeiten in kleinen Sippen verstreut lebten. Die Jagd zu Pferde erforderte größere Gruppen, um die Tierherden (manchmal mit Hilfe von Feuer) in sogenannte Umzingelungen („Surrounds“) oder über Klippen zu treiben, die als „Jump“ (Büffelsprung) oder „Piskun“ bekannt waren. Ein Jagdführer koordinierte die Aktivitäten, indem er Wächter bestimmte, die „eine Unterbrechung der gemeinschaftlichen Anstrengungen durch Versuche Einzelner, sich gegenüber der Gemeinschaft einen Vorteil zu verschaffen, verhinderten. Diese Wächter bestraften Delinquenten durch die Zerstörung ihres Eigentums, ‚ohne dass der betreffende Mann oder die Frau auch nur ein Wort sagte‘“.[100] Die Indianer jagten die Tiere, schlossen sie ein und töteten sie. Am Ende wurde das Fleisch abgeschabt und ziemlich gleichmäßig unter allen Teilnehmern verteilt.

Drei allgemeine Methoden der Bisonjagd herrschten in den Zeiten vor dem Pferd vor: das Anpirschen, die Umzingelung und die Treibjagd. Das Anpirschen brachte die geringsten Skaleneffekte aller unberittenen Techniken mit sich und erlaubte daher die Auflösung größerer Gruppen.[101] Das Anpirschen war am erfolgreichsten im Winter, da der Bison dann leicht in großen Schneeverwehungen feststeckte. Wenn der Schnee an einem oder zwei warmen Tagen schmolz und wieder zufror, dann konnte die verhärtete Oberfläche einen Menschen auf Schneeschuhen aushalten, brach aber unter den Hufen eines Büffels ein. Die Ungleichheit bei der Grundgeschwindigkeit wurde dadurch verringert, da die Indianer mit Schneeschuhen auf der Schneeoberfläche dahingleiten konnten und im Vorteil waren. Manchmal konnten die Büffel so sehr einsacken, dass sie hilflos waren und mit einer Axt oder einem Speer erlegt werden konnten.[102] Auch im Pferdezeitalter konnte tiefer Schnee den Gebrauch des Pferdes ausschließen, so dass auch dann noch das Anpirschen zu Fuß notwendig wurde.[103]

Die Umzingelung („Surround") beinhaltete sowohl Elemente des Anpirschens als auch der Treibjagd und brachte somit Skaleneffekte und gemeinschaftliche Organisationskosten mit sich. Bei einer Variante des Surrounds wurde ein provisorischer Zaun gebaut, indem man Hundegeschirre zusammenband. Eine Gruppe leichtfüßiger Männer stöberte die Herde auf und trieb sie zum Zaun, während andere neben der Treibroute standen und der Herde den Zugang nach hinten versperrten. Wenn die Umzingelung komplett war, drehte sich die Herde im Kreis, während die Jäger sie mit Pfeilen erlegten.

Obwohl die Koordination kostenintensiv und die Vorbereitungszeit lang sein konnte, wurden diese Jagdtechniken aufgrund der Skaleneffekte gewählt, wenn das Terrain geeignet und Büffel verfügbar waren. Die Treibjagd zu Fuß erlaubte das umfassende Schlachten einer gesamten Herde, war jedoch mit hohen Kosten für die Planung, die Arbeit, die Koordination und Vorsichtsmaßnahmen verbunden. Die Treibjagd beinhaltete das Einsperren einer Bisonherde in einer natürlichen topographischen Senke oder Falle oder in einer ständigen menschengemachten Vertiefung. Die berühmteste Variante der Treibjagd war der Büffelsprung, bei dem die Herde über eine Klippe gehetzt wurde. Anders als beim Anpirschen zu Fuß bestand bei einer erfolgreichen Treibjagd nicht das Risiko, dass benachbarte Herden aufgeschreckt wurden, denn die ausgewählte Herde konnte direkt zum Schlachtort hin dirigiert werden. Daher konnten viele Stämme die Treibjagden zu allen Jahreszeiten so lange veranstalten, bis es nicht mehr ausreichend Bisons in der Nähe gab.[104]

Die Umzingelung und die Treibjagd brachten eine Schwierigkeit mit sich: Sie erforderten das Treiben der Herde über große Distanzen hinweg hin zu einem bestimmten Ort für den Surround oder den Büffelsprung. Viele Büffelsprungstätten oder Fallen lagen innerhalb eines Gebiets, in dem der Bison sich von Natur aus aufhielt, meistens ein Becken oder eine Talsohle. Aus diesem Bereich konnten die Herden nur langsam zu den Treibrouten geführt werden, die aus Steinen, getrocknetem Büffelmist oder anderen verfügbaren Materialien errichtet wurden und die V-förmig mit der Falle am Ende zugespitzt wurden. Die Herde wurde also in die Falle hineingetrichtert, während die Indianer an der Seite standen und mit ihren Kleidern wedelten, um zu verhindern, dass die Bisons die Haltbarkeit der Treiblinien testeten. An einer Stätte breiteten sich die Treiblinien mindestens vier Kilometer gen Westen aus, und die Bisons sind wahrscheinlich über eine erhebliche Entfernung getrieben worden, bevor sie die Öffnung der Treibvorrichtung erreichten.[105] Oft wurde die Herde von einem „Renner“ oder „Lockvogel“ angeführt – einem Indianer, der als Büffel verkleidet war und dessen Bewegungen und Rufe nachmachte. Indem er wie ein verirrtes Büffelkalb blökte oder die Neugier der Herde auf andere Weise erregte, konnte der Lockvogel die Herde dazu bringen, ihm zu folgen, und sie immer näher an die Treiblinien führen.

Wenn man die Herden weit entfernt von der Vertiefung grasen fand, machte sich ein „Hirte“, ein Gehilfe des Lockvogels, zu den Herden auf, die 15 bis 80 Kilometer entfernt sein konnten, um sie zur Zielgrube zu bewegen, indem er Rauch und Wind nutzte oder sich in strategischen Momenten zeigte, oder indem er in Höchstgeschwindigkeit rannte, um die Herde, falls nötig, zu einer Richtungsänderung zu bewegen, oder indem er stundenlang dasaß, um einen „günstigen Zeitpunkt“ abzuwarten. Nachts konnte er sie anstupsen, indem er mit seinem Gewand auf den Boden schlug, um sie aufzuschrecken und in Bewegung zu bringen. Wenn der Hirte die Herde in die Nähe des Ziels gebracht hatte, übernahm sie der Lockvogel.[106]

Eine Gruppe von Menschen konnte hinter einer Herde hergehen und sie lenken, indem sie ihr den Weg, wo auch immer nötig, abschnitt.[107]

Die Treibjagd erforderte sehr viel Zeit, Geduld und Ahnung von Büffeln. Obwohl die Bisonjagd am einfachsten im Herbst zu handhaben war, war die Treibjagd zu allen Jahreszeiten eine schwierige Operation. Die leichteste Störung konnte die Büffel zu einer Massenpanik veranlassen und so die Gelegenheit zunichtemachen, ein paar Tiere von der Herde zu trennen. Eine noch größere Gefahr drohte in dem Augenblick, bevor der Bison den Rand der Klippe oder der Vertiefung erreichte. Wenn das Leittier stark und ausgefuchst war oder nicht durch den Druck der hinter ihm her trampelnden Bisons nach vorne gedrückt wurde, konnte er umkehren und die ganze Herde mit sich nehmen.[108] Der Erfolg hing auch von den topographischen Gegebenheiten der Klippe und der Umgebung ab.

Da die Verfügbarkeit von Büffeln mit den Jahreszeiten schwankte, schlossen sich indianische Scharen zusammen und trennten sich je nach Bedarf wieder. Sarah Carter führt aus: „Das [unberittene] Indianerleben der Prärie folgte einem Muster der Konzentration und der Auflösung in Abhängigkeit vom Verhalten der Büffel."[109] George Bird Grinnell beschreibt die jahreszeitliche Nutzung von Büffelsprüngen (Piskuns) und Surrounds:

„Bei Frühlingsbeginn wanderten die Büffel zum flacheren Prärieland weit weg von den Piskuns. Auch die Schwarzfußindianer zogen dann mit. Als der Winter nahte, zogen die Büffel wieder näher an die Berge heran, und als die Nahrung knapp wurde, folgten die Indianer ihnen zu den Piskuns. Im Spätsommer und im Frühherbst hatten sie immer Späher im Einsatz, die nach den Büffeln Ausschau hielten, um herauszufinden, wo sie waren und in welche Richtung sie sich bewegten. Im Frühherbst wurden alle Piskuns repariert und verstärkt, damit sie für den Winter in einem guten Zustand waren."[110]

Wenn die Indianer wussten, dass sich die Büffel in der Nähe befanden, formierten sie sich in ihren Jagdgruppen und teilten sich die Beute auf. Wenn die Büffel sich entfernten, trennten sich die Indianer wieder voneinander. Kleinere Gruppen kamen saisonbedingt zusammen und bildeten größere Gruppen von ungefähr 150 Personen[111], um Bisons zu jagen.[112] Wenn eine Gruppe noch größer wurde, trennte sie sich friedlich, offensichtlich weil die Verwaltungskosten dann signifikant anstiegen.[113]

Die Nutzung des Pferdes verbreitete sich in der Zeit von 1600 bis 1740 von Mexiko aus nordwärts von Stamm zu Stamm.[114] Diese Verbreitung des Pferdes während des 18. und 19. Jahrhunderts veränderte das Leben der Indianer, und zwar durch eine verstärkte Mobilität und eine Reduzierung der Transportkosten. „Der unmittelbare Effekt, den der Erwerb von ein paar spanischen Pferden durch Handel oder Diebstahl auf die Indianer hatte, lag darin, dass sie noch weniger motiviert waren, ihren ohnehin schon spärlichen Ackerbau zu betreiben, und veranlasst wurden, sich noch mehr als je zuvor auf die Büffeljagd zu verlassen … Mit dem Pferd konnten sie meilenweit herumstöbern und auf die Jagdgründe anderer übergreifen, sie konnten Krieg führen und wurden zu Marodeuren der Großen Ebene."[115]

Die Indianer änderten ihren Speiseplan von gesammelten Samen und Wurzeln, ein paar kultivierten Pflanzen und begrenztem Fleisch hin zu einer proteindominierten Nahrung aus Büffelfleisch.[116] Darüber hinaus nutzten sie die von ihnen erlegten Tiere weniger intensiv: Der Überfluss an Büffeln im Schwarzfußindianerland, die relative Leichtigkeit, mit der sie von berittenen Jägern erlegt werden konnten, die begrenzten Möglichkeiten der Durchschnittsfamilie, den Fleischüberschuss zu transportieren, und die Nachfrage nach dem Pelzhandel für Büffelgewänder veranlassten ein verschwenderisches Schlachten dieser Tiere während des 19. Jahrhunderts. Bereits im Jahre 1754 beobachtete Anthony Hendry, dass, wenn es Büffel in Hülle und Fülle gab, der „Archithinue"-Stamm der Ebenen von Saskatchewan nur die Zungen und andere ausgewählte Stücke entnahm und den Rest den Wölfen überließ. Diese Faktoren begünstigten ein „leichtes Schlachten" und die Nutzung von lediglich ausgesuchten Stücken des Büffels in guten Zeiten.[117]

Das Pferd veränderte auch die indianische Behausung von dauerhaften oder teilweise dauerhaften Hütten hin zu großen Tipis, die von nun an das Bild vom Leben in der Großen Ebene prägten. In der „Hundezeit", als noch Hunde für den Transport verwendet wurden, benutzten die Indianer zwar auch Tipis, aber deren Größe hatte einen Umfang von ungefähr vier Metern. „Als das Pferd eingeführt wurde, wurden die Tipis größer (ein Pferd konnte die längeren Stangen, die man für ein größeres Tipi brauchte, tragen), und das Tipi-Territorium erweiterte sich. Das Tipi breitete sich so weit aus, weil es ein stets vorhandenes Angebot an Büffelhäuten für die Zeltplanen gab und weil es in jedem Terrain und unter jedem Klima verwendet werden konnte."[118] In der Tat wiesen Tipi-Ringe der Ebene darauf hin, dass nach der Einführung des Pferdes Tipis mit einem Umfang von sechs bis sieben Metern geläufig waren.

Die optimale Größe von sozioökonomischen Gruppen und saisonalen Wirtschaftsmustern veränderte sich auf dramatische Weise mit der Annahme der Pferdekultur. Die neugewonnene Mobilität durch das Pferd machte den Bison umgehend verfügbarer, obwohl die Bisonpopulation abnahm. „Mit Hunden waren acht bis zehn Kilometer ein gutes Tagespensum; mit dem Pferd konnten 16, 24 oder sogar 32 Kilometer zurückgelegt werden."[119] Vor dem Pferd konnte sich ein Stamm in einer ganzen Saison kaum 80 Kilometer fortbewegen, während im Pferdezeitalter derselbe Stamm 800 Kilometer schaffen konnte.[120] Während es das Pferd den Stämmen erlaubte, größere Distanzen zurückzulegen, erlaubte es ihnen auch, weniger oft umzuziehen, nämlich dadurch, dass Nahrungssuchtrupps weite Reisen von ihrem Stammlager aus zu unternehmen vermochten, um Fleisch zu besorgen.[121] Mit dem Pferd waren die Stämme plötzlich in der Lage, mehrere Monate währende oder sogar jahrelange Expeditionen zu unternehmen, die über die Rocky Mountains führten, um sich auch an den zahlreichen Büffelherden in der Yellowstone-Region zu laben.[122] Selbst in Fällen, in denen man zu Pferde nicht zusätzliches frisches Fleisch organisieren konnte, erlaubte es das Pferd den Indianern doch, mehr verstauten Proviant als Versicherung gegen harte Zeiten zu transportieren.[123] Der Erwerb des Pferdes verringerte die Skaleneffekte bei der Jagd und machte es Gruppen einfacher, voneinander unabhängig zu sein. Zu Pferde konnten Einzelpersonen einfacher Wild aufstöbern und erlegen. Darüber hinaus nahm mit der größeren individuellen Fähigkeit, Wild zu verfolgen und einzubringen, die Notwendigkeit gemeinschaftlicher Versicherungsstrukturen ab.

Bei der Jagd zu Pferde nutzte man die Fähigkeit des Pferdes voll aus, schneller als der flotteste Büffel rennen zu können. Diese neue Jagdtechnik war effizienter und anpassungsfähiger als alle vorher verwendeten Methoden. Nicht nur erforderte sie nur einen Bruchteil der Zeit und Energie, sondern war auch ungefährlicher und erfolgversprechender als die anderen Methoden. Sie konnte von einem einzelnen Jäger oder den Männern eines ganzen Dorfes angewandt werden. Binnen weniger Minuten konnte ein geschickter Jäger, der auf einem flinken und intelligenten Büffeljagdpferd saß, aus kurzer Entfernung ausreichend Büffel erlegen, um seine Familie für mehrere Monate mit Fleisch zu versorgen.[124] Da Pferde eine angemessene Beweidung und Wasser benötigten, mussten die Indianer ihre Lager verlegen, um sich an die Bedürfnisse dieser Tiere anzupassen.[125]

Da die Zahl der Pferde pro Wigwam im Schnitt zwischen 15 und 20 lag[126], mussten die Lager immer „mit Hinblick auf passende Weidemöglichkeiten"[127] gewählt werden. Während das Pferd die Skaleneffekte bei der Jagd und somit die Notwendigkeit für zentralisierte Jagdinstitutionen aufhob, erhöhte es die Notwendigkeit für militärische Institutionen und ihnen inhärente Skaleneffekte. „Es waren ... die Freizeit, das Aufkommen des Ponys als Maßstab für Wohlstand sowie die Verletzung fremder Büffelterritorien die Gründe für Krieg zwischen den Stämmen."[128]

Eine erhöhte Mobilität brachte Konflikte zwischen den Stämmen um größere Jagdterritorien sowie mehr Raubzüge mit dem Ziel des Pferdediebstahls mit sich. Im Ergebnis mussten die Indianer der Großen Ebene „neue Handels- und Militärstrukturen aufbauen, um die zusammengebrochenen zu ersetzen".[129]

Um den Stammeskrieg zu organisieren, entwickelten sich neue, zentralisiertere politische Strukturen, um Skaleneffekte zu nutzen. Demitri Shimkin beschrieb diesen Übergang für die östlichen Schoschonen: „Mit dem

Erwerb von Pferden kamen … weitverbreitete Raubzüge in der gesamten Großen Ebene zwischen 1700 und 1780 auf. Es ist sicher, dass in dieser Periode eine starke Häuptlingsführerschaft sowie ein umfangreicher Verhaltenskodex und aufwendige Regeln vorherrschten."[130] Vor dem Pferd gab es nur wenige Kriege zwischen den Stämmen. Für die Schwarzfußindianer, einen der grimmigsten Stämme der Ebene, „geht aus Überlieferungen hervor, dass in den Zeiten vor dem Pferd die Schoschonen ihre einzigen Feinde waren".[131] Doch nach der Einführung des Pferdes waren Allianzen zwischen den Stämmen selten und Kriege häufig. „Im gesamten Jahrhundert bis zum Jahre 1885 war Friede zwischen den Schwarzfußstämmen und ihren Nachbarn (anders als bei den Sarsi und den Gros Ventre) die Ausnahme und Krieg die Regel. Friedliche Perioden waren nur kurze Intermezzi zwischen den Feindseligkeiten."[132]

Die mit der Einführung des Pferdes einhergehende erhöhte Mobilität bedeutete, dass die Stämme einander öfter begegneten und sich daher mit größerer Wahrscheinlichkeit wegen gemeinsamer Herden oder Büffel bekämpften. Im Hinblick auf eine erhöhte Gefahr der Übergriffe durch andere Stämme, der größeren Abhängigkeit vom Büffel und der Möglichkeit, auf einem Gebiet zu Pferde zu patrouillieren, stellten Stämme überall Ansprüche auf private Stammesjagdgründe. Die Stämme zogen Grenzlinien und unterschrieben Verträge, um diese Grenzen zu verteidigen. Wenn es keine klare Topographie zur Markierung der Grenze gab, wurden in Büffelhäute eingewickelte Felsbrocken zu Hilfe genommen."[133]

Kurz nach den Stammeskriegen kamen noch Konflikte mit den Weißen hinzu, was mit einer noch größeren Nachfrage nach institutionellem Wandel einherging, um kriegerische Konflikte beizulegen. Während des 19. Jahrhunderts entstanden Institutionen mit starken Stammeshäuptlingen, um das Kriegswesen zu organisieren. Wie Steward erklärt, war „die Institution des Truppenhäuptlings etwas Neues und bot somit einflussreichen Persönlichkeiten die Gelegenheit, sich Geltung zu verschaffen“ und die unabhängigen Gemeinden in „Militärtruppen unter einem Führungsstab“ zu vereinen.[134]

Weil das Pferd so tiefgreifende Auswirkungen auf das Leben der Indianer hatte, überrascht es nicht, dass der Pferdebesitz zu einem Symbol des Wohlstands und des Prestiges wurde. Pferde wurden immer als Privateigentum mit den vollen Rechten der Vererbung und des Handels betrachtet. James Willard Schultz, der mit den Schwarzfußindianern zusammenlebte, berichtete in den 1870er Jahren, dass „Pferde den Wohlstand des Stammes ausmachten, und einer, der eine große Pferdeherde besaß, eine Position innehatte, die man nur mit unseren Multimillionären vergleichen kann. Das waren Personen, die 100 bis 300 oder 400 Pferde besaßen.“[135] Die Stämme, die westlich der Rocky Mountains lebten, wo sie gewissermaßen sicher vor Pferderaubzügen der Indianer der Großen Ebene waren und wo die Weidebedingungen günstiger waren als in der Großen Ebene, wurden „berühmt für ihre Sorgfalt und für ihr Geschick bei der Pferdezucht“.[136]

Schlussfolgerungen

Wenn das Hollywood-Stereotyp des wilden Indianers (wie auch das allgemeine Stereotyp über den Wilden Westen) und die gängige Sicht auf die Indianer als Amerikas erste Umweltschützer rückblickend in einem Zusammenhang mit Institutionen betrachtet wird, weicht die Romantik der Realität. Der indianische Frontier war gar nicht so wild, da sich die indianischen Gesetze im Einklang mit den Sitten, der Kultur und der Knappheit der Ressourcen entwickelten. Die amerikanischen Indianer verstanden die Bedeutung von Regeln, um den Zugang zu einer Allmende zu begrenzen, doch sie verwendeten Ressourcen für den Prozess der Festlegung und Durchsetzung von Rechten nur dann, wenn dies auch wirtschaftlich war. Eigentumsrechte existierten nicht überall; sie wurden nur dort und dann geschaffen, wo Indianer ökonomische Renten dadurch erzielen konnten, dass sie sich um die Festlegung und Durchsetzung solcher Regeln bemühten. Diese Rechte entwickelten sich in Vereinbarungen kleiner Gruppen, bei denen jedes Mitglied von jenen Institutionen profitierte, die Transaktionskosten einsparen halfen und die eine Rentenverschwendung reduzierten.

Und als die amerikanischen Indianer das Pferd annahmen, ersannen sie nicht nur revolutionäre neue Techniken der Jagd, der Behausung und des Transports, sondern auch Institutionen, die der Schaffung von Wohlstand dienten, wenn man vom Umstand absieht, dass Pferde die Konkurrenz unter der allgemeinen Bevölkerung erhöhten. Eine erhöhte Mobilität brachte eine erhöhte Konkurrenz um Ressourcen mit sich – vor allem bei über weite Territorien wandernden Bisons – und schürte Konflikte zwischen den Indianerstämmen. Da sie nicht in der Lage waren, Eigentumsrechte auf mobile Ressourcen einzuführen, bekriegten sich die Indianer untereinander, bevor sie sich mit den Weißen bekriegten. Hätten die Indianer in der Tat nicht ihre militärischen Institutionen als Antwort auf ihre Stammeskonflikte entwickelt, dann wären sie nicht in der Lage gewesen, dem Ansturm der Weißen so lange Widerstand zu leisten. Jedenfalls basierten sowohl die Stammeskriege der Indianer untereinander als auch die Kriege zwischen Indianern und Weißen auf einem Rentenstreben (Rent-Seeking), das von unvollständigen Eigentumsrechten herrührte.

Kapitel 4

Die gewaltsame Beseitigung der Rechte im Indianerland

Vom ersten Kontakt an bis hin zur Gegenwart dreht sich die Geschichte der Beziehungen zwischen Indianern und Weißen meistens um Eigentumsrechte, da nämlich ein solcher Rechtsrahmen festlegte, wer die Renten aus den betreffenden Ressourcen für sich beanspruchen konnte. Diese Geschichte kann man in drei Hauptperioden unterteilen. In der ersten Periode, vom Erstkontakt bis zur Mitte des 19. Jahrhunderts, berücksichtigten weiße Einzelpersonen sowie koloniale und US-Regierungen im Wesentlichen indianisches Eigentum und die Territorialrechte der Indianer. In der zweiten Phase, von der Mitte bis fast zum Ende des 19. Jahrhunderts, übte die Bundesregierung militärische Gewalt aus, um indianische Rechte zwangsweise zu beschneiden. In der dritten Phase, vom späten 19. Jahrhundert bis zur Gegenwart, haben bundesstaatliche Agenturen die Bildung von Eigentumsrechten in Reservaten in der Weise kontrolliert, dass sie eher das Überleben der Bürokratie gesichert haben als dass sie den Stämmen Souveränität gewährt hätten. [137]

Um den Wandel in den Beziehungen zwischen Indianern und Weißen zu verstehen, müssen wir den jeweiligen Wert des Landes betrachten, den die beiden Gruppen ihm beimaßen.[138] Als die Pilgerväter erstmals am Plymouth

Rock ankamen und nach bebaubarem Land suchten, war der Wert eines kleinen Stücks Land für die Siedler sehr hoch, während der Wert von ein paar wenigen Morgen Land für die Indianer recht gering war. [139]

Unter diesen Umständen müssen die möglichen Erträge aus Handel groß gewesen sein, wobei die Indianer Tinnef, der für sie recht wertvoll war (für die Europäer aber nur von geringem Wert war), im Austausch mit Land akzeptierten, das für die Europäer einen hohen Wert (für die Indianer allerdings einen geringen Wert) hatte.

Beim Verschieben des Frontiers gen Westen jedoch änderten sich diese Werte für beide Gruppen. Der Wert zusätzlichen Landes für die Europäer nahm sicherlich ab, je mehr Land erworben wurde, und sicherlich stieg der Wert zusätzlichen Landes für die Indianer, je mehr davon an die Europäer übertragen wurde. An einem bestimmten Punkt überstieg der Preis, den die Indianer für einen zusätzlichen Morgen Land verlangten, den Preis, den die Europäer zu zahlen bereit waren. Infolgedessen verringerten sich die möglichen Gewinne aus einem Handel, je mehr die Europäer den Frontier nach Westen verschoben. Wenn unter diesen Umständen die beiden Gruppen einen friedlichen Austausch von Land betrieben hätten, hätte die Verteilung von Land ein Gleichgewicht erreicht, wobei keine Gruppe alles Land kontrolliert hätte.

Doch die Europäer konnten noch durch andere Mittel Land erwerben als durch Handel; sie konnten es sich ohne Gegenleistung nehmen. Indem sie Gewalt androhten oder ausübten, konnten die Europäer das Land unterhalb des

Marktpreises an sich bringen. Mit anderen Worten, die gewaltsame Umverteilung von Eigentumsrechten (Raubzüge) kann den freiwilligen Transfer von Eigentumsrechten (Handel) ausstechen. Wenn es entscheidende Vorteile bei der Anwendung von Gewalt gibt, kommt eine gewaltsame Umverteilung statt Handel auch mit einer größeren Wahrscheinlichkeit vor (siehe Kapitel 2).

Natürlich würden die Kosten der Landnahme davon abhängen, ob die Indianer mit Gewalt darauf reagierten und ob eine solche Reaktion der Bedrohung durch die Europäer effektiv entgegenarbeiten würde. Man kann sich aber auch ein Unentschieden vorstellen, bei dem die Bedrohung durch beide Seiten ausreichend in Balance zueinander steht, so dass Handel als eine bessere Option als Raub erscheint. Die Berechnung der Wahl zwischen Handel und Raub kann zum Verständnis für die Veränderung der Beziehungen zwischen Indianern und Weißen während des 19. Jahrhunderts beitragen.

Eher Handeln als Rauben

Die Geschichte der Beziehungen zwischen Indianern und Weißen wird oft so gezeichnet, dass Weiße die Rechte der Indianer mit Füßen traten. Der Ökonom J.R.T. Hughes drückte es so aus: „Von Anfang bis Ende ging man davon aus, dass Besitzansprüche durch das Recht der Eroberung entstehen, wobei in den Augen der Krone [und] der Siedler indianischer Besitzanspruch als minderwertig betrachtet wurde.“ [140]

Der Historiker Don Russell charakterisiert das herkömmliche Narrativ als eine lange Episode von „‚Massakern‘, ‚Ausrottung‘ und ‚Vernichtung‘, und zwar ‚bis zum Äußersten‘ und ‚vollständig‘“, wiedererzählt mit „Untertönen von Rassismus, Genozid und anderen Schlagworten“.[141] Teddy Roosevelt glaubte, dass die europäischen Siedler „die Gerechtigkeit auf ihrer Seite hatten; diesen großartigen Kontinent hätte man doch nicht als Jagdwildreservoir für verwahrloste Wilde hergeben dürfen“. [142]

Doch der folgende Brief von Thomas Jefferson an David Campbell bezüglich der Kosten des Krieges im Vergleich zu den Kosten des Friedens beschreibt die 100 Jahre der Beziehungen zwischen Indianern und Weißen nach der Amerikanischen Revolution weitaus zutreffender:

„Ich hoffe auch, dass Ihre Ermahnungen bezüglich der Übergriffe auf indianisches Land eine nützliche Wirkung haben werden – die USA finden, dass das Risiko, einen Indianerkrieg anzuzetteln, eine zu ernste Angelegenheit ist, nur um ein paar Eindringlinge mit ihren Siedlungen zufriedenzustellen, was die anderen Einwohner der USA ein Tausendfaches des zu erzielenden Wertes durch Steuerzahlungen kosten würde, um einen solchen Krieg ausführen zu können. Ich bin daher zufrieden, dass man es immer vorziehen wird, bewaffnete Kräfte gegen die Eindringlinge (die weißen Siedler) zu schicken, zumal das gerechter und weniger kostenaufwendig ist.“ [143]

Die rechtliche Doktrin, von der die US-Politik in Bezug auf die Indianer im späten 18. und im frühen 19. Jahrhundert geleitet wurde, „anerkannte das Recht der Indianer, Land zu nutzen und zu besetzen. Unter diesem Rechtsanspruch sind die Vereinigten Staaten dazu verpflichtet, einen Stamm auszuzahlen, wenn er sich dafür entscheidet, die Nutzung und die Besetzung zu beenden.“[144] Indem er indianische Landeigentumsrechte unterstützte, bekräftigte Thomas Jefferson, dass die Vereinigten Staaten ein „alleiniges und exklusives Recht“ hätten, „von ihnen zu kaufen, wann immer sie verkaufen wollen“. [145]

Obgleich diese Theorie des Vorkaufsrechts, der Jefferson anhing, den Vereinigten Staaten das alleinige Recht gab, mit den Indianern zu verhandeln, lieferte sie kein „Eigentumsrecht oder Rechtsprechung oder irgendeine Präzedenz, sondern hatte lediglich den Charakter eines Überbleibsels nach der Tilgung des gegenwärtigen Rechts, das uns kein wie auch immer geartetes Geschenk gegeben hat, sondern lediglich andere Nationen an der Besitzergreifung hinderte und so unsere Erwartungen verteidigte; dass die Indianer die volle, ungeteilte und unabhängige Souveränität innehatten, solange sie diese behalten wollten, auch wenn das für immer der Fall sein sollte“. [146]

Jefferson glaubte, dass Landerwerb durch Verhandlungen die Norm und Landnahme nicht verbreitet gewesen sei, und bemerkte, „dass die Grundstücke dieses Landes ihnen [den Indianern] durch Eroberung entrissen wurden, ist im Allgemeinen nicht so wahr, wie man annimmt. Ich finde bei unseren Historikern und Aufzeichnungen wiederholt Kaufbelege, die einen beträchtlichen Teil des Flachlandes unseres Staats abdecken, und zweifellos würden viele weitere Belege bei einer weiteren Suche gefunden werden. Die höher gelegenen Landesteile sind, wie wir wissen, allesamt durch in völlig ungewöhnlicher Form getätigte Käufe erworben worden.“ [147]

Die Historiker stimmen allgemein darin überein, dass in der Frühgeschichte der Beziehungen zwischen Indianern und Weißen ausgehandelte Übereinkommen bei Weitem gegenüber Kriegshandlungen dominierten. Die Ökonomin Jennifer Roback fasst diese Beziehungen während der Kolonialzeit vor der Unabhängigkeit wie folgt zusammen: „Die Europäer erkannten normalerweise an, dass die Indianer Eigentumsrechte auf ihre Landgebiete hatten. Wichtiger noch ist, dass die Engländer die Vorteile davon erkannten, mit den Indianern freundschaftlich zu verkehren. Handel mit den Indianern, vor allem der Pelzhandel, war profitabel. Krieg war kostenintensiv.“ [148]

Selbst nach dem Siebenjährigen Krieg zwischen Großbritannien und Frankreich, nach dem die Engländer meinten, französische Landrechte in der Neuen Welt gewonnen zu haben, „gab es nicht die Annahme, dass indianische Rechte am von Frankreich beanspruchten Land erloschen waren. Obwohl aus europäischer Sicht indianische Rechte weniger formal und weniger grundsätzlicher Natur waren als europäische Ansprüche, existierten sie dennoch als Gegenstand von Kauf, Verhandlungen und Bewahrung.“ [149] „In viel größerem Maße, als normalerweise angenommen wird, war der Kontakt (zwischen Indianern und Weißen) sogar freundlich oder zumindest friedlich.“ [150]

In den Fällen, in denen Übergriffe auf indianisches Land während des späten 18. und frühen 19. Jahrhunderts erfolgten, war es die offizielle Regierungspolitik, indianische Rechte zu schützen und weiße Eindringlinge zu vertreiben. Ein Memorandum des Kriegsministers William H. Crawford an die Militärkommandeure vom 27. Januar 1816 führt dies aus:

„Das Eindringen in das Land der freundlichen indianischen Stämme ist nicht nur eine Verletzung der Gesetze, sondern steht auch in direktem Widerspruch zur Politik der Regierung gegenüber ihren wilden Nachbarn. Bei jeder Beschwerde eines indianischen Vertreters, wonach Übergriffe dieser Art begangen wurden und fortgesetzt werden, verlangt der Präsident, dass sie [die Weißen] genauso wieder entfernt werden und ihre Häuser und Anbauten durch militärische Gewalt zerstört werden und dass jedem Versuch der Rückkehr auf die gleiche Art und Weise begegnet wird.“ [151]

Während dieser frühen Jahre wurden die US-Truppen von den Indianern respektiert, die sie nicht als Aggressoren, sondern als Beschützer indianischer Rechte ansahen. Francis Prucha widerspricht der „weitverbreiteten Meinung, dass die Indianer rücksichtslos enteignet wurden und nichts zum Schutz ihrer Rechte getan wurde. Dagegen waren die Indianer nicht vollständig verlassen. Es wurden eindeutige Verträge abgeschlossen, die die Rechte der Indianer garantierten, und stringente Gesetze wurden verabschiedet, um die Einhaltung dieser Verträge sicherzustellen.“ [152] In den ersten Jahren waren die im Indianerland vorhandenen Militärkräfte mehr als Streitmacht für den Schutz der Rechte der Indianer im Einsatz denn als „Keil für die Weißen, um in verbotene Landstriche einzudringen“. [153]

Tabelle 4.1 zeigt die Anzahl der Schlachten und Verträge zwischen Indianern und Weißen im Zeitraum zwischen 1790 und 1897. Gegen Ende des 18. Jahrhunderts und in den ersten vier Jahrzehnten des 19. Jahrhunderts überstieg die Zahl friedlich ausgehandelter Verträge deutlich die Zahl der Schlachten. Felix Cohen, einer der renommiertesten Rechtswissenschaftler, was indianische Eigentumsrechte angeht, bezeichnete die frühe Periode der Beziehungen zwischen Indianern und Weißen als geprägt von „fairem Handel".[154] Leider änderte sich in der Mitte des 19. Jahrhunderts irgendetwas, was die Weißen eher zu einer gewaltsamen Wegnahme ermunterte, statt Handel mit den Indianern zu treiben.

„Zolleintreiber" von C.M. Russell. Bis zu dem Zeitpunkt, als die US-Armee die Machtbalance veränderte, war es bei Weißen üblicher, mit den Indianern zu verhandeln, als sie zu bekämpfen. Als die Viehzüchter ihr Vieh in wohldefinierte indianische Territorien trieben, tauschten sie Vieh gegen eine sichere Durchreise. Russell illustriert dieses Handelssystem, indem er einen indianischen Krieger dabei zeigt, wie er die Rinder zählt, während ein anderer die Rinder von der Herde separiert. Mit freundlicher Genehmigung der Montana Historical Society, Mackay Collection.

Krieg ersetzt den Handel

Wie oben beschrieben, hing die Zahl der Konflikte zwischen Indianern und Weißen ab von den Kosten der Verteidigung des Landes sowie der Landnahme in Relation zum Wert, dem jede Seite dem Land beimaß. Wenn beide Parteien ohne Kosten verhandeln könnten und wenn jede Seite genau wüsste, wie groß die militärische Stärke des Gegners ist und welchen Wert das Land für den Gegner hat, dann würden nur wenige Streitigkeiten in Kämpfe münden. Schließlich ist Krieg ein Negativsummenspiel, und wenn beide Parteien den Ausgang eines solchen Krieges im Voraus kennen, würden sie ihn vermeiden. Doch Verhandlungen gibt es nicht zum Nulltarif, und die Parteien haben keine perfekten Informationen über die jeweilige militärische Stärke der anderen.

Letztlich hing die Entscheidung darüber, ob man kämpfte oder verhandelte, von vielen Faktoren ab, darunter:

1. Die Transaktionskosten der Festlegung und des Austauschs von Eigentumsrechten.
2. Die militärischen Mittel, die jeder Seite zur Verfügung stehen.
3. Asymmetrien bei der Informationslage.
4. Das Aufkommen einer stehenden Armee, vor allem nach dem Amerikanischen Bürgerkrieg.

Transaktionskosten bei Festlegung und Austausch von Eigentumsrechten

Wenn die Besitzrechte an Eigentum wohldefiniert sind und getauscht werden können, nehmen die Verhandlungskosten in Relation zu den Kosten der gewaltsamen Wegnahme ab. Wenn die Weißen wussten, welcher Stamm ein Stück Land „besaß“ und mit wem sie verhandeln mussten, waren die Kosten ausgehandelter Abmachungen geringer und die Wahrscheinlichkeit, dass solche Abmachungen erfolgten, entsprechend höher.

Tabelle 4.1
Schlachten und Verträge zwischen Indianern und Weißen 1790-1897

	Schlachten	Verträge
1790-1799	7	10
1800-1809	0	30
1810-1819	33	35
1820-1829	1	51
1830-1839	63	84
1840-1849	53	18
1850-1859	190	58
1860-1869	786	61
1870-1879	530	0
1880-1889	131	0
1890-1897	13	0

Quelle: T. Anderson und McChesney 1994, S. 58.

Diesbezüglich gab es einen bedeutenden Unterschied zwischen den Eigentumsrechten an indianischem Land im Osten und im Westen, ein Unterschied, der die Transaktionskosten des Verhandelns erhöhte, je mehr der Frontier nach Westen rückte. Im Osten, wo sesshafter Ackerbau sowohl bei den Indianern als auch bei den Weißen vorherrschte, war Privateigentum geläufiger. In sesshaften Ackerbaugesellschaften waren die Eigentumsansprüche an Land klarer, und vorhandene indianische politische Institutionen erleichterten die Verhandlungen. Unter diesen Umständen verteidigte die Bundesregierung die Eigentumsrechte der Indianer und verhandelte mit ihnen über Rechte an indianischem Land.

Es überrascht nicht, dass bei Abwesenheit klar definierter Eigentumsrechte, die erworben und veräußert werden konnten, der bewaffnete Konflikt das Verhandeln ersetzte. Und wie wir in Kapitel 3 gesehen haben, machte die durch das Pferd ermöglichte Mobilität Eigentumsrechte an Land westlich des Mississippi zu einer ganz anderen Angelegenheit. Das Pferd brachte die Indianer dazu, sich von seit Jahrhunderten angestammten Territorien zu entfernen.

„Als das Leben in der Großen Ebene mit Hilfe des Pferdes einladender wurde, zogen mehr Stämme dorthin, die Sioux, die Cheyenne und die Arapaho aus dem Osten, die Komantschen und die Kiowa aus dem Westen. Einige gaben den Ackerbau ganz auf und gründeten ihre wirtschaftliche Existenz auf die Büffelherden – ‚wir haben den Mais verloren‘, sagen die Cheyenne. Andere wie die Osage behielten ihre festen Wohnsitze, wo sie ihre Pflanzen anbauten, ritten zur Ebene aus, um ihren Fleischvorrat zu besorgen, und kehrten zurück, um ihren Mais zu ernten und sich für den Winter niederzulassen.“ [155]

Diese neue Lebensweise in der Ebene schuf unter den Indianern Konflikte, noch bevor die Weißen in Erscheinung traten. Ein Sioux-Häuptling erklärte seinen weißen Eroberern: „Ihr habt mein Land geteilt, und ich mag es nicht. Dieses Land gehörte einst den Kiowa und den Crow, doch wir haben diese Nationen verjagt, und auf diesem Land taten wir das, was die weißen Männer tun, wenn sie das Land von den Indianern haben wollen.“ [156] Mit anderen Worten: Die weiße Einwanderung stieß keineswegs auf ein Gleichgewichtssystem von eingeborenen Rechten, die von den verschiedenen Stämmen respektiert wurden, „sondern brach eher über eine Ansammlung von verstreuten Gruppen herein, die einander seit Generationen bekämpft hatten und die fortfuhren, sich zu bekriegen bis zum Tag der endgültigen Eroberung durch die Weißen“. [157]

Hohe Transaktionskosten für Verhandlungen resultierten auch aus der Unfähigkeit der Regierungsstellen beider Seiten, ihre Bürger von der Verletzung der Vereinbarungsbestimmungen abzuhalten. Die meisten Vertragsverletzungen wurden nicht begangen „von den Führern der Vereinigten Staaten oder den indianischen Stämmen, sondern von den Mitgliedern dieser Gruppen, die nicht von ihren Führern kontrolliert werden konnten“. [158]

Tatsächlich konnten Häuptlinge nur selten einzelne Krieger zurückhalten. Der Krieger der Nez Percé war ein typisches Beispiel, da „seine Loyalität und seine Gefolgschaft zuerst seiner Familie galt, danach seiner Gruppe und zuletzt seinem Stamm, selten aber darüber hinausging. … Die autonomen Gruppen schauten auf Häuptlinge und Anführer, die berieten, aber nicht befahlen. … [Die Krieger] machten ihren Gehorsam von ihrer persönlichen Neigung abhängig, und ein Kampf nahm gewöhnlich die Form einer Eskalation eines persönlichen Aufeinandertreffens an und weniger die Form einer Kollision organisierter Einheiten.“ [159]

Und „Häuptlinge repräsentierten nur selten ihre Völker so vollständig, wie weiße Regierungsvertreter das annahmen, auch konnten sie keine Gefolgschaft erzwingen, wenn diese Gefolgschaft verweigert wurde“.[160] Einzelne Krieger ignorierten oft die Verträge, die ihre Häuptlinge unterzeichnet hatten, was Vergeltungsmaßnahmen der Weißen gegen den ganzen Stamm oder die gesamte Gruppe nach sich zog. Der blutige Sioux-Aufstand in Minnesota und das Massaker an den Cheyenne unter Black Kettle am Washita-Fluss sind zwei berüchtigte Beispiele dafür.[161]

Auf der Seite der Weißen erschwerten ähnliche Probleme bei der Kontrolle der Bürger die Interaktionen mit den Indianern. Verträge, die in gutem Glauben von den weißen Politikern unterschrieben worden waren, erwiesen sich als nicht durchsetzbar, da einzelne Weiße ungestraft gegen sie verstoßen konnten. Das Problem lag an der Unfähigkeit der Bundesregierung, die indianischen Eigentumsrechte gegenüber den weißen Bürgern zu verteidigen. Dieses Problem wurde von Kriegsminister Henry Knox erkannt, der an Präsident Washington schrieb: „Die Begehrlichkeiten zu vieler weißer Frontier-Leute, die angrenzenden Indianerländer mit Gewalt oder Betrug an sich zu reißen, ist weiterhin eine nicht versiegende Quelle von Missgunst und Hass auf Seiten der Indianer. … Rache wird gesucht, und die unschuldigen Menschen im Frontier werden allzu häufig als Opfer in diesem grausamen Streit in Mitleidenschaft gezogen. Das scheint die Hauptursache der Indianerkriege zu sein.“ [162] Es scheint also, als ob die Transaktionskosten die Waagschale bei der Kalkulierung einer Entscheidung zugunsten einer Konfliktlösung gesenkt hätten, und zwar je mehr, desto weiter wir ins 19. Jahrhundert hineingehen.

Militärtechnik auf beiden Seiten

Damit ein Konflikt Verhandlungen vorgezogen wird, ist es erforderlich, dass zumindest eine Seite denkt, dass sie eine im Vergleich zur Gegenseite überlegene militärische Macht besitze. Obwohl es so aussehen könnte, dass die Gewehre der Weißen den Bögen der Indianer überlegen seien, war dies nicht unbedingt der Fall vor dem Aufkommen von Hinterladern und Repetiergewehren. In der Anfangszeit waren zum Beispiel die indianischen Bögen und Pfeile den Vorderladern der Weißen durchaus ebenbürtig. Walter Prescott Webb vergleicht die beiden im Falle der Texaner und Komantschen:

„In den meisten Fällen kamen die Indianer besser weg. Zunächst einmal hatten die Texaner höchstens drei Schuss; die Komantschen trugen indes 40 oder mehr Pfeile mit sich. Die Texaner brauchten eine Minute, um ihre Waffe wieder zu laden; in dieser Zeit konnten die Indianer knapp 300 Meter weit reiten und 20 Pfeile abschießen. Der Texaner musste absteigen, um sein Gewehr wirkungsvoll nutzen zu können, und es war seine verlässlichste Waffe; die Indianer blieben während des gesamten Kampfes auf ihren Pferden. Offenbar bestand der einzige Vorteil der

Weißen darin, dass sie eine Waffe mit längerer Reichweite und genauerer Treffsicherheit als der indianische Bogen besaßen, doch die Beweglichkeit der Indianer und die Schnelligkeit ihrer Bewegungen wogen diesen Vorteil zumeist auf." [163]

General Sherman stellte fest: „50 Indianer konnten 3.000 Soldaten mattsetzen",[164] und: „Armeeoffiziere im Frontier nannten die Pferdekrieger oft die beste Leichtkavallerie der Welt, und Historiker haben dieses Urteil seitdem wiederholt." [165] Selbst als die Feuerwaffentechnik mit schnell ladenden Gewehren und Revolvern besser wurde, war die weiße Überlegenheit bei den Waffen oft nur kurzlebig, da die Indianer diese neuen Waffen rasch von Händlern und Trappern erhielten. Daher trug das Fehlen einer eindeutigen militärischen Überlegenheit auf beiden Seiten zum fortdauernden Konflikt bei.

Informations-Ungleichgewichte

Während eine bessere Militärtechnologie allein die Kriegshandlungen vielleicht nicht vermehrt hat, haben Ungleichheiten bei der Information über diese Technologie sicherlich das Gleichgewicht zugunsten des Konflikts verschoben. Um die Bedeutung von Informationsungleichgewichten zu verstehen, müssen wir erkennen, dass es keine Kämpfe gäbe, wenn beide Seiten im Voraus wüssten, wie diese ausgehen würden. Die Seite, die weiß, dass sie gewinnt, würde nur mit einem Kampf drohen, und die Seite, die weiß, dass sie verliert, würde umgehend aufgeben. Wenn die eine oder andere Seite desinformiert ist, was die Wahrscheinlichkeit eines Sieges angeht, neigt sich jedoch die Waagschale mehr von der Verhandlung weg zugunsten des Kampfes.

Seit Beginn des Kontakts mit den Indianern verstanden die Weißen, wie wichtig es war, ihre Gegner mit genauen Informationen über die weiße militärische Überlegenheit zu versorgen. Die Weißen fuhren dauernd Indianer mit dem Schiff nach Europa, um sie mit dem Stand der weißen Technik zu beeindrucken, und zwar „mit der Erwartung, dass sie nach ihrer Rückkehr das Hohelied der europäischen Überlegenheit überall in ihren Heimatdörfern verbreiten würden". [166]

Je mehr der Frontier indes nach Westen rückte, desto mehr nahmen aus verschiedenen Gründen die Informationsungleichgewichte zu. Da die westlichen Indianer mehr nomadisierten, war es für die Weißen schwer, mit einem ganzen Stamm zu kommunizieren. Um auf Nummer Sicher zu gehen, wurden nomadisierende Indianer der Großen Ebene regelmäßig nach Washington gebracht, um sie mit der Macht der Bundesregierung und der wachsenden weißen Bevölkerung zu beeindrucken, doch diese Informationen sickerten nicht immer zu den wandernden Gruppen durch, und selbst wenn sie es taten, wurden sie nicht immer geglaubt.

Aus weißer Sicht ergaben sich aus der anderen Landschaft und dem anderen Klima der Großen Ebene indianische Kriegstaktiken, die anders waren als das, was die Weißen zuvor erlebt hatten. Die Indianer der Großen Ebene „bevorzugten weitgehend die Lockvogel-Taktik", [167] bei der eine kleine Teilgruppe aus dem Lager ausrückte, um eine weiße Militärabteilung scheinbar aus Versehen zu konfrontieren, dann zu fliehen und die weißen Verfolger in einen Hinterhalt zu locken, wo eine weitaus größere Zahl indianischer Krieger verborgen war.

Tatsächlich scheinen fehlerhafte Informationen auf der einen oder anderen Seite ein wichtiger Faktor bei geradezu allen blutigen Kämpfen im Westen gewesen zu sein. Beim berüchtigten Fetterman-Massaker im Jahre 1866 trieb eine Lockvogel-Taktik 81 Blauröcke in eine tödliche Begegnung mit etwa 2.000 Sioux. Custers offensichtliche Tollkühnheit beim Angriff auf 3.000 Sioux und Cheyenne mit lediglich einigen Hundert Mann am Little Bighorn im Jahre 1876 zeugt vielleicht von dessen Arroganz, widerspiegelt jedoch auch sicherlich sein Unwissen über die tatsächliche Zahl der gegnerischen Indianer.[168]

Der „Wagon Box Fight" im Jahre 1867, bei dem die Sioux außerordentlich hohe Verluste erlitten, zeigt, wie die sich verändernde Militärtechnik zum Informationsungleichgewicht beitrug. „Ein Häuptling bezifferte sie [die Verluste der Sioux] auf 1.137 und nannte die Schlacht einen ‚Medizinkampf', was bedeuten sollte, dass die gegnerischen Soldaten übernatürliche Kräfte hätten. Was die Soldaten indes hatten, waren neue Springfield-Hinterlader und Unmengen von Munition, während die Indianer ihre alten Vorderlader verwendeten."[169] Als im Jahre 1840 die Texas Rangers erstmals den Revolver benutzten, waren die Indianer über dessen Wirkung schockiert. Nachdem sie von einer zahlenmäßig überlegenen Gruppe von Komantschen im Nueces Canyon angegriffen worden waren, verfolgten die Texas Rangers die Indianer zu Pferde und feuerten ihre Pistolen ab. „Niemals zuvor war eine Bande von Indianern überraschter als bei diesem Angriff", sagte einer der Rangers.[170]

Nach einer Verfolgung über 500 Kilometer und über 100 toten Indianern sagte „ein Komantschenhäuptling, der an diesem Kampf teilgenommen hatte, er würde niemals mehr gegen Jack Hays und seine Ranger kämpfen", weil „sie einen Schuss für jeden Finger der Hand haben".[171] Es war demnach nicht nur die neue Militärtechnik, sondern auch das Überraschungselement bei der Einführung dieser Technik, was den Ausschlag für Kampf statt für Verhandlungen gab. Sobald klar war, dass eine Seite eine überlegene Militärmacht hatte, hatten Leute wie der Komantschenhäuptling wenig Lust auf einen weiteren Kampf.

Das Aufkommen des stehenden Heeres

Wohl der wichtigste Faktor, der zu mehr Kämpfen zwischen Weißen und Indianern beitrug, war das Aufkommen des stehenden Heeres der USA, was einen vorher nicht dagewesenen Vorteil beim Gebrauch von Gewalt schuf und den Ertrag und die Kosten des Kämpfens veränderte (siehe Kapitel 2, Hypothese 6). In den ersten Jahren der jungen Republik herrschte das Milizsystem vor: „Einzelne Kolonien, und noch öfter die Frontier-Menschen selbst, mussten den Frontier verteidigen."[172] Das bedeutete, dass die Kosten des Kämpfens als Ersatz für Verhandlungen näher am eigenen Heim bezahlt werden mussten, wo jeder in Betracht ziehen musste, sein eigenes Leben oder das seiner Familie verlieren zu können.

Ein stehendes Heer zu unterhalten, verlagerte, anders als beim Aufstellen einer lokalen Miliz, die Kosten des Kämpfens auf Dritte und erhöhte, wie vorherzusehen war, die Zahl der Kämpfe. Die Aufstellung eines stehenden Heeres während des mexikanisch-amerikanischen Krieges und die nachfolgende Aufrüstung dieser Armee für den Amerikanischen Bürgerkrieg bedeuteten, dass es Vollzeitoffiziere und dahinter Militärbürokraten gab, deren Karrieren und Budgets durch Kämpfe befördert wurden. Als die Kampfhandlungen in beiden Kriegen endeten, sollte die Größe der Armee in Friedenszeiten eigentlich schrumpfen, doch „das indianische Problem" lieferte speziellen militärischen Interessen einen Ausweg, die Geschwindigkeit dieser Schrumpfung abzumildern. „Der Schutz der Bevölkerung im Frontier und der Reiserouten vor feindlichen Indianern stellte einen sehr großen Aufgabenbedarf für die Armee dar. … Für [die letzte Hälfte des 19. Jahrhunderts] fand die US-Armee ihre vordringlichste Mission und ihre Hauptexistenzberechtigung in den Erfordernissen der Bewegung nach Westen über den Mississippi hinaus." [173]

Die einzelnen betroffenen Menschen verstanden die Vorteile des Kämpfens. Offiziere des Bürgerkriegs behielten ihre Ehrendienstgrade und ihren Sold, solange sie gegen Indianer kämpften. General Custer behielt seinen Rang nur, solange er Kampfeinsätze hatte, in Friedenszeiten war er nur Oberstleutnant. Für untere Ränge wie auch für Offiziere bedeutete Frieden Langeweile und vertane Karrierechancen.

Der Dienst eines Soldaten im Frontier war trostlos und frustrierend. Langeweile, niedriger Lohn, spärliches Essen und schäbige Quartiere, strenge Disziplin und grausame Bestrafung, ständige körperliche Arbeit nicht-militärischer Art und Felddienste bei Hitze und Kälte, Regen und Schnee, Matsch und Trockenheit, Hunger und Durst, abstumpfende Mattigkeit – all das erwartete einen. Doch was stattdessen fehlte, war die Aussicht auf einen sinnvollen Kampf und die Gelegenheit, sich auszuzeichnen, was in der Regel die Umstände des militärischen Lebens erträglicher macht. [174]

Der Gegenmittel gegen Langeweile war zwar ein Einsatz in der Schlacht, doch ein Vorwand für so eine Schlacht ließ sich nicht ohne Weiteres finden. Nach der Inspektion des Smoky-Hill-Pfads, der durch die Jagdgründe der Cheyenne und der Arapaho verlief, bemerkte General Sherman: „Nur Gott weiß, wann – und ich sehe auch nicht, wie – wir eine anständige Ausrede für einen Indianerkrieg herstellen können."[175] Doch er „machte auch zynische Anspielungen auf den vor Ort vorhandenen Durst nach Armeeverträgen. Normalerweise waren Bürger froh, sich an die reguläre Armee zu wenden, um diese schießen zu lassen, vor allem da die Bundestruppen Nachschub benötigten, den sie vor Ort kauften. Dieser Faktor veranlasste die Bürger oft dazu, laut zu schreien, bevor ihnen überhaupt ein Leid geschah."[176] Auch Politiker erkannten schnell, dass Kämpfe gesteigerte Bundessteuereinnahmen in ihren Bezirken nach sich zogen.[177] Kurzum rührten die Indianerkriege zum großen Teil aus einer starken Koalition aus Berufssoldaten, Politikern, Versorgern und Bürgern.

Die Anhaltspunkte dafür, dass das Aufkommen eines stehenden Heeres die Zahl der Kämpfe mit den Indianern erhöhte, werden durch empirische Daten untermauert. Anhand von Tabelle 4.2 wird bestätigt, dass die durchschnittliche Zahl der Schlachten in den fünf jeweiligen Folgejahren des Mexikanisch-Amerikanischen Krieges sowie des Bürgerkriegs signifikant höher lag als in den fünf Jahren, die diesen Kriegen jeweils vorangingen.[178] Eine Regressionsanalyse dieser Daten durch Terry Anderson und Fred McChesney, die auch weitere Variablen enthält, die den Anstieg der Zahl der Schlachten erklären könnte (etwa Bevölkerungsdichte und Armeegröße), zeigt, dass allein als Folge des Mexikanisch-Amerikanischen Krieges ein diskontinuierlicher Anstieg von fast zwölf Schlachten pro Jahr zu verzeichnen war und dass der Bürgerkrieg einen Anstieg von ungefähr 25 Schlachten pro Jahr bewirkte.[179] Das Aufkommen eines stehenden Heeres verringerte klar den Anreiz für Weiße, mit den Indianern zu verhandeln, und erhöhte die Neigung, Eigentum und Gebiete an sich zu reißen.

Das Schlachtfeld verlagert sich nach Washington

Nachdem sie in Reservate verbannt worden waren, mühten sich die Indianer ab, mit den neuen Einschränkungen zurechtzukommen; sie hatten die Wahl zwischen Anpassung und Untergang. Tatsächlich starben viele Indianer durch die Krankheiten des weißen Mannes und durch Hunger, doch andere konnten sich anpassen. Nachdem sie über Generationen ihr eigenes Leben gelebt hatten, bauten sie, als die Bürokratie vom Frontier Besitz ergriffen hatte, ihr Leben auf dem auf, was sie am besten kannten. Die Schwarzfußindianer etwa, vertraut mit dem Besitz und dem Hüten von Pferden, begannen damit, privat besessenes Vieh gemeinschaftlich zu hüten. Als die Bundesbürokratie schließlich damit begann, die Kontrolle über das Leben in den Reservaten zu übernehmen, war „die Tradition des Privatbesitzes so gut etabliert, dass die Indianer den Bemühungen der Regierung zwischen 1910 und 1920, gemeinschaftliche [in Gemeinbesitz befindliche] Herden einzuführen, Widerstand leisteten". [180] Die sesshafteren Stämme wie die Cherokee „zeigten viel Geschick und Erfolg beim Ackerbau".[181] Unter den Stämmen mit landwirtschaftlicher Tradition „ermöglichte es das indianische Konzept der Landpacht verschiedenen Dörfern, das Land bestmöglich zu nutzen, um ihre eigenen spezifischen Bedürfnisse befriedigen zu können".[182]

Tabelle 4.2
Indianerschlachten vor und nach dem Mexikanisch-Amerikanischen Krieg und dem Bürgerkrieg

	Jahre	Durchschnittliche Anzahl der Schlachten
Vor dem Mexikanisch-Amerikanischen Krieg	1841-1845	2,8*
Nach dem Mexikanisch-Amerikanischen Krieg	1849-1854	8,4*
Vor dem Bürgerkrieg	1856-1860	31,6**
Nach dem Bürgerkrieg	1865-1869	110,4**

Quelle: T. Anderson und McChesney 1994, S. 69.
* Die Mittelwerte unterscheiden sich signifikant in der Größenordnung von 0,01 (t = 2,61).
** Die Mittelwerte unterscheiden sich signifikant in der Größenordnung von 0,01 (t = 4,09).

Die institutionelle Autonomie war jedoch nur kurzlebig. Stattdessen begannen der Kongress und Bundesagenturen, Eigentumsrechte von oben herab zu gestalten. Mit dem „Dawes Act" von 1887, auch „Allotment Act" (Zuteilungsgesetz) genannt, unternahm der Staat den ersten größeren Versuch, bürokratische Kontrolle über die Zuteilung von Land in den Reservaten zu erlangen. Nach diesem Gesetz war das Land in den Reservaten einzelnen Indianern in fast der gleichen Weise zuzuteilen wie in Staatsbesitz befindliches Land einzelnen Nicht-Indianern unter den „Homestead Acts" (Heimstättengesetzen) zuzuteilen war. Unterstützer des „Allotment Act" priesen ihn als notwendigen Schritt, um den Wohlstand der Indianer zu verbessern. Senator Dawes selbst meinte: „Solange diese Menschen zustimmen, ihre Landgebiete aufzugeben und sie unter ihren Bürgern aufzuteilen, so dass jeder das Land besitzen kann, das er bebaut, werden sie keine großen Fortschritte machen."[183]

Im Hinblick auf die überragende Bedeutung, die Privatbesitz in den Theorien der wirtschaftlichen Entwicklung hat,[184] könnte man meinen, dass Wirtschaftswissenschaftler die Ziele des „Allotment Act" bejubeln würden. Doch dann würde man die Lehren aus der Public-Choice-Ökonomie außer Acht lassen, die eine genauere Untersuchung der die Gesetzgebung unterstützenden Interessengruppen fordert.[185]Zumindest zwei bedeutende in den Zuteilungsprozess involvierte Interessengruppen müssen an dieser Stelle genannt werden.

Die erste Interessengruppe bestand aus den nicht-indianischen Siedlern, die Zugang zu den Reservaten haben wollten. Der „Allotment Act“ erlaubte diesen Zugang. Sobald alle berechtigten Stammesmitglieder ihre Grundstücke erhalten hatten, wurden alle übriggebliebenen Landflächen zum „Überhang“ erklärt. Dieses Land wurde dann freigegeben für „sichere Heime für tatsächliche Siedler“.[186] Vor 1900 wurde dieses „überschüssige“ Land dem Stamm von der Bundesregierung abgekauft, woraufhin es Siedlern erlaubt wurde, sich darauf niederzulassen. Nach der Jahrhundertwende verkaufte die Regierung das Land im Namen der Stämme an Weiße. Das Ergebnis war, wie Leonard Carlson bemerkte, „einer der größten Grundstückstransfers der Geschichte“.[187]

Wenn landhungrige Siedler die Hauptnutznießer der Zuteilungspolitik der Bundesregierung waren, stellt sich umgehend eine bestimmte Frage: Warum hat die Bundesregierung nicht direkt das ganze Reservatsland zum Überhang erklärt und es für die Besiedlung freigegeben oder warum hat sie nicht den Indianern die vollen Landeigentumsrechte ohne Treuhänderschaft verliehen, so dass die Weißen das Land einfach den Indianern hätten abkaufen und es schneller in Besitz nehmen können? Die Antwort darauf liegt in der zweiten Interessengruppe, dem Amt für Indianische Angelegenheiten („Office of Indian Affairs“, später umbenannt in „Bureau of Indian Affairs“, abgekürzt „BIA“), beziehungsweise dessen Wünschen nach einem höheren Budget und größeren Kompetenzen. Wenn die Länder direkt den Indianern oder Weißen gegeben worden wären, wäre dem Amt für Indianische Angelegenheiten kaum eine andere Rolle geblieben, als die Indianer mit Agrartechnik und Ratschlägen zu versorgen. Das Zuteilungssystem erlaubte es diesem Amt, seine administrativen Ausgaben zu erhöhen, indem es jede einzelne zugeteilte Landparzelle überwachte.

„Ein Indiz für diese erhöhten Verwaltungskosten war das schnelle Wachstum der Zahl der in Washington benötigten Beamten. Von 1900 bis 1920 stieg die Zahl der Angestellten im Amt für Indianische Angelegenheiten in Washington von 101 auf 262."[188] Indem er den „Allotment Act" 1891 änderte, um die Verpachtung von Zuteilungen zu gestatten, die nicht von der Treuhänderschaft entbunden waren, erlaubte der Kongress den Zugang von Weißen zu den betreffenden Landgebieten, während er der Bürokratie eine gewichtige Rolle sicherte. Tatsächlich gab dies sogar den indianischen Vertretern noch mehr Macht, da es nun an ihnen lag, die Bedingungen für Verpachtungen zu bestimmen und durchzusetzen. Somit, so schlussfolgert Carlson, wird „kein Student der Literatur über Eigentumsrechte oder überhaupt auch der ökonomischen Theorie überrascht sein, dass die komplizierten und schwer zu überwachenden Eigentumsrechte, die sich aus der Zuteilung ergaben, zu Ineffizienzen, Korruption und zu Verlusten sowohl für die Indianer als auch für die gesamte Gesellschaft führten."[189]

Aus dieser Theorie über Partikularinteressen bei der Zuteilung erwachsen zwei wichtige Hypothesen:

1. Die Zuteilung würde zunächst in solchen Gebieten erfolgen, in denen die Weißen dem Land im Besitz von Indianern einen höheren Wert beimaßen.

2. Da der Zuteilungsprozess Millionen von Morgen Land der Kontrolle des Amtes für Indianische Angele-

genheiten enthob, hätte die Bürokratie fast ihre gesamte Macht verloren, wenn sie diesen Prozess nicht aufgehalten hätte, indem sie unter dem „Indian Reorganization Act“ (Indianisches Reorganisationsgesetz) von 1934 ihre Treuhand-Zuständigkeit beibehielt.

Ob und wann die Zuteilung begann, war von Reservat zu Reservat verschieden, doch da die Zuteilung nicht-indianischen Siedlern den Zugang eröffnete, würden wir erwarten, dass Reservate, die für die Besiedlung attraktiver waren, schneller Gegenstand der Zuteilung wurden als die nicht so attraktiven.[190] Um diese Hypothese zu prüfen, schätzte Carlson das Datum der Zuteilung als eine Funktion aus einer Zahl von Variablen ein, die eine größere Nachfrage nach Zuteilung widerspiegelten.[191] Diese Variablen beinhalteten die Regenmenge, den Anteil des besseren Landes im Bundesstaat, in dem sich das Reservat befand, sowie die Bevölkerungsdichte des betreffenden Bundesstaates. Carlson kommt zu folgendem Schluss:

„Ein Reservat in einer Region mit weniger als 500 Millimeter Regen im Jahr wurde 12,3 Jahre später zugeteilt als ein Reservat im selben Bundesstaat, das mehr als 500 Millimeter Regen im Jahr aufwies. ... So betrug die Durchschnittsquote des besseren Landes 43,44 Prozent, von 1,7 Prozent in Arizona bis zu 78,6 Prozent in Nebraska. Das Modell sieht voraus, dass ... ein Reservat in einem Bundesstaat wie Arizona 10,2 Jahre später Gegenstand der Zuteilung werden würde als ein Reservat im Staate Nebraska. Die Bevölkerungsdichte wies einen Mittelwert von 16,25 auf, von 1,5 in Wyoming bis zu 48,9 in Michigan.

Das Modell sagt vorher, dass ein Reservat in Michigan 14,0 Jahre später der Zuteilung anheimfallen würde als ein Reservat in Wyoming."[192]

Diese Ergebnisse stützen die Theorie, dass die Indianerpolitik stark dominiert wurde durch nicht-indianische Interessengruppen. So wie das stehende Heer benutzt wurde, um Indianerrechte an Nicht-Indianer umzuverteilen, so diente das Amt für Indianische Angelegenheiten ebenso der Umverteilung indianischen Landes. In beiden Fällen war es die Überlegenheit bei der Gewaltanwendung, die es lohnenswert machte, sich an die jeweilige Agentur zu wenden. Der Umstand, dass Zwangsgewalt verwendet wurde, um Rechte umzuverteilen, bedeutete auch, dass die Transaktionskosten der Festlegung sowie der Übertragung von Eigentumsrechten erhöht wurden. Das Eigeninteresse im Blick habende Bürokraten und landhungrige Siedler waren in der Lage, das Amt für Indianische Angelegenheiten auf ihre eigenen Zwecke hin zuzuschneiden, mithin also die Rechte der Indianer zu beschneiden.

Obwohl landhungrige Farmer den Zeitablauf der Zuteilung beeinflussten, stand die Umsetzung grundsätzlich dem Amt für Indianische Angelegenheiten zu, dessen Aufgabe es war, das Reservatsland zu überwachen, Landparzellen einzelnen Indianern zu übertragen und den Indianern beizubringen, wie man unabhängiger Farmer wird. Wenn, so bemerkt Prucha, die Behörde ihre Aufgabe erledigt hätte, „hätte es nach dem Ende des Prozesses keinen Bedarf für eine Indianerbehörde für die Gestaltung der Beziehungen mit den Indianern mehr gegeben, denn es hätte keine identifizierbaren Indianer mehr gegeben".[193]

Anhand der Geschwindigkeit, mit der die Zuteilung in den ersten Jahren erfolgte, scheint es, dass das Amt für Indianische Angelegenheiten seine Aufgabe gut erledigte. Besonders wurde das Überhangland so schnell verkauft, dass die Stammesgebiete von 119.375.930 Morgen im Jahre 1887 auf 52.455.827 im Jahre 1900 geschrumpft waren. „Jahr für Jahr wurde der Prozess der Zuteilung beschleunigt, und das Überhangland wurde schnell an Weiße übertragen. … Der Prozess schien so erfolgreich zu sein, dass die Reformer schon den Tag kommen sahen, an dem die staatliche Überwachung der Indianer ganz eingestellt werden würde und die Indianer allesamt in der amerikanischen Gesellschaft aufgegangen sein würden.“[194] Der Ökonom Fred McChesney fasst die Auswirkungen des Tempos zusammen, mit dem das Amt für Indianische Angelegenheiten den einzelnen Indianern privates Eigentum verlieh, ohne von staatlicher Treuhänderschaft berührt zu werden (auch bekannt als „Gebührenpatent-Eigentum“ oder „uneingeschränktes Eigentum“):

„Erstens war, wie immer, das Ziel der neuen Politik ein Ende der bundesstaatlichen Rolle bei den Indianerangelegenheiten. In seiner ‚Erklärung der Politik bei der Verwaltung von Indianerangelegenheiten‘ vom April 1917 ließ die Indianerbehörde verlauten, dass das System des uneingeschränkten Eigentums ‚den Anbruch eines neuen Zeitalters bei der Indianerverwaltung bedeutet. … Es bedeutet weniger Aneignungen durch die Bundesregierung und mehr Selbstrespekt und Unabhängigkeit für die Indianer. … Es bedeutet kurzum den Anfang vom Ende des Indianerproblems.‘ Während zweitens das Land der Indianer in Privatbesitz gelangte und dann verkauft wurde, schrumpfte mit dem indianischen Land unter der Verwaltung des Amtes für Indianische Angelegenheiten auch die indianische Bevölkerung.“[195]

Angesichts der Geschwindigkeit der Zuteilung arbeitete das Amt für Indianische Angelegenheiten praktisch an der Abschaffung seiner eigenen Aufgabe, doch durch die Bürokratien innewohnende Zähigkeit wurde sichergestellt, dass dies nicht passieren würde. Tatsächlich hat eher Wachstum als Auflösung diese Behörde im Laufe ihrer Geschichte geprägt. Dieses Ergebnis überrascht kaum, wenn wir berücksichtigen, dass Bürokratien mit nur sehr geringer Wahrscheinlichkeit ihre Mission und ihre Arbeitsplätze verschwinden lassen.[196] Um es mit den Worten des Kommissars für Indianerangelegenheiten im Jahre 1906 auszudrücken: „Die Gesamtzahl der Schutzbefohlenen der Nation wird sinken, und zwar mit einem wachsenden Anteil.“[197]

Doch „statt laut Blaupause allmählich zu verschwinden, erhöhte die Indianerbehörde ihr Engagement gewaltig und wurde zu einer Art Immobilienmakler, der eine Vielzahl von Landbesitztransaktionen für einzelne Indianer bewerkstelligte“.[198] Laurence Schemeckebier kommt zu dem Schluss: „Während die Ausgabe von bedingungslosen Eigentumstiteln an mit einer Zuteilung bedachte Personen die Zahl der Indianer unter der Obhut des Amts für Indianische Angelegenheiten reduzierte, resultierte die Kontrolle des Eigentums und der Steuerangelegenheiten der einzelnen Personen in einem Anstieg des tatsächlichen Arbeitsvolumens.“[199]

Eine Passage des „Indian Reorganization Act“ (IRA) von 1934 lieferte die lebenserhaltende Daseinsberechtigung für die zu diesem Zeitpunkt in „Büro für Indianerangelegenheiten“ umbenannte Behörde.

„Das Gesetz setzte einen Prozess der Einrichtung von Stammesregierungen in Gang und verlieh dem BIA die Verantwortung für diesen Prozess. Sie beendete auch den Zuteilungsprozess und zementierte den Status der Treuhänderschaft über die meisten Zuteilungen, für die keine uneingeschränkten Eigentumstitel verliehen worden waren. McChesney erklärt das bürokratische Interesse an der neuen Politik. In seiner Anfangsphase diente die Zuteilung den Interessen der Bürokratie an höheren Budgets, da es einer wachsenden Indianerbehörde bedurfte, um den ‚Dawes Act‘ [das Zuteilungsgesetz] zu verwalten. … Die Beendigung der Zuteilungen und das Einfrieren der Eigentümerschaft der mit Zuteilung bedachten Personen noch unter bundesstaatlicher Treuhänderschaft garantierten eine Fortsetzung der Kontrolle der Bürokratie. Ferner bedeutete es, dass die Arbeit mit der Zahl der Indianer im Reservat … anwachsen würde – so wie das dann auch tatsächlich der Fall war. … Kurzum, eine Hypothese, die die gesamte Zuteilungsepisode erklärt, basiert auf dem Wachstum des Budgets der Behörde. … Jede Veränderung bei der Folge der Zuteilungsereignisse von 1887 bis 1934 führte zu einem Anwachsen der Einbeziehung der Bundesregierung in indianische Angelegenheiten, und jede solche Veränderung kann erklärt werden durch ihre Fähigkeit, mehr Arbeit für die Indianerbürokratie zu schaffen.“[200]

Wenn, wie oben behauptet, der „Allotment Act" Nicht-Indianern Zugang zu indianischem Land verschaffte, warum opponierten dann nicht-indianische Bürger und deren Vertreter nicht gegen den IRA? Schließlich stoppte das Gesetz die Ausgabe von uneingeschränkten Eigentumstiteln ohne die Treuhandkontrolle der BIA und ermöglichte es so Siedlern, Land direkt von den Indianern zu erwerben. McChesney erklärt, dass weiße Opposition gegen den IRA sich nicht ergab, da „der Wert des Landes im Westen mit dem steilen Niedergang der Preise für Vieh und landwirtschaftliche Produkte [in den 20er Jahren] fiel" und weil „das beste Indianerland bereits zugeteilt worden war".[201] Das nahm etwas Druck vom Kongress weg, Reservatsland für nicht-indianischen Erwerb offenzuhalten, und erhöhte daher den relativen Einfluss der Bürokratie.

Die Belege für das Budget, die von McChesney zusammengetragen wurden, sind überzeugend. Nicht nur stiegen die Budgets des BIA, sondern dieses Wachstum wurde noch bedeutend beschleunigt durch die Zahl sowohl der Zuteilungen als auch der zugeteilten Flächen. Die Rate des Budgetanstiegs bezüglich der Zuteilungen nahm mit der Zeit ab, doch dadurch wurde dem BIA ein Anreiz gegeben, eine alternative Politik ausfindig zu machen, mit der man den Wachstumsschwung aufrechterhalten konnte. Der IRA, der während des New Deals in Kraft trat, sorgte für den politischen Wandel, der das Wachstum der Behörde bis zum heutigen Tage angetrieben hat. McChesney fasst seinen Befund zusammen und merkt dabei an, dass eine Erklärung, die den gesamten Zuteilungszeitraum mit berücksichtigt, darin liegt, dass die wahren Nutznießer die

Weißen aus dem Osten und dem Westen, Politiker sowie die Indianerbehörde waren.

Bis 1920 jedoch hatten nur die Indianerbürokraten (die Indianerbehörde) durch die Zuteilung stark betroffene Interessen, und diese Interessen verlangten ein Ende der Privatisierung. Die anfängliche Zuteilung und die nachfolgenden Veränderungen, die die Eigentümerschaft der Indianer erhöhten, wirkten sich zugunsten der Bürokraten aus, indem sie deren Budgets vergrößerten. Doch indem die Menge des privatisierten Landes sich erhöhte, konnten keine Budget-Zugewinne erfolgen. Schließlich wurde die Privatisierung beendet, was dazu führte, dass die Budgets weiter anstiegen.[202]

Ob das Zuteilungsexperiment ein Erfolg oder ein Misserfolg war, hängt von den Zielen und den Bewertungskriterien ab. Von der indianischen Perspektive aus betrachtet und unter Berücksichtigung der Millionen von Acre (circa 4.047 Quadratmeter) an Nicht-Indianer übertragenem Land war die Zuteilung höchstwahrscheinlich eine Katastrophe. Doch aus der Sicht der Gruppen, die einen institutionellen Wandel wollten, der die Eigentumsrechte zu ihren eigenen Gunsten umverteilte, nämlich nicht-indianische Siedler und Washingtoner Bürokraten, war die Zuteilung ein überwältigender Erfolg. Nicht-Indianer besaßen oder pachteten am Ende beträchtliche Teile vieler Reservate, und das BIA blühte, indem es zunächst als Immobilienverwalter für das indianische Land und dann als Treuhänder und Kontrolleur der indianischen Landverwaltung fungierte. Leider reduzierte der durch den IRA entstandene bürokratische Morast die Eigentumsrechte der Indianer am Land und führte einen signifikanten Niedergang der Produktivität und des Wohlstands der Indianer herbei.

Vertrauen in den Staat

Als die Zuteilung 1934 endete, verblieben diejenigen Landgebiete, die nicht von der Treuhänderschaft befreit worden waren, unter der Verantwortung des BIA. Die Reservate waren also zu einem Flickenteppich aus Landbesitzgütern geworden.[203] Besitzer von uneingeschränkten Landeigentumsgütern haben die vollständige Autonomie über ihre Landnutzungsentscheidungen. Entscheidungen über die Produktion bezüglich dieser Länder werden vom Besitzer getroffen, und das Land kann verkauft werden oder auf dem Kapitalmarkt in Kollektiveigentum überführt werden. Bei den 39 großen Reservaten, die weiter unten aufgeführt werden, befindet sich 47 Prozent des Landes in uneingeschränktem Privatbesitz von Indianern und Nicht-Indianern.

Im Gegensatz zum Land in uneingeschränktem Privatbesitz ist Land unter der Treuhänderverwaltung der US-Regierung der Regulierung durch das BIA unterworfen, selbst wenn dieses Land indianischen Einzelpersonen oder einem Stamm gehört. Unter der Treuhandverwaltung hat das BIA keinen Anspruch auf verbesserte Produktivität, hat wenig Verantwortung für verringerte Produktivität und hat das Potenzial für größere Budgets, wenn die Indianer weniger autonom sind. Es gewährt oder verweigert die Erlaubnis, die Nutzung des Landes zu ändern, genehmigt Mietverhältnisse und stimmt Kapitalverbesserungen zu. Unter treuhänderischer Verwaltung kann Land nicht als Sicherheit für Kredite belastet werden. Was die Sache noch erschwert, ist, dass einzelne Treuhandgrundstücke oft schon viele Male vererbt wurden, was eine Vielzahl von Besitzern hinterlässt, die alle den Entscheidungen über die Bewirtschaftung des Landes zustimmen müssen.

Dieses „Fraktionierungs-" oder „Erbschafts-"-problem erhöht die Kosten der Einsetzung eines klaren Besitzers und Bewirtschafters, der die Entscheidungen über die Nutzung des Landes trifft und von den Früchten guten Managements profitiert. Im Falle von treuhänderischem Stammesland werden die Entscheidungen über die Bewirtschaftung von den Verwaltungsinstitutionen des Stammes getroffen, was jeglichen Anreiz für einzelne Entscheidungsträger weiter reduziert, den Nettoertrag aus der Produktion zu maximieren. Zum Beispiel kommen Gary Libecap und Ronald Johnson zu dem Schluss, dass die Politik des Stammesrats der Navajo und ihrer Weide-Ausschüsse im Großen und Ganzen „eine gemeinschaftliche Eigentumssituation für den Range" legal herbeigeführt habe, wobei der Zugang allen Stammesmitgliedern offensteht und somit Übernutzungen vorkommen. Angesichts dieser Beschränkungen würden wir erwarten, dass die höheren Transaktionskosten, die mit den Entscheidungen der Bewirtschafter verbunden sind, eine optimale Nutzung des Landes vereiteln.[204]

Dieses dreiteilige Landbesitzsystem – uneingeschränkt, individuelle Treuhand sowie Stammestreuhand

– ergibt aus mehreren Gründen eine sehr unterschiedliche Produktivität. Weil erstens die Kosten der Organisation der Produktion beim uneingeschränkten Landbesitz niedriger sind als bei der individuellen Pacht beziehungsweise der Stammespacht, sollte beim uneingeschränkten Besitzer die Wahl des Verhältnisses von Land, Arbeit und Kapital annähernd optimal sein. Da zweitens Pachteinschränkungen die Kosten des Kapitals erhöhen, indem sie die Möglichkeit der Besitzer, Landtitel zu veräußern, verringern, sollte die Produktivität von Pachtlandgebieten geringer sein. Weil drittens die Erträge individuell oder vom Stamm gepachteten Landes unter vielen Besitzern aufgeteilt werden, hat jeder einzelne Besitzer weniger Anreize, die Landbewirtschaftung zu beaufsichtigen, was das Ertragsergebnis schmälert. Da schließlich Pachtland nicht frei veräußert werden kann, bleiben Bauernhöfe und Ranches zu klein, um optimal produktiv zu sein.[205]

Die Daten bestätigen diese Annahmen. Aus Tabelle 4.3 gehen die Ertragswerte für uneingeschränkt genutztes Land und für Pachtland sowie das Verhältnis zwischen den beiden für 39 große Reservate hervor. Das Verhältnis des Wertes von Pachtland zum Wert von uneingeschränkt besessenem Land zeigt, dass Pachtland lediglich ungefähr die Hälfte des Wertes von uneingeschränktem Besitz pro Acre hervorbringt, und dieser Unterschied ist statistisch signifikant.[206]

Terry Anderson und Dean Lueck schätzten den Einfluss von Landbesitz auf einen Querschnitt der Reservate, indem sie den Gesamtwert des Reservatertrags pro Acre verwendeten.[207] Der letztgenannte Wert wurde abgeleitet von der Summe des Wertes aus dem Ertrag individuell sowie vom Stamm gepachteten Landes und des Ertragswerts aus uneingeschränktem Landbesitz in den Reservaten geteilt durch indianische Acre mit landwirtschaftlichem Potenzial plus allen uneingeschränkten Acre-Flächen. Nach Verwendung der Regressionsanalyse für die Kontrolle einer Anzahl von anderen Variablen, die die Produktivität beeinflussen könnten, fanden sie heraus, dass der Wert pro Acre des landwirtschaftlichen Ertrags 85 bis 90 Prozent niedriger auf Stammespachtland war als auf uneingeschränkt besessenem Land sowie 30 bis 40 Prozent niedriger auf individuell gepachtetem Land als auf uneingeschränkt besessenem Land.[208]

Die Größenordnung dieser Zahlen unterstützt die Behauptung, dass bürokratische Hindernisse für eine unternehmerische Landnutzung den landwirtschaftlichen Ertrag verringern. Die fehlende Möglichkeit, Landtitel zu übertragen, die Schwierigkeit, landwirtschaftlich genutztes Land für Kredite zu beleihen, sowie die aus multipler Eigentümerschaft bei kleinen Landparzellen resultierenden Transaktionskosten erschweren allesamt eine Maximierung der Produktivität. Die Ergebnisse sind bedeutend signifikant bei treuhänderisch verwaltetem Stammesland und legen nahe, dass die Regierungsinstitutionen der Stämme die Schwierigkeiten kollektiver Entscheidungen zur Förderung der Produktivität keineswegs behoben haben.

Die Interaktion zwischen Indianern und Europäern im Frontier kann am besten im Kontext der Festlegung und Durchsetzung von Eigentumsrechten verstanden werden. Anfangs trieben beide Gruppen weitaus öfter miteinander Handel, als dass sie sich bekämpften. Die Transaktionskosten für Handel waren geringer durch den Umstand, dass die östlichen Stämme Eigentumsrechte an Land aufwiesen, die dem entsprachen, was die Weißen benötigten und verstanden. Darüber hinaus ist Krieg ein Negativsummenspiel, und während der ersten Jahre der Interaktionen mussten die Parteien, die den Krieg wählten, die Kosten eines solchen Krieges unmittelbar selbst tragen. Einige Faktoren führten jedoch in der zweiten Hälfte des 19. Jahrhunderts zu einer Dominanz des Kämpfens gegenüber dem Handeltreiben. Zunächst einmal waren die Transaktionskosten höher, weil die nomadischen Stämme der Großen Ebene keine Eigentumsrechte aufwiesen, die mit denen der weißen Siedler für sesshaften Ackerbau kompatibel waren. Zweitens führte die Einrichtung eines stehenden US-Heeres in der Folge des Mexikanisch-Amerikanischen Krieges sowie des Amerikanischen Bürgerkriegs zu einer unterschiedlichen Vorteilslage bei der Anwendung von Gewalt und erlaubte es den Frontier-Siedlern, die Kosten des Krieges auf die Steuerzahler abzuwälzen. Und schließlich gaben die Indianerkriege dem stehenden Heer eine Daseinsberechtigung, die es ihm erlaubte, seinen Haushalt und die Zahl seiner Beschäftigten aufrechtzuerhalten. Landraubzüge auf Kosten der Indianer endeten nicht mit den Indianerkriegen, sondern setzten sich mit der bürokratischen Neuzuteilung von indianischen Eigentumsrechten fort.

Vom Zuteilungsgesetz („Allotment Act“) 1887 über den „Indian Reorganization Act“ 1934 bis in die Gegenwart sind Eigentumsrechte in Reservaten hauptsächlich von oben nach unten verordnet worden, also nicht von den Landbesitzern selbst, sondern von bürokratischen Entscheidungsträgern, die die direkten Kosten ihrer Entscheidungen nicht selbst tragen müssen. Nicht nur stehen die Eigentumsrechte an indianischem Land allgemein nicht in Einklang mit den zeit- und ortsspezifischen Beschränkungen jedes Reservats und Stammes, sondern sie hängen auch ab vom Wohlwollen der Bundesregierung und sind daher immer anfällig für Missbrauch. Da überrascht es nicht, dass Reservate auch heute noch wie Dritte-Welt-Inseln in einem Ozean aus Wohlstand anmuten.

Tabelle 4.3

Durchschnittswert des landwirtschaftlichen Ertrags pro Acre, 1987

Reservat	Land in uneigeschränktem Privatbesitz (in Dollar)	Land unter Treuhänderverwaltung (in Dollar)	Verhältnis Treuhänderverwaltung und Privatbesitz
Washington			
Colville	292,19	7,15	0,02
Yakima	857,45	24,72	0,03
Oregon			
Umatilla	143,36	43,06	0,30
Warm Springs	174,36	2,01	0,01
Idaho			
Fort Hall	132,64	102,79	0,77
Coeur d'Alene	115,80	203,05	1,75

Nez Perce	101,53	87,40	0,79
Montana			
Blackfeet	45,10	11,61	0,26
Crow	46,17	22,06	0,48
Flathead	44,69	9,46	0,21
Rocky Boys	39,54	19,64	0,50
Fort Peck	27,33	13,80	0,50
Northern Cheyenne	40,41	7,50	0,19
Wyoming			
Wind River	54,80	3,76	0,07
North Dakota			
Fort Berthold	28,83	16,52	0,57
Standing Rock	18,49	19,86	1,07
Fort Totten	41,00	15,22	0,37
South Dakota			
Cheyenne River	21,21	0,00	0,00
Crow Creek	39,35	39,68	1,01
Lower Brule	38,80	39,26	1,01
Pine Ridge	28,32	10,12	0,36
Rosebud Sioux	24,92	11,19	0,45
Yankton	45,50	42,93	0,94
Sisseton	53,01	37,22	0,70
Nebraska			
Omaha	100,23	156,34	1,55
Santee	38,99	35,73	0,92
Winnebago	97,79	154,86	1,58
Kansas			
Kickapoo	98,16	47,75	0,49
Arizona			
Colorado River	1.152,61	266,83	0,23
Gila River	577,00	239,90	0,42
Nevada			
Duck Valley	95,09	6,06	0,06
Walker River	94,18	3,77	0,04
Utah			
Goshute	37,39	1,71	0,05
Uintah-Ouray	24,04	8,02	0,33
New Mexico			

Isleto Pueblo	163,94	4,85	0,03
Colorado			
Southern Ute	21,02	17,72	0,84
Oklahoma			
Osage	18,47	30,63	1,66
Minnesota			
Fond du Lac	25,99	12,58	0,48
n	39	39	39
Mittelwert	130,18	45,57	0,54
Standardabweichung	230,83	67,29	0,49

Quelle: T. Anderson 1995, S. 128–29.

Kapitel 5

Weiches Gold: Händler, Trapper und Jäger

Wenn es um die Tragik der Allmende geht, ist das am häufigsten angeführte Beispiel womöglich die Auslöschung des Wildbestands. Von einem Bestand von Millionen von Bisons, die zu den Zeiten die Große Ebene bedeckten, als Lewis und Clark zu ihren Abenteuern aufbrachen, sank die Population bis Ende des 19. Jahrhunderts auf wenige Dutzend Exemplare.

Ökonomen argumentieren, dass der Wildbestand im Allgemeinen und der Bison im Besonderen deswegen Gegenstand dieser Tragik wurden, da niemand diese Tiere besaß, denn wenn jemand sich bei der Erbeutung eines wilden Tieres oder Fisches zurückhält, dann greift eben jemand anderes zu. Das ist der Grund dafür, dass Walfänger den Walbestand überfischten, dass auf den Federnmarkt abzielende Vogeljäger den Bestand mehrerer Arten im frühen 20. Jahrhundert nahezu ausrotteten und Fischer den Lachsbestand im Columbia River dezimierten. Beim Fehlen von Eigentumsrechten gibt es keinen Anreiz, für den Erhalt des Bestands zu sorgen.

Die Frage ist nun, warum institutionelle Unternehmer keine Eigentumsrechte eingeführt haben, um solche Tragödien zu verhindern, vor allem beim Biber und beim Büffel, zwei Tierarten, die im amerikanischen Westen im 19. Jahrhundert sehr schnell dezimiert wurden. Ganz offensichtlich hat die Antwort darauf etwas mit dem Ertragsnutzen und den Kosten der Einrichtung von Eigentumsinstitutionen zu tun. Wie der Ökonom Dean Lueck ausgeführt hat, hängt die Einrichtung von Eigentumsrechten bei Wildtieren von der Kontrolle des vom Wild bevölkerten Landgebiets ab.[209]

Die Entscheidung, ein Landgebiet wegen des Wildbestands zu bewirtschaften, wird abhängen vom Wert des Landes bei Wildtiernutzung, vom Wert des Landes bei alternativen Nutzungen sowie von den Kosten einer Einhegung ausreichend großer Landflächen, um der Mobilität des betreffenden Wilds Rechnung zu tragen. Wenn daher der Wert des Landes bei einer Wildtiernutzung niedrig ist verglichen mit dem Wert, den es bei einer Ackerbaunutzung hätte, und wenn eine Ackerbaunutzung eine so enge Parzellierung verlangen würde, dass das freie Herumstreunen von Wildtieren behindert würde, dann ist es unwahrscheinlich, dass Eigentumsrechte und Vertragswerke zur Bewirtschaftung der Wildtiere entstehen.

Doch wenn die Wertverhältnisse sich umkehren und die Parzellen groß genug für Wildtiere sind, werden solche Rechte und Vereinbarungen mit einer gewissen Wahrscheinlichkeit entstehen. Demnach kann der Medienmogul Ted Turner auf seinen 100.000 Acre und mehr großen Farmen effektiv wilde Elche und Bisons bewirtschaften, da der Wert des Landes bei einer Nutzung als Wildhabitat den Wert alternativer Nutzungen übersteigt und da die Farmen von Anfang an groß genug für die Wildtierhaltung waren, was einen Zusammenschluss von Landeigentum nicht notwendig machte.

Natürlich war das Schicksal des Wildbestands im amerikanischen Frontier nicht so sehr durch die geringe Größe der Landbesitzungen besiegelt worden, als vielmehr durch das vollständige Fehlen von Eigentumsrechten. Angesichts fehlender Landeigentümerschaft hatten institutionelle Unternehmer es schwer, andere von dem Zugriff auf den Wildbestand und dessen Habitat abzuhalten. Die Indianer hatten vernünftige und wirksame Eigentumsinstitutionen für Territorien der Biberfallenstellerei in Ostkanada sowie für die Fischwasserläufe im Nordwesten (siehe Kapitel 3) entwickelt und lieferten somit Anreize für Einzelpersonen, Familien und Clans, eine Übernutzung zu vermeiden, doch selbst dann führten Konflikte zwischen den Stämmen zu einer Übernutzung von flüchtigen Ressourcen wie dem Bison, der Territorien abdeckte, die für eine Kontrolle durch Einzelpersonen oder Stämme zu groß waren.[210]

Als die Europäer sich ins Indianerland hinauswagten, wurden Eigentumsrechte an Tiergegenden und somit ein nachhaltiges Wildtiermanagement problematisch. Konfrontiert mit der Abwägung zwischen Aggression oder Handel (siehe Kapitel 4), respektierten die Europäer oft nicht die Gebietsrechte der Indianer. Wie Robert Higgs ausführt, führten gut eingeführte Rechte an Wasserläufen und Fischereistandorten, an die Lachse zum Laichen zurückkehrten, dazu, dass die Indianer im pazifischen Nordwesten eine effektive Fischerei aufrechterhalten konnten.[211]

Die Europäer jedoch missachteten diese Rechte und warfen ihre Netze in den Flussmündungen aus, wo sie die

Lachsbestände dezimierten. Als das Fehlen wohldefinierter und durchgesetzter Eigentumsrechte kombiniert wurde mit der Erwartung eines auf kurze Sicht hohen Preises für die betreffende Ressource, wurde die Tragik der Allmende weiter verschärft. Die Indianer hatten traditionellerweise Biber und Büffel verwertet, doch ihr persönlicher Verbrauch von Wildtieren für Nahrung und Kleidung übte nur wenig Druck auf die entsprechenden Populationen aus. Als europäische Händler exorbitant anmutende Preise für Kleintierfelle, Büffelfelle und Häute boten,[212] änderte sich dieser Druck, als sich nun Indianer und Weiße gleichermaßen auf die Jagd nach flüchtigen Tieren machten. Die sich daraus ergebende Übernutzung von Ressourcen wird von dem Historiker David Wishart einer „Mentalität der räuberischen, kurzfristigen Ausbreitung"[213] zugeschrieben, doch unser analytisches Rahmenkonzept legt nahe, dass die grundlegende Ursache in den Eigentumsrechten beziehungsweise in deren Fehlen zu suchen ist.

Im Rest dieses Kapitels betrachten wir die Institutionen, die den Handel mit und das Fangen von Bibern regelten, sowie die Institutionen, die fast zu einer Ausrottung des amerikanischen Bisons führten. Wie wir sehen werden, ist keiner dieser Fälle ein vollkommenes Beispiel für die Tragik der Allmende. Die schnelle Abschöpfung der Biberbestände war eine rationale Antwort auf die Erwartung, dass hohe Marktpreise nur von kurzer Dauer sein würden. Die Dezimierung des Büffels erfolgte, da Hausrinder einfacher kontrolliert und zum Markt transportiert werden konnten, so dass es Sinn ergab, Büffel durch Hausrinder zu ersetzen, wenn es um die Hauptverbraucher der Grasressourcen ging.

Die Biberleute

Der Pelzhandel in Kanada und den USA, der biberdominiert war,[214] war relativ kurzlebig und hatte seine große Zeit zwischen 1820 und 1840. Obwohl englische und französische Unternehmen das ganze 18. Jahrhundert hindurch aktiv im kanadischen Westen Handel trieben, blühte der amerikanische Pelzhandel erst nach dem Erwerb von Louisiana und der Expedition von Lewis und Clark auf. Kurz nach der „Corps of Discover"-Expedition nahm im Frühjahr 1807 Manuel Lisa 50 bis 60 Männer den Missouri und dann den Yellowstone River hinauf zu der Stelle, wo der Bighorn River in den Yellowstone fließt.[215] Dort betrieb seine Gruppe Pelzhandel mit den Crow-Indianern und stellte selbst Biberfallen auf. Ein paar weitere Expeditionen folgten während der folgenden zehn Jahre und wurden von der Missouri Fur Industry finanziert, doch die wahre Expansion des Biberhandels begann in den 1820er Jahren und dauerte zwei Jahrzehnte an.[216] Bis 1822 trieben mindestens fünf größere Pelzunternehmen Handel mit Indianern, legten selbst Fallen aus oder taten beides.[217] Es herrschte ein scharfer Wettbewerb, und Pelze im Wert von Hunderttausenden von Dollars wurden von den Rocky Mountains im Westen abgezogen.

Aus einer Reihe von Gründen endete der Pelzhandel 1840 fast so schnell, wie er begonnen hatte. Seit Mitte der

1830er Jahre fiel die Nachfrage nach Biberpelzen, da das Biberfell als modisches Material für Hüte im Osten der USA und in Europa durch die Seide ersetzt wurde. Auch der bessere Zugang zum südamerikanischen Nutria (ein Wassernagetier) machte den Resten des Biberhandels Konkurrenz. Und schließlich wurde, wie wir weiter unten sehen werden, der Biber im zunehmenden Maße ein knappes Gut, was zur Folge hatte, dass die Kosten der Suche und des Marktzugangs stiegen.[218] Daher „verließen 1840 mehr Trapper die Berge als in jedem anderen Einzeljahr".[219]

Angesichts der Entfernung von den Märkten, dem unbekannten Territorium und den verschiedenen Arten der Pelzerbeutung standen die Biberunternehmer vor der Herausforderung, Eigentumsrechte in diesem Gewerbe einzuführen oder neu zu gestalten. Sie mussten Verträge für Kapitalinvestitionen entwickeln, um Expeditionen auszustatten, die ein hohes Risiko eingingen, ertraglos auszugehen. Sie mussten Mannschaften rekrutieren, die rudernd, schiebend, ziehend oder mit anderen Mitteln Boote flussaufwärts bewegten, sie mussten sich gegen Indianer verteidigen, Biber finden und erbeuten, entweder durch Warenaustausch mit den Indianern oder durch eigenes Fallenstellen. Und sie mussten die Pelze auf die europäischen Märkte bringen.

Die Vertragsgestaltung war aufgrund der Kosten der Kommunikation zwischen den Außenposten im Frontier und den Märkten kompliziert. Es brauchte Monate, um mit Europa zu kommunizieren und um die Nachfrage für das Endprodukt in Erfahrung zu bringen, und es brauchte

Wochen, damit diese Informationen St. Louis erreichten, den Ausgangspunkt für Unternehmungen in den Frontier hinein.[220] Die Kommunikation mit den Expeditionen, die von St. Louis aus flussaufwärts aufbrachen, war noch schwieriger. Handels- und Fallensteller-Expeditionen konnten leicht ein Jahr oder länger dauern, bevor irgendwelche Nachrichten von ihrem Erfolg eintrafen. Selbst als Dampfboote sich durchgesetzt hatten,[221] dauerten die Reisen noch lange. Im Jahre 1843 brauchte man 40 Tage, um flussaufwärts bis Fort Pierre zu gelangen, und 49 Tage, um bis Fort Union zu kommen.

Fallenstellen oder Handel treiben

Die Entscheidung von Europäern darüber, ob man lieber Handel treiben oder Fallen stellen sollte, hing davon ab, ob sie glaubten, dass die Indianer belastbare Rechte an den Bibern hatten. Falls ja, dann bot der Handel eine Möglichkeit, von der beide Parteien profitieren konnten. Falls nicht, war ein Konflikt wahrscheinlich und der Biber wurde höchstwahrscheinlich Opfer der Tragik der Allmende. Die Entscheidung für Fallenstellen oder Handel treiben ergab sich aus einer Berechnung, die dem „Angriff oder Handel"-Kalkül ähnelte, das wir in Kapitel 4 besprochen haben. Da, wo Indianer klare Gebietsrechte aufwiesen und wo sie die Oberhand bei der Verteidigung dieser Rechte hatten, war es viel wahrscheinlicher, dass die Europäer Handel trieben, als dass sie selbst Fallen stellten.

Wo die Territorialrechte unklar waren oder wo Unsicherheit bezüglich der Eigentumsrechte vorherrschte, erfolgte mit höherer Wahrscheinlichkeit das Fallenstellen. So konnte auch General Henry Atkinson, einer der frühen Militärführer im Westen, „keine ‚Ordnungswidrigkeit' im Fallenstellen im noch nicht der staatlichen Gesetzgebung unterworfenen Indianerland erkennen",[222] da eine fehlende Abhängigkeit vom Staat bedeutete, dass die Eigentumsrechte unklar waren. Doch Benjamin O'Fallon, ein Vertreter der Indianer in dieser Region, wies darauf hin, „dass, sobald formelle Beziehungen mit diesen Stämmen hergestellt worden sind, diesen auch das Recht auf Jagen und Fallenstellen gehört und daher unterbunden werden sollte".[223]

Und der „Niles's Weekly Register" führte 1823 in einem Leitartikel aus, dass „es uns scheint, dass die noch nicht abgetretenen Länder als die ihrigen [der Indianer] zu betrachten sind, und wenn das so ist, gehen wir davon aus, dass eine Gruppe von weißen Personen diese mit keinem größeren Recht betreten kann, um die wilden Tiere der Wälder zu fangen und zu töten, als das Recht, das die Indianer hätten, in unsere Siedlungen einzudringen und sich zu nehmen, was immer sie wollen".[224]

Die Frage der territorialen Kontrolle tauchte zuerst auf, als die Bibermänner, die sich den Missouri hinaufwagten, auf die Dörfer der Hidatsa stießen. Diese Dörfer kontrollierten strategische Orte für den Handel zwischen indianischen Kulturen von der Hudson Bay über die Westhänge der Rocky Mountains bis hin zu den Plateaus von

Mexiko. Mari Sandoz beschreibt, wie der Handel an diesen strategischen Ortschaften vonstattenging:

„Die Leute aus dem Westen brachten die Häute und das Horn der Bergschafe und Bergziegen, die Felle vom Marder und vom Silberlöwen neben Pflanzen und Kräutern, Obsidian für Pfeile und Speerspitzen und Muscheln und Walrosselfenbein von ihren eigenen Handelsplätzen in den weiter entfernten Hängen. Aus dem Norden kamen viel Trockenfisch, Wolfswinterfelle, oft Pfeifensteine und manchmal Rentierhörner sowie Eisbär und Fuchs. Im Austausch dagegen nahmen sie Mais und Bohnen mit, weniger bedeutende Produkte aus den Ackerbaudörfern, ihre schön bearbeiteten Hirsch- und Büffelhäute und immer die Erinnerung an einen angenehmen Besuch an einem Platz, wo es einen halben Monat lang Friede für alle gab.“[225]

Die Hidatsa und andere Stämme wie die Mandan und Arikara hatten praktisch ein Monopol auf den Handel und „schafften es, durch ihre begünstigte Lage am Flussoberlauf einen guten Anteil am Handel für sich abzuzweigen. … Jahrelang … wurden die Waren von den Briten und den Händlern vom Unterlauf des Missouri direkt durch ihre Tore gebracht und vergrößerten so die Bedeutung der Dörfer als friedlicher Handelsplatz.“[226]

Doch die biberreichen Flussläufe weiter im Westen waren zu verlockend für die Bibermänner. Diese nicht-indianischen Händler versuchten, die handelnden Stämme zu verdrängen und sie von dem ihrer Meinung nach rechtmäßigen Anteil an den Handelsgewinnen abzuschneiden. Da überrascht es nicht, dass die Stämme versuchten, diesen Händlern auszureden oder sie physisch davon abzuhalten, weiter nach Westen vorzudringen. Als zum Beispiel François Larocque versuchte, nach einer Handelsmesse mit Indianern und Nicht-Indianern weiter nach Westen zu gehen, „wurden besonders die Mandan-Indianer ärgerlich. Sie konnten das nicht zulassen.“ Sie befürchteten, dass, wenn die Stämme westlich von ihnen Gewehre bekämen, „sie auch unabhängig, überheblich und gefährlich werden würden, doch Larocque wusste, dass es die Aussicht auf deren Unabhängigkeit war, die die Mandans am meisten fürchteten, nämlich Unabhängigkeit von Profitzahlungen und Tributzahlungen an die Fünf Dörfer für ihre Waren“.[227]

Als die nicht-indianischen Händler flussaufwärts vordrangen, stiegen die Spannungen. Die Indianer versuchten, die Preise für die von ihnen angebotenen Waren zu erhöhen, und die nicht-indianischen Händler versuchten, Handel zu höheren Preisen zu vermeiden in der Hoffnung, weiter im Westen bessere Geschäfte zu machen. Im Fall von Larocque verweigerten die Mandan ihm zunächst die Pferde, die er für seine Reise gen Westen benötigte. Schließlich einigten sie sich auf den Pferdehandel, doch zum doppelten Preis. Die Entscheidung zwischen Handel treiben und Fallenstellen war für die Hudson‘s Bay Company relativ einfach zu treffen. Angesichts der Tatsache, dass ihr Monopol auf den Handel mit den Indianern vom Staat durchgesetzt wurde, war das Unternehmen in der Lage, andere Händler und Trapper außen vor zu halten und die Versorgung zu kontrollieren, indem es den Preis für Pelze je nach Bedarf anpasste.[228]

Daher stellte die Hudson‘s Bay Company hauptsächlich Indianer an, die das Fallenstellen besorgten, und handelte mit ihnen zu den von ihr kontrollierten Preisen. Da sie Handel betrieb, war die Company sogar in der Lage, jene Schwarzfußindianer auf friedliche Weise einzuspannen, die ansonsten ständig die weißen Trapper im gesamten Einzugsbereich des oberen Missouri terrorisierten.[229]

Anderen Bibermenschen, die den Handel wählten, war ein ähnlicher Erfolg beschieden. Einer der frühen Unternehmer im Biberhandel zum Beispiel, Kenneth McKenzie, „zog es klar vor, seine Pelze durch Handel zu erwerben, als seine Leute und Tiere der Grausamkeit eines Volkes auszusetzen, das alle Wildtiere für die eigenen hielt und sie demnach nach Gutdünken nutzte".[230] McKenzie war mit seiner Handelstätigkeit so erfolgreich, dass „er das unglaubliche Kunststück vollbrachte, Verhandlungen mit den Schwarzfußindianern aufzunehmen und deren Billigung eines Handelspostens [Fort Piegan, später Fort McKenzie] am Missouri, nahe der Mündung des Marias-Flusses, zu sichern".[231]

Die dominierende Handelsgesellschaft dieser Ära, die American Fur Company, vermied wo immer möglich Konflikte, indem sie die Territorialrechte der Indianer respektierte. Ihre grundlegende Strategie bestand darin, „innerhalb der Beschränkungen der bestehenden Muster der indianischen Aneignung zu arbeiten, um die Produktion von Pelzen und Fellen voranzutreiben".[232]

Das war besonders wichtig, wenn die Company ihre Investitionen in Forts und die dort gelagerten Waren zu schützen hatte. Der Nutzen aus der Kooperation wird auch deutlich durch den Umstand, dass Handel neben Pelzen auch bei anderen Dingen stattfand. 1831 schätzte ein indianischer Vertreter, dass ungefähr die Hälfte des in Handelsposten verkonsumierten Fleisches von den Indianern geliefert wurde. In Gegenden, in denen indianischer Ackerbau vorkam, wurden auch Gemüse und Getreide gehandelt.[233]

Um durch die Förderung von Handel statt Fallenstellerei durch weiße Unternehmer Kampfhandlungen zu vermeiden, versuchte das US-Kriegsministerium, ein Lizenzsystem einzuführen. Diese Lizenzen sollten frühen Unternehmen das Recht zum Handel als Ersatz zum Fallenstellen geben. Nach einer Begegnung mit den Arikara-Indianern schrieb Colonel Leavenworth, dass „dieses Fallengeschäft unter einer Handelslizenz betrieben" wird und daher „dieses Fallengeschäft ganz und vollständig unterbunden werden" sollte.[234] Und schon als die bundesstaatliche Bodenpolitik das Militär einsetzte, um weiße Siedler aus dem Indianerland zu entfernen (siehe Kapitel 4),[235] bevorzugte Leavenworth die Anwendung militärischer Gewalt, um unlizenzierte weiße Jäger und Trapper aus indianischen Territorien zu vertreiben.

Doch das Lizenzsystem erwies sich als völlig ineffektiv, sowohl was das Fernhalten von Fremden, vor allem der Briten im Norden, anging, als auch wenn es darum ging, „freie" weiße Trapper (die keinen langfristigen Vertrag mit einem Unternehmen hatten) davon abzuhalten, sich ohne Rücksicht auf indianische Rechte mit Bibern einzudecken. Aus zweierlei Gründen funktionierte dieses System nicht: Zunächst einmal gab es viele freie weiße Trapper in der Region, die keine Lizenzen hatten und sich daher nur wenig um die Politik der Regierung kümmerten. Sie fingen

Biber und handelten mit den lizenzierten Unternehmen. Es war einfach so, dass diese Biberleute in die Berge kamen, um Gewinne mit Bibern zu machen, entweder durch Handel mit den Indianern oder durch eigenes Fallenstellen.

Zweitens machte der Mangel an Militär in der Region es unmöglich, das Lizenzsystem auch durchzusetzen. Ein Versuch, die Konflikte mit den Indianern zu verringern und die Biberleute auf den Handel zu beschränken, wurde in der Folge eines Treffens im Jahre 1823 zwischen William Ashley und den Arikara unternommen.[236] Der Senator Thomas Hart Benton aus dem Bundesstaat Missouri wollte Truppen am oberen Missouri stationieren, doch seine Kollegen widersetzten sich dem, da sie davon ausgingen, nicht ausreichend Streitkräfte aufbringen zu können, um illegales Jagen im Indianerland zu unterbinden. Doch ein Kompromiss im Mai 1824 autorisierte von Truppen eskortierte Vertragsvermittler, „den Missouri hinaufzugehen und mit den Indianern Frieden zu schließen“. In diesen Verträgen, die von den Ponca, Sioux, Cheyenne, Hidatsa, Mandan und sogar den Arikara unterschrieben wurden, „versprachen die Indianer, amerikanische Händler zu beschützen und alle fremden Händler an amerikanische Behörden zu überstellen. Die Regelungen betrafen die Regulierung des Handels und die Behandlung von Beschwerden. Keine indes führte das Jagen oder Fallenstellen im Indianerland an.“[237] Wenn sie überhaupt eine Wirkung zeitigte, dann schürte Ashleys Expedition eher die Konflikte um die Fallenstellerei, da sie die Grundlage für Unternehmen legte, Forts für den Handel mit den Indianern zu errichten. In diesen Forts wurde auch mit weißen

Trappern Handel getrieben, denen dann auch Schutz vor Indianern gewährt wurde.

Zugunsten von Fallenstellen und zuungunsten von Handel beim „Fallenstellen-oder-Handel"-Kalkül sprach der Umstand, dass die Verhandlungskosten beim Handel hoch waren. Geschäfte mit den sesshaften Dorfindianern wie den Mandan und den Hidatsa waren relativ einfach zu bewerkstelligen, doch Verhandlungen mit den nomadischeren Schwarzfuß-, Assiniboine- und Crow-Indianern waren weitaus schwieriger. Zugunsten des Fallenstellens wirkte sich auch aus, dass die Gewinne, die die Indianer aus dem Biberhandel erzielten, ständig weiße Trapper dazu verleiteten, hier selbst aktiv zu werden. Darüber hinaus waren die meisten Gebiete, in die sich die Biberleute hineinwagten, sogenanntes „Niemandsland". Im Wesentlichen war das Dreieck, das vom Missouri-Fluss, dem Yellowstone-Fluss und den Rocky Mountains gebildet wurde, bei den Stämmen dieser Region umstritten. Und die Anthropologen Paul Martin und Christine Szuter behaupten tatsächlich, dass der Überfluss an Wild, den Lewis und Clark in dieser Region ausgemacht haben, dem Umstand zugeschrieben werden kann, dass die Indianer in diesem Dreieck nicht jagten, gerade weil es umstritten und es daher dort gefährlicher war. Angesichts der Tatsache, dass die Indianer sich dort nicht hineintrauten, die Gegend reich an Bibern war und die Biberleute dachten, sie könnten den Indianern dort entgehen, ist es verständlich, dass in diesem Falle das Fallenstellen den Handel ausstach.[238]

Schließlich jedoch konnte kaum ein weißer Trapper, der an den Flussläufen entlang der Rocky Mountains arbeitete, das Schwarzfuß-Land umgehen, das „lange Zeit wie eine Wand quer über dem Pfad der amerikanischen Pelzleute stand“.[239] Amerikanische Unternehmen waren in der Lage, Forts am Missouri bis hin zum Zufluss des Marias, am Yellowstone River am Zusammenfluss mit dem Bighorn, am Henrys Fork, einem Nebenfluss des Snake River, und im ganzen pazifischen Nordwesten zu errichten, doch konnten sie nicht die Wand der Schwarzfußindianer durchbrechen. In der Tat scheiterten alle Bemühungen, ein Fort an den Three Forks am Missouri, einer der reichhaltigsten Pelzregionen, zu errichten, weil die Schwarzfüße den Nachschub, die Pelze und die Pferde der Händler stahlen oder die von ihnen gefangenen Trapper töteten oder verstümmelten.[240]

Aufgrund der Schwarzfuß-Wand ist es keine Überraschung, dass die meisten Biber-Trapper in andere Territorien auswichen, weil nämlich „die Schwarzfüße … alle amerikanischen Versuche, diese Pelze zu bekommen, bekämpften und stattdessen lieber ihre Pelze den Posten der Hudson’s Bay Company in Kanada zuführten. Das Schwarzfuß-Land wurde regelrecht zu einem Naturschutzgebiet für Pelztiere bis in die 1830er Jahre“, und „sogar die Schwarzfüße wollten lediglich Händler, aber keine Trapper auf ihrem Gebiet dulden“.[241]

Die Organisation von Pelzunternehmen

Ob beim Fallenstellen oder beim Handel, es wurden viele neue Kombinationen aus Eigentumsrechten nötig, um die

Erträge aus den wertvollen Pelzressourcen zu sichern. Die Biber lagen in einer enormen Distanz vom Markt entfernt, und ihre Beschaffung erforderte beträchtliche Investitionen an Zeit und Geld. Daher wurden zahlreiche Pelzunternehmen gegründet, um Kapital und Organisationstruppen für die Fallenstellerei zur Verfügung zu stellen. Die Hudson's Bay Company, die 1670 gegründet worden war, war sehr hierarchisch aufgebaut und konnte aufgrund ihrer Basis im umstrittenen Territorium von Oregon zahlreiche Handels- und Fallensteller-Expeditionen in die Rocky Mountains und darüber hinaus entsenden.

Auch die Briten beteiligten sich am Wettstreit um die Biber, und zwar durch die North West Company, bis diese 1821 mit der Hudson's Bay Company fusionierte. 1808 und 1809 gelang es Manuel Lisa, sich den Rückhalt der Händler aus St. Louis zu sichern, um die Missouri Fur Company zu gründen. Dieses Pelzunternehmen löste sich 1812 auf, doch etwas später im selben Jahr gründete sich ein neues Unternehmen mit einem Startkapital von 50.000 Dollar.[242] John Jacob Astor konkurrierte mit dem britischen Einfluss im pazifischen Nordwesten durch die Gründung seiner Pacific Fur Company im Jahre 1810. Dieses Unternehmen währte jedoch nur drei Jahre, dann verkaufte es seine Ausstattung an die Briten.[243]

Nach 1820 gründeten sich weitere Unternehmen, um im Pelzhandel mitzumischen. Die French Fur Company, die den Rückhalt von Händlern aus St. Louis hatte, dominierte das untere Einzugsgebiet des Missouri.[244] Die Columbia Fur Company wurde 1821 von Händlern und Trappern gegründet, die nach der Fusion der Hudson's

Bay Company mit der North West Company auf einmal beschäftigungslos waren. Astor war auch weiterhin ein einflussreicher Mitspieler im Pelzhandel durch seine American Fur Company, die sich gründete, nachdem er die Pacific Fur Company verkauft hatte. Sein Unternehmen organisierte 1822 die Armeedirektion „Western Department", um sich den Handel am Missouri zu sichern. Ein größerer Wettbewerber war noch die Rocky Mountain Fur Company, die 1830 gegründet wurde.

Jedes dieser Unternehmen nutzte innovative Vertragswerke, um das für den Biberfang nötige Kapital in die Region und die Pelze auf den Markt zu bringen. Angesichts des langen Produktionszeitraums mussten sie die finanziellen Ressourcen der Händler in St. Louis und anderswo anzapfen, um die Zeit durchzustehen, bis Erträge eingefahren werden konnten. Trotz der Kommunikationsprobleme „war das System eine eng kontrollierte Einheit, die sorgfältig überwacht und organisiert war, zusammengehalten durch einen kontinuierlichen Fluss von Pelzen, Waren und Menschen und geregelt durch den Rücklauf von Informationen, die in St. Louis, dem Hauptentscheidungszentrum, zusammenliefen".[245]

Das Handelssystem war komplex. Die Indianer fragten besondere Artikel nach, die sie eintauschen wollten, und hatten da ganz spezifische Vorstellungen.[246] Zum Beispiel zogen sie brasilianischen Tabak dem Tabak aus Virginia vor. Die Händler der Cree gingen sogar so weit, die Marken aus Virginia ganz abzulehnen.[247] Die Indianer bevorzugten auch die chinesische Variante der Zinnoberfarbe und akzeptierten in vielen Fällen nicht den amerikanischen Zinnober. Um diese Nachfrage zu befriedigen, schlossen die Pelzhandelsunternehmen Verträge mit Lieferanten für besondere Handelsgüter ab. Diese Güter wurden üblicherweise auf Kredit gekauft, der von den Finanzunternehmen in England gewährt wurde.[248]

Natürlich war ein größerer Teil des organisatorischen Aufwands dem eigentlichen Fallenstellen gewidmet. Um sich zu schützen und von Spezialisierung zu profitieren, wurden die Trapper in recht große Gruppen eingeteilt. „Was die Trapper zwischen ihren Treffen so trieben, weicht von verbreiteten Vorstellungen ab. Sie wanderten nicht völlig einsam durch die Berge und fingen Biber. Das wäre selbstmörderisch gewesen, geradezu eine Einladung für sie beobachtende Schwarzfußindianer. Stattdessen wanderten sie in Brigaden von 40 bis 60 Männern, darunter auch Zeltlagerhüter und Fleischjäger. Aus diesen Brigaden-Basislagern schwärmten sie in der Regel paarweise aus, um ihre Fallen zu platzieren. Dann waren sie am verwundbarsten, und Hinterhalte der Indianer forderten dann ihren größten Tribut."[249]

Die Arbeitskosten variierten und hingen vom Geschick des Einzelnen ab. Eine Gruppe von Arbeitern war verantwortlich für die Pflege, das Bepacken und Entpacken der Lasttiere, für das Sammeln von Brennholz und das Hüten des Lagers. Eine andere Gruppe bestand aus angeheuerten Trappern, die vom Unternehmen ausgestattet wurden und ein Jahresgehalt erhielten. Andere Trapper arbeiteten auf Naturalpachtbasis, wobei das Unternehmen sie mit Ausrüstung ausstattete und im Gegenzug einen Anteil am Jahresgesamtfang bekam. Sie schlossen sich normalerweise einer organisierten Gruppe an, behielten aber stets die Option, ihre Felle zu verkaufen, an wen sie wollten.[250]

Es versteht sich von selbst, dass die Größe der Fallenstellerexpeditionen, die Art der Arbeitsverträge sowie die Kombination aus Handel und Fallenstellen im Rahmen der unternehmerischen Suche nach optimaler Organisation ständigen Veränderungen unterworfen waren.

Die „Rendezvous" der Trapper

Eine der einschneidendsten institutionellen Neuerungen dieser Ära war das „Rendezvous". Die Versorgung der Trapper war ein schwieriger Prozess, der entweder auf fixen Standorten im Trapper-Territorium basierte, die aber teuer instand zu halten und zu verteidigen waren, oder aber auf jährlichen Reisen nach St. Louis, wo die Trapper ihre Felle verkauften und ihre Ausstattung erneuerten. Doch 1825 wurde ein neues System ersonnen, als William H. Ashley, Anführer einer größeren Fallenstellerexpedition, verkündete, dass er sich mit seinen Fallenstellertrupps irgendwo am Unterlauf des Green River vor dem 10. Juli treffen wolle. Andere Trapper hörten ebenfalls von diesem Treffpunkt und beschlossen, dort zu erscheinen. Dieses Zusammentreffen am Henrys Fork, einem Zufluss des Green River, war das erste einer Reihe von Treffen, die bis zum Jahre 1840 jährlich stattfanden.

Die Stätte dieses „Rendezvous" wurde ein Jahr im Voraus bekanntgegeben und befand sich in der Regel in einem breiten Tal mit reichhaltigem Futter für Pferde und Maultiere. Sechs dieser Rendezvous wurden im Tal des Green River westlich der Wind River Mountains abgehalten. Auch der Bear River und der Bear Lake nördlich des Großen Salzsees waren bekannte Treffpunkte.[251] Die Rendezvous boten den Trappern in den Bergen die Gelegenheit, etwas zu trinken, unter Leute zu kommen und zu disputieren. Noch wichtiger war, dass es sich um einen effektiven Weg handelte, die Trapper mit Nachschub zu versorgen und ihnen einen ganzjährigen Aufenthalt in den Bergen zu ermöglichen.

Die Versorgungstrupps für die Rendezvous bestanden in der Regel aus 50 bis 70 Männern und mehr als 100 Packpferden und Maultieren.[252] Nach 1832 sanken die Transportkosten etwas, als Wagen auf den Nachschubwegen eingesetzt wurden. Diese Versorgungsexpeditionen machten sich normalerweise im späten April auf den Weg und folgten die meiste Zeit ihrer Wegstrecke dem Platte River, wobei sie die Kontinentalwasserscheide am South Pass überquerten, der 1824 von Jedediah Smith wiederentdeckt worden war.[253] 1833 kostete ein Versorgungszug von Nathaniel Wyeth 11.382 Dollar für Materialien, Arbeit und Tiere.[254]

Der Wettbewerb um die Versorgung der Rendezvous-Stätten konnte erbittert geführt werden, zumal mehrere Pelzunternehmen versuchten, als erste vor Ort zu sein, um sich die besten Handelsgelegenheiten zu sichern. So führten 1834 Nathaniel Wyeth und William Sublette konkurrierende Versorgungszüge zu den Rendezvous-Stätten in Süd-Wyoming, wo der Hams

Fork und der Muddy River sich vereinigen. Sublette erreichte den Rendezvous-Ort am 13. Juni, vier Tage vor Wyeth.[255]

Ein faszinierender Aspekt dieser Rendezvous, ja des Fallenstellen-Systems insgesamt, war das Fehlen von bewaffneten Konflikten unter den Trappern.[256] Die Rendezvous boten eigentlich besonders gute Gelegenheiten zum Diebstahl, da hierbei alle Versorgungsgüter und wertvolle Felle an einem Ort konzentriert waren. Doch im Allgemeinen respektierten diese Männer die Eigentumsrechte an den Fellen, die die Trapper erbeutet hatten. Und weil darüber hinaus alle Seiten Waffen trugen und sich mit deren Gebrauch auskannten, wurde keine Gewalt angewendet. Obwohl also bisweilen Ungleichgewichte bei den Machtverhältnissen vorlagen und die Rendezvous von heftigen Trinkgelagen und Zankereien begleitet wurden, weisen die Berichte über die Rendezvous nur wenige Vorfälle auf, bei denen von der Waffe Gebrauch gemacht wurde oder Felle entwendet wurden.

Sowohl Händler als auch Trapper brachten ihre Waren vertrauensvoll zu den Rendezvous-Stätten und hatten wenig Angst davor, bestohlen zu werden. Die meiste Gewalt rührte von persönlichen Konflikten und Ehrverletzungen her. Hiram Chittenden beschreibt diese Periode mit folgenden Worten: „Man könnte zu dem Schluss kommen …, dass, da das Land praktisch gesetzlos war oder keine Mittel zur Durchsetzung von Gesetzen vorhanden waren, Gesetzlosigkeit und Unordnung an der Tagesordnung gewesen seien. Doch das war nicht der Fall. … Man wird feststellen, dass Leben, Freiheit und Eigentumsrechte in den Tiefen der Wildnis ebenso respektiert wurden wie in den gut durchorganisierten Städten."[257]

Offener Zugang zu Bibern

Über die ganze Pelzfallenstellerei-Ära hinweg erkannten Bergtrapper und Vertreter der Unternehmen, dass Übernutzung ein Problem darstellte. 1829 beklagten David Jackson, Jedediah Smith und William Sublette bei einem Treffen am Pierre's Hole die Aussichten des Fallenstellens für die kommende Saison. Der Historiker Dale Morgan hat den Tenor des Treffens anhand der Briefe und Tagebücher von Jedediah Smith rekonstruiert: „Die südlichen Rockies waren mit Trappern aus Taos überlaufen. Das Land Utah war völlig leergefegt. Das Gebiet um Flathead war dieses Jahr nicht vielversprechend. Das Land am Snake, das von Briten und Amerikanern gleichermaßen mit Fallen übersät wurde, schien ausgeschöpft zu sein."[258] 1831 sagte William Gordon, ein Trapper mit langjähriger Erfahrung, dass „die Pelze zurückgehen, und dieser Rückgang ist allgemein und umfangreich. Auf dieser Seite der Rocky Mountains kann der Biber als ausgerottet gelten."[259]

Ein anderer Trapper, Edwin Denig, sagte, dass es einmal am oberen Missouri massenweise Biber gegeben habe, „doch in den 1830ern waren sie sehr rar geworden, da ihnen von den Indianern und sich dort aufhaltenden Pelztrappern nachgestellt wurde und sie dadurch dezimiert wurden".[260] Wishart beschrieb das Ende der Pelzära so: „Auf das Land am Snake River konnte man sich nicht mehr verlassen, da in vielen Regionen der Biber bis zur Ausrottung gejagt worden war." Er fährt fort: „Die Ressourcenbasis ist von der europäisch-amerikanischen Exkursion in die Rocky Mountains regelrecht vernichtet worden – nur ein Wandel bei der Mode in den USA und Europa rettete den Biber in den weiten westlichen Gebieten jenseits des Missouri vor der Ausrottung."[261]

Eine treffende Beschreibung der Tragik der Allmende bezüglich der Pelze liefert ein Trapper seiner Zeit: „Die Indianer waren es gewohnt, auf eine schonende Weise zu jagen, indem sie jedes Jahr ein paar Tiere leben ließen, damit sie Nachwuchs zeugen konnten. Doch die weißen Jäger waren viel zielstrebiger und machten keine halben Sachen. Als sie sich in dieser Region niederließen, töteten sie sowohl junge als auch alte Tiere. Und als sie gingen, hinterließen sie nichts Lebendiges. Als die erste Truppe erfolgreich war, kamen mehr, und in jedem folgenden Jahr gab es mehr bewaffnete und berittene Jägerbanden, jeweils 20 bis 100 und mehr Mann stark, die in die indianischen Jagdgründe einsickerten. Und all das geschah unter offener und direkter Verletzung der Gesetze der Vereinigten Staaten, die ausdrücklich das Fallenstellen und Jagen im Indianerland verboten hatten. Das hat nun zur Folge, dass es nur noch wenige Pelztiere auf dieser Seite der Berge gibt."[262]

Warum gab es keine territorialen Fallensteller-Rechte?

Warum waren angesichts der zahlreichen von Trappern über die Ausrottung der Biberbestände geäußerten Besorgnisse die Trapper und Pelzunternehmen nicht in der Lage, untereinander Eigentumsrechte einzuführen und durchzusetzen? In Kapitel 2 wurde als Hypothese aufgestellt, dass, wenn Regelmacher einen erheblichen Gewinn aus wirkungsvollen Regeln erzielen können, die Wahrscheinlichkeit höher ist, dass durch institutionelle Innovationen Erträge generiert und verteidigt und nicht etwa vergeudet werden.

Zunächst einmal ließen sich die Trapper nur schwer organisieren, da es so viele von ihnen gab, sie geographisch gesehen so sehr verstreut und ständig unterwegs waren. Robert Utley schätzt, dass die Zahl der Trapper in der Spitze bei ungefähr 1.000 lag.[263] Wishart setzt die Zahl sogar noch höher an, da er auch Trapper aus Mexiko und Kanada dazuzählt. Er schreibt:

„Insgesamt hat es in jenem Sommer (1832) vielleicht 1.000 amerikanische Trapper in den Bergen gegeben – wahrscheinlich die höchste Zahl, die das Fallenstellensystem in den Rocky Mountains jemals erreichte. Zu dieser Gesamtzahl sollte man noch 600 Männer zählen, die von der Hudson‘s Bay Company in Oregon beschäftigt wurden, sowie die zahlreichen und meistens anonymen mexikanischen und amerikanischen Trapper, die in den südlichen und zentralen Rocky Mountains aus Basen in Taos und Santa Fe heraus operierten.“[264]

Bei etwa 2.000 Trappern quer über die ganzen Rocky Mountains, die ständig von einem Ort zum anderen zogen, wäre es schwierig gewesen, zu einer umfassenden Einigung darüber zu gelangen, wie die Eigentumsrechte beschaffen sein und wie sie durchgesetzt werden sollten. Und selbst wenn man sich auf Eigentumsrechte geeinigt hätte, wäre deren Durchsetzung zu kostspielig gewesen. Die Anwesenheit des Besitzers (oder eines Vertreters des Besitzers) war wichtig für die Durchsetzung von Landrechten im Frontier, und nachdem der Biber aus dieser Gegend abgeschöpft worden war und es keine andere profitable Verwendung für das Land gab, war die Aufrechterhaltung einer physischen Präsenz sehr teuer.

Das Rendezvous-System hätte einen Weg weisen können, um die Kosten der Koordination zu senken, doch dieses System war unsicher, da sogar ein Wettstreit um die Rendezvous-Orte einsetzte. Wie vorhin beschrieben, stritten mehrere Pelzunternehmen darum, zuerst am Ort des Rendezvous zu sein, und jeglicher Versuch, den Wettstreit um das Rendezvous zu beschränken, hätte zur Folge gehabt, dass dann einfach konkurrierende Alternativstätten für die Rendezvous genutzt worden wären.[265]

Zweitens war der Wettbewerb zwischen den Unternehmen scharf. Wenn ein Trapper oder eine Gruppe ein ertragreiches Gebiet entdeckte, kamen auch andere schnell dazu. „In den Rocky Mountains war die operative Strategie der American Fur Company sehr geradlinig: Die beiden Hauptmänner Henry Vanderburgh und Andrew Drips beabsichtigten, die besten Fallenstellergründe in Erfahrung zu bringen, indem sie den Brigaden der Rocky Mountain Fur Company folgten, und den Handel der freien Trapper an sich zu reißen, indem sie überhöhte Preise für deren Felle anboten."[266] Joe Meek, ein für die Rocky Mountain Fur Company arbeitender Trapper, beschrieb die Wirkung dieses Wettbewerbs:

„Das konkurrierende Unternehmen hatte die Angewohnheit, an den unerwartetsten Stellen aufzutauchen und von der hart erarbeiteten Erfahrung der Führer der Rocky Mountain Company zu profitieren. Sie ließen sich auf die Trapper ein und entlockten ihnen das Geheimnis ihres nächsten Rendezvous. Sie folgten ihren Pfaden und ließen sich so zu den Fallenstellergründen lotsen. Sie verkauften Güter an die Indianer und, schlimmer noch, an die angeheuerten Trapper."[267]

Wenn schon die einzelnen Trapper keine Ansprüche an Fallenstellgebiete anmeldeten und verteidigten, warum organisierten dann die Unternehmen nicht ihren Handel und ihre Fallenstellerei, um die Tragik der Allmende zu vermeiden? Dafür gab es einen Präzedenzfall bei der Hudson's Bay Company in Kanada. Edwin Denig, der Haupthändler im Fort Union am Zusammenfluss von Yellowstone und Missouri, erklärte, wie die Beschränkungen der Hudson's Bay Company funktionierten: „Sie erlaubten den Indianern, ihre Fallen an bestimmten Wasserläufen zu festgelegten Jahreszeiten zu stellen und verboten das nachfolgende Jagen an allen Orten für die Dauer von zwei oder drei Jahren. Das Land, in dem dieses Tier [der Biber] vorkommt, wird in Jagdreviere parzelliert, die nach dem Rotationsprinzip alle drei Jahre an die Reihe kommen, während der Bestand sich in den zwei Jahren dazwischen wieder erholen kann.“[268]

Ann Carlos und Frank Lewis fanden heraus, dass immer dort, wo ein Unternehmen das Monopol auf den Pelzhandel hatte (besonders in Fort Churchill), das von einer Urkunde der Krone gestützt wurde, es auch die Fallenstellerei der Indianer kontrollierte, indem es sich weigerte, kleine Pelze anzunehmen, und indem es sogar Pelze verbrannte (ohne dafür zu bezahlen), wenn ein Trapper mehr brachte, als das Unternehmen für nachhaltig und langfristig für profitabel hielt.[269] Carlos und Lewis zeigen, dass dieses Vorgehen eine nachhaltige Biberpopulation mit sich brachte. Wo jedoch im Gegensatz dazu ein Unternehmen sich dem Wettbewerb durch Franzosen ausgesetzt sah, geschah eine Übernutzung.

Anders als die Hudson‘s Bay Company hatten amerikanische Pelzunternehmen keine Urkunden, die ihnen die Exklusivrechte auf Handel und Fallenstellen in einer bestimmten Region verliehen. Amerikanische Unternehmen versuchten vergeblich, eine staatliche Regulierung für den Eintritt in US-amerikanische Fallenstellgebiete zu bewirken. 1816 erklärte der Kongress es für illegal, dass irgendein ausländischer Pelzhändler auf US-Gebiet operierte.[270] William Ashley meinte im Jahre 1827 gegenüber Hart Benton, dass „die besondere Situation im Land so beschaffen ist, dass bei geeigneten Regulierungen wahrscheinlich eine große Menge von Pelzen für Jahrhunderte beschafft werden kann“.[271] Und wie bereits vorher erörtert, versuchte die US-Regierung, die Aktivitäten durch ein Lizenzsystem für den Handel, nicht aber für das Fallenstellen, zu kontrollieren. Leider waren weder die Beschränkungen für ausländische Händler, noch die Versuche, den Handel zu lizenzieren, von Erfolg gekrönt.

Die Politik, den Zugang zum Fallenstellen und zum Handel zu beschränken, scheiterte aus zwei Gründen. Zunächst einmal fehlte in den USA ein angemessener Mechanismus für die Durchsetzung von Regeln im Frontier. Zweitens waren, obwohl die USA den größten Teil des betreffenden Territoriums im Landkauf von Louisiana 1803 erworben hatten, die Nutzungsrechte am größten Teil des biberhaltigen Gebiets umstritten. Zum Beispiel wurde der gesamte pazifische Nordwesten bis 1846 von den Briten beansprucht. 1819 hatten die beiden Länder vereinbart, dass sie die Region vom Zentralgrat der Rocky Mountains bis zum Pazifischen Ozean sowie nördlich des 42. Breitengrads, der gegenwärtigen Südgrenze von Oregon, gemeinsam verwalten wollten. Die Hudson's Bay Company nutzte den britischen Souveränitätsanspruch über die Region als Garantie für eine aktive Teilhabe am Pelzhandel und überquerte daher oft die Rocky Mountains. Die Trapper der Unternehmen versuchten sogar, eine „Pelzwüste" in ganz Oregon westlich der Kontinentalscheide zu errichten, um weitere amerikanische Aktivitäten in diesem Gebiet zu unterbinden. George Simpson, der Präsident des Unternehmens, sagte 1827: „Wenn der Pelztierbestand dieses Landes erschöpft ist, haben Amerikaner keinen Anreiz mehr, noch weiter vorzudringen."[272]

Ein großer Teil der restlichen Region wurde bis zum Vertrag von Guadalupe Hidalgo 1848 von den Mexikanern beansprucht. Sich überschneidende Ansprüche durch die USA und Mexiko bedeuteten, dass die Bemühungen um eine Zugangsbeschränkung zum Scheitern verurteilt waren. 1824 versuchte der mexikanische Staat, ausländisches Fallenstellen zu verbieten, doch amerikanische Trapper umgingen die Beschränkung einfach, indem sie behaupteten, mexikanische Staatsbürger zu sein.[273] D. J. Weber schätzt, dass sogar ein Drittel des Gesamtfangs aus den Rocky Mountains in den frühen 1830ern über New Mexico außer Landes gebracht wurde.[274] Auch Seekapitäne sorgten für eine stetige Nachfrage in kalifornischen Häfen und kauften Felle von Trappern.[275] Wieder einmal setzte sich die Tragik der Allmende durch.

Ständige Pelzhandel-Forts hatten das Potenzial, örtliche Standortvorteile zu erzielen und hätten demnach einen Anreiz für eine nachhaltige Biberpopulation in der biberhaltigen Region gehabt. Wie Wishart bemerkt, dienten Posten wie Fort Union, Fort Tecumseh und Fort William „als Kontrollpunkte für den Pelzhandel: Zentren für Entscheidungen, Sammelstellen für die Pelze aus unabhängigen regionalen Posten und aus eigener Kraft betriebene größere Handelszentren“.[276]

Doch wieder einmal erhob der Konkurrenzkampf sein hässliches Haupt. Um die besten Standorte zu ergattern, war es erforderlich, dass die Forts dann errichtet wurden, wenn der diskontierte gegenwärtige Wert des Standorts gerade erst einen positiven Bereich erreicht hatte (siehe Kapitel 2). Dieses Rennen um die besten Standorte für Forts hätte die Standortrenten durch einen vorzeitigen Eintritt zunichte gemacht. William Sublette begann nach seinem Eintritt ins Pelzgeschäft 1833, „Handelshäuser zu errichten, die in unmittelbarer Nähe zu den fixen Posten lagen, die die American Fur Company am oberen Missouri unterhielt".[277] Als Ergebnis des Wettbewerbs um gute Standorte „starrten mehr und mehr überschüssige Posten einander über Wasserläufe und Zuflüsse hinweg an".[278]

Der endgültige Faktor, der zum Fehlen von Eigentumsrechten in den Territorien der Pelzfallensteller beitrug, war das kurze Leben des Bibermarkts. Die erste aktenkundige Fallenstellerei in den Rocky Mountains erfolgte erst um 1805 oder 1806, und bedeutende Expeditionen wurden erst in der zweiten und dritten Dekade des 19. Jahrhunderts organisiert. Um 1840 war der Biberhandel im Wesentlichen schon vorbei. Eigentumsrechte entwickeln sich zwar, aber nicht mit sofortiger Wirkung, vor allem wenn es viele Mitspieler mit unterschiedlichem ethnischen Hintergrund gibt, die auf einem mehrere Tausend Kilometer weiten Gebiet operieren.

Ökonomische Modelle der Ressourcenausbeutung zeigen, dass eine vernünftige Nutzung dann erfolgt, wenn der Rentenwert der Ressource mit der gleichen Rate wie die abgeworfenen Gewinne steigt.[279] Doch die Preisdaten in Tabelle 5.1 zeigen, dass die Pelzpreise den gesamten Zeitraum über fielen.[280] Bei fallenden Preisen hatten Trapper und ihre Unternehmen nur wenig Anreiz, die Fallenstell-Gebiete zu schützen. Und angesichts des vorschnellen Niedergangs der Nachfrage, die der Modewandel von Biberhüten zu Seidenhüten in den 1840er Jahren mit sich brachte, erscheint es rückblickend so, dass die Erwartungen der Beteiligten unbegründet waren. Wenn sie weniger intensiv gejagt und mehr Biber für die Fortpflanzung übrig gelassen hätten, dann hätte der ganze Fallensteller-Aufwand ein Verlustgeschäft bedeutet. Zu den fallenden Preisen kam noch der Umstand, dass die Biber die ausgejagten Gebiete schnell wieder besiedelten, was Anreize für einen Erhalt der Ressource noch weiter unterlief. Ein Beobachter schrieb 1854, dass sich die Biberpopulationen in den Gebieten, in denen nach 1840 das Fallenstellen beendet worden war, schnell wieder erholten. Wörtlich schrieb er, dass die Biber „ziemlich reichhaltig in all den kleinen Wasserläufen und im Missouri sowie im Yellowstone" vorhanden waren.[281] Kurzum, Aufwand in die Festlegung und Durchsetzung von Eigentumsrechten an Biberfallengebieten zu investieren, ergab wirtschaftlich gesehen nur wenig Sinn.

Die Büffel-Allmende

Ein noch dramatischeres Ergebnis der Tragik der Allmende ist die Ausrottung des amerikanischen Büffels. Obwohl 30 Millionen Bisons die Große Ebene durchstreiften, bevor die umfangreiche kommerzielle Jagd begann,[282] war der Bison 1886 bereits fast völlig ausgerottet, als nur noch einige wenige in Gefangenschaft und eine sehr kleine wilde Herde im Yellowstone-Nationalpark überlebt hatten. Ist die schnelle und fast vollständige Vernichtung der Büffelherden in der Großen Ebene ein weiteres Beispiel für institutionelles Versagen? Wenn ja, warum passierte es, und wie hätte man es verhindern können?

Einige Kommentatoren schreiben die Beinahe-Ausrottung des Büffels dem Wettbewerb und dem kapitalistischen Profitstreben zu. So behauptet Andrew Isenberg, ein führender Büffel-Historiker, dass „die Wurzel des Versagens, die Bisonjagd zu regulieren, in einem Mitte des damaligen Jahrhunderts vorherrschenden Glauben an den wirtschaftlichen Wettbewerb lag".

„Jedermann, ob Indianer oder Euroamerikaner, engagierte sich in einem Rennen um die Ausbeutung der Ressourcen für individuellen Profit. Ressourcen für irgendjemandes exklusiven Gebrauch zu bewahren, verletzte das Ideal des Wettbewerbs."[283] Er fährt fort:

„Obwohl es im Interesse aller liegt, gemeinschaftliche Ressourcen wie den Bison zu bewahren, liegt es in einer wettbewerbsorientierten Wirtschaft im Interesse jeder Einzelperson, vorhandene Ressourcen im Dienste privaten Wohlstands auszubeuten. ... Wie die euroamerikanische Industriegesellschaft, die in einem alarmierend destruktiven Tempo Bäume fällte und Kohle und Eisenerz förderte, basierte zur Mitte des 19. Jahrhunderts die Nomadenwirtschaft auf der nicht-nachhaltigen Ausbeutung der Herden. ... Doch als die Euroamerikaner den Bison schlachteten, um die Nomaden der Großen Ebene zu befrieden ..., legten sie die Fragilität aller Gesellschaften, einschließlich der eigenen, offen, die auf der nicht-nachhaltigen Ausbeutung der Natur gründen."[284]

Der von Isenberg beschriebene Wettbewerb und die Übernutzung können am besten in einem institutionellen Kontext analysiert werden. Die Frage lautet, wie hoch die Kosten und die Vorteile der Einrichtung von Eigentumsrechten am Bison und dessen Territorium waren. Um den Kontext aufzubereiten, ist es wichtig, zu verstehen, dass die Zahl der Büffel anfangs so hoch war, dass nur wenige Menschen sich deren baldige Ausrottung vorstellen konnten; dass sie über weite Territorien streiften und schwer zu kontrollieren waren; dass sie lebendig sogar schwieriger zu den Fleischmärkten im Osten zu transportieren waren; und dass sie mit Hausrind um wertvolles Futter konkurrierten. Aus diesen Gründen waren die Büffel einfach keine wirtschaftlich wertvolle Ressource. Der offene Zugang beschleunigte sicherlich den Prozess der Ausrottung und brachte die Population näher an die Null, als es vielleicht sonst der Fall gewesen wäre, doch eine schnelle und breite Reduktion der Büffelherden war womöglich unvermeidlich angesichts der Tatsache, dass es weniger kostete, das wertvolle Gras als Viehfutter einzusetzen, als es den Büffeln vorzubehalten.

Der Handel mit Fellen und Häuten

Auf der Großen Ebene betraf das frühe sich auf Büffel beziehende Marktgeschehen deren Felle, also deren behaarte Häute. Die Büffel wurden zur Winterszeit geschossen und ihre Häute sorgfältig von indianischen Frauen gegerbt. Die daraus entstandenen Gewänder waren für die Indianer ein wertvolles Handelsgut. Im Gegensatz zum Biber wurden Bisonfelle meistens von Indianern und weniger von Weißen beschafft.[285] In den 1840ern gab es auf dem Markt von St. Louis im Durchschnitt 90.000 Felle im Jahr, und diese Zahl steigerte sich auf 100.000 in den 1850ern und 1860ern.[286]

Tabelle 5.1

Pelzpreise im 19. Jahrhundert

(angepasste Preise 1821-1825 = 100. Preise in anderen Zeiträumen werden ausgedrückt als Prozentzahl des Preises von 1821-1825)

	Preise für alle Pelze
1801-1805	61,5
1806-1810	63,3
1811-1815	60,3
1816-1820	67,0
1821-1825	100,0
1826-1830	105,7
1831-1835	97,1
1836-1840	84,3
1841-1845	75,4
1846-1850	72,8
1851-1855	58,2
1856-1861	54,5

Quelle: Errechnet anhand der Daten des U.S. Bureau of the Census 1975, 205, Series E-97 und E-109.

Das Schlachten von Büffeln beschleunigte sich im letzten Viertel des 19. Jahrhunderts aus drei Gründen auf dramatische Weise. Erstens machte es die Niederlage der Sioux-Indianer in den Schlachten von 1876/77 für Weiße sicherer, Büffel zu jagen. Zweitens reduzierte die Verlängerung der Northern-Pacific-Eisenbahnstrecke bis Bismarck im Dakota-Territorium die Kosten der Lieferung von Fellen auf den Markt. Drittens wiegt vielleicht am bedeutendsten, dass Häute als Rohmaterial für Leder die Felle als Hauptprodukt des Büffels ersetzten. Die Felle wurden meistens von Indianerinnen gegerbt und mussten, um die höchste Qualität zu erreichen, im Herbst und im Frühwinter beschafft werden, wenn das Haar am dichtesten war. Der Wechsel von Fellen hin zu Leder aus Häuten, hauptsächlich für das Walken bei industriellen Anwendungen vorgesehen, bedeutete, dass die Qualität der Haare keine Rolle spielte und der Büffel daher zu jeder Jahreszeit erlegt werden konnte.

Die Hautjäger nahmen nur die Haut und überließen die Kadaver der Verrottung, womit sie den Zeitaufwand für den Bearbeitungsprozess für ein Tier reduzierten. Sie töteten bis zu 100 Bisons auf einmal, indem sie die Leitkuh zuerst erschossen, was den Rest der Herde um sie herumkreisen ließ.[287] Die Schwierigkeit, das Schießen und Häuten zu koordinieren, führte zu einer enormen Verschwendung im ersten Abschnitt dieser Periode, in der auf drei tote Büffel lediglich eine vermarktbare Haut kam.[288] Die Neuorganisation von Büffeljägerteams reduzierte die Verschwendung, wahrscheinlich auf eine Ausbeute von einer Haut pro 1,26 toten Büffeln.

Die Wirkung der Hinwendung zu Häuten und der Anstieg der Nachfrage vollzogen sich recht schnell. „Die

Büffel in West-Kansas wurden in weniger als vier Jahren (1871-1874) vernichtet, die in West-Texas in weniger als fünf (1875-1879) und die in Ost-Montana in nicht mehr als vier (1880-1883)." John Hanner schätzt, dass um 1870 zwischen acht und zehn Millionen Büffel die High Planes (den westlichen, höher gelegenen Teil der Großen Ebene) durchstreiften.[289] Sobald der Handel mit Häuten 1871 begann, gewann das Schlachten derart an Fahrt, dass der Büffel 1883 fast vollständig verschwunden war.

Die Auslöschung des Büffels geschah so schnell, dass selbst die Jäger überrascht wurden. Interessanterweise war selbst den Büffeljägern damals nicht einmal bewusst, dass das Ende der Jagdsaison 1882/83 auch das Ende des Büffels war, zumindest des eine Einnahmequelle darstellenden Büffels der Großen Ebene. Im Herbst 1883 rüsteten sich wieder fast alle wie gehabt zur Jagd, oft mit einer mehrere Hundert Dollar kostenden Ausstattung, und suchten unbekümmert die „Range" ab, die um diese Jahreszeit eine üppige Fell-Ernte versprach. Das Ergebnis war fast in jedem Fall das gleiche – ein völliger Fehlschlag und der Bankrott. Es war tatsächlich schwer zu glauben, dass nicht nur die Millionenbestände, sondern auch die verbliebenen Tausenderbestände sich praktisch für immer in Luft aufgelöst hatten.[290]

Man kann Büffel nicht einzäunen

Aufgrund des Werts eines Büffels zu Beginn der kommerziellen Jagd und dessen zunehmender Knappheit sagt unsere Theorie voraus, dass institutionelle Unternehmer einen Anreiz gehabt hätten, in die Festlegung und Durchsetzung von Eigentumsrechten an Büffeln zu investieren. Doch aus mehreren Gründen hatten sie dabei keinen Erfolg. Erstens konnten sich Eigentumsrechte gar nicht entwickeln aufgrund der Geschwindigkeit, mit der die Ausrottung vonstattenging. Obwohl die Jagd durch Indianer die Büffel in der Großen Ebene zwischen 1840 und 1870 deutlich reduzierte, verblieb immer noch ein sehr großer Bestand, womöglich acht bis zehn Millionen, in der Zeit, als die kommerzielle Jagd richtig losging. Doch als sie in den 1870ern einmal begonnen hatte, brauchte es nur etwas mehr als ein Jahrzehnt, bis der Büffel fast völlig verschwunden war. Angesichts der Geschwindigkeit dieses Prozesses und des Umstands, dass viele Büffelhautjäger dachten, die Herden seien nur in andere Regionen gewandert, bemerkten die meisten Jäger die zunehmende Knappheit nicht.

Zweitens setzte wie auch beim Pelzhandel die große Zahl unabhängiger Jäger die Kosten für gemeinschaftliche Anstrengungen zur Schaffung von Eigentumsrechten und Zutrittsbeschränkungen herauf. William Hornaday schätzt, dass sich allein in der nördlichen Range 5.000 weiße Jäger und Häuter befanden.[291] Isenberg schätzt, dass im Winter 1872/73 zwischen 1.000 und 2.000 Büffelhautjäger in West-Kansas operierten.[292]

Ein möglicher dritter Faktor war die Rolle der Armee. Es wird gemeinhin angenommen, dass das Militär zur Ausrottung der Büffel beitrug, um dabei zu helfen, die Indianer zu befrieden, indem man ihre Nahrungsquellen vernichtete.[293] Obwohl die Armee selbst nicht groß genug war, um große Mengen von Büffeln zu töten, bot sie den Hautjägern Schutz und verschaffte ihnen Zugang zu Munition.[294] Doch angesichts der anderen oben beschriebenen Bedrängnisse ist es zweifelhaft, dass die Politik der Armee irgendeine größere Rolle beim Untergang der Büffel spielte.[295] Ein besonders zwingendes Gegenargument zu dieser Theorie von der Armeepolitik ist der Umstand, dass die Auslöschung der Büffel in der kanadischen Prärie fast ebenso schnell erfolgte wie in den Vereinigten Staaten, obwohl Kanada keine Militärpolizei hatte, die das Töten von Büffeln befürwortete, um die Indianer in Schach zu halten.[296]

Der vierte und vielleicht wichtigste Grund dafür, dass sich keine Eigentumsrechte an Büffeln entwickelten, war, dass der Bison schwer zu kontrollieren und zu managen war. Besitztum und Kontrolle machten es entweder erforderlich, dass der Besitzer ein ausreichend großes Stück Land besaß, auf dem der Bison frei herumstreunen konnte, oder dass er in der Lage war, dieses Land einzuzäunen. Die Bodenpolitik der USA richtete sich nach den Erfordernissen niedergelassener Ackerbauern mit kleinen Farmen, und das machte es schwer, Eigentum an und Kontrolle über große Landgebiete zu erlangen (siehe Kapitel 9). Die Politik der Landzuteilung (Homestead Acts) während der Büffeljagd-Ära setzte 160 Acre als maximale Größe für eine Landparzelle fest, die ein Siedler beanspruchen konnte. Einige Siedler waren in der Lage, mehr Land durch multiple Ansprüche und Betrug zu ergattern, doch die Eigentumsrechte waren nur selten sicher genug, um Ansprüche auf die mehreren Tausend Acre zu erheben, die man für eine rentable Büffelherde benötigt hätte. Büffel auf einer kleineren Fläche einzuzäunen, war nicht möglich, da der Stacheldraht bis 1873 noch nicht patentiert war und noch nicht kommerziell vermarktet wurde und weil zudem Bodengesetze der Bundesregierung Einzäunungen auf dem Open Range verboten. Mit anderen Worten: Künstlich hoch gehaltene Transaktionskosten machten es fast für jedermann unmöglich, an die Eigentümerschaft an einer Büffelherde auch nur zu denken.

Da der Büffel nicht gezähmt war, war er für keinerlei sesshafte Landnutzung geeignet.[297] Büffel waren schwer zu handhaben, vor allem in stressvollen Situationen, und sie konnten nicht wie Vieh in einer Herde gehalten oder zu einem Markt hinbewegt werden.[298]

Ernest Seton berichtet:„Der reinrassige Büffel war als Haustier kein Erfolg. Sein widerspenstiges und oft ungestümes Temperament ändert sich auch nach Kontakt mit dem Menschen nicht. Die Kühe sind, wenn sie ihre Kälber dabei haben, wie auch die Bullen die ganze Zeit über wild und kämpferisch aufgelegt. Man weiß nie, wann diese Launen bei ihnen ausbrechen. Eine Reihe von Männern wurden schon von zahmen Büffeln getötet, und die Männer, die die Büffel am besten kennen, trauen ihnen am wenigsten."[299]

Da die Transportkosten für das Fleisch bereits erlegter Tiere so hoch waren, ließ man das Büffelfleisch verrotten. Hanner drückt es so aus: „Ein Büffelkadaver war nur dann wertvoll, wenn er zu vernünftigen Kosten zu potenziellen Verbrauchern transportiert werden konnte. Selbst bei kaltem Wetter, wenn Fleisch leicht konserviert werden konnte, war ein Transport über Land durch die Große Ebene eine so große zeitraubende und mühsame Herausforderung, dass normalerweise nur Büffel, die in der Nähe von Eisenbahnstationen geschossen wurden, auch geschlachtet wurden."[300]

Konkurrenz durch Kühe

Wenn man nun argumentiert, dass der Bison zunehmend knapp wurde und es sich daher gelohnt hätte, in Eigentumsrechte zu investieren, muss man sich auch fragen, im Vergleich wozu sich dies gelohnt hätte. Die Antwort lautet: im Vergleich zu Hausrindern. Büffel und Hausrinder konsumierten das Gras der Großen Ebene und verwandelten es in Produkte, die im Osten und in Europa nachgefragt wurden. Daher musste sich der Unternehmer fragen, was der profitabelste Weg war, das Gras in vermarktungsfähige Produkte zu verwandeln. Die Tatsache, dass Hausrinder einfach zu einer Eisenbahnstation oder sogar zum Markt geführt werden konnten, bedeutete, dass Hausrind wegen seines Fleisches und seiner Häute wertvoll war, während der widerspenstige Büffel nur wegen seiner Haut einen Wert darstellte.[301] In den 1880ern kostete eine Büffelhaut drei US-Dollar, während eine Kuh zwischen 20 und 25 Dollar kostete. Beide Preise bezogen sich auf den Ort des Transportbeginns, wie etwa Miles City in Montana.[302] Angesichts einer solchen Preisdifferenz überrascht es nicht, dass die Rinderzucht als eine profitablere Alternative zur Büffelbewirtschaftung erschien.

Das Hausrind wurde also gleichzeitig mit der Verdrängung des Büffels in die Grasland-Prärien gebracht, damit es weiden konnte (siehe Kapitel 8). Wie weiter vorne besprochen, passierte dies, sobald die Befriedung der Indianer erfolgt war und die Büffel verschwunden waren. Um 1883 grasten schon 500.000 Stück Vieh in Ost-Montana.[303] Tatsächlich erfolgte die Ersetzung der Büffel durch Hausrinder so schnell, dass es bereits 1890 wahrscheinlich mehr Hausrinder auf den High Plains gab, als es dort Büffel im Jahre 1870 gegeben hatte.[304]

Die Rettung des Bison

Obwohl der Büffel sich für eine Farmwirtschaft im Großen und Ganzen als nicht profitabel erwies, waren es doch private Unternehmer, die am Ende die vollständige Auslöschung dieser Spezies verhinderten. Einzelne Unternehmer waren über die bevorstehende Ausrottung alarmierter als der Staat und sahen die Notwendigkeit, wenigstens ein paar wenige Büffel zu retten. Im Jahre 1878 fing der Rancher Charles Goodnight ein paar Bisonkälber in der Nähe seines Anwesens. 1882 fing Frederick Dupree sechs Kälber in Montana und brachte sie zu seiner Ranch in South Dakota. Und zwei Rancher indianischer Herkunft in Montana, Charles Allard und Michael Pablo, kauften die Reste von Büffelherden, die von anderen Leuten gefangen worden waren, und fingen selbst ein paar dazu. Allard und Pablo wurden zwei der bedeutendsten Büffelzüchter und lieferten die Tiere für einige Wiederaufzuchtprogramme in Kanada.[305]

Private nicht gewinnorientierte Bemühungen halfen ebenfalls, den Bison zu erhalten. Im Jahre 1905 gründeten einige wohlhabende Personen die „American Bison Society“ und sammelten Geld für Bestrebungen zum Erhalt der Art. Die Bundesregierung gewährte schließlich Hilfe für die Rettung des Büffels, indem sie 21 Bisons im Jahre 1902 erwarb, um die schnell abnehmende Herde im Yellowstone-Nationalpark zu stützen, sowie durch die Gründung des Refugiums „National Bison Range“ in Montana im Jahre 1908. Mit Ausnahme der kleinen eingeborenen Herde im Yellowstone-Nationalpark fanden alle Bemühungen zur Bewahrung des Bisons durch Einfangen der Tiere statt, was ein schwieriges und teures Unterfangen war.

Was die bloße Bewahrung des Büffels vor der vollständigen Ausrottung anging, waren die Bemühungen erfolgreich. Im Jahre 1996 lebten 200.000 Büffel in privaten Reservaten und 11.000 in öffentlichen Herden.[306] Heute sind das öffentliche Bewusstsein sowie Privatrechte an Büffeln ausreichend genug, um einen fortwährenden Erhalt zu gewährleisten. Insgesamt war die Geschichte des amerikanischen Bisons ökonomisch gesehen womöglich nahe am Optimum. Es waren großartige Tiere, die den größten Teil der Großen Ebene bevölkerten, und sie bildeten eine wirtschaftliche Ressource, die Indianern und frühen Siedlern von Nutzen war. Sie wurden sehr bald durch den Handel sowohl mit Fellen als auch mit Lederhäuten ausgerottet, vielleicht schneller, als Privatrechte dies erlaubt hätten. Dennoch erfolgte wahrscheinlich, gerade in Anbetracht des geringen wirtschaftlichen Werts des Büffels und der Tatsache, dass er hauptsächlich von ideeller Bedeutung war, ein doch angemessenes Maß an Bemühungen zum Erhalt dieser Art.

Schlussfolgerungen

Die Geschichten vom Biber und vom Büffel lassen sich am besten im Zusammenhang mit institutionellen Unternehmern verstehen, die es mit Ressourcen zu tun hatten, die entweder nicht wertvoll waren oder ihren Wert wahrscheinlich nicht behalten hätten und bei denen die Transaktionskosten einer Übereinkunft zur Festlegung und Durchsetzung von Eigentumsrechten hoch gewesen wären. Infolgedessen wurden Biber und Büffel sehr schnell ausgebeutet, da Trapper und Jäger sich beeilten, die entsprechenden Renten zu sichern. Der Biber kehrte an viele seiner ursprünglichen Lebensraumstätten zurück, sobald das Fallenstellen in den 1840ern eingestellt worden war. Der Büffel jedoch erfuhr eine nahezu vollständige Ausrottung und existiert heute nur noch als ökologische Kuriosität. In beiden Fällen lassen sich einige Lehren aus der institutionellen Geschichte dieser Ära ableiten.

Bei der Organisation des Handels mit dem „weichen Gold", wie Pelze genannt wurden, und bei der Organisation der eigentlichen Beschaffung von Pelzen, Fellen und

Häuten waren institutionelle Unternehmer recht erfolgreich. Zu einer Zeit, als die Organisation für die Beschaffung dieser Ressource in einem Team schwer war, nutzten Unternehmer innovative Verträge, nach denen die Risiken aufgeteilt und die richtigen Anreize gesetzt wurden.

Diese Unternehmer waren indes weniger erfolgreich bei der Entwicklung von Eigentumsrechten an Biber und Büffel, und zwar aus zwei Hauptgründen. Zunächst erschwerte die Politik der Bundesregierung die Festlegung und Durchsetzung von Eigentumsrechten. Beim Biber machte das Fehlen einer klaren hoheitlichen Kontrolle der biberreichen Gebirgswasserläufe durch einen einzelnen Stamm es schwer, irgendwelche Regeln zur Beschränkung des Zugangs aufzustellen. Der Staat erzeugte künstliche Transaktionskosten für die Einrichtung von Eigentumsrechten im Büffelgebiet, indem er die Möglichkeit des Umzäunens beschränkte und indem er verlangte, dass bei Anwendung der Homestead-Gesetze nur kleine Parzellen beansprucht werden konnten.

Der zweite und wohl wichtigste Punkt ist, dass rückblickend erfasste Werte nicht immer übereinstimmen mit den vorhergesehenen Werten. Daher wundern wir uns heute im Rückblick auf diese Ära darüber, dass Trapper und Händler ihre Beute nicht nachhaltiger erhalten haben. Es war einfach so, dass der im Voraus erwartete Wert der Ressource nicht hoch genug war, so dass eine Hinausschiebung der Erbeutung nicht lohnend erschien. Und wenn die Erträge aus einer Nutzung von alternativen Ressourcen höher waren, ergab es sicherlich Sinn, die wilden Jagdtiere aufzubrauchen und sie durch domestizierte Tiere zu ersetzen. Was also auf den ersten Blick wie klassische Beispiele für die Tragik der Allmende erscheint, entpuppt sich bei näherer Betrachtung vielmehr als Beispiele von institutionellen Unternehmern, die rational auf die Nutzen- und Kostenbeschränkungen ihrer Zeit antworteten.

Kapitel 6

Eigentumsrechte im Goldrauschland

Wenn steigende Ressourcenwerte eine wesentliche Ursache für institutionellen Wandel darstellen, dann musste es sich bei der Entdeckung von Gold und Silber um einen der dramatischsten Fälle für die Herausbildung von Eigentumsrechten handeln. Als die Goldgräber in die Hügel strömten, ergaben sich auf institutionelle Unternehmer zugeschnittene Aufgaben. An Orten wie in Kalifornien nach der Entdeckung von Gold in Sutter's Mill und in Nevada nach der Entdeckung der Lagerstätte Comstock Lode wurde zuvor praktisch wertloses Land binnen weniger Tage oder Wochen extrem wertvoll. Die grobschlächtigen Bergbaulager, die sofort entstanden, evozieren gemeinhin Bilder von Raub und Gewalt unter den Goldgräbern, die um Schürfrechte und Gold streiten.

In Wirklichkeit vermieden die Goldgräber jedoch das Negativsummenspiel, das sich aus der Anwendung von Gewalt ergibt, und entschieden sich stattdessen für die Einrichtung und Durchsetzung von Eigentumsrechten. Natürlich gab es auch Gewalt in den Bergbaulagern, doch diese „war normalerweise auf ein paar besondere Situationen beschränkt und betraf nicht sämtliche Aktivitäten oder alle Menschen", besonders nicht Kinder, Frauen und gesetzestreue Bürger. Trotz des gewalttätigen Ruchs des Frontiers „waren die heute häufigsten Verbrechen – Raub,

Diebstahl, Einbruch und Vergewaltigung – ohne große Bedeutung“.[307]

Bei Abwesenheit einer formalen Regierung versammelten sich die Goldgräber an einem bestimmten Ort und ersannen Regeln für das friedliche Erstellen von Claims (ortsbezogene Schürf- oder Grabungsrechte) und für die Regelung von Streitigkeiten bezüglich dieser Claims. Da die Wasserläufe, an denen sie schürften, oder die Bergadern, wo sie gruben, vorher eigentumsloses Land waren, war diese Aufgabe umso schwerer. Und dennoch entstanden in den Bergbaulagern Regeln für Bodenschatz- und Wasserzuteilung, die heute noch existieren. Darüber hinaus folgen diese Regeln ziemlich genau den Vorhersagen unserer Theorie, wobei sie abhängig von der Beschaffenheit und den Lagerstätten wertvoller Metalle sowie von der Fördertechnologie variierten. Diese Aktivitäten zur Schaffung von Eigentumsrechten waren durchaus wirtschaftlich, da sie den Vorteilen und Kosten der Festlegung und Durchsetzung dieser Rechte gerecht wurden.

Als territoriale und staatliche Regierungen gebildet wurden, kodifizierten diese die Regeln aus den Bergwerklagern, doch die Bundesregierung erließ erst 1866 ein entsprechendes Gesetz. Bis dahin wies das bundesweite Bodenrecht keine Bestimmungen für die Förderung von Bodenschätzen oder die Einrichtung von Bodenschatzrechten im Westen auf. Vorläufer für die Regulierung des Bergbaus existierten in der Landverordnung von 1785, in der die Bundesregierung festschrieb, dass ein Drittel allen Goldes, Silbers, Bleis und Kupfers, das auf öffentlichem Land gefunden wurde, dem Staat gehörte.[308] Diese

Verordnung galt bis 1807, als die Regierung mit einem Leasing-Programm (vor allem für Bleiminen) experimentierte, das darauf abzielte, Einnahmen für den Staat zu generieren.[309]

Schwierigkeiten bei der Durchsetzung durchkreuzten jedoch die Leasing-Politik, so dass der Kongress 1846 den Verkauf von Bleiminen erlaubte und das Leasing damit praktisch zu einem Ende kam. Dann verabschiedete der Kongress 1866 das Minengesetz, das bis heute die Förderung von Bodenschätzen und die Entwicklung öffentlichen Landes regelt und endlose Kontroversen darüber schafft, wer die Bodenschätze unter diesem öffentlichen Land besitzt. Die Regeln, die das Bergbauwesen und die Rechte an Bodenschätzen im Westen bestimmen, entwickelten sich buchstäblich von Grund auf. Es lag am Bergmann mit besonderen Kenntnissen der Ressourcen und der Bergbautechnologie, Regeln für den Bergbau zu ersinnen. Die Bergleute pflasterten nicht nur den Weg für die Bergbaurechte im gesamten Westen, sondern legten auch die Grundlagen für das Wasserrecht im Westen. In diesem Zusammenhang überrascht es wenig, dass die Regeln auf beträchtliche Weise voneinander abwichen, je nachdem ob die Edelmetalle in Wasserläufen, im Oberflächenkies oder in unterirdischen Adern gefunden wurden.

Es kann alles Gold sein, was in Kalifornien glänzt

Das frühe Bergbaurecht in Kalifornien wurzelte in spanischem Recht. Dieses Gesetz war gut entwickelt und recht komplexer Natur und bestand aus einer Reihe zentralisierter Regeln, die vornehmlich dazu bestimmt waren, dem Staat Einnahmen zuzuführen. Laut Charles Shinn „stellten die Bergbaurechte von Neuspanien, besonders die von Mexiko ... das einzigartigste, aufwendigste und komplizierteste System spezifischer Jurisprudenz dar, das jemals auf diesem Kontinent entwickelt worden war".[310]

Nachdem Mexiko 1821 seine Unabhängigkeit von Spanien erlangt hatte, nahm der spanische institutionelle Einfluss schnell ab, vor allem nachdem die USA Mexiko 1846 den Krieg erklärt hatten. Im Friedensvertrag, der 1848 in Guadalupe Hidalgo abgeschlossen wurde, wurde Kalifornien den Vereinigten Staaten überlassen, doch es wurde festgelegt, dass mexikanische Eigentumsrechte an Land und anderen Ressourcen dann respektiert werden sollten, wenn sie nicht mit der Verfassung der Vereinigten Staaten kollidierten.[311]

Von den 14 Millionen Acre Land, die vom mexikanischen Staat vor dem Vertrag von 1848 Einzelpersonen gewährt worden waren, wurden tatsächlich neun Millionen Acre von den Vereinigten Staaten bestätigt.[312] Diese Konzessionen hatten jedoch nur wenig Einfluss auf den Bergbau in Kalifornien, da das gewährte Land sich hauptsächlich in Küstengebieten befand und nicht in den Ausläufern der Sierras, wo später das Gold entdeckt wurde. Darüber hinaus schaffte nur zehn Tage nach dem Vertragsabschluss der Militärgouverneur von Kalifornien, Colonel Richard Mason, die mexikanischen Gesetze und Bräuche ab, die den Erwerb von Bergbaurechten auf öffentlichem Land regelten.[313] Stattdessen schlug er ein Leasing-System oder Auktionen für Bergbaugebiete vor, was aber ebenfalls nicht umgesetzt wurde.

Vielleicht lag der Hauptgrund dafür, dass die mexikanischen Gesetze aufgegeben wurden und das Leasing-System nie in Kraft trat, darin, dass bei Sutter's Mill in der Nähe des heutigen Sacramento am 24. Januar 1848, neun Tage vor der Unterzeichnung des Vertrags von Guadalupe Hidalgo, Gold entdeckt wurde. Ohne eine starke formale Regierung, die die zentralistische mexikanische Regierung hätte ersetzen können, hatten die Goldsucher freie Hand, ihre eigenen Bergbauinstitutionen von Grund auf zu entwickeln. Colonel Mason beendete formell jegliche Chance dafür, dass mexikanisches Bergbaurecht die neuen Entdeckungen regeln konnte, und selbst wenn eine territoriale Gesetzgebung versucht hätte, Bergbau-Statuten zu verabschieden, hätte man diese ignoriert, da die meisten Entdeckungen auf bundeseigenem Land stattfanden. Die Bergarbeiter konnten ihre neuen Regeln demnach auf einem unbeschriebenen Blatt niederlegen.

Kein Alcalde (mexikanischer Ortsvorsteher) und kein Friedensgericht wurden von einer auswärtigen Macht jemals einem Bergbaurevier aufgezwungen. Ein solches Revier war in vielen Regionen auch lange nach der Gründung des Bundesstaates noch eine politische Organisationseinheit, und Abgeordnete von angrenzenden Revieren trafen sich oft zu Beratungen, um Grenzen oder Angelegenheiten der lokalen Verwaltung zu besprechen, und erstatteten dann in ihrem jeweiligen Bezirk bei Treffen unter freiem Himmel auf Hügeln oder am Flussufer Bericht.[314]

Mit der Entdeckung des Goldes 1848 begann der Rausch. Ende 1848 waren vier Fünftel aller Männer in Kalifornien Goldsucher.[315] Die Bevölkerung Kaliforniens wuchs von 14.000 im Jahre 1848 auf 100.000 Ende 1849 und auf 223.000 im zweiten Halbjahr 1852.[316] 1849 waren 40.000 von 100.000 Bewohnern Goldgräber, und 1850 war deren Zahl bereits auf 50.000 gewachsen.[317]

Der rapide Zustrom von Goldgräbern ist sogar noch eindrucksvoller, wenn man bedenkt, was die Einwanderer alles durchmachen mussten, um in der Mitte des 19. Jahrhunderts nach Kalifornien zu gelangen. Amerikaner von allen östlich des Mississippi gelegenen Landesteilen, die zu den Goldfeldern reisen wollten, hatten drei Möglichkeiten: Sie konnten eine vier- bis achtmonatige Seereise um Kap Hoorn in Südamerika machen, sie konnten mit dem Schiff nach Panama fahren, den Isthmus von Panama überqueren und dann wieder per Schiff nach San Francisco kommen, was insgesamt 35 Tage dauerte. Sie konnten aber auch mehrere Monate lang von mehreren Ausgangspunkten in Missouri aus das Land durchqueren. Alle drei Alternativen waren mühselig, teuer und risikoreich, und viele, die starteten, kamen nie an. Das Rennen um das Gold in den kalifornischen Gebirgsausläufern mit über 100.000 Beteiligten versprach, ein perfektes Rezept für Konflikte, Gewalt und Katastrophen zu sein, wie es damals auch eine Zeitung vorhersagte:

„Die Goldregionen Kaliforniens werden ein Theater aus tragischen Ereignissen darstellen – eine Szenerie aus Blutvergießen und Zwist. Noch nie hat die Sonne auf eine solcherart zusammengewürfelte Menge wie die sich dort

Versammelnden geschienen. Wir zittern, wenn wir an die Auswirkungen auf die Moral der Menschen und auf den Frieden im Lande denken. Bei diesem Chaos, das dort in den nächsten zwölf Monaten herrschen muss, wird das Gesetz ohne Kraft sein, Rechte werden missachtet und die Vernunft entthront werden, und brutale Gewalt wird triumphieren."[318]

Dieses „Theater aus tragischen Ereignissen" erwies sich als weitaus weniger gewalttätig, als diese Zeitung prophezeit hatte, da institutionelle Unternehmer mit einem Interessenvorteil an der Festlegung und Durchsetzung von Eigentumsrechten effektive Regeln für Steuerung und Ordnung entwickelten.

Natürlich begannen einige Goldgräber das klassische Rennen um Eigentumsrechte, indem sie große Mühen auf sich nahmen, um als erste ein Goldvorkommen zu entdecken und sich einen Vorsprung zu sichern. Doch dieses Rennen blieb relativ friedlich. 1849 bemerkte ein Beobachter, dass die Bergbaulager schnell eine Reihe von Regeln ersannen, die „die Starken und Schwachen auf eine gleichberechtigte Grundlage setzten, die Ansprüche auf die Nutzung bestimmter Gebiete (Claims) festlegten, die am Boden eingesetzten Werkzeuge als Beleg für Eigentum schützten und es Abenteurern erlaubten, ihre Rechte ebenso sicher wahrzunehmen, als ob diese durch einen Erlass des Staates garantiert worden wären".[319]

Wie weiter oben in Kapitel 2 ausgeführt, zieht ein rascher Wertanstieg einer Ressource Bemühungen nach sich, Eigentumsrechte an dieser Ressource festzulegen und durchzusetzen,[320] doch das beantwortet noch nicht die

Frage, ob Konflikte bei Besitzansprüchen friedlich oder gewalttätig geregelt werden. Es gibt mittlerweile sehr viel Literatur, was die Untersuchung dieser Frage angeht, nämlich ob Konfliktparteien eher streiten oder verhandeln.[321] Aus dieser Literatur geht klar hervor, dass die Entscheidung von den erwarteten Kosten des Verhandelns in Relation zu den erwarteten Kosten des Streitens abhängt.

John Umbeck hat dieses allgemeine Erklärungsmuster auf die kalifornischen Minenlager angewendet, wo ortsgebundene Anspruchsteller einen Anreiz hatten, die beanspruchten Ressourcen in einem Prozess der Festlegung und Durchsetzung von Eigentumsrechten zu sichern.[322] Und was noch wichtiger ist: Er berücksichtigte die Produktivität von Claims, das Potenzial für Skaleneffekte beim Graben in solchen Claims, sowie die Möglichkeit der Goldgräber, gegeneinander Gewalt anzuwenden. Weil die erwartete Produktivität der Claims untereinander relativ gleich war, weil es – vor allem vor der Einführung von Hydrauliktechniken – nur wenige Skaleneffekte beim Schürfen gab und weil der Revolver jedermann ein fast gleiches Maß an Gewaltanwendungsmöglichkeiten verlieh, hatten die Goldgräber und -schürfer einen großen Anreiz, Streitigkeiten friedlich beizulegen (also zu verhandeln statt zu kämpfen beziehungsweise sich zu streiten).

„Im Gegensatz zu den Fernseh-Western, die diese Periode der amerikanischen Geschichte zu schildern behaupten, waren Berichte über gewalttätige Vorfälle bemerkenswert selten. Statt um die Rechte an Bodenschatzgebieten zu kämpfen, ließen sich die Bergarbeiter auf vertragliche Arrangements ein, die die Abbaurechte in einer geordneten und … vorhersehbaren Weise regelten.“[323] Kulturelle Normen verstärkten die Tendenz, Positivsummen-Lösungen anzustreben. Richard Zerbe und C. Leigh Anderson drücken es so aus: „Kulturell abgeleitete Normen der Fairness, die in vertrauten Institutionen verkörpert waren, trugen zur Erleichterung gemeinschaftlichen Handels sowie der Schaffung von Ordnung unter den kalifornischen Goldgräbern bei, indem sie als Kristallisationspunkte für die Lösung der anfänglichen Koordinationsprobleme fungierten. Durch die Einbeziehung vertrauter und gerechter Prinzipien trugen diese Institutionen dazu bei, dass auf den Goldfeldern kooperiert wurde.“[324] Diese kulturellen Normen beinhalteten eine hohe Beachtung des Erstaneignungsrechts,[325] der Gerechtigkeit durch das Mehrheitsprinzip und durch die Rechtsfindung vermittels einer Jury, um Streitigkeiten zu regeln. Diese Normen stellten sicher, dass die Bergleute hauptsächlich nur dann auf Gewalt zurückgriffen, wenn es darum ging, vereinbarte Rechte durchzusetzen, und weniger darum, solche Rechte zu ändern.

Dennoch wurde immer noch eine anfängliche Vereinbarung benötigt, um die Verschwendung von Renten zu vermeiden. Einige Bergleute setzten zudem untereinander Verträge auf, noch bevor sie zu den Goldfeldern reisten, um zu klären, wem was gehören würde. Diese frühen Verträge, an denen 40 bis 50 Männer beteiligt waren, legten eine gemeinsame Produktion fest, wobei eine tägliche Arbeitsstundenleistung sowie eine gleichmäßige Aufteilung der Goldfunde festgelegt wurden.[326] Doch diese Verträge funktionierten nur selten.

Diese Fähigkeit zur Selbstorganisation zeigte sich bei Hunderten von Bergbaugesellschaften in Kalifornien. Die erste dieser Gesellschaften wurde 1849 gegründet, noch bevor die Argonauten (Bezeichnung für die Goldgräber im Westen) ihre Heime im Osten verließen. Es war bei Gruppen von zukünftigen Goldgräbern üblich, dass sie ihre Bemühungen in gemeinsamen Kapitalgesellschaften bündelten, um sich im rauen Zielgebiet gegenseitig zu schützen und um die Ausgaben zu teilen. Investoren im Osten statteten solche Gesellschaften oft mit Kapital aus und bezogen als Gegenleistung Anteile an ihnen.

Fast alle diese Unternehmen lösten sich bald nach ihrer Ankunft in Kalifornien auf. Die ausgefeilten Satzungen und Vertragswerke, nach denen die meisten arbeiten sollten, waren von Leuten aufgesetzt worden, die sich mit den Bedingungen in Kalifornien nicht auskannten. In der Praxis erwiesen sie sich in der Regel als unbrauchbar.[327]

Daher überrascht es nicht, dass der Anreiz, bei einem Gemeinschaftsunternehmen zu schummeln, zu einer Auflösung dieses Unternehmens und zur Aufsetzung neuer Verträge führte. Wenn unter den Bergleuten in einem Lager Konflikte auftraten, wurde ein Treffen einberufen und ein Vertrag unterzeichnet, der näher bestimmte, wie die Eigentumsrechte festgelegt und durchgesetzt werden würden. Im Vertrag wurden die Grenzen des Distrikts, die Größe der zugelassenen Claims und die Methoden der Durchsetzung dieser Claims festgelegt. Der Vertrag beinhaltete auch die Registrierung von Claims, wobei in der Regel einer der angeseheneren Bergleute im Lager den Vertrag mitunterzeichnete.[328]

Typische Verträge legten fest, dass jeder Goldgräber einen Claim beanspruchen konnte, der nicht mehr als 100 Quadratfuß (circa 33 Quadratmeter) groß war; dass beim Erwerb eines Claims eine Verkaufsquittung erforderlich war, die von zwei nicht beteiligten Personen beglaubigt wurde und auf der die Gültigkeit der Unterschriften und das Entgelt dokumentiert waren; dass eine aus fünf Personen bestehende Jury Streitigkeiten bezüglich des Verkaufs regeln würde; dass ein Claim durch das Anbringen einer Absichtserklärung angemeldet werden konnte, die alle zehn Tage erneuert werden musste, bis das Wasser zur Nutzung des Claims zur Verfügung stand; dass die Claims als verlassen und aufgegeben galten, wenn der Goldgräber fünf Tage lang abwesend war aus Gründen, die nichts mit einer Krankheit oder einer Verletzung zu tun hatten.[329]

Diese Verträge spiegelten die speziellen Charakteristika der Bergbaudistrikte wider und wurden oft umformuliert, wenn sich neue Informationen und neue Bedingungen ergaben. Laut Theodore Hittell, einem Geschichtsschreiber des kalifornischen Bergbaus aus dem 19. Jahrhundert, hatte „fast jeder Winkel und jede Bergschlucht ihre eigenen Regeln. Ihre Rechtsprechung änderte sich oft, einige verfestigten sich in größeren Distrikten und andere veränderten sich und teilten sich auf kleinere Gebiete auf, wobei solche Änderungen hauptsächlich abhängig waren von Kriterien wie Homogenität oder auch von der betreffenden Bergbauregion und dem Vorhandensein eines bequem zugänglichen Sammelplatzes, um dort Treffen abzuhalten."[330]

Eine der umfangreichsten Studien über die Verträge stammt von Umbeck, der fast 200 Originalverträge zusammengetragen hat, nach denen die frühen Bergbaulager geregelt wurden.[331] Diese Verträge schufen in der Regel Eigentumsrechte durch das Prinzip der Erstaneignung und gewährten dem Erstentdecker oft einen doppelten Anteil an einem Fund. Aus Gründen der Effizienz und der Fairness beschränkten die Verträge die Größe eines Claims, wobei im Durchschnitt eine Größe veranschlagt wurde, die ein Bergmann auch alleine produktiv bearbeiten konnte. Umbeck fand heraus, dass größere Claims dann erlaubt wurden, wenn die erwartete Ergiebigkeit pro Acre geringer war.[332] Obwohl die Begrenzungen der Claim-Größen auf Chancengleichheit basierten, waren die Obergrenzen nicht zu klein, um die Produktivität einzuschränken. Darüber hinaus war aus Gründen der Chancengleichheit ein uneingeschränkter Zutritt nicht erlaubt, sobald die Zuteilung in einem Distrikt abgeschlossen war, und danach waren eine weitere Unterteilung und ein weiterer Zutritt untersagt.

Sobald ein Claim beim lokalen Protokollanten angemeldet und die Ecken des Claims abgesteckt worden waren (manchmal mit einer schriftlichen Notiz, die den Namen des Anspruchstellers beinhaltete), wurden weitere Belege für eine tatsächliche Nutzung fällig. In einigen Fällen konnten Eigentumsrechte aufrechterhalten werden, indem man Werkzeuge auf dem Claim hinterließ, doch noch öfter haben Distrikte die Mindestzahl der Tage im Monat festgelegt, an denen auf einem Claim gearbeitet werden musste, damit der Anspruch auch fortbestand.

Ausnahmen wurden im Krankheitsfall gemacht, und in den Wintermonaten wurden die Anforderungen entweder herabgesetzt oder ganz ausgesetzt, zumal dann oft kein Wasser zur Verfügung stand.[333] Die Anforderungen zur täglichen Mindestarbeitszeit zogen zwar einen Verbrauch der Ressourcen nach sich, stellten jedoch eine nicht allzu teure Methode dar, um zu bestimmen, ob ein Claim noch aktiv war, und waren auch ein Weg, Rechte durchzusetzen, indem man sicherstellte, dass stets ausreichend Bergleute da waren, um die Claims gegenüber Außenstehenden zu verteidigen.[334] Unter den Regeln der Minenlager erfolgte die Schlichtung von Streitigkeiten umgehend und effektiv. 1849 bemerkte ein Teilnehmer, dass „Urteile, Strafen und Gerechtigkeit hier viel zu schnell vollstreckt werden, als dass Diebstahl sich lohnen würde".[335] Shinn gibt uns eine Beschreibung solcher Vorgänge:

„Bei Tribunalen, bei denen es um Leben oder Tod ging, waren alle Erscheinenden berechtigt, abzustimmen und gehört zu werden, doch bei der Entscheidung über Gesetze bezüglich der Claims und lokaler Behörden konnten die Mitglieder anderer Lager nicht mit abstimmen. Der Beschuldigte – ob Lagerdieb, Waschrinnenräuber, Pferdedieb oder Mörder – wurde von mit Revolvern bewaffneten Männern bewacht oder an einen Baum gebunden. Der Gerichtshof der Bergleute wurde in solchen Fällen sofort einberufen, nicht durch formelle Notizen, sondern durch einen Ruf, der von Claim zu Claim und von Anhöhe zu Anhöhe schallte und in dem zum Beispiel verkündet wurde, dass „sie den Typen gefangen haben, der letzte Nacht John Smileys Wasserrinnenbehälter geklaut hat". Fast jeder kam dann ins Lager, und der Fall wurde für gewöhnlich binnen einer halben Stunde vor Gericht gebracht. … Wenn es keine Jury gab, wurde der Fall den anwesenden Bergleuten zur Entscheidung überlassen, die dann auch die Bestrafung festsetzten. In kleinen Lagern mit nur 30 oder 40 Männern war dies womöglich das übliche System, doch in größeren Lagern herrschte das Jury-System vor.“[336]

Da eine Einkerkerung knappe Ressourcen erforderte, was den Bau und den Unterhalt eines Gefängnisses anging, bestand die Bestrafung normalerweise aus Auspeitschen, einer Verbannung aus dem Lager und in den schwersten Fällen aus Erhängen.[337]

Nach der Festlegung und Durchsetzung von Eigentumsrechten bildeten die Bergleute wirksame Kapital- und Arbeitsverträge, um die Ressourcen auszubeuten. Die Anforderungen der Arbeit in den Bergbaulagern machten es erforderlich, dass zwei oder drei Personen zusammenarbeiteten, wenn sie ihre Arbeitskraft am vorteilhaftesten nutzen wollten. Der rechtliche Partnerschaftsvertrag, der in sesshaften Gemeinden üblich ist, wurde unter diesen Umständen zu einer Art brüderlicher „Kumpelschaft“, die durch die Gewohnheit im Lager geheiligt und durch das Lagerrecht geschützt wurde. Die wenigen Regelverstöße wurden als Verbrechen gegen jeden anderen Bergmann behandelt. … Bald gab es größere Vereinigungen, um Stollen-Claims zu bearbeiten oder um Wasserläufe umzuleiten, doch jede dieser Vereinigungen entstand erst genau dann, wenn sie notwendig wurde, und nicht einen Moment früher.“[338]

Die Regeln, die die Claims in Kalifornien beherrschten, ließen sichere Eigentumsrechte entstehen, die ein effizientes und geregeltes Fördern des Goldes nach sich zogen, wie die Produktionszahlen in Tabelle 6.1 zeigen. Die Effektivität dieses in Kalifornien ersonnenen Bottom-up-Systems der Eigentumsrechte wurde durch den Umstand bestätigt, dass bald ein aktiver Markt für Claims entstand, und auch durch die Tatsache, dass die staatliche Rechtsprechung, die dieses Eigentumsrechte-System formalisierte, keinen wahrnehmbaren Einfluss auf die Goldförderung hatte.[339]

Das Wasser zum Gold bringen

In Kalifornien dominierte das Goldwaschen an seichten Stellen. Dort war das Gold hauptsächlich mit Kies und Erde vermischt und musste daher mit Hilfe von Wasser herausgelöst werden. Der Bedarf an Wasser variierte je nach verwendeter Technik. Beim Waschen mit einer Pfanne wurde das Gold aus dem Wasserlaufbettkies durch die Verwendung von vorhandenem Wasser gelöst, doch so konnten nur kleine Mengen des Materials gewonnen werden.

Waschrinnen, in die das Wasser durch eine „Rocker Box“ floss, um das Gold zu separieren, konnten mehr Kies verarbeiten, erforderten jedoch größere Wassermengen und somit auch mehr Investitionen in die Umleitung von Wasser. Und das hydraulische Schürfen, das unter Druck gesetztes Wasser verwendete, um das Gold aus der Erde herauszuwaschen, erforderte sogar noch mehr Wasser und Investitionen.

Um die Wasserversorgung zu sichern und Investitionen in Speicherung und Umleitung zu fördern, haben sich institutionelle Unternehmer das System der Erstaneignung ausgedacht, das das westliche Wasserrecht bis heute dominiert. Dieses System gewährte Wasserrechte an die Person oder das Unternehmen, das Wasser zuerst ableitete. Und wenn nicht alle Anrechte auf Wasser klar zugeteilt werden konnten, wurde das Vorrecht von der Regel „Wer zuerst kommt, hat zuerst recht“ bestimmt. Bei dieser Regel wurden Claims auf der Basis des erfassten Datums zugeschrieben. In Jahren mit niedrigem Wasserstand konnten späte Claims eventuell kein Wasserrecht beanspruchen, doch die Wasserbesitzer hatten das gesicherte Recht und eine realistische Erwartung an die Menge des Wassers, das sie unter welchen Umständen auch immer beanspruchen konnten.

Unter dieser Institution organisierten die Wasserunternehmen die Aushebung von Gräben und den Bau von Dämmen und Kanälen. Die Kanäle lagen bis zu zwölf Metern über dem Wasserlaufspiegel und waren über 1.000 Meter lang.[340] Im Jahre 1857 waren bereits mehr als 2.500 Kilometer Kanäle, Gräben und Wasserrinnen gebaut worden, was insgesamt fast zwölf Millionen Dollar gekostet hatte.[341] Solche Investitionen abzusichern erforderte Sicherheit bei den Wasserrechten, was vom Erstaneignungsprinzip auch geleistet wurde.

Da das Wasser distriktübergreifend fließen konnte, stellte der lokale Charakter der Distriktregeln die Wasserentwicklung vor einige Probleme. Wegen des Mangels an Koordination zwischen den Distrikten wurden entlang der Wasserläufe doppelte Dämme und Umleitungen gebaut. Wasser konnte einmal gestaut, zu einer hydraulischen Bergbauanlage geführt, zum Fluss zurückgeführt und dann immer wieder eingedämmt und abgeleitet werden.[342] Laut Umbeck „gab es offenbar keinen technischen Grund, warum diese Gruppen nicht einfach nur einen einzigen Damm oben am Fluss für das ganze Schürfgebiet errichtet und nur einen einzigen langen Graben auf der Länge der Einzelgräben gebaut und so all die Kosten gespart haben, die für die Einzeldämme angefallen waren. Doch so ein Vorgehen konnte nicht beobachtet werden."[343]

Tabelle 6.1

Goldproduktion in Kalifornien 1864-1870

Fiskaljahr	gefördertes Gold (in Doller)
1864	24.071.423
1865	17.930.858
1866	17.123.867
1867	18.265.452
1868	17.555.867
1869	18.229.044
1870	17.458.133

Quelle: Paul 1947, Anhang A.

Obwohl die ursprünglichen Regeln der Bergbaudistrikte sich bei geringer oder gar keiner gesetzlichen Kontrolle durch den Bundesstaat oder den Gesamtstaat entwickelten, haben staatliche Gesetzesbestimmungen mit der Zeit Einfluss auf die Bergbaulager gewinnen können. 1851 verabschiedete Kalifornien den „Civil Practice Act", der ein Rechtssystem einführte und im Wesentlichen die Vereinbarungen kodifizierte, die sich in den Bergbaulagern entwickelt hatten. Die Gerichtsbarkeiten mussten bei der Entscheidung über Fälle im Bergbau als Belege „die Bräuche, Gewohnheiten oder Regeln" beachten, „die sich etabliert oder durchgesetzt hatten, oder auch Schürfakte beachten, die sich an solchen Claims, Gebräuchen und Gewohnheiten ausrichteten, und sollten, sofern sie nicht in Konflikt mit den Verfassungen und Gesetzen dieses Staates standen, die Urteilsfindung bei solchen Verhandlungen bestimmen".[344]

Auch die Bundesregierung mischte sich ein, doch wie schon bei den Gesetzen der Bundesstaaten bestanden ihre frühen Interventionen einfach darin, die Gewohnheitsregeln zu kodifizieren und anzuerkennen. Im Fall „Sparrow gegen. Strong" (1865) entschied der Oberste Gerichtshof, dass das lokale Recht die konkludente Zustimmung der Bundesregierung habe.[345] Im Jahre 1866 verabschiedete der Kongress die ersten Gesetze zum Bergbau, die die Förderung im Westen regelten. Er erkannte das Recht des Zutritts zu öffentlichen Ländereien mit dem Ziel der Bodenschatzsuche an und trug zur Patentierung der Claims durch Aneignung und Verbesserung bei.[346] Das Bergbaugesetz von 1872 verdeutlichte die Maßnahmen des Gesetzes von 1866.[347] Die zentrale Kodifizierung des Gewohnheitsrechts der Schürfer hat zwar womöglich die Transaktionskosten der Festlegung und Durchsetzung von Eigentumsrechten durch die Bereitstellung bestimmter in allen Lagern anwendbarer Regeln herabgesetzt, doch sie eröffnete auch die Möglichkeit, breitere staatliche Instanzen zu nutzen, um Wohlstand umzuverteilen. Größere Einheiten gemeinschaftlicher Aktionen haben das Potenzial, die Transaktionskosten über den Weg der Rechtsprechung zu vermindern, doch sie erhöhen auch die Kosten, die bei der Abwehr solcher Rechtsprechung entstehen und die auf eine Umverteilung von Rechten abzielen (siehe Kapitel 2).

Ein Beispiel für eine solche Umverteilung war die Steuer für ausländische Bergleute, die von der kalifornischen Regierung 1850 eingeführt wurde. Dieses Gesetz zielte darauf ab, den Zugang ausländischer Bergleute zu begrenzen, indem man sie mit 20 Dollar pro Monat besteuerte. Lokale Bergbaulager haben sicherlich ebenfalls versucht, Fremde zu diskriminieren,[348] doch die Fremden konnten solche lokalen Diskriminierungen umgehen, indem sie zu anderen Lagern wechselten oder eigene Lager errichteten. „Es gab viele Dörfer, die fast nur von Mexikanern bewohnt waren, andere von Franzosen. Einige Orte waren von 200 bis 300 Chilenen besiedelt, die eigene Gemeinschaften bildeten. Auch chinesische Lager waren zahlreich, und neben all diesen Kolonien von Ausländern hatte jede Stadt der südlichen Minen einen großen Anteil ausländischer Bevölkerung."[349] Und Philip Choy[350] drückte es so aus: „1852 war die Bildung chinesischer Lager entlang der Flüsse und Canyons in der gesamten Goldregion zu beobachten.“ Unter einem einzigen staatsweiten Gesetz wurden diese Optionen jedoch zunichtegemacht.[351]

Weit davon entfernt, ein „Theater tragischer Ereignisse – ein Schauplatz von Blutvergießen und Zwietracht“ zu sein, waren die Bergbaulager in Kalifornien ein Kristallisationspunkt für die Entwicklung von Institutionen. Die Schürfer erkannten Gewalt als Negativsummenspiel und ersannen effiziente Methoden zur Festlegung und Durchsetzung von Eigentumsrechten. Shinn kommt zu folgendem Schluss: „Überall finden wir bei den Beobachtern des Bergbaulebens Zeugnisse vom Erfolg des Systems der Selbstregierung, das in den Lagern zum Einsatz kam.“[352] Auch Zerbe und Anderson äußern sich ähnlich, dass nämlich „die Vorhersage, dass die Minen ein Schauplatz chaotischer Gewalt sein würden, falsch war. Statt Anarchie oder gewalttätiger Bandenherrschaft entstanden auf den kalifornischen Goldfeldern schnell soziale Institutionen und Regeln für das Goldschürfen, die auf einem System von Normen ohne ungewöhnliche Gewaltanwendung beruhten. Jedes Bergbaulager setzte einen genau festgelegten Vertrag auf, in der Regel schriftlich.“[353]

Es gibt Gold unter jenen fernen Hügeln

Der Bergbau in Nevada liefert ein weiteres Beispiel für die schnelle Entwicklung bei einem institutionellen Vakuum. Die Goldschürferei in Nevada fand während der gesamten 1850er Jahre statt, doch ergaben sich so gut wie keine Anlässe für bedeutende Konflikte. Auf einem Gebiet von etwa 25 Quadratkilometern arbeiteten nur etwa 100 Menschen. Daher war der Wettbewerb um die Ressource nur minimal, und es fehlte der Anreiz für die Festlegung und Durchsetzung von Eigentumsrechten.[354] Das änderte sich schnell im Januar 1859, als zwei Iren den Comstock Lode entdeckten, eine der reichhaltigsten Lagerstätten im Westen.[355] Der Comstock Lode war so ergiebig, dass er 1889 mehr als zwölf Prozent der gesamten Gold- und Silbermenge erzeugt hatte, die bis dahin in den Vereinigten Staaten zutage gefördert worden war.[356] Zwischen 1859 und 1861 stieg die Zahl der Bergleute von 100 auf 20.000 an.

Die Bergbaulager von Kalifornien und Nevada waren sich institutionell gesehen in vielerlei Hinsicht ähnlich, wiesen aber auch wichtige Unterschiede auf. Wie schon bei der Entdeckung des Goldes bei Sutter's Mill in Kalifornien, so erhöhte auch die Entdeckung des Comstock Lode ganz massiv die Vorteile eines Engagements zur Einführung von Eigentumsrechten, und wie unsere Theorie vorhersagt, haben institutionelle Unternehmer umgehend mit einer ganzen Bandbreite von institutionellen Neuerungen reagiert. Wie auch schon in Kalifornien blühte die frühe institutionelle Entwicklung in Nevada unabhängig von lokalen, bundesstaatlichen oder bundesweiten Gesetzen. Die verschiedenen nationalen Bodengesetze wie der „Preemption Act"[357] und die „Homestead Acts" bezogen sich auf Landgebiete ohne Bergbau, wobei die Bundesregierung Eigentümerin aller Abbaugebiete blieb,[358] doch andererseits betrafen diese Gesetze keine Bodenschätze. Bei Abwesenheit formeller Bergbaugesetze angesichts eines rapide wachsenden Ressourcenwerts waren spontane

Maßnahmen erforderlich, um Anarchie zu verhindern und nicht-gesetzliche Vorgehensweisen für die Etablierung von Eigentumsrechten einzurichten.

Die ersten Bemühungen, in Nevada Eigentumsrechte zu schaffen, folgten ziemlich genau dem Schema, das man in den Bergbaulagern Kaliforniens beobachten konnte.

„Innerhalb von fünf Monaten nach dem ersten Goldtreffer von Comstock wurde eine formelle Bergbaulagerregierung, Gold Hill, von den Schürfern der Stelle der frühesten Goldfunde errichtet. Der Distrikt von Gold Hill hatte schriftliche Regeln bezüglich der Errichtung und des Unterhalts von privaten Beteiligungen eingeführt, und die Regeln wurden von einem ständigen Claim-Buchhalter sowie einem Ad-hoc-Gericht der Bergleute durchgesetzt. Drei Monate später wurde eine ähnliche Regierung in Virginia City organisiert, und der Devil‘s Gate District folgte Anfang 1860. … Im Allgemeinen beschrieben die Regeln der Bergbaulager die Anforderungen an die Verzeichnung eines Claims, die Größe von individuellen Parzellen, das Prozedere zum Markieren von Claim-Grenzen sowie die Arbeitsanforderungen, die für die Aufrechterhaltung der Eigentümerschaft notwendig waren. Indem sie die Regeln des Bergbaudistrikts befolgten, wurden den Claim-Anspruchstellern lokal anerkannte Besitzrechte an Bergbaugrundstücken gewährt.“[359]

Einer der wesentlichen Unterschiede zwischen den frühen Goldfunden in Kalifornien und denen in Nevada betraf den Standort der Ressource. Anders als bei den Claims an Wasserläufen, die mit Oberflächengrenzen abgesteckt werden konnten, waren Quarz-Claims wie im Comstock

Lode tiefe Adern, die andersartige Bergbautechniken und Organisationsformen erforderten. Da das Gold hier unterirdisch war, wählten die Bergleute eine Rechtestruktur, die Oberflächen-Claims von unterirdischen Claims trennte. So erlaubten es die Originalregeln im Gold Hill District einem Claim-Inhaber, Schürfrechte für einen Bereich zu haben, der auf einer geraden 200 Fuß langen Linie entlang der Ader verlief.[360]

Die Bergleute etablierten Rechte, sobald eine Ader entdeckt war, und dann konnten sie diese Rechte unter Tage wahrnehmen, sogar wenn die Ader unter jemandes Oberflächenrechte führte. „Nach dieser Theorie stellte die Ader das Eigentum dar, und die Oberfläche wurde lediglich Objekt eines Nutzungsrechts.“[361] Bei Quarz-Claims wurden weniger Arbeitsanfordcrungen auferlegt, da diese Claims einfacher durchzusetzen waren. Anders als bei einem Wasserlauf-Claim, wo ein Claim-Übertreter einfach zu sieben oder zu schleusen anfangen konnte, musste ein Quarz-Claim-Übertreter eine beträchtliche Menge an Kapital investieren, um sich zur Ader durchzugraben.

Streitigkeiten über Quarz-Claims brachen häufiger aus als im Wasserlauf-Bergbau, da der Verlauf der Adern weniger offenkundig war, vor allem wenn es Nebenadern gab, die von verschiedenen Orten der Oberfläche aus zugänglich gemacht werden konnten. „Die Bergbaulagerregeln setzten klare Untertage-Claimgrenzen zwischen Minen entlang derselben Ader fest, und diese waren nicht oft Gegenstand von Streitigkeiten. Diese Regeln waren jedoch weniger endgültig in Bezug auf Grenzen zwischen Minen verschiedener Adern. Dieser Mangel an Genauigkeit bei

Seitengrenzen war der Praxis geschuldet, extralaterale Rechte zu gewähren, die es den Bergleuten erlaubten, ihrer Sektion der Ader zu folgen, wo auch immer sie unter der Erde hinführte. Diese Rechte … machten es möglich, dass eine Mine unter den Claim einer anderen Mine führte, solange diese zwei Minen zu separaten Adern gehörten. Aufgrund ihrer undefinierten Seitengrenzen waren die Comstock-Minen Gegenstand von Konkurrenz zwischen ‚Vampir'-Claims, die dasselbe Bodenschatzdepot anzapften, während sie behaupteten, dass es sich in einer separaten Ader befinde."[362]

Wegen der Schwierigkeit, klare Rechte an einem wertvollen Bodenschatz einzuführen, richtete man erneut das Augenmerk auf die Aufgabe, eine größere Genauigkeit bei Eigentumsrechten herbeizuführen. Eine Spezialisierung beim Prozess der Festlegung und Durchsetzung ergab wiederum Sinn, so dass man sich von der frühen Methode, die Bergleute zur Beilegung von Konflikten einfach zusammenzurufen, verabschieden musste. Der Bedarf an Informationen über die Geologie unter Tage und die Richtung der Adern machte ständige Institutionen und Aufzeichnungen umso wertvoller. Es waren Experten vonnöten, um Streitigkeiten zu schlichten, und eine zentrale Aufzeichnung der Befunde dieser Experten war über die lokale Ebene hinaus von Nutzen.

All dies erzeugte einen starken Druck für formellere und beständigere Arrangements für die Festlegung von Rechten und die Schlichtung von Streitigkeiten.[363] 1861 gewährte die Bundesregierung auf Druck der lokalen Minengemeinschaft Nevada den Territorialstatus. Die Gesetzgebung von Nevada (Territorium bis 1864, als es den Status eines Bundesstaats erlangte) widmete sich den Fragen des Bergbaurechts. Zwischen 1861 und 1866 wurden 47 Bergbaugesetze verabschiedet. Diese Gesetze konzentrierten sich hauptsächlich auf die Beantwortung der Frage, wer das Recht hatte, extralaterale von einer Hauptader abzweigende Adern zu bewirtschaften, sowie auf das Prozedere bei der Entscheidungsfindung im Streitfall und die Beweise, welche die Gerichte anführen sollten, um Eigentumsrechte vor Übertretungen zu schützen.

Aufgrund der Schwierigkeiten bei der Lösung von Konflikten bezüglich von Untertage-Rechten waren die territorialen Gerichte „überwältigt von der massiven Mengenlast der Fälle".[364] Tatsächlich betrugen die Prozesskosten der Bergleute elf Prozent ihrer Gesamtkosten. Leshy berichtet, dass 1865 „der Generalvermesser für Nevada schätzte, dass ein Fünftel des 45 Millionen Dollar schweren Ertrages des Comstock Lode für Prozesskosten draufging".[365]

Die Kosten für die Gerichtsverfahren schnellten, so Gary Libecap, so sehr in die Höhe, dass staatliche Bestimmungen diese Transaktionskosten herabsetzten:

„Um 1868 waren die Minenrechte in Comstock gut eingeführt. … Hatte [der Oberste Gerichtshof von Nevada] während des sechsjährigen Zeitraums von 1863 bis 1868 noch 32 Verhandlungen um Rechtefragen (60 Prozent aller berücksichtigten Fälle bis 1895), so gab es davon nur sieben in den folgenden sechs Jahren; nach 1880 waren Urteile des Obersten Gerichtshofs über die Bergbaurechte in Comstock nahezu zum Stillstand gekommen.

… Die Bergbaurechte wurden genau festgelegt durch die Verordnung von 178 Bestimmungen und der Urteile des Obersten Gerichtshofs bis 1895 – die Lage stand in scharfem Kontrast zu den allgemeinen, ungeschriebenen Regeln, die noch 1858 existiert hatten."[366]

Unter Anwendung der Regressionsanalyse zeigt Libecap, dass der Bedarf nach bundesstaatlichen Statuten und Gerichtsurteilen für die Lösung von Konflikten durch den Wert der Bergbau-Claims angetrieben wurde. Das bedeutet, dass die Menschen reagiert haben auf die größeren Vorteile, die die Festlegung und Durchsetzung von Eigentumsrechten bieten. „Das Muster des rechtlichen Wandels in Nevada vom Bergbaulager bis zu bundesstaatlichen Regelungen war weitgehend bestimmt durch den Bedarf nach Effizienz – das Bedürfnis, Ungewissheiten über die Eigentümerschaft zu reduzieren, während die Konkurrenz um die Einkünfte aus dem Bergbau größer wurde." Er schlussfolgert, dass 1868 „private Schürfrechte relativ sicher waren, was den Bedarf nach weiteren rechtlichen Anpassungen verminderte, obwohl tiefere Schächte zu neuen Bonanzas führten und die Förderung 1876 einen Höhepunkt erreichte".[367]

Schlussfolgerungen

Der Bergbau im Westen bietet einen interessanten Test der Hypothese, dass Eigentumsrechte als Antwort auf Veränderungen bei Profiten und Kosten entstehen. Da die Gold- und Silberfunde so schnell erfolgten, ist es relativ einfach, andere Faktoren beim Einfluss auf den Wertanstieg auszuschließen. Sowohl in Kalifornien als auch in Nevada fanden die Bergleute schnelle effektive Methoden der Festlegung und Durchsetzung von Eigentumsrechten. Die Schürfergruppen waren klein genug, um Einsparungen von Ressourcen durch das Erfinden und die Anwendung von Regeln offensichtlich werden zu lassen.

Der größte Teil des institutionellen Wandels erfolgte also nicht als Umverteilung, sondern als Schaffung von Eigentumsrechten und deren Umgestaltung in neue Vertragsformen für die Produktion. In Kalifornien fanden die meisten Aktivitäten der Festlegung und Durchsetzung auf lokaler und nicht-gesetzlicher Ebene statt, obwohl sie schließlich durch Statute und Gerichte ratifiziert und kodifiziert wurden. Aufgrund der Schwierigkeit, Eigentumsrechte an unterirdischen Adern festzulegen, und der großen Einkünfte durch Spezialisierung bei der Festlegung und Durchsetzung von Rechten bewegte man sich in Nevada schneller auf ein gesetzliches System zu. Doch selbst dort führte der große Einfluss des Bergbaus auf die Wirtschaft des Bundesstaats zu Regeln, die viel mehr auf die Schaffung und Verteidigung von Eigentumsrechten ausgerichtet waren als auf deren Umverteilung.[368]

Kapitel 7

Wagentreck-Staaten

Tabelle 7.1
Auswanderung auf dem Landweg nach Oregon, Kalifornien und Utah, 1840-1860 (Zahl der Personen)

Jahr	Oregon	Kalifornien	Westküste Jahreswert	Westküste kumuliert	Utah	Gesamtwert kumuliert
1840	13	—	13	13	—	13
1841	24	34	58	71	—	71
1842	125	—	125	196	—	196
1843	875	38	913	1.109	—	1.109
1844	1.475	53	1.528	2.637	—	2.637
1845	2.500	260	2.760	5.397	—	5.397
1846	1.200	1.500	2.700	8.097	—	8.097
1847	4.000	450	4.450	12.547	2.200	14.747
1848	1.300	400	1.700	14.247	2.400	18.847
1849	450	25.000	25.450	39.697	1.500	45.797
1850	6.000	44.000	50.000	89.697	2.500	98.297
1851	3.600	1.100	4.700	94.397	1.500	104.497
1852	10.000	50.000	60.000	154.397	10.000	174.497
1853	7.500	20.000	27.500	181.897	8.000	209.997
1854	6.000	12.000	18.000	199.897	3.167	231.164
1855	500	1.500	2.000	201.897	4.684	237.848
1856	1.000	8.000	9.000	210.897	2.400	249.248
1857	1.500	4.000	5.500	216.397	1.300	256.048
1858	1.500	6.000	7.500	223.897	150	263.698
1859	2.000	17.000	19.000	242.897	1.431	284.129
1860	1.500	9.000	10.500	253.397	1.630	296.259
Gesamt	53.062	200.335	253.397	253.397	42.862	296.259

Quelle: Unruh 1979, S. 119-120.

Wie die Menschen in den Bergbaulagern des Westens, so fanden auch die Gruppen der die Große Ebene durchquerenden und nach fruchtbarem Land suchenden Menschen ein institutionelles Vakuum vor, das ausgefüllt werden musste, um die entbehrungsreiche Reise zu überstehen. Sobald sie mit ihren Wagen Orte wie Independence, St. Joseph oder andere größere Ausgangspunkte verlassen hatten, ließen sie auch die von der formellen Regierung gebildete institutionelle Infrastruktur hinter sich. Es war nun jeder Gruppe selbst überlassen, ihre eigenen Regeln zu entwickeln, die notwendig waren, um ihre Mitglieder im Zaum zu halten und Schutz vor Außenstehenden (zumeist Indianern) zu bieten, um Streit zwischen den Mitgliedern der Gruppe zu schlichten und um die Produktion von öffentlichen Gütern zu organisieren, was wiederum Teamwork erforderlich machte, wenn es etwa darum ging, Flüsse zu überqueren, zu jagen und Indianer zu bekämpfen. Kurzum, diese wandernden Gesellschaften mussten ihre eigenen Regierungen bilden.

Tatsächlich wurden von den 300.000 Auswanderern (siehe Tabelle 7.1), die zwischen 1840 und 1860 die gefährliche Überquerung der Großen Ebene sowie der Rocky Mountains und der Sierra Nevada überstanden hatten, Hunderte von institutionellen Experimenten ausprobiert. Von 1841 bis 1848 brauchte man für eine Überlandreise nach Kalifornien oder Oregon durchschnittlich 164 Tage.[369] Entsprechend mussten Reisende im Frühling so früh wie möglich aufbrechen, um ihr Ziel noch vor Winteranbruch zu erreichen. In der Periode von 1850 bis 1860 verringerte sich die Reisezeit auf 116 Tage, da es auf der

Strecke bessere Dienstleistungen gab, etwa bessere Fähren und Brücken sowie Abkürzungen, die die Entfernung verringerten. Nichtsdestotrotz blieb die Reise weiterhin gefährlich und anstrengend und forderte den Auswanderern alles ab.

Warum unternahmen so viele Menschen diese riskante Reise? Die Antwort ist natürlich, dass sie potenzielle Renten sahen, die sich aus den westlichen Ressourcen ergaben. Die erste Welle der Überlandreisenden bestand aus Siedlern, die Land im Willamette Valley in Oregon beanspruchen wollten. Vor 1840 waren einige protestantische Missionare aus Neuengland zusammen mit Pelzhandelskarawanen in die Gegend um Oregon gereist.[370] Ihre Berichte veranlassten ein kleines Rinnsal von Siedlern, im Jahre 1840 gen Westen aufzubrechen, und aus diesem Rinnsal wurde schnell eine Flut. Die zweite größere Welle von Reisenden bestand aus Schürfern, die 1848 zu den kalifornischen Goldfeldern strömten. Im Frühling und im Sommer jenes Jahres verbreitete sich in Windeseile die Kunde von der Entdeckung von Gold bei Sutter's Mill, und 1849 überquerten bereits Tausende die Große Ebene, um ihre Claims abzustecken. Die letzte große Welle, die bald nach der Welle der „Neunundvierziger" folgte, bestand aus Mormonen, die der religiösen Verfolgung im Mittleren Westen entflohen.

Die Erwartungen an zu erzielende Reichtümer müssen groß gewesen sein angesichts der hohen Kosten, die die Reise mit sich brachte. In der Tat wurden der erste Eindruck von der unendlichen Weite der Großen Ebene und das Erkennen der bevorstehenden Strapazen als „den Elefanten sehen“ bezeichnet.[371] Krankheiten, vor allem Cholera, Bergfieber und Skorbut, verursachten großes Leid entlang der Strecke. Mit einiger Regelmäßigkeit kam es vor, dass Menschen während der Flussüberfahrten ertranken. Auch Vorfälle mit Schusswaffen stellten ein Risiko dar. Die Arbeit mit Zug- und Reittieren brachte Knochenbrüche und andere Verletzungen mit sich. John Unruh schätzt die Todesrate auf einem solchen Treck auf vier Prozent, was etwas höher ist als jene 2,5 Prozent Sterblichkeit, die er veranschlagt, wenn die Überlandreisenden zu Hause geblieben wären.[372]

Trotz ihrer Tragweite vermittelte die Todesrate bei den Überlandreisenden ein nur unvollständiges Bild der zu erduldenden Mühsal. Die über 3.000 Kilometer lange Reise zur Westküste brachte die Menschen und ihre Zugtiere für eine Dauer von sechs erbarmungslosen Monaten an ihre äußerste Belastungsgrenze. Stürme, Wagenbrüche, ein spartanischer Speiseplan und zwischenmenschliche Konflikte kamen zu den Unkosten der Reise hinzu. Oft musste man sich auf der Strecke von Besitztümern trennen, um die überfrachteten Wagen zu entlasten. Sehr viele Auswanderer machten die Erfahrung, wie es ist, beinahe zu verhungern. Die Tatsache, dass so viele Menschen die Überlandreise vollendeten, zeugt von Willensstärke und Zusammenarbeit. Angesichts dieser harten Umstände könnten wir uns fragen, warum die Auswanderer nicht warteten, bis die Informationslage und das Transportwesen sich verbessert hätten, so dass die Reise weniger aufwendig gewesen wäre.

Die Antwort ist wie immer im Streben nach Eigentumsrechten zu suchen. Der einzige Weg, Eigentumsrechte zu erlangen, lag darin, das Land als Erster in Besitz zu nehmen. Eine landhungrige Person konnte also nicht warten, bis der aktuelle Nettorentenwert sich ins Positive wenden würde, da sonst jemand anderes sie bei dieser Ressource ausgestochen hätte. Wenn man dieses Streben verbindet mit den hohen Kosten der Informationsbeschaffung über den Wert des Landes, überrascht es nicht, dass einige Menschen den Nettoertrag der Reise unterschätzten und unternehmerisch gesehen scheiterten. Da jede Landparzelle unterschiedliche Eigenschaften und Potenziale aufwies und da die Berichterstattung aus den neuen Regionen nur sehr spärlich floss, wussten nur wenige Auswanderer vor ihrer Ankunft am Zielort genau, welches Land verfügbar und welcher Ertrag aus ihm möglicherweise zu erwirtschaften war. Zusätzliche Schwierigkeiten wie die Beschaffung von Kapital für die Reise und die notwendigen Bemühungen, Drückebergerei von Mitgliedern der Gruppe beim Überqueren der Großen Ebene zu verhindern, lassen es erstaunlich erscheinen, dass die Verschwendung von Renten nicht größer war.

Doch auf der anderen Seite sorgten vertragliche Übereinkünfte durch Menschen mit großem persönlichem Interesse an der Organisation einer erfolgreichen Reise in der Regel dafür, dass die Strecke geordnet zurückgelegt und Rentenverschwendung reduziert wurde (siehe Kapitel 2). Die Regeln, auf die sie sich vor Beginn ihrer Reise einigten, sowie die Anpassung der Regeln an neue Umstände unterwegs vertragen sich mit unserer Theorie der institutionellen Entwicklung.

Verfassungen für den „Elefanten"

Einzelpersonen oder selbst kleine Gruppen hätten nur wenig Erfolg beim Überqueren der Großen Ebene gehabt. Obwohl einige wenige die Reise alleine unternahmen, lässt sich mit den Worten von John Reid sagen, dass „die Kombination von Ressourcen jene Technik war, durch die ein großer Prozentsatz der durch die Ebene Reisenden die Mittel zur Verfügung gestellt bekam, um die Reise zu überstehen. Viele, wahrscheinlich die meisten alleinstehenden Männer in den kleinen Gruppen, die vom Missouri aus aufbrachen, hätten ihre Reise wohl nie begonnen, wenn sie nicht am ‚Elefanten' hätten teilhaben können."[373] Da das Überqueren der Großen Ebene ein gemeinsames Unterfangen sein musste, haben kluge Reisende die Regeln für ihr gemeinschaftliches Handeln entwickelt, bevor sie ihre Fahrt begannen. Fast jede Gruppe einigte sich auf verfassungsähnliche Vereinbarungen, bevor sie sich auf den Weg machte. Eine typische Vereinbarung liest sich wie folgt:

„Es wurde beschlossen, dass wir Unterschreibenden, Mitglieder der Green and Jersey County Company von Auswanderern nach Kalifornien, nun zusammengekommen in St. Joseph, angesichts der langen und schwierigen vor uns liegenden Reise darin übereinkommen, dass unsere eigenen Interessen zum Ziele der Sicherheit, der Annehmlichkeit, der guten Stimmung und, was am wichtigsten ist, der Verhinderung einer unnötigen Verzögerung es erforderlich machen, dass wir strenge Regeln und Bestimmungen annehmen, die während unserer Reise herrschen. Und durch unsere Unterschriften unter diese Resolution verpflichten wir uns gegenseitig, dass wir alle Regeln und Bestimmungen befolgen, die durch eine Mehrheitsentscheidung der Gesellschaft bezüglich der Regelungen während unserer Reise getroffen werden.“[374]

So ähnlich begann 1849 auch die Union Emigration Company ihre Verfassung mit folgender Aussage: „Wir, die Unterzeichnenden, stimmen hiermit überein, dass wir zum gegenseitigen Nutzen und zum Schutz bei der Auswanderung nach Kalifornien eine Gesellschaft gründen, und wir verpflichten uns, uns gegenseitig bei allen begründbaren Fällen an Leib und Eigentum zu schützen und auch unsere Satzung einzuhalten und die Gesetze zu befolgen.“[375] In diesen Verfassungen wurden typischerweise eine Reihe von Beauftragten sowie Aufgaben für diese Beauftragten bestimmt. Sie legten auch das Wahlrecht sowie Regeln für die Entscheidung über Änderungen fest. Viele legten auch die Strafen für Regelverletzungen sowie Richtlinien für die Auflösung der Gesellschaft fest.

So wie die Skaleneffekte in einer modernen Firma die vertragliche Festlegung alles Nötigen für die Verhinderung von Drückebergerei bewirken, so machten Sklaleneffekte es auch für fast alle Aktivitäten von institutionellen Unternehmern im 19. Jahrhundert notwendig, spezifische Betriebsregeln einzurichten. Das Aufschlagen und Abbrechen des Lagers, der Schutz vor Dieben und Indianerangriffen, die Flussüberfahrten, das Führen der Wagen auf steile Höhen und wieder hinab und das Jagen von Wildtieren wurden effizienter von solchen Gruppen ausgeführt, die größer waren als die einzelne Familie. Erträge aus gemeinsamem Handel waren zum Teil bedingt durch die Unteilbarkeit der Investitionen, die für das Überqueren der Ebenen notwendig waren. Zum Beispiel ergab es wenig Sinn, dass jede einzelne Person Kenntnisse über die gesamte Route erwarb, wo das Wissen einer Einzelperson von mehreren genutzt werden konnte. Durch Wagenzüge verteilte man also diese Kosten, indem man einen erfahrenen Anführer beauftragte, auf der Strecke die Leitung zu übernehmen. Und auch ein typischer für die Reise ausgestatteter Wagen war für eine einzelne Person zu groß und wurde von vier oder fünf Menschen gemeinsam besessen und genutzt. Das Gleiche galt auch für anderes Humankapital, wie etwa medizinische und waidmännische Fähigkeiten, oder auch für physisches Kapital wie Zugtiere und Werkzeuge.

Eine Vertragsform, die entstand, um mit den Problemen der gemeinsamen Produktion fertig zu werden, war die „Messe".[376] Bei dieser vertraglich geregelten Übereinkunft trugen Einzelne ihr Eigentum für eine gemeinsame Produktion zusammen, um die Ebene zu überqueren, blieben jedoch Besitzer dieses Eigentums und verlangten es am Ende der Strecke zurück. Diese Verträge legten normalerweise die allgemeinen Bedingungen, unter denen dieses Eigentum genutzt wurde, sowie die Entscheidungsregeln für besondere unvorhergesehene Verwendungsanlässe fest, die sich auf der Wegstrecke ergeben konnten. Die Einberufung einer solchen Messe konnte durch ein Quorum erfolgen, das normalerweise durch den Vertrag festgelegt wurde und aus drei bis sieben Wagenzugmitgliedern bestand. Der Kapitän eines messebildenden Wagenzugs hatte üblicherweise die Macht, die Aufbruchs- und Stoppzeiten, den Reiseabschnitt, die Einteilung der Wachen und andere gemeinsame Leistungen zu bestimmen.[377] Der Messevertrag richtete auch Verfahrensweisen ein, um den Kapitän abzusetzen für den Fall, dass ausreichend Mitglieder mit dessen Entscheidung nicht einverstanden waren. Einige Verträge erlaubten eine einfache Mehrheit für die Absetzung des Kapitäns, doch bei anderen war eine Zweidrittelmehrheit erforderlich.[378]

Eine andere Form der Vereinbarung, die auf der Strecke oft vorkam, war ein Vertrag über ein gemeinsames Inventar oder eine Partnerschaft, gemäß derer die für die Reise nötige Ausrüstung von der Gruppe gemeinschaftlich besessen wurde. Bei dieser Vereinbarung trugen die Mitglieder entweder einen gleichen Kapitalbetrag zur Gründung der Gemeinschaft bei oder steuerten Zugtiere oder Wagen bei, die dann in gemeinschaftlichem Besitz standen. Zum Beispiel „erreichte ein Trio aus jungen Männern im Jahre 1854 Council Bluffs mit einem jeweils gleichen Kapitalbetrag, jedoch außer einem Ochsengespann, der einem der drei gehörte, ohne jegliche Ausstattung". Sie legten ihr Geld zusammen und „kauften einen schäbigen leichten Zweispanner für 45 Dollar [und] ein Paar junge Ochsen, die noch nie benutzt worden waren, für 60 Dollar".[379]

Diese Vereinbarungen über ein gemeinsames Inventar legten auch näher fest, auf welche Weise die Partnerschaft aufgelöst werden sollte, wie das folgende Beispiel zeigt: „Wir, die Unterzeichnenden, sind eine Partnerschaft eingegangen, um die Reise nach Kalifornien besser zu bewältigen, und einigen uns hiermit darauf, dass wir den gemeinsamen Bestand oder die sich daraus ergebenden Einkünfte untereinander in dem Verhältnis aufteilen, das jeder Einzelne beigetragen hat. Diese Aufteilung wird so bald wie möglich erfolgen, nachdem wir unser Ziel erreicht haben."[380] In einigen Fällen kamen Gesellschaften mit gemeinsamem Inventar oder Partnerschaften zusammen, um eine „Messe" zu bilden. Reid beschreibt ein Beispiel hierfür:

„Drei ‚Forty-Niners' [Teilnehmer am kalifornischen Goldrausch von 1849, Anm. d. Übers.] aus Wisconsin besaßen einen Wagen im Rahmen einer Partnerschaft. Nachdem sie den Missouri bei St. Joseph überquert hatten, bildeten diese drei ‚eine Messe mit vier anderen'. Das machte insgesamt sieben Männer, die als Reisegruppe zusammenblieben, bis sie Kalifornien erreichten. Sie waren keine Partnerschaft aus sieben Besitzern mit zusammengelegtem Eigentum, sondern vielmehr zwei separate Partnerschaften – eine aus drei, die andere aus vier Mitgliedern bestehend –, die zusammen eine Messe aus sieben Mitgliedern bildeten."[381]

Die Wahl der Vertragsform hing von den Tätigkeiten ab, die man am Ende der Strecke aller Wahrscheinlichkeit nach erledigen musste. Die meisten Auswanderer mit dem Ziel Oregon hatten vor, als Farmer zu arbeiten, und wiesen einen entsprechenden beruflichen Hintergrund auf. Für gewöhnlich besaßen sie ihre eigenen Wagen und Zugtiere, und zwar schon vor Beginn ihrer langen Reise, und sie planten auch, diese nach der Reise weiterhin zu nutzen. Daher sind sie mit größerer Wahrscheinlichkeit eine „Messe“-Vereinbarung eingegangen. Auf der anderen Seite sind Goldschürfer in Kalifornien, die vor Beginn der Reise keine eigene für ein gemeinschaftliches Unternehmen nötige Ausrüstung besaßen, mit größerer Wahrscheinlichkeit Unternehmen mit gemeinsamem Inventar oder Partnerschaften eingegangen und haben, sobald sie die Goldfelder erreichten, alle Vereinbarungen aufgelöst, das entsprechende Eigentum verkauft und die bis dahin angefallenen Einnahmen unter sich aufgeteilt.[382]

Neben der generellen Vertragsvereinbarung, die für die Organisation eines Wagenzugs gewählt wurde, mussten noch andere Verträge ausgehandelt werden, um die Kooperation zu maximieren und Konflikte zu minimieren. So befand sich die bevorzugte Position in einem Wagentreck an dessen Spitze, wo Staub kein Problem darstellte. Daher rotierten die einzelnen Besitzer, was ihre Position anging, wobei der an einem Tag an der Spitze fahrende Wagen am nächsten Tag ganz hinten fuhr. Einige Gesellschaften erlaubten eine Ausnahme von dieser Regel, wenn ein Einzelner mehr als einen Wagen besaß, wobei in einem solchen Fall die Regel galt, dass „so viele Wagen ein Mann hatte, so viele Tage er auch an der Spitze des Zuges fuhr, um dann wieder ans Ende zu wechseln“.[383]

Bei den Wagenzügen wurden auch Arbeitsverträge mit Einzelpersonen abgeschlossen, die nicht Mitglieder der Messe oder von Gesellschaften mit gemeinsamem Inventar waren. Durch diese Verträge gewannen viele junge Männer erst ihre erste Erfahrung mit dem legendenumwobenen Fernen Westen, indem sie sich ihren Weg durch die Ebenen bahnten. Manchmal wurde der Angestellte dazu angehalten, etwas dazuzuzahlen, doch in den meisten Fällen erhielt er einfach seine Mahlzeiten und einen Platz im Wagentreck als Gegenleistung für seine Arbeit.

Während des Goldrauschs wurde die alte Praxis der Schuldknechtschaft wiederbelebt. Spekulanten boten an, die Ausgaben eines Mannes für dessen Kalifornienreise zu bezahlen, wenn er dafür für eine bestimmte Zeit, oft ein Jahr lang, in den Minen arbeiten und dafür einen erheblichen Anteil seiner Einkünfte dem Sponsor abgeben würde.[384] Es war auch üblich, dass Leute, die nicht das Kapital aufbringen konnten, um zur „Messe" oder zum gemeinschaftlichen Inventar beizutragen, oder die auf dem Weg ihrer Ausrüstung verlustig gegangen waren, sich auf derartige Ertragsverträge einließen. Wie Reid beschreibt, „bestand die Praxis darin, einen Satz aus sich ergänzenden Eigentumsgegenständen zusammenzustellen, zum Beispiel dass Herr Davidson die freien Tiere von Herrn Mann vor seinen Wagen spannte. Ein ähnlicher Fall trat auf …, als Frau Goltra sich mit einem anderen Mann zusammentat und unseren Wagen wegzog, bis wir einen leichteren bekommen konnten."[385]

Konfliktlösung auf der Reisestrecke

Natürlich war es unvermeidlich, dass auch im Rahmen dieser gesellschaftlichen Ordnung Konflikte über Eigentumsrechte und Vertragsvereinbarungen für gemeinsames Inventar ausbrachen. Solche Vorfälle erforderten ein Prozedere für die Schlichtung von Streitigkeiten. Doch anders als jener gewalttätige und ordnungsfreie Westen in der geläufigen Vorstellung war die Überlandreise allgemein ein Unterfangen, bei dem Rechte respektiert und die Ordnung aufrechterhalten wurde. Missetäter wurden vor ein Gericht gestellt, und das Urteil folgte auf der Stelle. Barbara Hansen liefert ein Beispiel:

„Ein brutaler Mord, der heftige Reaktionen bei den Auswanderern auslöste, ereignete sich in der Nähe der Gegend von LaBonte. Lafayette Tate stach einen Mann namens Miller, den Anführer eines Wagenzugabschnitts, brutal nieder. Es scheint, dass Tates Bruder sich den Anweisungen von Miller widersetzt hatte, wonach man mit der Weiterreise zu warten hatte, bis der Kapitän des Zuges eintreffen würde. … Der Mörder versuchte zunächst, zu fliehen, wurde aber schnell von einer 15-köpfigen Männergruppe gefasst. Tate war der Ansicht, dass es in der Großen Ebene keine Gesetze gebe und dass somit seine Verhandlung in einem Territorium mit staatlicher Rechtsordnung zu erfolgen habe. Seine Forderungen wurden ignoriert, und ein Richter, ein Verteidiger und Staatsanwälte sowie eine Jury wurden alsbald aus Wagenzügen in der Nähe zusammengestellt. Der Gerechtigkeit wurde schnell

Genüge getan, und noch um Mitternacht nach der Tat wurde der Mörder wegen seines Vergehens gehängt, sehr zur Erleichterung vieler Mitreisenden. Es war eine Erleichterung, die Gewissheit zu haben, dass Recht auf der Strecke existierte und dass die Reisenden von jenen Elementen unter den Auswanderern geschützt wurden, deren Verhalten lebensgefährlich war."[386]

Konfliktlösung und Rechtsprechung hatten für die Auswanderer einen hohen Stellenwert. Die Wagenzüge arbeiteten oft zusammen, um Kriminelle zu ergreifen, und manchmal suchten sie einander auf, um Hilfe bei Nachforschungen zu erhalten oder um unparteiische Urteile sowie angemessene Bestrafungen zu bekommen.[387]

Eine andere interessante Praxis für das Erlangen von Gerechtigkeit wurde in einer Regel kodifiziert, die „beschloss, dass im Falle irgendeines Streits zwischen irgendwelchen Mitgliedern der Gesellschaft die Sache an drei Schlichter geleitet werden sollte, wovon jeweils einer von jeder Streitpartei und einer von beiden gewählt werden sollte und deren Entscheidungen endgültig sein sollten".[388] Reid fasst die Art und Weise der Rechtsprechung unter den Auswanderern auf der Strecke wie folgt zusammen:

„Sie [die Auswanderer] waren weder Ordnungshüter noch Regulierer, die außerhalb etablierten Rechts handelten, denn es gab keine oberhoheitliche Gewalt auf dem Reiseweg. Es waren keine anonymen Lynchmobs, die Rache gegen Einzelne ausübten, die gegen irgendeine Verhaltensregel verstoßen hatten, was einem Teil der Gemeinschaft missfiel. … So wie die Auswanderer glaubten, dass sie das Recht und die Pflicht hätten, verdächtige Missetäter zu verhaften und über deren Schuld zu entscheiden, indem sie sie vor ein aus ihresgleichen bestehendes Gericht stellten, so glaubten sie auch, dass sie das Recht dazu hätten, diesen Verurteilten Strafen aufzuerlegen, und dass es ihre bürgerliche Pflicht sei, bestimmte ‚kriminelle' Akte zu bestrafen."[389]

Es ist demnach klar, dass die Auswanderer Verträge schufen und zur Anwendung brachten, die es ihnen erlaubten, bei gemeinsamen Unterfangen zusammenzuarbeiten – Unterfangen, die Erträge mit sich brachten, die höher waren als das, was die Reisenden bekommen hätten, wenn sie einzeln oder in sehr kleinen Gruppen agiert hätten. Sie hielten ein angemessenes Maß an Recht und Ordnung sowie den Respekt vor Eigentumsrechten aufrecht. Kooperatives Verhalten charakterisierte die Reise nach Westen deswegen, weil jeder Einzelne davon profitierte. Die Auswanderer hatten die Kosten solcher Regeln zu tragen, die keine klaren Eigentumsrechte definierten, sondern eher Rentendissipation begünstigten.

Neue Verträge für die Elefantentour

Die Satzungen und Verträge für ein gemeinsames Unternehmen, die abgeschlossen wurden, bevor die Auswanderer ihre Startorte entlang des Missouri-Flusses verließen, bildeten die Grundlage für deren gesellschaftliche Koordination. Doch die Auswanderer konnten nicht alle Situationen vorhersehen, die sie auf ihrer langen und unsicheren

Reise erfahren würden. So wurden Neugestaltungen von Verträgen während der Reise notwendig.

Eine der wichtigsten organisatorischen Angelegenheiten an den Reisestartorten war die Größe des Wagentrecks. Bei einem zu großen Treck hätte die Menge an Menschen Überwachungs- und Drückebergereiprobleme mit sich gebracht, eine zu große Fülle an Wagen hätte zu Staus bei den Flussüberquerungen geführt, und ein zu großer Viehbestand hätte die Weidegründe entlang der Route überstrapaziert. Bei einem zu kleinen Treck allerdings würde ein Mangel an Menschen die Vorteile der Risikoteilung minimieren, und ein Kapitalmangel würde Skaleneffekte außer Reichweite bringen. Laut Reid gab es drei Gründe dafür, warum sich ein Zug auf der Strecke auflöste, die alle mit der optimalen Größe zu tun hatten: „Unzufriedenheit mit dem Tempo der Reise, Streitigkeiten über das Zurückhalten von Eigentum für die Reise sowie die Sorge, dass die Tiere mit zu viel Last befrachtet wurden.“[390]

Die Reisegeschwindigkeit war ein wichtiges Thema, da ein zu schnelles Fortschreiten mehr Stress für die Zugtiere mit sich brachte, ein zu langsames Tempo jedoch die Gefahr barg, dass der Treck nicht vor Winteranbruch sein Ziel erreichte. Zu viel Ausrüstung und persönliches Eigentum überfrachteten die Wagen und verlangsamte das Weiterkommen, doch zu wenig davon bedeutete, dass auf dem Wege oder am Ziel das nötige Kapital fehlen würde.

Die Anpassung der Größe eines Trecks auf der Strecke erforderte oft die Involvierung weiterer Wagentrecks, um etwa zusätzliche Wagen zu beschaffen oder um ausgeschlossene Wagen aufzunehmen. So konnte in den frühen

Tagen der Wanderung gen Westen, als die Zahl der Wagentrecks auf der Strecke noch gering war und sie weit voneinander entfernt fuhren, die Neuorganisation eines Trecks schwer oder sogar unmöglich sein. Doch nach den ersten Jahren war dieses Problem schon weniger gravierend, da der Verkehr auf der Strecke so sehr zunahm, dass sich ein Wagentreck oft sogar in Sichtweise des nächsten bewegte.

Wie die Public-Choice-Theorie lehrt, sind kollektive Regeln wichtig, wenn eine geordnete Neuorganisation ansteht. Die Ökonomen James Buchanan und Gordon Tullock weisen auf die Probleme hin, die zwei Arten von Regeln mit sich bringen. Einerseits reduzieren Entscheidungsregeln, die es einem kleinen Teil der Gruppe erlauben, für alle mitzuentscheiden, die Kosten der Entscheidungsfindung, sind jedoch auch dazu angetan, andere Kosten auf nicht mitentscheidende Mitglieder ohne deren Zustimmung abzuwälzen. Andererseits reduzieren Entscheidungsregeln, die zu einer Einstimmigkeit der gesamten Gruppe neigen, zwar die Möglichkeit, Kosten auf Nichtentscheider abzuwälzen, erhöhen jedoch die Kosten der Entscheidungsfindung.[391]

Der Schlüssel zu einer guten kollektiven Entscheidungsfindung ist die Balance zwischen diesen beiden Kostenarten. Die Satzungen der Wagentrecks zeugten von einem Verständnis für die Bedeutung der Errichtung guter Regeln für kollektive Entscheidungsfindungen vor der Abreise. Die rechtlichen Institutionen, die ersonnen wurden, waren dazu bestimmt, Streitigkeiten zu schlichten und die Harmonie zwischen den Mitgliedern des eigenen Wagentrecks aufrechtzuerhalten, indem man bestimmten Personen eine Vollmacht für die Rechtsprechung gab, anstatt möglicherweise zerstörerische Einzelkonflikte in Kauf zu nehmen. Dieses Ziel betraf vor allem auch Gesellschaften mit gemeinsamem Inventar, die von Mitgliedern gebildet wurden, die gleiche Anteile an dem zusammengelegten Eigentum der Gesellschaft erwarben und daran auch gleiche Anrechte hatten. Es wurde erwartet, dass, wenn man einmal jenseits des Missouris war, zusammengelegtes Eigentum nur mit Schwierigkeiten wieder aufgeteilt werden würde, und um Zwistigkeiten zu vermeiden, sollten Rechtstribunale aufgestellt werden, um jene Fragen zu klären, die die Verteilungen und die gerechten Anteile betrafen.[392]

Da die Entscheidung einer Person, sich auf dem Weg von einem Wagentreck zu trennen, bedeutende Folgen für jedermann in der Gruppe hatte, wurden Regeln für den Fall eines Austritts klar formuliert. Das Prozedere war einfacher für als „Messen" organisierte Wagentrecks. Hansen führt folgendes Beispiel an:

„Die Sagamore Company, die in Lynn, Massachusetts, gegründet worden war, wurde am 22. Juni 1849 aufgelöst, schaffte es jedoch, dies auf demokratische Weise durchzuführen. In jener Nacht reichte die erste Messe eine Petition zum Rückzug aus der Gesellschaft ein. Nach einer freien Diskussion wurde entschieden, dass man mit der Aufteilung der Organisation fortfahren würde. Die Teams und andere teilbare Güter wurden zu gleichen Teilen zwischen den Messen aufgeteilt, doch das schwer aufzuteilende Eigentum wurde bei einer Auktion verkauft, und die Erträge wurden den Investoren zugeteilt. Ein Komitee, das einberufen wurde, um über die Transaktionen zu verhandeln, erfüllte seine Funktion ganz gut, was einen unbekannten Tagebuchschreiber zu dem Kommentar veranlasste, dass ‚überall Friede und Harmonie herrschen'."[393]

Die Reorganisation von Gesellschaften mit gemeinsamem Inventar und von Partnerschaften, die einen gemeinsamen Besitz hatten, war komplizierter. „Eine der schwierigsten Eigentumshürden, mit denen sich Einzelne als Mitglieder von Gesellschaften mit gemeinsamem Inventar konfrontiert sahen, war jene in vielen Absätzen der Vereinbarung enthaltene Regel, dass niemand ohne die Zustimmung eines bestimmten Prozentsatzes der Mitglieder aus der Vereinigung austreten konnte. Die übliche Strafe, wenn jemand es tat, war die Verwirkung der Eigentumsrechte."[394]

Oft bestand die Vorgehensweise bei der Neuorganisation einer Gesellschaft mit gemeinsamem Inventar oder einer Partnerschaft darin, dass man zunächst den Wert des zusammengelegten Eigentums bestimmte und diesen dann durch die Zahl der Mitglieder dividierte. In einem Fall wurde „das, was Gesellschaftseigentum war, in drei Schritten umverteilt. Zuerst wurde jedes Mitglied, das zu einer ‚zusätzlichen Bewertung oder irgendeinem Teil davon' beitrug, bar auf die Hand ausgezahlt. Dann wurde ‚solches Eigentum, das geteilt werden konnte' in einzelne Anteile aufgeteilt. Schließlich wurde, was übrigblieb, verkauft und die Erlöse den Anteilsinhabern übergeben."[395] Doch selbst bei diesen komplizierten Fällen, so schlussfolgert Reid, „wurden mindestens genauso viele Auflösungen von Partnerschaften freundschaftlich ausgehandelt, wie es Auflösungen mit Streitigkeiten gab“.[396]

Die mormonische Wanderung in den späten 1840er Jahren ist ein Beispiel dafür, wie Gruppenhomogenität und Zielstrebigkeit die Transaktionskosten für ein kollektives Unterfangen senken. Nachdem sie im Jahre 1846 in Nauvoo, Illinois, religiös verfolgt und vertrieben worden waren, machten sich 2.200 Migranten auf den Weg und erreichten 1847 den Großen Salzsee. Die Zahl der mormonischen Auswanderer wuchs in den folgenden Jahrzehnten an, so dass 1860 über 40.000 Menschen die Reise vollbracht hatten.[397] Religiöse und kulturelle Homogenität sowie die Bereitschaft, sich einer zentral organisierten Disziplin zu unterwerfen, senkten die Kosten für die Kontrolle der Regeleinhaltung.[398] Das zeigte sich auch in den vergleichsweise großen Wagenzügen der Mormonen. Die Wanderung im Jahre 1848 beispielsweise wies 566 Wagen auf, 3.000 Ochsen und ungefähr 2.000 Auswanderer,[399] während die nicht-mormonischen Wagentrecks typischerweise aus zehn bis 20 Wagen und 50 Menschen bestanden.[400]

Selbst ohne eine Homogenität wie bei den Mormonen waren die meisten Auswanderer, die auf ihrer Überlandreise auf neue Lebensbedingungen und anstrengende Umstände stießen, durchaus in der Lage, in einer Welt der Anarchie Ordnung zu schaffen. Eigentumsrechte wurden respektiert, und wo existierende Regeln unangemessen waren, erfolgte eine vertragliche Neuregelung, um Rentenverschwendung zu vermeiden. Die Teilnehmer hatten einen guten Grund, Institutionen anzustreben, die die

Zusammenarbeit förderten, da ihre Gruppen klein genug waren, um Erträge aus einem effizienten institutionellen Design zu erzielen.

Eine bekannte Ausnahme war das Rennen um den ersten Platz auf der Strecke. Die Trecks wollten die Orte Independence oder St. Joseph in Missouri verlassen, um sich das Grasangebot für ihre Tiere entlang der Strecke zu sichern. Obwohl einige Unternehmer Grasrechte und Heu verkauften, wurde der größte Teil des Grasbestandes als für jedermann zugängliche Ressource behandelt, was zu einer Übernutzung führte. Die Wagentrecks konkurrierten auch um die Position auf der Strecke, da es staubig und ungemütlich war, wenn man zu dicht hinter einem anderen Wagentreck oder einer Viehherde herfuhr. Der Bericht eines Auswanderers gibt einen guten Einblick in diese Art von Positionskonkurrenz:

„[Wir] hatten damit gerechnet, am Tage in Ruhe zu starten, doch früh am Morgen fanden wir uns zwischen zwei großen Viehherden wieder. Vorne Baker und dicht hinter uns Pomeroy. Um etwa drei Uhr morgens hörten wir Pomeroys Herde kommen, und binnen 15 Minuten waren wir schon auf den Beinen, da wir entschlossen waren, den Staub und die Ausscheidungen der beiden Viehherden nicht hinzunehmen, und es ist fast unmöglich, eine Herde zu überholen oder direkt hinter ihr zu sein, da sie einen solchen Staub aufwirbelt, dass man kaum atmen kann, und dann ist alles auch noch völlig vermatscht."[401]

Die große Zahl von Menschen, die die Große Ebene überquerten, schuf auf der Strecke einen Markt für Waren und Dienstleistungen. Diese Nische wurde bald von Unternehmern ausgefüllt. Wie früher (siehe Kapitel 4) erläutert, motivierten potenzielle Handelserträge eher den Handel als den Kampf zwischen Indianern und Weißen. Dass eine solche vorteilhafte Interaktion häufig und in beträchtlichem Ausmaß erfolgte, widerspricht dem weitverbreiteten Mythos des unablässigen Krieges zwischen tapferen Wagentreck-Siedlern und heimtückischen Indianern …

Zwar verließ sich eine nur relativ kleine Zahl von Siedlern auf die Indianer, wenn es um Informationen über die Route oder um die Führung auf der Strecke ging, doch vertrauten viele Siedler ihr Vieh, ihre Wagen und Habseligkeiten und sogar ihre Familien indianischen Schwimmern und Bootsleuten an, wenn es um gefährliche Flussüberquerungen ging. Die meiste Unterstützung dieser Art seitens der Indianer erfolgte auf der zu Oregon gehörenden Seite von Fort Hall bei den Überquerungen der Flüsse Snake und Deschutes, vor allem aber bei der Flussfahrt von The Dalles aus den Columbia River hinunter.[402]

Die Auswanderer verstanden die Bedeutung von Eigentumsrechten für einen friedlichen Austausch und schienen auch indianische Eigentumsrechte anzuerkennen. Die Auswanderer wussten und handelten auch entsprechend danach, dass der einzelne Indianer Eigentümer dessen war, was er besaß, mit Ausnahme von gestohlenem Besitz. Wenn sie also ein indianisches Pferd haben wollten, versuchten die Siedler, ein solches zu erwerben, und wenn sie ein indianisches Floß nutzen wollten, verhandelten sie mit dem Besitzer, um es zu mieten. Wir haben bereits gesehen, dass es entlang der Reiseroute zahlreiche indianische Händler gab, die alle möglichen Produkte, von Lachs und Gemüse bis hin zu ihrer Expertise als Waldarbeiter, an den Mann brachten, was implizierte, dass sie auch davon ausgingen, dass die Überlandauswanderer ihren Begriff vom persönlichen Eigentum verstanden und danach handelten.[403]

Eng verbunden mit dem Handel mit den Indianern waren die Handelsposten, die während des Pelzhandels (siehe Kapitel 5) entstanden. Als der Pelzhandel an Bedeutung verlor, entwickelten sich diese Außenposten zu bedeutenden Nachschubquellen für die Auswanderer auf der Überlandstrecke. Oft blieben die Reisenden eine Woche lang oder mehr bei diesen Posten, ließen ihre Tiere ausruhen und stockten ihren Proviant auf. Diese Handelsposten waren vor allem für die Oregon-Route wichtig: Fort William am Zusammenfluss des Platte- und des Laramie-Flusses, Fort Hall in der Nähe des Zusammenflusses des Snake- und des Portneuf-Flusses, und Fort Boise nahe der Mündung des Boise-Flusses.[404] Die letzten beiden Posten wurden von der Hudson‘s Bay Company betrieben, die eine profitable Geschäftsgelegenheit in dem Bedarf der Reisenden nach Proviant sowie nach Vieh und frischen Reittieren sah.

Der Bedarf nach Zugtieren auf der Route eröffnete auch den zahlreichen „Mountain Men“, den die Rocky

Mountains durchstreifenden Trappern und Pelzhändlern, eine Geschäftsgelegenheit. Bereits 1841, als die Wanderung noch spärlich war, trieb der Mountain Man Joseph Reddeford Walker Pferde und Maultiere zum Tal des Green River, wo er mit den Wagentrecks Handel trieb. 1843 errichtete Jim Bridger einen Handelsposten in der südöstlichen Ecke des heutigen Wyoming und sagte, dass die Reisenden „zwar gut mit Geld ausgestattet sind, doch wenn sie dort ankommen, alles Mögliche an Nachschub brauchen. Pferde, Proviant, Eisenwaren und so weiter bringen bei denen gutes Geld ein."[405]

Die Handelsposten brachten örtliche Renditen ein, solange die Überlandroute sich in der Nähe befand, doch sobald neue Reiserouten entdeckt wurden, mussten die Händler den Wagentrecks folgen. Als etwa eine neue Route den Handelsposten von Bridger umging, machte dessen Partner, Louis Vasquez, mehrere Geschäftsreisen zur neuen Route. Unruh merkt an, dass „mobile Händler den Strecken zuströmten … und in periodischen Abständen neue Posten auftauchten. … Da … immer mehr Reisende sich auf den Weg machten, veränderten und verkürzten sich die Reiserouten, während zur gleichen Zeit der Wettbewerb zunahm. Entsprechend wurden die Händler immer aggressiver bei ihren Versuchen, das fortwährende Auftauchen von knarrenden Wagen an ihren Dienstleistungsstationen sicherzustellen."[406]

Auch die Reiseleitung stellte eine wichtige Geschäftsmöglichkeit für Mountain Men dar, die sich mit den Reisewegen aufgrund ihrer Erfahrungen aus dem Biberhandel auskannten. Eine Reihe von Vertragsarten kam zur Anwendung. Ein häufiger Vertrag war eine Gebühr pro Person oder pro Wagen,[407] wobei die Zahlung nach der sicheren Ankunft der Karawane am vereinbarten Zielort erfolgte.[408] Manchmal waren die Reiseführer nur mit dem ersten Teil der Route vertraut und vereinbarten entsprechend, dass sie den Wagentreck nur bis zu einem bestimmten Punkt begleiteten. Der Wagentreck sicherte sich dann die Dienste anderer Führer, um die Reise zu vollenden.

Um 1850 war die Reisestrecke jedoch gut etabliert, und Reisehandbücher waren zuverlässig genug und verfügbar, so dass nur noch wenige Auswanderertrecks Reiseleiterdienste in Anspruch nahmen.[409] Die Reisehandbücher enthielten nützliche Informationen zu Flussüberquerungen, Forts und Handelsposten sowie zutreffende Angaben der Kosten und Listen mit den nötigen Reiseutensilien. Die Handbücher konkurrierten untereinander, wobei einige sich den Ruf einer größeren Genauigkeit und Nützlichkeit erwarben. Zeitungen empfahlen oft bestimmte Bücher und lieferten auch aktuelle Informationen über die Zustände entlang der Routen.[410]

Auch spezielles Wissen über Flussquerungen zog Handelstätigkeiten nach sich. An diesen Überquerungspunkten entwickelten sich bald Fährdienste. Viele der frühen Überfahrtdienste wurden von Indianern geleistet, doch bald traten Weiße in diesen Markt ein. Nach ihrer Wanderung zum Großen Salzsee 1847 errichteten Mormonen an einigen wichtigen Flussüberquerungspunkten Fähren. An den meisten Furten herrschte Wettbewerb, und wenn die Gebühren zu sehr stiegen, gründete jemand anderes einen konkurrierenden Fährdienst, oder aber die Auswanderer bauten ihre Flöße selbst. Als der von Indianern verlangte Preis am Wolf Creek auf fünf Dollar stieg, entstanden als Konkurrenz innerhalb von zwei Tagen vier Brücken.[411]

Unternehmer erschlossen auch neue Abkürzungen und verlangten Wegezölle für verbesserte Straßen. 1845 und 1846 eröffnete Samuel K. Barlow eine 150 Kilometer lange Straße in den Cascade Mountains und verlangte für die Durchfahrt fünf Dollar pro Wagen und zehn Cent pro Stück Vieh.[412]

Der Bedarf an Hufschmiedearbeiten eröffnete eine weitere Marktnische, die zu füllen sich Unternehmer beeilten. Die Ersetzung von Wagenrädern und das Behufen von Zugtieren waren oft nachgefragte Dienstleistungen, und so wurden entlang der Routen zahlreiche temporäre Hufschmiedewerkstätten errichtet.[413]

Nachdem die Mormonen sich Ende der 1840er Jahre im Tal des Großen Salzsees niedergelassen hatten, nahmen sie Gelegenheiten zum Handel wahr. Sie zogen Gemüse, boten kurzfristige Unterkunftsmöglichkeiten und verkauften Zugtiere an die Wagentrecks, die für einen kurzen Aufenthalt im Tal blieben. Dieser Handel half der mühseligen mormonischen Besiedlung auf die Beine und versorgte die Reisenden mit dringend nötigem Nachschub. Allein 1849 machten mindestens 10.000 Auswanderer den Umweg über die Mormonensiedlungen, um Handel zu treiben.[414] Die Mormonen schickten auch Reinigungsmannschaften auf die Reiseroute, um weggeworfene Güter aufzusammeln, die sie umgehend zu ihren Handelsgütern hinzufügten.

Schlussfolgerungen

Wenn es jemals eine Zeit und einen Ort gegeben hat, wo man Chaos erwarten konnte, dann war dies die lange, harte und gefährliche Reise durch die Große Ebene. Die Menschen, die Wagentrecks bildeten, kannten einander oft nicht, erwarteten nach dem Ende der Reise keine nachhaltige Beziehung zueinander, sahen sich unerwarteten Herausforderungen gegenüber und zogen weit weg außerhalb der Reichweite auch nur der blassesten staatlichen Institutionen. Unter solchen Bedingungen hätte es nicht überrascht, wenn Konflikte entstanden wären. Die Tatsache, dass so viele Auswanderer ihre Reise erfolgreich beendeten, zeugt von deren Fähigkeit, innovative Institutionen zu entwickeln. Zu Beginn ihrer Reise nahmen sie Satzungen an, die die übergreifenden institutionellen Rahmenbedingungen für das Treffen von kollektiven Entscheidungen darstellten.

Sie heuerten auf konkurrierenden Märkten Wagenführer an und banden diese in ein satzungsmäßiges Regelwerk ein. Wie bei einem modernen Großunternehmen, das Kapital ansammeln muss, um Skaleneffektvorteile zu erzielen, wurden die Wagentrecks zu Firmen mit begrenzter Dauer, die physisches und menschliches Kapital für die Reise teilten. Die Auswanderer experimentierten mit verschiedenen Vertragsformen und neuen Arten von Eigentumsrechten. Als Mitglieder von relativ kleinen Gruppen trugen sie die Kosten und ernteten die Früchte der Institutionen, die die Transaktionskosten und das Rentseeking auf ein Minimum reduzierten. Somit wiesen sie ganz allgemein ein richtiges Anreizsystem auf.

Berühmte Katastrophen wie der Untergang der Reisegruppe der „Donner-Party" während der Überquerung der Sierra Nevada tragen zum Image des Wilden Westens bei, doch was die zahllosen Farmer, Bergleute und Unternehmer angeht, die die Große Ebene überquert haben, „war dies eher eine Geschichte des Teilens als des Trennens, viel mehr eine Zeit des Entgegenkommens als des Zwistes. In großer Entfernung von Anwälten und Gerichtshöfen erwies sich das Konzept des zusammengelegten Eigentums als ein Konzept rechtlicher Stärke und nicht des Scheiterns, des sozialen Friedens und nicht der internen Misstöne. Die Überlandroute war kein Ort des Konflikts. Genauer gesagt war sie ein Ort des Ausgleichs.[415]

Kapitel 8

Cowboys und Verträge

Als die Siedler westwärts zogen, zeichnete sich ab, dass Vieh eine wichtige wirtschaftliche Größe in dieser Region sein würde. Das Gebiet, auf dem die Büffel in großer Zahl herumzogen, war für die Weidewirtschaft geeignet, während der geringe Niederschlag den größten Teil der Region für eine landwirtschaftliche Nutzung als ungeeignet erscheinen ließ. Doch um diejenigen Institutionen auszuhecken, die für eine Ranch-Wirtschaft notwendig waren, mussten institutionelle Unternehmer auf den Plan treten, die die neuen Beschränkungen und die neuen Chancen wahrnahmen. Die Viehtreiber, die Millionen von Viehtieren auf den berühmten Pfaden nach Norden trieben, sahen die Grasländer der Großen Ebene als leeres Land, das gefüllt werden musste. Der Historiker Terry Jordan drückt es so aus: „Insgesamt wurden, so wird berichtet, mehr als fünf Millionen Stücke Vieh aus Texas zwischen 1866 und 1884 nach Norden getrieben, so dass es sich hier um die größte binnen kurzer Zeit erfolgte geographische Verschiebung von zahmen Herdentieren in der Geschichte der Menschheit handelt."[416]

Drei ökonomische Kräfte zusammen konnten diese massive Viehwanderung bewerkstelligen. Zunächst einmal wuchsen während des Bürgerkriegs viele Viehherden in Texas rapide an, was einen Überschuss schuf, der in andere Gebiete verlagert werden konnte, wo die Erträge höher waren. Zweitens stieg, als der Bison ausgerottet und indianisches Land für die Besiedlung durch Weiße gesichert wurde, der Nettowert der Weideterritorien im nördlichen Teil der Ebene dramatisch an. Drittens senkte die Ausdehnung des Eisenbahnnetzes nach Kansas und später in den Rest des Westens die Transportkosten und erhöhte den Wert des Graslands, da nun eine Verbindung zu den östlichen Märkten für alle Viehbestände, die eine Eisenbahnstation erreichen konnten, zur Verfügung stand.

Das Treiben des Viehs in neue Territorien zur Erlangung höherer Landerträge aus der Beweidung stellte die institutionellen Unternehmer im Frontier vor viele Herausforderungen. Für das Treiben der Herden gen Norden mussten Viehbesitzer und Treiber auf der Strecke effiziente Verträge ersinnen. Viehbesitzer mussten Wege finden, um sicherzustellen, dass die Treiber in einer risikoreichen Umgebung die nötige Sorgfalt obwalten ließen. Sie mussten Verträge mit versierten Cowboys abschließen, um diese davon abzuhalten, den Viehtrieb aus opportunistischen Gründen zu verlassen oder einen höheren Lohn zu erpressen. Um das Vieh durch privates Gelände zu treiben, mussten die Viehbesitzer Verträge mit den Landbesitzern abschließen, in denen es um eine Kompensation für den Fall ging, dass die Herden Schäden anrichteten. Sobald die Herden in den neuen Territorien angelangt waren, entstanden Fragen um die Eigentümerschaft des Viehs, um die Durchsetzung der Rechte des Eigentümers und um die Organisation der Viehunternehmen. Wieder einmal wurde der Westen eine Schmiede für institutionellen Wandel.

Vor dem Brandmarken

Da so viele Viehbestände verlassen wurden, als Cowboys davongingen, um im Bürgerkrieg zu kämpfen, gab es in Texas nach dem Krieg viele Langhornrinder, die zusammengetrieben werden konnten. Ernest Staples Osgood bemerkte, dass „Vieh in einigen Gebieten des Staates schon fast Gemeineigentum war". Als die Cowboys aus dem Krieg zurückkehrten und das Vieh wertvoller wurde, sammelten Cowboys die verwilderten Tiere ein und brachten sie auf den Markt. Sie „wurden nicht etwa von den Besitzern mit der mühseligen Aufgabe eines Zusammentriebs beauftragt, sondern sie zogen in die Open Range und sammelten Vieh auf, das sie für verkäuflich hielten, ohne jedoch die Eigentümerschaft zu berücksichtigen".[417]

Es war nicht so, dass die Treiber das Vieh stahlen, da die Besitzer am Ende entschädigt wurden. Eher war der Wert des Viehs so gering, dass die Kosten eines ausgefeilten Zusammentriebs sich nicht rechneten. Daher investierten die Treiber nur wenig Aufwand, um Eigentumsrechte festzulegen und durchzusetzen. 1874 beschrieb das „Pleasanton Journal" den Prozess der Durchsetzung von Eigentumsrechten:

„Als [das verwilderte Vieh] eingesammelt wurde, prüfte [der Treiber] die Brandzeichen der Tiere und machte einen Vermerk. Jedes Jahr wurde ein ‚Viehtreffen' abgehalten, zu dem alle Viehzüchter, Viehtreiber und Händler zusammenkamen, und diejenigen, die das Vieh weggetrieben haben, verfassten einen Bericht über die Brandzeichen der Tiere, die sie herausgenommen hatten, und regelten das mit den Besitzern. Wenn ein Außenseiter kam und eine Herde aufkaufen wollte, versuchte er, jemanden aufzuspüren, der ihm 200 oder 300 Tiere verkaufte. … Nach einer solchen Vereinbarung ging der Verkäufer auf die Range, trieb die gewünschte Zahl an Tieren unabhängig von der Eigentümerschaft zusammen und händigte sie dem Außenseiter aus, der sie dann nordwärts trieb. Auf dem Jahrestreffen berichtete der Verkäufer dann über die Zahl der Tiere und deren verschiedene Brandzeichen und regelte dann alles mit den Besitzern."[418]

Solche informellen Vereinbarungen funktionierten, da die Zahl der beteiligten Parteien gering war und weil diese Parteien sich an ihr Wort halten mussten, denn davon hing ihr Ruf bei weiteren Handelsgeschäften ab. Laut Paul Wellman war es so, dass stets wenn Vieh, das einen anderen Eigentümer hatte, in einer nordwärts wandernden Herde landete, „immer über so eine Herde sorgfältig Buch geführt wurde, und wenn sie verkauft wurde, war es eine Frage der Ehre, sich mit den Besitzern zu einigen".[419]

Der Viehtreiber Joseph McCoy berichtete, dass „die meisten von ihnen [texanische Treiber] ehrbare Männer sind, ihr einmal gegebenes Ehrenwort oder ihre mündlichen Verträge als unverletzlich und heilig [ansehen] und diese unter keinen Umständen brechen wollen. Oft wurden Transaktionen mit einem Wert von mehreren Tausend Dollar nur mündlich durchgeführt und genauestens eingehalten. Wäre das nicht der Fall gewesen, hätten sie große Schwierigkeiten gehabt, ihr Geschäft durchzuziehen und mit dem Vieh durch das Land zu ziehen. Wir erinnern uns an nur wenige Vorfälle, bei denen ein Texaner nach dem Verkauf seiner Herde nach Hause kam, ohne seinen Geschäftsverpflichtungen zahlend nachzukommen. Doch über einen besonderen Fall möchten wir hier berichten: Ein gewisser junger Treiber, mehr jugendlich als ehrlich, verkaufte seine Herde und kam nach Texas zurück, ohne seine Rechnungen bei seiner Bank zu begleichen. Eine Reihe von etablierten Treibern traf sich daraufhin, und nachdem man über die Auswirkungen solchen Verhaltens auf die Kreditvergabe für Viehtreiber ganz allgemein beraten hatte, entschied man, ein paar eigene Männer nach Texas zu schicken, um den jungen Burschen aufzuspüren, und binnen weniger Wochen wurde dieser zurückgebracht und gezwungen, seine ausstehenden Schulden zu begleichen und auch die Kosten seiner Festsetzung und Rückführung zu übernehmen."[420]

Als die Zahl der Viehbesitzer und Treiber stieg, wurde der Ruf nach einer formellen Festlegung und Durchsetzung von Rechten laut, so dass die informellen Gewohnheiten und Normen von der texanischen Gesetzgebung kodifiziert wurden. Beispielsweise wurde 1866 ein Gesetz verabschiedet, wonach es ein Vergehen war, nicht gebrandmarktes Vieh aus seinem gewohnten Landbereich wegzutreiben. Das sparte Kosten bei der Brandzeichnung, da nun die Eigentumsrechte der Rancher an ihrem nichtmarkierten Vieh gewährleistet wurden. Dieses Gesetz genügte eine Zeitlang, doch als der Wert des Viehs stieg und die Zahl der nach Norden getriebenen Tiere anstieg, verschob sich der Grenznutzen der Festlegung und Durchsetzung von Eigentumsrechten wieder. 1871 legte Texas ein weiteres Gesetz nach, wonach gen Norden getriebenes Vieh ein Wegbrandzeichen haben musste, „ein großes und klares Zeichen in beliebiger Form, das auf der linken Seite des Rückens hinter der Schulter eingebrannt werden soll".[421] Das Gesetz sah auch einen angemessenen Beleg für die Eigentümerschaft vor, und „es herrschte für verschiedene Besitzer von Vieh, die eine Triebherde bildeten, die Regel, dass man dem Treiber Verkaufsbelege gab, aus denen das Markenzeichen, die Nummer, die Ohrenmarken und andere Identifikationsmerkmale für jedes Tier der Herde hervorgingen".[422]

Auf dem Pfad nach Norden

Da das Bewegen von Vieh sehr viel Zeit in Anspruch nahm – mindestens einen Monat für den Trieb von Texas zu den Endbahnhöfen in Kansas und mehr als drei Monate für den Trieb zu den nördlichen Gebieten in Montana und Wyoming – und weil begabte Cowboys sehr wichtig waren, wurde die Viehwanderung zu einem von der Viehzucht losgelösten Geschäftszweig. In der modernen Unternehmensführungstheorie wird nahegelegt, dass ein institutioneller Unternehmer Eigentumsrechte dergestalt umorganisieren wird, dass die Person oder der Anteilseigner, dessen Beitrag zum Unternehmen am schwierigsten zu bemessen ist, die Gewinne oder Verluste trägt, beziehungsweise das, was nach Erfüllung aller Vertragsverpflichtungen übrig bleibt.[423]

Der Viehtrieb barg unvorstellbare Risiken auf dem Weg durch feindliches Indianerterritorium sowie durch unsicheres Wetter und brachte hohe Informationskosten bezüglich der Märkte für das Endprodukt mit sich. Unter diesen Umständen überrascht es nicht, dass fast alle frühen Viehtriebe von einem Treiber organisiert wurden, der das Vieh seinen Besitzern abkaufte und somit das Risiko und etwaige finanzielle Verluste tragen musste, der aber auch alle sich ergebenden Profite einstrich.[424]

Einer der dramatischeren frühen Viehtriebe wurde von Nelson Story durchgeführt, einem Goldschürfer, der 1866 mit seinem Claim in der Alder Gulch in Montana reich geworden war. Da er glaubte, dass er mehr Profit machen könne, wenn er den Schürfern Dienstleistungen anbot, als wenn er selbst schürfte, nahm Story 30.000 Dollar aus seinem Claim-Erlös und reiste nach Fort Worth in Texas. Dort kaufte er 1.000 Langhornrinder für zehn Dollar das Stück, heuerte eine Cowboy-Mannschaft an und machte sich nach Norden auf, und zwar durch unbekanntes Gelände. In Fort Leavenworth, Kansas, kaufte er sogar Wagen und belud sie mit Lebensmittelvorräten mit der Absicht, diese zusammen mit dem Vieh an die 10.000 Bergleute in der Nähe von Virginia City in Montana zu verkaufen.[425]

Story folgte dem Oregon-Pfad nach Fort Laramie auf dem Territorium von Wyoming, und von dort aus nahm er den Bozeman-Pfad bis nach Virginia City. Auf dem Weg dorthin verlor er zwei Cowboys, als sein Team nahe Fort Reno von Sioux-Indianern überfallen wurde. Story schlug sich nach Fort Phil Kearney in Nord-Wyoming durch, doch der Kommandant des Forts verweigerte ihm die Weiterreise. Nach mehreren Tagen Wartens und der Erkenntnis, dass eine Erlaubnis zur Weiterreise nicht bevorstand, beriet Story sich mit seinen Männern, ob man sich auch ohne Erlaubnis vorbeischleichen könne. Alle bis auf George Dow stimmten dem zu. Dow wurde gezwungen, bei der Herde zu bleiben, und Story und seine Männer machten sich in der Nacht auf den Weg und ließen die Herde am Tage unter Aufsicht grasen. Unterwegs wurden sie zweimal von Indianern überfallen, wobei ein Cowboy getötet wurde. Schließlich erreichten sie am 9. Dezember 1866, anderthalb Monate nach ihrem Aufbruch in Fort Phil Kearney, ihr Ziel Virginia City.[426]

Die gefährliche Reise von Nelson Story zeigt, warum der Viehtreiber der verbleibende Anspruchsteller am Viehtrieb war. Es wäre für einen in Texas verbliebenen Viehbesitzer schier unmöglich gewesen, mit einem Treiber einen Vertrag über einen Viehtrieb, wie Story ihn durchführte, abzuschließen. Es gab einfach zu viele unwägbare und unkontrollierbare Grenzfälle zu bestimmen, die von Vieh-Massenpanik (Stampede) über heimtückische Flussüberquerungen bis hin zu Indianerüberfallen, Wegezöllen durch Indianer sowie unvorhersehbaren von Militärbehörden herbeigeführten Verzögerungen reichten.

Als die Risiken besser bekannt waren, entstanden jedoch Viehtrieb-Unternehmen, die ihre Dienste den Viehbesitzern anboten.[427] Ike T. Pryor, einer der Unternehmer, die diese Agenturen entwickelten, lieferte zwischen 1881 und 1884 sage und schreibe 45.000 Viehtiere aus Texas pro Saison zu den nördlichen Gebieten.[428] Der Markt war extrem umkämpft, und keine Transportagentur kontrollierte mehr als 15 Prozent des Gesamtverkehrs.[429] In den meisten Fällen wurde ein fester Preis für den Transport vereinbart, obwohl in einigen Fällen mit den Auftraggebern ein Aufschlag ausgehandelt wurde.[430]

Der Preis für den Viehtrieb auf den langen Triebpfaden hing ab von der Größe der Herde und der zurückzulegenden Entfernung. Man musste viel experimentieren, um die optimale Herdengröße für einen Viehtrieb herauszufinden, wobei die ersten Triebe von 70 bis zu 25.000 Tieren reichten. Die Viehtreiber kamen überein, dass 3.000 Tiere die beste Herdengröße darstellte. Eine 3.000-köpfige Herde war groß genug, um Skaleneffekte herbeizuführen, doch immer noch klein genug, um die Probleme zu minimieren, die vom Management einer größeren Zahl von Arbeitskräften sowie vom Zusammenhalten der Herde und deren Fortbewegen in einem angemessenen Tempo herrührten. Bei 3.000 Tieren brauchte man zehn Cowboys, den Streckenführer inbegriffen, wobei jeder sechs bis acht Pferde hatte, dazu noch einen Koch, der den Futterwagen fuhr und die Mahlzeiten zubereitete.[431] Ein solches Unterfangen kostete ungefähr einen Dollar pro Tier.[432] Bei zehn Dollar Preisunterschied für das Vieh zwischen Texas und den nördlichen Gebieten ist es kein Wunder, dass Tausende von Tieren den Weg nach Norden nahmen.

Ein größeres Problem für den Streckenboss war die Frage, „wie man Männer bekam, die zusammen leben und arbeiten konnten, und das über mehrere Wochen der Semi-Isolation“ sowie die Frage „wer durchhalten würde, bis der Job erledigt war“.[433] Da Ersatzarbeiter auf der Strecke nur sehr schwer zu bekommen waren, konnten Cowboys sich opportunistisch verhalten, um einen größeren Gewinnanteil zu ergattern, indem sie drohten, den Trieb zu verlassen. Um dieses Problem anzugehen, bezahlten die Streckenbosse die Mannschaft erst dann, wenn die Aufgabe zu Ende gebracht worden war.[434]

Nicht in meinem Hinterhof

Viele organisatorische Probleme, die sich aus dem Viehtrieb über fast 2.000 Kilometer gen Norden nach Montana und Wyoming ergaben, waren interner Natur, das heißt, sie betrafen die Vertragsparteien selbst. Wer besaß das Vieh? Wie würden Streitigkeiten um die Eigentümerschaft beigelegt werden? Wer würde die Verluste tragen, die auf dem Viehtrieb entstanden? Wie viel Lohn würden die Cowboys erhalten? Wann würden sie ausbezahlt werden? All diese Situationen zogen Transaktionskosten nach sich, die von institutionellen Unternehmern gemanagt werden mussten, die sich Profit aus der Einrichtung und der Neuorganisation von Eigentumsrechten versprachen.

Doch organisatorische Probleme außerhalb der Vertragsparteien entstanden ebenfalls, und alle hatten ihre eigenen Transaktionskosten. Mit diesen Angelegenheiten zurechtzukommen, bedeutete eine weitere Nische für institutionelle Unternehmer. Eines der wichtigsten Probleme, mit denen man klarkommen musste, waren die Auswirkungen, die eine Herde von 3.000 Stück Vieh auf eine Region haben würde, in der Nutzpflanzen angebaut wurden und anderes Vieh weidete. Stellen Sie sich nur den

Anblick von 3.000 Langhornrindern vor, die sich auf das neu angelegte Maisfeld Ihres landwirtschaftlichen Betriebes zubewegen. Selbst dann, wenn die Feldpflanzen eingezäunt wären, was zunächst wahrscheinlich nicht der Fall war, dann würde eine solche Menge an Vieh womöglich eine Schneise der Verwüstung auf Ihrem Grundstück hinterlassen. Was die Sache noch schlimmer machte: Die Herde konnte auch das Texasfieber (auch „Spanisches Fieber" oder „Milzfieber" genannt) einschleppen.

Diese Viehseuche wurde von einem mikroskopisch kleinen Parasiten verursacht, dem die Rinderzecke als Zwischenwirt diente. Das Vieh aus Süd-Texas, das diesem Parasiten ständig ausgesetzt war, hatte gegen das Fieber eine Immunität entwickelt, doch als das Vieh nach Norden getrieben wurde, bissen die eingeschleppten infizierten Zecken nicht-immune Viehtiere, was zu einem raschen Tod führte.[435] Das Texasfieber forderte hohe Verluste. Dr. John Mohler, Leiter der Pathologieabteilung des Amtes für Tiergewerbe, schätzte einen Gesamtverlust von 63 Millionen Dollar an Viehwert aufgrund des Fiebers zwischen den Jahren 1866 und 1889.[436]

Das Konfliktpotenzial zwischen Farmern und Viehtreibern war vor allem in der Nähe von Städten gegeben, die Eisenbahnendstationen waren. Als etwa Joseph G. McCoy, ein Viehhändler aus Springfield, Illinois, sich den Bewohnern von Salina, Kansas, näherte, um eine Eisenbahnstation der Union Pacific Railway in dieser Stadt aufzusuchen, musste er feststellen, dass die Farmer überhaupt nicht angetan waren von der Vorstellung, dass sich in ihrer Gegend so viel Vieh breitmachen sollte. Seine unternehmerische Lösung bestand darin, dass er ein wenig weiter östlich von Salina zog, wo dann ein Dutzend Blockhütten die Stadt Abilene aus der Taufe hoben.[437]

Abilene war zwar in Sichtweite von Salina, doch immer noch westlich genug von besiedeltem Land, dass man Vieh dorthin treiben konnte und dabei nicht den Ackerbauern in die Quere kam. McCoy baute anschließend ein dreistöckiges Hotel, nämlich die berühmte „Viehtreiberhütte" („Drover's Cottage"), sowie ein Büro mit einer großen Fairbanks-Waage und Verladepferchen, die 3.000 Stück Vieh Platz boten. Er handelte auch einen Vertrag mit der Eisenbahngesellschaft aus, in dem vereinbart wurde, dass er ein Achtel des Bruttoertrags aus den Frachtgeldern für alles über diese Linie nach Osten verfrachtete Vieh bekam.[438]

McCoy vollendete seine Bauarbeiten rechtzeitig, so dass er zumindest einen Teil des Viehhandels im Jahre 1867 kontrollierte, was immerhin 35.000 Stück Vieh ausmachte. In jenem Winter startete er eine aufwendige Werbekampagne und gab 5.000 Dollar aus, um den texanischen Viehtreibern mitzuteilen, dass Abilene der geeignete Verfrachtungsort für ihr Vieh war.[439] Die Werbung war so erfolgreich, dass 1868 viel mehr Vieh nach Abilene gebracht wurde. Tatsächlich wurden allein im Juni dieses Jahres mehr als 1.000 Wagenladungen abtransportiert.[440]

Durch die Bereitstellung der passenden Einrichtungen ermutigte McCoy die Viehtreiber nicht nur, herbeizukommen, sondern er schuf auch die Grundlage für ein Netzwerk aus weiteren Dienstleistungen. Zahlreiche Käufer weilten im „Drover's Cottage", und andere ergänzende

Geschäftszweige wuchsen schnell. 1870 eröffnete die First National Bank of Kansas City eine Zweigstelle in Abilene und machte dort in den ersten beiden Monaten ihres Betriebs mehr als 900.000 Dollar Umsatz.[441]

Abilene war ein Ort, an dem Käufer nicht nur Vieh für den Bahntransport zu Maststellen und Schlachthäusern weiter im Osten kaufen konnten, sondern von wo aus sie es auch weiter nach Norden oder Westen treiben konnten. „Der Viehtrieb von in Abilene gekauften Herden hin zu den Territorien wurde ebenso verbreitet wie der Viehtrieb von Texas nach Abilene."[442]

Zum Beispiel wurden im Jahre 1871 von den 190.000 nach Abilene gebrachten Stücken Vieh lediglich 40.000 Stück mit der Bahn weitertransportiert. Der Rest wurde zu saftigeren Weidegründen geführt.[443] Trotz der Bemühungen von McCoy, ein Handelszentrum an einem spärlich besiedelten Ort zu errichten, traf er immer noch auf etwas Widerstand gegen die Entstehung eines weitverbreiteten Viehhandels in Abilene. Eine Gruppe von Siedlern berief ein Treffen ein, um die Möglichkeit zu erörtern, den Viehtrieb in diesem Bezirk zu unterbinden. McCoy bat einen Viehtreiberkollegen, auf diesem Treffen vorzusprechen und das Gewinnpotenzial aus dem Viehhandel zu verdeutlichen:

„Der Sprecher stellte heraus, wie der immense Zustrom von Menschen, die auf den anliegenden Prärien kampieren würden, einen riesigen Bedarf an Lebensmitteln nach sich ziehen würde, und er erzählte ihnen, dass, wenn sie ihre kleinen Farmen bis aufs Äußerste mit dem Anbau von Getreide und Gemüse ausschöpfen würden, sie immer noch lediglich einen geringen Bruchteil des Bedarfs abdecken könnten und dass natürlich bei einem kleinen Angebot und einer großen Nachfrage die Preise auf exorbitante Weise steigen würden und dass dann das einzige Problem darin liege, dass sie dann immer noch allenfalls die Hälfte des Bedarfs würden liefern können, egal wie hoch der Preis sei. … Während dieses kurzen Gesprächs ging fast jeder anwesende Treiber gemäß einer vorhergehenden Absprache zu den Einwohnern von Kansas, um bei ihnen Butter, Eier, Kartoffeln, Zwiebeln, Hafer, Mais und andere Waren, die im Lager benötigt wurden, zu erwerben.“[444]

Ein Siedler drückte das Befinden vieler aus, als er sagte: „Wenn ich bei dieser Viehhandelssache etwas Geld verdienen kann, habe ich keine Angst vor dem ‚Spanischen Fieber‘, doch wenn ich daran nicht Geld verdienen kann, dann habe ich verdammt Angst vor dem ‚Spanischen Fieber‘.“[445] Die Anwesenheit des Viehs brachte auch andere positive Nebenwirkungen für die Siedler mit sich. In einem Fall, als Brennmaterialien knapp waren, „wurden die Viehleute von den Siedlern um Abilene herum gebeten, ihr Vieh eine oder zwei Nächte lang an einem Ort zusammenzutreiben, damit man den Dung der Tiere als Brennmaterial für den Winter verwenden könne“.[446]

Um Handelserträge weiter zu erleichtern, traf McCoy aktive Maßnahmen, um die örtliche Bevölkerung vor schädlichen Einflüssen zu schützen: „Jede Anstrengung wurde in gutem Glauben unternommen, um einen Viehhandel zu organisieren und durchzuführen, der die wenigen Siedler im Land nicht im Geringsten belastete, und zu diesem Zweck wurde ein Mann angestellt, der brauchbare Gebiete für die Viehhaltung ausfindig machen sollte, damit die Herden sofort nach ihrer Ankunft dort weideten."[447] McCoy versprach auch, alle örtlichen Viehbesitzer zu entschädigen, die Verluste durch das Texasfieber erlitten. 1868 zahlte er insgesamt 4.500 Dollar, wovon er 1.200 Dollar von anderen Viehtreibern eintreiben konnte und der Rest aus seinen eigenen Profiten aus dem Viehhandel stammte.[448] 1869 legte McCoy offenbar eine Bürgschaft über 20.000 Dollar auf, um den lokalen Viehbesitzern die Sicherheit zu geben, dass sie keine unverschuldeten Schäden erleiden mussten.[449] Bei all diesen Aktivitäten war McCoy der wesentliche institutionelle Unternehmer, der Geschäftschancen darin sah, sowohl Kosten als auch Erträge zu internalisieren, indem man Eigentumsrechte schuf und reorganisierte.[450]

Indem er eine brandneue Stadt bei nur wenigen bestehenden Landanspruchstellern schuf, stellte er sicher, dass die neuen Siedler davon ausgingen, dass Abilene ein Viehumschlagsort war. Indem er die bereits ansässigen Siedler für ihre Verluste entschädigte, schuf er Handelsgewinne, da er den Viehtreibern gestattete, Zugangsrechte zu lokalen Landgebieten zu „erwerben". Und durch den Kauf von Land für die Stadt und die Errichtung von Pferchen profitierte er persönlich durch das in Abilene ankommende Vieh und erzielte unter anderem Einnahmen dadurch, dass er Grundstücke für Geschäftszwecke an Leute verkaufte, die von der Anwesenheit der Viehtreiber profitierten.

Obwohl es McCoy gelang, Eigentum zu kaufen und Verträge abzuschließen, um negative Nebenwirkungen zu vermeiden, wurden einige Probleme doch nicht gelöst, vor allem in anderen Gebieten, wo das Texasfieber eine Bedrohung darstellte. Als Antwort darauf verabschiedeten viele Bundesstaaten Gesetze, die den Import mit infiziertem Vieh regelten. 1855 etwa ging in Missouri ein Gesetz durch, wonach der Import von Vieh verboten wurde, wenn es nicht seuchenfrei war. Kansas folgte 1858 mit einem ähnlichen Gesetz, doch 1866 hob dieser Bundesstaat das Gesetz wieder auf, und zwar aufgrund der offensichtlichen wirtschaftlichen Folgen für einen Markt, der von aus Texas kommendem Vieh abhängig war. 1867 wurde ein Kompromiss erreicht, wonach eine Quarantänelinie durch die Mitte des Staates gezogen wurde.[451] Kein Vieh durfte mehr in die östliche Hälfte getrieben werden, es sei denn, dass es sich in Quarantäne befand oder in den Wintermonaten angelangt war, als es wohl keine übertragenden Zecken gab. Diese Quarantänelinie wurde sukzessive nach Westen verlagert, als die Bevölkerungsdichte und die örtlichen Viehbestände im Westteil dieses Bundesstaates wuchsen. Andere Staaten und Territorien – Arizona, Colorado, Montana, Nebraska, New Mexico und Wyoming – verabschiedeten ähnliche Gesetze, die den Import von texanischem Vieh beschränkten, und andere wiederum experimentierten mit Quarantäne- und Inspektionsregulierungen.[452]

Bundesstaatliche und nationale Regulierungen zur Gesundheit von Tieren schufen noch vollständigere Eigentumsrechte, doch sobald sich die Macht in den Händen von Regulierern konzentrierte, konnte sie durch Sonderinteressen in Bezug auf die Umorganisation von Rechten vereinnahmt werden.[453] Offenbar ist genau dies auch geschehen, da die Produzenten in diversen Teilen des Landes nur allzu gerne Bedrohungen durch Seuchen vorschoben, um den Eintritt von Vieh zu verhindern und Konkurrenz auszuschalten.[454] Jegliche Beschränkung des Imports von texanischem Vieh in den Markt oder in die nördlichen Gebiete bedeutete höhere Gewinne für Viehproduzenten in Wyoming und Montana, und diese Produzenten waren durchaus bereit, die Regulierungen zu ihrem Vorteil zu nutzen.[455]

Ranchbetrieb im Range

Sobald sich das Vieh an seinen verschiedenen Standorten niedergelassen hatte, wurden einige institutionelle Probleme offensichtlich. Sollte Land in Privatbesitz sein? Oder war ein kommunaler Besitz wünschenswerter? Welche Mechanismen zur Durchsetzung von Rechten waren am billigsten und am effektivsten? Wie groß sollten Ranch-Betriebe sein? Wie sollten Arbeitsverträge beschaffen sein? Wie sollte das nötige Kapital aufgetrieben werden, und wie würden die Kapitalbesitzer deren Verwendung überwachen? Institutionelle Unternehmer richteten ihre Aufmerksamkeit auf diese Fragen und entwarfen Lösungen, die eine effizientere Ressourcennutzung förderten.

Der Open Range

Wir werden im nächsten Kapitel auf weitere Details zum Landbesitz eingehen, doch an dieser Stelle reicht es, festzustellen, dass die Weite des Gebiets und die hohen Kosten einer Einzäunung die Viehzüchter vor die Herausforderung stellten, Institutionen für den Besitz zu schaffen, um Werte aus dem Grasland abzuschöpfen. Da die Einzäunung des Landes vor Erfindung des Stacheldrahtzauns nicht möglich war, ließ man das Vieh über ein breites Gebiet weiden. Die Cowboys bildeten eine Art menschlichen Zaun, indem sie die Gebietsgrenzen zwischen benachbarten Gruppen abpatrouillierten. Die Ära des Open Range dauerte von etwa 1870 bis 1900, als eine Kombination aus Homesteading und Stacheldraht das Land eingrenzte und viele Funktionen der Open-Range-Cowboys ersetzte. Inzwischen erforderte der Ranch-Betrieb eine Zusammenarbeit, um die Grenzen zwischen den Gebieten festzulegen und durchzusetzen, dann waren Vereinigungen zur Zugangskontrolle von Neuankömmlingen vonnöten wie auch Cowboys, die gegen Viehdiebe patrouillierten und das Vieh davon abhielten, zu weit von zu Hause wegzustreunen.[456] Das war das wahrhaft romantische Zeitalter des Cowboys.

Die Festlegung der Rechte an Vieh

Die Festlegung von Rechten an Vieh war einfacher als die Festlegung von Landrechten, und zwar dank einer langen Geschichte des Brandzeichnens, das seinen Ursprung in Spanien hatte und mit spanischen Siedlern über den Südwesten Eingang fand. Der Gebrauch dieser permanenten Markierungen verbreitete sich im Westen sehr schnell.

Zunächst wurden die Brandzeichen je nach Gewohnheit gesetzt, doch als die Zahl der Herden zunahm und die Märkte sich ausbreiteten, taten sich die Besitzer in Viehzüchtervereinigungen zusammen, um sich gegenseitig ihre einzigartigen Brandzeichen anzuerkennen, um diese Brandzeichen bestimmten Besitzern zuzuordnen und um Streitigkeiten beizulegen. Tatsächlich war eine der ersten Handlungen der Viehzüchtervereinigung von Montana auf ihrem Treffen im Jahr 1885 in Miles City, Montana, die Veröffentlichung eines Brandzeichen-Registrierbuches, das alle Brandzeichen für jedermann ersichtlich aufzeichnete.

Als die Zahl dieser Vereinigungen anstieg, schlossen sie sich zusammen, um bei territorialen oder bundesstaatlichen Verwaltungen Lobbyarbeit zu leisten und um Brandzeichen zu verzeichnen und durchzusetzen. In Montana und Wyoming wurde ein solches Verzeichnissystem schon in den ersten Sitzungen der territorialen Legislative beschlossen. Das System der Brandzeichenregistrierung verlangte, dass man sich mit anderen Ranchern sowohl über das Brandzeichen als auch über die Stelle seiner Platzierung am Tier einig werden musste und dass dies von der Territorial- oder Bundesstaatsregierung verzeichnet werden musste. Die Gesetze zur Brandzeichnung zogen nicht nur eine Eigentümerschaft nach sich, sondern umrissen auch klare Regeln für eine Eigentumsübertragung. Ohne ein registriertes Brandzeichen konnte der Besitz von Vieh auf legalem Wege nicht mehr übertragen werden.[457] Wenn jemand anderes als der registrierte Besitzer ein gebrandmarktes Tier hatte, musste diese Person eine gültige

Kaufquittung vorlegen können. Das System der Brandzeichenregistrierung sah auch Regeln für den Verkauf des Brandzeichens selbst vor.[458]

Bei einem Brandzeichensystem, das Eigentumsrechte effektiv durchsetzen sollte, mussten die Brandzeichen zum Zeitpunkt des Verkaufs inspiziert werden. Die Viehzüchtervereinigungen in Wyoming und Montana bezahlten Inspektoren in ihren eigenen Regionen und auch Inspektoren außerhalb wie in St. Paul, Chicago, Council Bluffs und Omaha, wo Vieh für den Verkauf verfrachtet wurde. Die Vereinigungen in Wyoming und Montana arbeiteten zusammen, um die Inspektionskosten zu senken, wobei Montana einen Inspektor in St. Paul und Wyoming einen in Chicago bezahlte. In jedem Fall hatte der Inspektor ein Buch mit den geläufigen registrierten Brandzeichen in beiden Bundesstaaten und prüfte die Besitzerschaft jedes Tiers bei dessen Verladung.[459]

Das Brandzeichen-Registriersystem erleichterte auch den Verkauf von Vieh, das weit weg von seiner normalen Umgebung herumstreunte:

„Zu den Zeiten des Open Range bedeutete ein Zusammentrieb von Rindern unvermeidlicherweise auch das Einbeziehen von Vieh von Vereinigungen, die bei der betreffenden Mannschaft nicht vertreten waren. Wenn diese Viecher weit von ihrer Heimatgegend entfernt waren – einige von ihnen legten erstaunliche Distanzen zurück – und verladefähig waren, hätte man ihren Besitzern einen schlechten Dienst erwiesen, wenn man sie zurückgelassen und schließlich altersbedingt hätte verenden lassen. Darüber hinaus hätten sie Gras gefressen, das einem marktfähigen Stier hätte zugutekommen können, der auf seinem angestammten Gebiet zu bleiben wußte. So wurden solche Tiere bewusst mit verladen als eine Art ‚Gefälligkeit der Range' und zwar mit der Gewissheit, dass ein aufmerksamer Brandzeicheninspektor sie ausfindig machen und der Besitzer zu seiner Bezahlung kommen würde. Dieses Vieh wurde an der gleichen Basis verkauft wie die anderen verladenen Tiere, und der Verkaufserlös ging direkt an den Besitzer des Streuners, sofern es Anweisungen über die Zahlungsweise in der betreffenden Akte gab.

Falls der Besitzer nicht ermittelt werden konnte, wurde der Verkaufserlös an den Sekretär der Vereinigung geschickt, wonach es dann zu einer Angelegenheit des Bundesstaats wurde, der einen Bericht über Marken- und Brandzeichen für jedes verirrte Viehtier erstellte. Die Verwaltung der Vereinigung sah diese Berichte durch und stellte sorgfältige Nachforschungen zum Besitzer des Tieres an. Sobald die Eigentümerschaft zweifellos festgestellt worden war, wurde ihm das Geld zugeführt. Durch dieses System wurden allein im Jahre 1898 insgesamt fast 625.000 Dollar an Besitzer zurückerstattet."[460]

Die Regeln zur Brandzeichenregistrierung bezogen sich auch auf nicht gebrandmarkte Viehtiere, die auch als „Mavericks" bezeichnet wurden. Bei einem nicht markierten Kalb in der Gesellschaft einer markierten Mutterkuh wurde davon ausgegangen, dass es dem Besitzer der Mutterkuh gehörte. Doch ein unmarkiertes Kalb, das sich verirrt hatte oder dessen Mutter verendet war, konnte nicht einem markierten Tier zugeordnet werden. Wenn dies auf einem normalen Weidegelände passierte, auf dem nur eine einzige Herde graste, wurde angenommen, dass es dem Viehzüchter gehörte, der die Rechte an diesem Gelände hatte. Wenn ein Maverick sich bei Tieren aufhielt, die andere Brandzeichen hatten, was bei großen Zusammentrieben oft vorkam, konnte die Eigentümerschaft nicht ermittelt werden. Um dieses Problem zu lösen, entschieden Rancher in Montana, dass die Mavericks in einer gemeinsamen Herde an den Höchstbieter verkauft werden und dann dessen Brandzeichen erhalten sollten. „Nur Viehbesitzer dieses Geländes konnten diese Kälber kaufen. Der Erlös aus dem Verkauf von Mavericks soll in den Fonds für den Zusammentrieb fließen.“[461] Im Jahre 1884 behandelte das Wyoming-Territorium dieses Problem, indem es ein Gesetz erließ, wonach alle Mavericks auf einer Auktion des Geländes zum Verkauf angeboten werden sollten, und zwar jeden zehnten Tag während der Zeit des Zusammentriebs. Das Geld aus dem Verkauf der Mavericks ging an die Kasse der Viehzüchtervereinigung, um damit Inspektoren sowie andere Aktivitäten für die Durchsetzung von Rechten zu bezahlen.[462]

Die Viehzüchtervereinigungen bewirkten eine wirksame Durchsetzung ihrer Rechte gegenüber Viehdieben, indem sie auf dem Gebiet patrouillierten und Viehdetektive anheuerten, die die Diebe aufspürten. Der Rancher Granville Stuart berichtet:

„Die Zivilgesetze der Gerichte waren angerufen worden und ließen zu wünschen übrig. Die Viehzüchter von Montana waren ebenso friedliche und gesetzestreue Männer wie überall sonst auch, doch sie hatten Eigentum im Wert von insgesamt 35 Millionen Dollar, das auf 75.000

Quadratmeilen [etwa 120.000 Quadratkilometer] eines praktisch unbewohnten Landes verteilt war und das vor Dieben geschützt werden musste. Der einzige Weg, das zu bewerkstelligen, war es, so hohe Strafen für Diebstahl zu verhängen, dass Stehlen unattraktiv wurde.“[463]

Die wahrgenommene Unzulänglichkeit der rechtsstaatlichen Durchsetzung führte zu der allgemeinen Erkenntnis, dass gemeinsame Aktionen der Viehbesitzer notwendig waren. Bob Ford, ein bekannter Rancher aus Montana, sagte:

„Der Diebstahl von Vieh und Pferden wird gerade zu einem allgegenwärtigen Problem, und indem wir uns organisieren und alle Detektive werden, können wir des Diebesgewerbes leichter Herr werden. Jetzt ist es so, dass, wenn ein Mann mir oder dir 30 oder 40 TRinder stiehlt und mit ihnen davonkommt, wir ihn aller Wahrscheinlichkeit nach niemals wieder fangen können, da die Kosten dafür einfach zu hoch sind und wir dann sagen: ‚Lassen wir ihn laufen.‘ Doch wenn wir uns organisieren und jeder seinen Kostenanteil trägt, dann wird der Dieb gejagt und bestraft, was jeden von uns nur wenig kosten wird.“[464]

Im Jahre 1884 organisierte die Viehzüchtervereinigung von Montana eine Schar von bewaffneten Detektiven. In den nächsten 18 Monaten unternahm diese aus Viehzüchtern gebildete Vigilantentruppe mehrere Streifzüge gegen die Verstecke der Diebe. Stuart war der Meinung, dass diese Truppe nicht willkürlich agiere, sondern eine vernünftige Durchsetzung von Regeln gegen Diebstahl darstelle:

„Es gab nur 14 Mitglieder der Vigilantentruppe, und es waren alles Männer, die Vieh auf dem Gebiet hatten und die durch Diebe Verluste erlitten hatten. Nicht einmal ein Mann war auf Verdacht festgenommen worden, und nicht einer wurde wegen eines Erstvergehens gehängt. Die Männer, die festgesetzt worden waren, waren Mitglieder einer organisierten Diebesbande, die schon seit mehr als zwei Jahren gesetzlos und nach Belieben auf diesem Gebiet herumräuberte. Die Tatsache, dass die Viehhalter Milchkühe, Pferde und landwirtschaftliche Geräte an Siedler oder kleine Ranches verliehen, deren Kälber zu Zusammentrieb-Preisen brandkennzeichneten, für sie Schulen errichteten, ihnen Butter und Gemüse zu hohen Preisen abkauften und sie in jeder Form bei ihrem Start unterstützten, ist ein Beweis dafür, dass jede gesetzestreue Person in diesem Land willkommen war."[465]

Doch die Rancher waren nicht immer nur daran interessiert, ihre Rechte durchgesetzt zu sehen. In einigen Gegenden, wo es eine starke Regierung gab, waren Viehzüchter in der Lage, deren Exekutivgewalt zu vereinnahmen und sie zum eigenen Vorteil zu nutzen, indem man Gebietsrechte umverteilte. Wyomings berühmter Johnson-County-Krieg im Jahre 1892 liefert dafür ein Fallbeispiel. Mit der impliziten Billigung des Staates betrat eine Gruppe führender Mitglieder der Viehzüchtervereinigung den Bezirk Johnson County mit der erklärten Absicht, dort ein vorgebliches Räubernest auszuräuchern. Örtliche Bürger jedoch glaubten, es mit der Invasion einer fremden Armee zu tun zu haben, und organisierten eine Reaktion, die in eine Schlacht zwischen den zwei Parteien ausuferte. Als sie in die Enge getrieben wurden, nutzten die Viehzüchter ihren politischen Einfluss, um Wyomings Gouverneur Amos Barber dazu anzuhalten, ein Telegramm an Präsident William Henry Harrison zu senden und ihn zu bitten, ihm Bundestruppen zu schicken, um die Ordnung wiederherzustellen und die Invasoren zu retten.[466]

Obwohl die Viehhalter im letzten Viertel des 19. Jahrhunderts in den meisten Fällen danach trachteten, Eigentumsrechte im Sinne unserer Theorie in Kapitel 2 festzulegen und durchzusetzen, gab es durchaus auch Ausnahmen. Wie weiter oben erwähnt, ließ man während des Bürgerkriegs, als keine Arbeitskräfte zur Durchsetzung von Eigentumsrechten an Vieh verfügbar waren, Tausende von Tieren in Texas verwildern. Truppen der Nordstaaten versuchten auch, die Vermarktung von Vieh zu verhindern, damit die Südstaatler nicht genug Futternachschub erhielten. Darin waren sie so erfolgreich, dass, so erzählt es Ernest Staples Osgood, das „Vieh fast wertlos war. In den zentralen Teilen des Staates streunte es ungehindert herum, und seine Besitzer wussten kaum, wo ihr Eigentum sich gerade befand, und waren auch nicht besonders an der Mehrung dieses Eigentums interessiert."[467]

Vielleicht sind Pferde das beste Beispiel für den Rückgang der Aktivitäten zur Festlegung und Durchsetzung von Eigentumsrechten, und zwar als Folge eines Niedergangs des Wertes von Vieh. Wie aus Tabelle 8.1 hervorgeht, fiel der reale Preis für Pferde von 1918 bis 1926 um 61 Prozent. Dieser Preisrückgang resultierte aus einer verminderten Nachfrage nach Pferden, die wiederum verursacht wurde durch die Einführung von Traktoren auf

Farmen und durch die Schrumpfung und Mechanisierung der US-Kavallerie nach dem Ersten Weltkrieg. Wegen der niedrigeren Preise lohnten sich die Ausgaben für das Pferdefutter und die Durchsetzung der Eigentumsrechte für Pferde nicht mehr. Daher wurden Hunderte von Pferden auf den öffentlichen Ländern freigelassen, was ein ständiges Problem für Rancher darstellte, die eine Übergrasung verhindern wollten.[408]

Tabelle 8.1

Reale Preise für Pferde in Montana, 1918-1926

	Preis pro Kopf (in Dollar)
1918	145
1919	132
1920	77
1921	99
1922	84
1923	75
1924	65
1925	60
1926	56

Quelle: U.S. Department of Agriculture 1938, S. 117.
Anmerkung: Nominalpreise kaufkraftbereinigt.

Zusammenarbeit auf der Open Range

Selbst nachdem die Vieh-Eigentumsrechte durch das Brandzeichensystem gut festgelegt worden waren, mussten die Viehzüchter noch lernen, wie man am besten ein Ranch-Gewerbe betrieb. Normalerweise wurde das Vieh nicht Tag für Tag überwacht und auch nicht im Winter gefüttert, sondern musste vielmehr zwei Mal im Jahr zusammengetrieben werden, einmal im Frühling für das Brandzeichnen und dann im Herbst für die Vermarktung. Da sie erkannten, dass der Zusammentrieb im Open Range Einsparungen mit sich brachte, entwickelten die Rancher Regeln für die Zusammenarbeit mit ihren Nachbarn. Ein zeitgenössischer Cowboy kommentierte, wann man besser einen gemeinschaftlichen Zusammentrieb statt eines separaten Zusammentriebs durch den einzelnen Rancher durchführen sollte:

„Wenn ein Viehbesitzer mit seinem Vieh arbeiten wollte, sandte er eine Nachricht an seine Nachbarn, und dann führten sie einen Zusammentrieb durch, erhielten ihr Vieh, brandzeichneten die Kälber, ließen sie wieder frei und fuhren heim. Doch es kamen sehr viele Gruppen zusammen, die das Vieh zusammentrieben, und sie scheuchten das Vieh so sehr, dass es gar nicht fett werden konnte.[469] Dieses beständige Abarbeiten am Vieh war dem Geschäft so abträglich, dass Interessierte … eine Art Plan oder System festlegen wollten."[470]

Wie weiter oben sowie in Kapitel 9 erwähnt wird, bildeten die Viehzüchter in den 1870er und den frühen

1880er Jahren formelle Vereinigungen, um ihre Brandzeichen zu registrieren, und diese Organisationen nutzten sie auch, um ihre Zusammentriebe zu koordinieren. Teddy Blue, ein damaliger Cowboy, erinnert sich daran, wie diese Zusammentriebe funktionierten:

„Das Ganze ging nach einem System ab. 1884 war das Gebiet in Süd-Montana und Wyoming in Zusammentrieb-Distrikte unterteilt, die durch bestimmte Gebirgsketten und Wasserläufe voneinander getrennt waren. Es gab keine Zäune, und während jede Gruppe einen Umriss ihres eigenen Gebiets hatte, den sie als Grenze bezeichnete, stob das Vieh davon, und alle rannten mehr oder weniger zusammen. Alle Gruppen, die zu irgendeinem Zusammentrieb gehörten, taten sich im Frühling mit ihren Wagen zusammen und arbeiteten sich durch das Territorium, von Bach zu Bach. Die Eigentümerschaft eines Kalbs wurde durch das Brandzeichen auf der Mutterkuh bestimmt.“[471]

Die Zusammentrieb-Distrikte wurden sorgfältig und mit viel Liebe zum Detail festgelegt. Im Jahre 1886 beschrieb das Blatt „Weekly Yellowstone Journal and Livestock Reporter“ einen Distrikt, der als Beispiel dienen mag:

„Distrikt Nummer 4 beginnt am 25. Mai 1886 bei der Ranch von Hocket, geht den Powder River hinab zur Mündung des Mizpah und teilt sich auf. Die erste Abteilung arbeitet den Mizpah bis nach oben ab, trifft dann auf den Zusammentrieb vom Tongue River an der Mündung des Pumpkin Creek und arbeitet dann den Pumpkin Creek weiter runter bis an dessen Beginn. Die zweite Abteilung arbeitet sich den Powder River bis zur Mündung runter, dann den Yellowstone abwärts bis zum Cabin Creek, den

Cabin Creek hinauf bis zu dessen Ursprung, dann bis zum Ursprung des Little Beaver und den Little Beaver wieder runter bis zur unteren Hashknife Ranch. E.P. Fletcher, Vorarbeiter."[472]

Der Zusammentrieb Nr. 2, von C.M. Russell. Beim Frühlings-Zusammentrieb wurde das Vieh nach Brandzeichen sortiert, dann wurden die Kälber angebunden und entsprechend dem Brandzeichen ihrer Mutter markiert. Kooperative Zusammentriebe durch mehrere Ranch-Betriebe waren sinnvoller als von jeder Ranch einzeln durchgeführte Zusammentriebe. Die Zusammentriebe dienten auch als Ausschlussmechanismus, um eine Überweidung des Open Range zu verhindern. Mit freundlicher Genehmigung der Montana Historical Society, Sammlung Mackay.

Die Regeln für den Zusammentrieb stellten detaillierte Anweisungen zum Beitrag eines jeden Teilnehmers dar. 1884 hieß es in „The Cow Boy", einer in Medora im Territorium North Dakota erscheinenden Postille:

„Die Viehzüchter sollten alle wissen, dass der Zusammentrieb für diesen Abschnitt der Bad Lands am 25. Mai beginnt, und zwar dort, wo der Beaver Creek den N.P.R.R. kreuzt. Jeder Viehbesitzer wird ausreichend Cowboys schicken, damit diese seine Interessen vertreten, und die Cowboys werden unter dem Befehl und der Entlassungsbefugnis des Vorarbeiters John Goodall stehen. Jeder Viehbesitzer wird einen Wagen bereitstellen oder sich mit jemand anderem arrangieren. Mindestens sechs gute Pferde werden von jedem Mann gebraucht werden. Es wird am Tag und in der Nacht gehütet werden, und jeder Mann muss sich daran beteiligen. Das Brandzeichnen wird jeden Tag durchgeführt. Jeder Mann, der möchte, dass man nach seinem Vieh sieht, muss beim Zusammentrieb vertreten sein. Der für den Zusammentrieb benötigte Zeitraum wird sechs Wochen bis zwei Monate betragen, und das Territorium ist ungefähr 160 mal 80 Kilometer groß. In diesem Distrikt gibt es ungefähr 40.000 Stück Vieh."[473]

Um den Termin für den Beginn sowie die Teilnahme aller am Zusammentrieb durchzusetzen, weigerten sich die Viehzüchtervereinigungen, mit jenen zusammenzuarbeiten, die möglicherweise versuchen würden, sich als Trittbrettfahrer dranzuhängen.

Neben den Zusammentrieben koordinierten die Viehzüchtervereinigungen auch andere Aktivitäten. Rotz, eine ansteckende Krankheit bei Pferden, wurde von der „Wyoming Stock Growers' Association" kontrolliert, die ihre Machtbefugnis nutzte, Pferdebesitzer dazu zu zwingen, Inspektionen zuzulassen und infizierte Tiere aus dem Verkehr zu ziehen.[474]

Die Vereinigungen regulierten auch die Qualität der Bullen, die jedes Mitglied zum Open Range beitrug. Ohne eine Einzäunung vermischte sich das Vieh, was zur Folge hatte, dass ein Viehbesitzer kostenlos von hochqualitativen Bullen anderer Viehzüchter profitieren konnte. Wenn ein Rancher nur qualitätsarme Bullen oder zu wenige Bullen beisteuerte, war sein Kostenbeitrag nicht groß genug, da ein Teil seiner Herde von den besseren Bullen einer anderen Ranch abstammen würde. Lokale und bundesstaatliche Vereinigungen versuchten, dieses Trittbrettfahrerproblem dadurch anzugehen, dass sie sowohl das

Bulle-Kuh-Verhältnis auf der Open Range als auch die Qualität der Bullen festlegten.[475]

Die Organisation der Eingänge von Arbeit und Kapital

Das Arbeitsmanagement auf der Open Range, wo die Nachfrage nach Arbeit je nach Jahreszeit sehr ungleich verteilt war, stellte eine weitere Herausforderung für Ranchbesitzer dar. Nachfragehöhepunkte für versierte Cowboys, die reiten, mit einem Lasso arbeiten und mit dem Vieh umgehen konnten, gab es bei den Zusammentrieben im Frühling und im Herbst.[476] Im Winter waren viele Cowboys arbeitslos. Obwohl die Rancher im Winter in der Regel keine Löhne zahlten, boten sie denjenigen Cowboys Wohnraum und Verpflegung an, die dabeiblieben und Teil des Arbeitspools im nächsten Frühling werden würden.[477]

Um den Kapitalbedarf von Ranchs mit Herden zwischen 10.000 und 100.000 Stück Vieh auf der Open Range zu decken,[478] griffen die Viehzüchter auf Investoren aus dem Osten der USA sowie aus England und Schottland zurück.[479] In den 1870er Jahren erzielten Investoren gute Renditen aus ihren Investitionen in Viehgeschäfte im Südwesten, und in den 1880er Jahren wurden Colorado, das Dakota-Territorium, Montana und Wyoming als attraktive Standorte für Viehhöfe gehandelt. Die US-Investoren lebten hauptsächlich in New York und Boston. Sie beauftragten sogar die Firma Dun & Bradstreet damit, zu recherchieren und die Investitionschancen in verschiedenen Orten im Westen einzuschätzen.[480] Gene Gressley berichtet, dass sich während des Vieh-Booms zwischen 1882 und 1886 insgesamt 93 Viehunternehmen in Wyoming angesiedelt hatten, und zwar mit einer Gesamtkapitalisierung von 51 Millionen Dollar. 66 solcher Unternehmen waren es in Montana mit einer Kapitalisierung von 19 Millionen, 104 in New Mexico mit einer Kapitalisierung von 24 Millionen und 176 in Colorado mit einer Kapitalisierung von 74 Millionen Dollar.[481]

Häufiger als Darlehen waren indes Direktinvestitionen durch Investoren, die das Vieh besaßen und einen ortsansässigen Manager anstellten, um das Geschäft zu führen. Diese Rollenverteilung machte es erforderlich, dass der Eigentümer den Manager überwachte, was eine schwierige Aufgabe war, als die Kommunikationskanäle noch so dürftig waren. Um diesen Überwachungsproblemen zu begegnen, experimentierten die Unternehmer mit einer ganzen Reihe von Eigentumsarrangements. Sowohl Partnerschaften als auch gemeinsame Viehunternehmen wurden gebildet. In einigen Fällen hatten die Manager teilweise Ansprüche auf alle Profite, die durch den Viehbetrieb anfielen. Um zu vermeiden, dass Manager Ranchtiere für sich selbst brandzeichneten, forderten viele Investoren, dass der Vorsteher einer Ranch nicht selbst Vieh besitzen dürfe.[482]

Zu den Schwierigkeiten bei der Kontrolle der Manager gesellten sich noch die Probleme, die durch die Beendigung der Open Range durch die Nutzer des Besiedlungsgesetzes (Homestead) entstanden. Da mehr Homestead-Farmer kleine Landstücke einzäunten, wurde das Ranching auf der Open Range mit der Zeit weniger profitabel. Die Probleme wurden offensichtlicher im desaströsen Winter 1886/87. Dieser Winter überzeugte viele Unternehmer davon, dass eine großräumige Firma mit einem abwesenden Eigentümer keine geeignete Organisationsform war. Es wurde klar, dass das Ranching viel mehr Aufmerksamkeit und Sorgfalt erforderte und dass das Einbringen von Heu im Sommer für die Verfütterung im Winter wesentlich für einen erfolgreichen Viehbetrieb war.[483] 1989 beschrieb der Korrespondent für Miles City des Viehzüchterblatts „Montana Livestock Journal“ den Wandel bei Umfang und Wesen des Viehbetriebs:

„Ich kann belegen [dass solche Veränderungen stattgefunden haben], indem ich die Tätigkeiten mehrerer großer Besitzer in Custer County anführe, die sich in den vergangenen zwei oder drei Jahren auf diese Veränderung vorbereitet haben durch den Kauf von Land, die Errichtung von bedeutenden und geräumigen Gebäuden, der Ableitung von Wasser für Bewässerungszwecke und die Schrumpfung ihrer Open-Range-Herde auf 1.000 oder 2.000 wohlgezüchtete Kühe, die als Herde eng betreut und zur richtigen Zeit mit einem Bullen bedient sowie während der Wochen mit strengem Winter, wenn sie sich nicht selbst versorgen können, genährt und geschützt werden.“[484]

1900 war das meiste auswärtige Kapital abgezogen worden, und die Finanzierung erfolgte durch lokale oder regionale Banken.[485] Der letzte große Zusammentrieb in Montana, an dem 150 Männer und neun Wagen beteiligt waren, erfolgte im Jahre 1903.[486] Die Ära der Open Range mit all ihren einzigartigen organisatorischen Problemen war nun vorbei. In den trockeneren Teilen des Westens waren einige Gebiete noch bis 1940 nicht eingezäunt, doch es grasten nicht mehr riesige Herden auf zig Quadratkilometern, ohne dass, abgesehen von den Zusammentrieben im Frühling und im Herbst, Menschen interveniert hätten.

Schlussfolgerungen

Die romantische Ära der Viehbewirtschaftung auf der Open Range erforderte eine erhebliche institutionelle Unternehmertätigkeit. Die Organisation von Viehtrieben, die mehrere Tausend Stück Vieh über weit mehr als 2.000 Kilometer in nördliche Gefilde bewegten, sowie die Vermarktung des Viehs nach dessen Mästung stellten eine große vertragliche Herausforderung dar, was die Schaffung neuer Eigentumsrechte sowie die Umgestaltung bestehender Eigentumsrechte anging. Die Beschaffung von Kapital aus dem ganzen Kontinent für die Finanzierung von Ranchbetrieben stellte eine eher noch größere Herausforderung dar. Trotz dieser enormen Hürden wurden Millionen von Stücken Vieh aus Texas in die westlichen Teile der Großen Ebene verbracht, und eine effektive Kombination aus privaten und gemeinschaftlichen Rechten entstand, um Fleisch für die östlichen Märkte zu produzieren. Die Tatsache, dass viele der institutionellen Innovationen wie das Brandzeichnen und die Registrierung von Brandzeichen bis zum heutigen Tage Bestand haben, zeugt von der Innovationskraft der Viehzüchter im Frontier.

Kapitel 9

Ein Heim in der Range

Als die Frage der Eigentümerschaft zwischen den amerikanischen Indianern und den Siedlern gelöst worden war (siehe Kapitel 4), stand Land für eine einfache Inbesitznahme zur Verfügung. Bei einem freien Zutritt für alle Ankömmlinge schien ein Rennen um Eigentumsrechte unvermeidlich zu sein. Mindestens zwei Faktoren trugen dazu bei, ein solches Rennen herbeizuführen. Zunächst einmal mussten neue Eigentumsrechtssysteme ersonnen werden, um die Ausstattung mit den Ressourcen im Frontier zu regeln, vor allem in Bezug auf Klima und Topographie. Da die natürlichen Grenzen sich von denen im Osten unterschieden, die Wasserläufe größer waren und kein Zaunmaterial verfügbar war, mussten die Siedler neue Wege finden, um Grenzen auf diesem Land festzulegen und zu verteidigen. Zweitens mussten lokale Initiativen die Tätigkeiten einer formellen Regierung ersetzen, da die Besiedlung legislativen Körperschaften, Regierungsstatuten und einem Rechtssystem vorausging. Abgesehen von der US-Armee gab es keine rechtlich legitimierte staatliche Organisation mit der Befugnis, den Zugang zu diesem Gebiet zu begrenzen.

Durch das Fehlen formeller Systeme für die Einrichtung und Anpassung von Eigentumsrechten hatten institutionelle Unternehmer keinerlei Vorlage für die Errichtung solcher Eigentumsrechte, doch ein solches Unterfangen erforderte eine Beschränkung des Zugangs zum Land. Die Siedler antworteten auf diese Chancen, indem sie freiwillige Vereinigungen bildeten, besondere Regeln für den Zugang zum Land anderer Menschen entwickelten und den Zugang für Außenseiter beschränkten. Der Erfolg dieser freiwilligen Vereinigungen wurde schließlich durch staatliche Regeln unterminiert, die die gewohnheitsmäßigen Landrechte aushebelten und das Land für ein Wettrennen nach den Regeln der Homestead-Gesetze freigaben.

Wem gehört dieses Land?

Sogar noch bevor die Viehhalter ihre Herden in den Norden der Großen Ebene trieben, sahen sich Farmer im Frontier von Ohio, Indiana und Illinois mit der Aufgabe konfrontiert, Eigentumsrechte zu schaffen, ohne auf formelle gesetzliche Institutionen zurückgreifen zu können. Um den Zugang zum Land zu begrenzen, bildeten sie „Claim Clubs", also Vereinigungen, die die Ansprüche der Siedler auf ein Stück Land registrierten und sicherstellen sollten, dass diese Ansprüche auch berücksichtigt wurden, sobald das Land unter verschiedenen bundesweiten Landgesetzen formal für die Besiedlung freigegeben sein würde.[487]

Diese Clubs stellten ihre eigenen Verfassungen und Statuten auf, entwickelten Regeln für die Lösung von Streitfällen und ersannen Vorgehensweisen für die Registrierung von Landansprüchen. Ein Ziel dieser Clubs war es, sicherzustellen, dass die Landbesetzer („Squatter“) das Land zu einem minimalen Preis kaufen konnten, sobald es vom Staat zum Verkauf freigegeben wurde.

Da Mitglieder der Claim Clubs ein persönliches Interesse am Ausgang dieses Prozesses hatten, gab es für sie einen Anreiz, ein geregeltes Prozedere zu entwickeln, das den Kostenaufwand für die Entwicklung von Eigentumsrechten minimierte. Für die Festlegung und Durchsetzung von Eigentumsrechten war ein gewisser Aufwand erforderlich, doch man richtete sein Augenmerk stets darauf, dass dieser Aufwand sich auch rentieren würde. Beispielsweise verlangte der Club in Webster County, Iowa, dass die Anspruchsteller Arbeit im Wert von zehn Dollar pro Monat auf ihrem Land leisteten, und zwar für die ersten sechs Monate ab der Inbesitznahme des Landes. Hingegen forderte der Club im Poweshiek County, dass die Antragsteller nur Arbeit im Gegenwert von 30 Dollar innerhalb der ersten sechs Monate ihrer Landeigentümerschaft ableisten sollten und dann noch einmal 30 Dollar für jeden folgenden Sechsmonatszeitraum. Der Club im Johnson County verlangte von seinen dort ansässigen Mitgliedern nicht, dass sie irgendwelche Ressourcen in ihr Land investierten, wenn sie das nichtwünschten. Nicht-Ansässige jedoch mussten 50 Dollar an Arbeitswert auf ihrem Land für jeden Sechsmonatszeitraum leisten, für den der Anspruch aufrechterhalten wurde.[488]

Die örtlichen Bestimmungen der Claim Clubs bezüglich des Arbeitsaufwands der Anspruchsteller erlaubten den Farmern eine große Bandbreite an Tätigkeiten und verlangten keine ständige Anwesenheit auf dem Land.

Das steht in scharfem Kontrast zu den späteren staatlichen Homestead Acts, in denen die Investitionen der Anspruchsteller in Bezug auf Behausungsgröße, Bewässerungsgräben, die Menge des zu bepflügenden Landes sowie die mit Bäumen zu bepflanzende Fläche festgelegt wurden, wovon das meiste nur wenig zum Produktivwert des Landes beitrug.[489]

So wie die Mitglieder der Land-Claim-Clubs rationalisierten auch die Viehzüchter ihre Bemühungen um die Festlegung und Durchsetzung von Eigentumsrechten. Als die ersten Viehtreiber ihr Vieh zur Mästung in die Ebenen von Montana und Wyoming brachten, ermöglichte es der Überfluss an Land den Neuankömmlingen, die Tragik der Allmende zu vermeiden, indem sie einfach auf noch unbesetztes Land zogen. Der Historiker Ernest Staples Osgood drückte es so aus: „Es gab genug Raum für alle, und wenn ein Viehzüchter ein Tal oder einen grasigen Höhenzug hinaufritt und dort Vieh vorfand, schaute er sich eben woanders um."[490]

Doch eine Besiedlung fand rasch statt, als immer mehr Viehzüchter danach trachteten, einen Anteil am Grasland der nördlichen Ebene zu ergattern. Granville Stuart berichtete:

„Im Sommer 1883 trieb Conrad Kohrs 3.000 Stück Vieh in die Gegend um den Sun River, und D.A.G. Floweree trieb 3.000 Stück Texas-Vieh hinein und ließ sich auch dort nieder. Die Green Mountain Cattle Company trieb 2.200 Stück Vieh zum Emmel's Creek. Die Dehart Land and Cattle Company kam mit zwei Herden mit jeweils 3.000 Stück und ließ sich am Rosebud nieder. Die

Griffin Brothers und Ward trieben 3.000 Stück zum Yellowstone.

J.M. Holt kam mit 3.000 Stück und platzierte sie am Cabin Creek. Tussler und Kempton brachten drei Herden mit jeweils 2.500 Stück zum Tongue River. Die Gebrüder Ryan brachten drei Herden mit jeweils 3.000 Stück zum Musselshell. … Diese Rinder waren fast alle aus Texas-Rinder und kamen über den Texas-Trail. Bis zum 1. Oktober gab es 600.000 Stück Vieh in diesem Gebiet, und zusammen mit den Pferden und Schafen gab es so viel Vieh, wie das Gebiet gerade noch sicher aushalten konnte.

Es wäre unmöglich, Leuten, die sich nicht in den Viehgründen Montanas aufhalten, den rapiden Wandel vor Augen zu führen, der dort innerhalb von zwei Jahren stattgefunden hat. 1880 war das Land praktisch noch unbewohnt. Man konnte meilenweit reisen, ohne auch nur das Biwak eines Trappers zu sehen. Tausende von Büffeln verdunkelten die Ebenen. Es gab Rehe, Antilopen, Elche, Wölfe und Koyoten auf jedem Hügel, in jeder Klamm und in jedem Dickicht. Auf dem gesamten Territorium von Montana gab es nur 250.000 Stück Vieh, darunter auch Milchvieh und Arbeitsochsen.

Im Herbst 1883 war kein einziger Büffel in diesem Gebiet übrig, und Antilopen, Elche und Rehe gab es kaum noch. 1880 hatte noch niemand ‚in dieser Waldnische' auch nur einen einzigen Cowboy gesehen, und Charlie Russell hatte keine Bilder von ihnen gemacht. Doch im Herbst 1883 gab es schon 600.000 Stück Vieh auf diesem Gebiet.“[491]

Auch Osgood berichtete Ähnliches: „Mit einer Geschwindigkeit, die man fast in Monaten statt in Jahren messen konnte, wurde jeder verfügbare Winkel des Gebiets in Nord- und Zentral-Wyoming besetzt. Das Land in Ost-Montana, nördlich des Yellowstone und im Süden an das Indianerreservat grenzend, war ganz voll, und die Herden fingen an, sich nach günstigen Orten jenseits der Staatsgrenze entlang des Saskatchewan River umzuschauen."[492]

In dieser Situation einer rapiden Besiedlung wurde die Erstaneignung zur akzeptierten Methode zur Festlegung von Eigentumsrechten. Nach Osgood „erwarb der Viehzüchter durch die Beweidung eines Gebiets eine Art Vorrecht an diesem Gebiet gegenüber einem Neuankömmling, der versuchen sollte, das schon dort weidende Vieh zu vertreiben".[493] Dieses Recht wurde allgemein gewohnheitsmäßig anerkannt und wurde dann sogar durch Beamte respektiert, die dem Gesetz in dieser Region Geltung verschaffen sollten.[494]

Um darüber zu informieren, dass ein Stück Land bereits besetzt war, inserierten die Viehzüchter in lokalen Zeitungen und umrissen die beanspruchten Landstriche. So zeigte zum Beispiel am 12. April 1884 Charles S. Johnston in der in Glendive, Montana, erscheinenden „Glendive Times" Folgendes an: „Ich, der Unterzeichner, gebe hiermit der Öffentlichkeit bekannt, dass ich jenes Tal als Viehweidegebiet beanspruche, das vier Meilen östlich von Allard vom Glendive Creek abzweigt und sich bis zu seiner Quelle an der Südseite der Northern Pacific Railroad erstreckt."[495] Als immer mehr Menschen auf die Große

Ebene strömten (siehe Tabelle 9.1), nahm die Konkurrenz um das Land jedoch zu und es mussten mehr Anstrengungen für die Festlegung und Durchsetzung von Eigentumsrechten unternommen werden.

Um angesichts eines steigenden Landwertes Eigentumsrechte besser festlegen und durchsetzen zu können, errichteten die Viehzüchter Lager entlang ihrer gewohnheitsmäßigen Gebietsgrenzen. Aus diesen Lagern heraus ritten die Cowboys die Grenzen entlang, trieben ihr Vieh auf ihr gewohntes Gebiet zurück und bewachten es gegen Diebstahl.[496] Die Grenzlager waren vor allem im Winter wichtig, wenn Schneestürme das Vieh dazu veranlassen konnten, lange Strecken zurückzulegen. Ohne die Grenzlager hätten benachbarte Rancher und Farmer den Komfort ihrer „Häuser auf der Range" bei widrigem Wetter verlassen müssen, um streunendes Vieh zurück auf ihr Land und in die gewohnten Gebiete zurückzutreiben.[497] Die Grenzlager bestärkten also die gewohnheitsmäßigen Rechte an der Open Range, setzten Eigentumsrechte am Vieh durch und sorgten bei den Cowboys für eine Beschäftigung, wenn sie gerade kein Vieh zusammentrieben.

Viehzüchtervereinigungen

Um das Brandzeichensystem zu entwickeln, Konflikte zwischen Anspruchstellern auf Erstaneignung zu regeln, Neuankömmlinge nach einer vollendeten Landbeanspruchung fernzuhalten und andere Aktivitäten zur Festlegung und Durchsetzung von Eigentumsrechten durchzuführen, bildeten die Viehzüchter lokale Vereinigungen (siehe Kapitel 8). 1871 organisierten Viehzüchter aus Wyoming die „Wyoming Stock Graziers' Association", die ihren Namen 1879 in „Wyoming Stock Growers' Association" änderte. 1873 organisierten sich zwei Viehzüchtervereinigungen in Colorado. Viele andere lokale Vereinigungen folgten in beiden Bundesstaaten. Beispielsweise traf sich 1873 eine Gruppe von Ranchern in West-Montana, um die erste Organisation dieser Art auf diesem Territorium zu gründen.

Tabelle 9.1

Bevölkerung auf dem Gebiet der Großen Ebene 1850-1900

	Bevölkerung
1850	274.139
1860	872.892
1870	1.481.603
1880	3.549.264
1890	6.044.884
1900	7.377.091

Quelle: U.S. Bureau of the Census 1960, S. 12-13.
Anmerkung: Diese Zahlenreihe beinhaltet die Bundesstaaten und Territorien North Dakota, South Dakota, Kansas, Nebraska, Texas, Montana, Wyoming, Colorado und New Mexico. Für die Jahre 1850, 1860, 1870 und 1880 wird die indianische Bevölkerung, die auf Indianerterritorien und in Indianerreservaten lebte, nicht mitgezählt. Indianer, die in den übrigen Gebieten lebten, sind inbegriffen. Für 1890 und 1900 beinhalten die Bevölkerungszahlen sämtliche Indianer.

Montana, Wyoming, Colorado und New Mexico. Für die Jahre 1850, 1860, 1870 und 1880 wird die indianische Bevölkerung, die auf Indianerterritorien und in Indianerreservaten lebte, nicht mitgezählt. Indianer, die in den übrigen Gebieten lebten, sind inbegriffen. Für 1890 und 1900 beinhalten die Bevölkerungszahlen sämtliche Indianer.

1885 fusionierten die Eastern Montana Stockgrowers Association und die Gruppe aus West-Montana, um die Montana Stockgrowers Association zu bilden. Solche Vereinigungen stellen ein starkes Gegenindiz zu der Behauptung auf, wonach die frühen Siedler im Westen hochgradig eigenbrötlerisch gewesen seien und als Einzelkämpfer agiert hätten, ohne Beziehungen zu anderen Siedlern zu unterhalten. Die Viehzüchtervereinigungen verfolgten drei Ziele: „Erstens die Bewahrung der individuellen Eigentümerschaft über die Herde sowie über deren Zuwachs, zweitens die Gewährung von Schutz für die einzelnen Herden, und drittens die Kontrolle über die Beweidung des öffentlichen Landes, um eine Überfüllung zu vermeiden. Diese Ziele, die vielleicht in den frühen Tagen einer vergleichsweisen Isolation auch von einer Einzelperson hätten erreicht werden können, konnten nun lediglich durch gemeinsame Bemühungen realisiert werden."[498]

Das Verhindern einer Überlastung der Open Range

Um eine Begrenzung der Weideallmende zu erreichen, mussten die Vereinigungen kosteneffektive Wege finden, um Außenseiter auszugrenzen. Im Gegensatz zur gängigen Vorstellung, wonach Kriege um die Open Range die Regel gewesen seien, erkannten die Viehzüchter den Negativsummencharakter solcher Konflikte und bevorzugten einen effizienteren Mechanismus zur Durchsetzung ihrer Ansprüche und Rechte. Einen solchen Mechanismus stellte der Zusammentrieb (Roundup) dar, der in Kapitel 8 als Vertrag zwischen Produzenten beschrieben wurde mit dem Ziel, Skaleneffekte aus einer gemeinsamen Produktion zu erzielen. 1874 organisierten die Viehbesitzer in Wyoming zum ersten Mal ein freiwilliges Roundup-System, dessen Realisierung davon abhing, dass man die Zusammenarbeit mit den Nichtmitgliedern verweigerte. Andere Vereinigungen folgten diesem Beispiel.

Die Vereinigungen kontrollierten auf effiziente Weise den Zutritt zur Weideallmende, indem sie Nichtmitgliedern ein Mitmachen schlichtweg nicht erlaubten. Wenn ein Neuankömmling sein Vieh auf eine offensichtlich bereits von anderen genutzte Range-Fläche führte, weigerten sich die Rancher, den Neuen am Zusammentrieb teilnehmen zu lassen. Solche Sanktionen waren recht wirkungsvoll. 1885 führte John Conrad 6.000 Stück Vieh auf eine Range östlich des Musselshell River im Montana-Territorium. Die Niobrara Cattle Company unterhielt dort bereits Vieh und meinte, dass diese Range schon kein weiteres Vieh mehr aufnehmen könne. Auf ihrem nächsten Treffen verurteilten die örtlichen Viehzüchter „Conrad wegen seiner Verletzung des Range-Gesetzes und warnten ihn, dass sie sich um sein Vieh nicht kümmern oder sonstwie mit ihm zusammenarbeiten würden. Er verstand die Botschaft und zog seine Herde zurück.“[499]

Selbst jemand so Berühmtes wie Theodore Roosevelt bekam den Druck der Vereinigungen zu spüren, als er versuchte, seine Herde zu erweitern. Als Roosevelt danach trachtete, seinen Einflussbereich zu vergrößern, indem er 1884 eine zweite Ranch im Dakota-Territorium erwarb, erweiterte er auch seine Herde um 1.000 Stück, was weit über die Anzahl hinausging, die ihm eigentlich unter den Range-Rechten für seine neue Ranch zustand.[500]

Diese Herdenerweiterung zog den Besuch eines Vertreters des Marquis de Mores nach sich, eines der führenden Rancher in dieser Gegend. Der Vertreter ermahnte den Vorarbeiter von Roosevelt und sagte ihm, „dass er seinem Boss ausrichten solle, dass sein Vieh auf ein Range-Gebiet übertrete, das rechtmäßig dem Marquis gehöre. Roosevelt könne ja gegen eine beträchtliche Summe Weiderechte erwerben, andernfalls müsse er das Feld räumen."[501] Roosevelt gab nach.

Örtliche Zeitungen veröffentlichten oft auch Anzeigen, wonach eine Zusammenarbeit nicht gewährleistet werden könne, wenn zusätzliches Vieh auf einem Range-Gelände platziert werde, das bereits als vollständig beviehwirtschaftet galt.

„Hiermit wird bekanntgegeben, dass auf dem Herbsttreffen der Little Missouri River‘s Stockgrowers‘ Association vom September 1886 beschlossen wurde, dass aufgrund der Tatsache, dass die Ranges am Little Missouri River und am Beaver Creek und deren Zuflüssen bereits vollständig mit Vieh und Pferden belegt sind und dass jede weitere Herde auf diesen Range-Gebieten erhebliche Verluste nach sich ziehen würde, nicht nur jetzigen Range-Besetzern, sondern auch jeglichen neuen Herden, die auf die besagten Range-Gebiete gelangen, daher von den Mitgliedern der Vereinigung jegliche Hilfe oder Unterstützung in jeglicher Form versagt werden wird, wenn dort nach dem besagten Treffen Vieh oder Pferde platziert werden."[502]

Und in einer Anzeige, die in einer Zeitung in Helena, Montana, im Jahre 1883 veröffentlicht wurde, wurde Folgendes bekanntgegeben: „Wir Unterzeichnenden, Viehzüchter der oben beschriebenen Range, geben hiermit kund, dass wir die besagte Range als übervieht ansehen. Daher verweigern wir ganz deutlich allen Außenseiterparteien oder Parteien, die weitere Herden auf diese Range treiben, die Nutzung unserer Pferche, und wir werden ihnen fortan nicht erlauben, sich an Zusammentrieben auf der besagten Range zu beteiligen."[503]

Diese Bemühungen waren erfolgreich darin, wirtschaftlich wertvolle Range- Gewohnheitsrechte zu schaffen, die im Einklang mit dem ursprünglichen Eigentum und dem Vieh, das eine Ranch ausmachte, erworben und veräußert wurden. R. Taylo Dennen fand zahlreiche Beispiele von Range-Rechten, die auf dem Markt gehandelt wurden. 1884 kaufte die Swan Land and Cattle Company eine 160 Acre große ausgebaute Ranch mit Viehbestand von der National Cattle Company zum Preis von 768.850 Dollar. Dieselbe Firma erwarb eine weitere 320 Acre große ausgebaute Ranch mit Viehbestand zum Kaufpreis von 984.023 Dollar, wovon die Range-Rechte 200.000 Dollar ausmachten. Die Arkansas Valley Land and Cattle Company wies in ihren Büchern einen Wertbestand von 85.000 Dollar für ihre Range-Rechte aus.[504]

Dann kamen die Schafe

Der Zusammentrieb in seiner Funktion als Ausschlussmechanismus fiel in sich zusammen, als sich zur Rindviehbeweidung die Beweidung durch Schafe gesellte. Die ersten Schafe in den nördlichen Ranges kamen in den 1870er Jahren aus Kalifornien, Utah und Oregon. In Montana überstieg 1881 und in Wyoming 1886 die Zahl der Schafe die Zahl der Rinder.[505] Der übliche Grund, der für die Antipathie zwischen Rinder- und Schafzüchtern angeführt wurde, war der, dass die Schafe die Range für die Rindernutzung ruinierten, da sie das Gras zu kurz hielten und das Wasser verdarben.[506]

Eine plausiblere Erklärung für die Konflikte zwischen Rinder- und Schafzüchtern bestand indes in der Bedrohung, die die Schafhirten für das gewohnheitsmäßige Eigentumsrechtssystem bedeuteten, das von den Rinderzüchtervereinigungen durchgesetzt wurde. Ein Rancher erklärte dies wie folgt:

„Die Vorstellung, dass Rinder nicht auf derselben Ranch wie Schafe weiden können … ist völlig unwahr. Wenn sie demselben Besitzer gehören oder wenn sie sprichwörtlich ‚das gleiche Brandzeichen tragen‘, dann kommen sie sehr gut miteinander zurecht. In den letzten Jahren hatten wir Winter- und Herbstweiden für Rinder. Vor gewisser Zeit hatten wir eine Herde von Schafen, die sich teilweise auf ein und denselben Weidegründen befanden. … Das Problem begann, wenn ein ‚wandernder' Schafhirte seine Schafe in eine Gegend brachte, die bereits zur ‚gewohnheitsmäßig angeeigneten Range' einer anderen Person gehörte, einem Rinderhirten oder auch einem anderen Schafhirten. … Die sogenannten Kriege zwischen Rinder- und Schafzüchtern ließen sich auf die gleiche Wurzel zurückführen wie die bereits lange zuvor existierenden Konflikte zwischen Rinderzüchtern und neu angekommenen Rinderzüchtern. … All diese Konflikte entstanden aufgrund der Abwesenheit jeglichen Rechtsweges, um die verfügbaren Weideressourcen zu regulieren."[507]

Die Zusammentriebe stellten einen wesentlichen Bestandteil der Vieh-Organisation dar, und der Zugang zu einem Zusammentrieb war eine effektive Methode, um die Zahl der eintretenden Nutzer und die gesamte Herdengröße in einer bestimmten Region zu kontrollieren. Doch wenn ein Schafzüchter ankam, war er nicht auf den Zusammentrieb als eine wirtschaftlich gesehen nützliche Operation angewiesen. Schafe wurden auf der offenen Range von Hirten kontrolliert, und es gab keine Notwendigkeit, sich für gemeinsame Arbeiten auf Nachbarn zu verlassen. Deshalb bekriegten sich Rinderzüchter und Schafzüchter nicht aufgrund natürlicher Unverträglichkeiten zwischen Rindern und Schafen, sondern vielmehr aufgrund der institutionellen Unvereinbarkeit der beiden Bewirtschaftungsarten. Osgood drückte es so aus: „Gegen den Schafzüchter waren Zäune oder Gewalt die einzigen erfolgreichen Schutzmaßnahmen."[508]

Stacheldraht: Eine Zaunrevolution

Um die Konflikte zwischen den Weidehirten auf der Open Range anzugehen, um einige der kollektiven Kosten der Zusammentriebe zu vermeiden und um die Kosten der Bemannung der Grenzlager zu reduzieren, waren die Rinderzüchter ständig auf der Suche nach günstigeren Wegen, um ihre Eigentumsrechte festzulegen und durchzusetzen. Weil eine herkömmliche Einzäunung auf der Großen Ebene, wo es kaum Bäume und Steine gab, keine Option darstellte, waren Grenzlager die Antwort. Letztendlich jedoch reagierten die Erfinder des Stacheldrahtzauns auf die Nachfrage nach billigeren Wegen, um Eigentumsrechte festzulegen und durchzusetzen, und zwischen 1866 und 1868 wurden 369 entsprechende Patente angemeldet.[509] Der erfolgreichste Stacheldraht wurde 1873 von Joseph Glidden entwickelt. Als kostengünstige Methode für die Festlegung von Eigentumsrechten stieg die Beliebtheit des Stacheldrahts explosionsartig an, wie aus Tabelle 9.2 hervorgeht. Die 80,5 Millionen Pfund [ein amerikanisches Pfund sind ungefähr 0,45 Kilogramm] schwere Menge an verkauftem Stacheldraht im Jahre 1880 war ausreichend, um etwa 800.000 Kilometer Zaun mit vier Drahtsträngen zu bauen.

Wo immer es möglich war, klare Eigentumstitel auf Land einzuführen, bestand eine große Nachfrage nach Stacheldraht. Texas, wo die Homestead-Gesetze nicht galten, da es den Vereinigten Staaten mit einem unabhängigen Status beitrat, war einer der größten Absatzmärkte für

Stacheldraht. 1881 kaufte Joseph Glidden in Partnerschaft mit Henry Sanborn 125.000 Acre im Gebiet des „Pfannenstiels“ in Nord-Texas (Texas Panhandle) und fügte weitere 125.000 Acre auf „öffentlichem Schulland“ (öffentliches Land, dessen Verkaufserlös laut texanischer Verfassung von 1876 dem Schulwesen zugutekommen sollte) hinzu. Sie zäunten das gesamte Gebiet mit etwa 240 Kilometern des von Glidden entwickelten Stacheldrahts ein und versahen es mit 1.500 Rindern.[510]

Tabelle 9.2

Produktion und Verkauf von Stacheldraht 1874-1880

	Verkaufte Menge in amerikanischen Pfund (circa 0,45 Kilogramm)
1874	10.000
1875	600.000
1876	2.840.000
1877	12.863.000
1878	26.655.000
1879	50.377.000
1880	80.500.000

Quelle: Webb 1931, S. 309.

Eine andere berühmte Ranch, die XIT, wurde geschaffen, als drei Millionen Acre staatliches Land als Gegenleistung zum Bau des texanischen Staatskapitols einem Firmenkonsortium überlassen wurden. Um die

Eigentumsrechte am Land durchzusetzen, begannen die Besitzer umgehend mit dem Bau von Zäunen und heuerten 300 Zaunbauer an, um das Grundeigentum zu sichern, bevor sie etwa 50.000 Rinder auf das Gelände ließen. Bis 1885 hatten sie 476.000 Acre umzäunt und schufen so eine einzige riesige Weidefläche. Schließlich umgaben etwa 2.400 Kilometer Zaun das XIT-Gebiet.[511]

Stacheldraht wurde auch verwendet, um Land einzuzäunen, auf dem sich gewohnheitsmäßige Rechte durch Erstaneignung und lokale außergesetzliche Vereinbarungen entwickelten. Tabelle 9.3 zeigt das Ausmaß dieser illegal umzäunten Gebiete in den elf Bundesstaaten im äußersten Westen. Der Wirtschaftswissenschaftler Gary Libecap kommt zu dem Schluss, dass diese Einzäunung „den Wert der Ranchs erhöhten: Weiden und Wasserlöcher konnten so geschützt werden, das Abtreiben von Vieh konnte begrenzt werden, so dass ein Wegstreunen hin zu Gegenden mit giftigen Pflanzen, alkalischem Wasser oder infizierten Tieren unterbunden werden konnte. Und die Vermehrung durch Zucht konnte kontrolliert werden, um die Qualität der Herde zu verbessern."[512]

Eine künstlich herbeigeführte Tragödie

Die Methoden der Verfügungszuteilung des öffentlichen Landes verursachten im späten 18. sowie im 19. Jahrhundert große Kontroversen.[513] Bis 1862 wurden öffentliche

Ländereien hauptsächlich durch Verkäufe auf Auktionen freigegeben, auch wenn Bundesstaaten und Einzelpersonen etwas Land durch staatliche Bewilligung erhielten, und mit der Zeit wurden illegalen Landbesetzern Vorkaufsrechte zugestanden.[514] Beständiger Druck, „freies" Land zugänglich zu machen, führte zur Verabschiedung des ersten „Homestead Act" im Jahre 1862. Dieses Gesetz erlaubte es Siedlern, 160 Acre zu beanspruchen, wenn sie sich fünf Jahre lang auf dem betreffenden Land aufgehalten und es kultiviert hatten.[515] Dem Homestead Act folgten einige andere Gesetze. Der „Timber Culture Act" aus dem Jahre 1873 erlaubte es Siedlern, zusätzlich 160 Acre zu beanspruchen, wenn sie dort auf 40 Acre Bäume pflanzten und pflegten. Der „Desert Land Act" 1877 erlaubte es, bis zu 640 Acre zu beanspruchen, wenn das Land bewässert wurde. Der „Enlarged Homestead Act" von 1909 erweiterte die verfügbare Grundfläche auf 320 Acre. Schließlich erweiterte der „Raising Homestead Act" von 1916 die Fläche auf bis zu 640 Acre.

Obwohl all diese Gesetze Eigentumsrechte an Land schufen, verdrängten sie auch bestehende Gewohnheitsrechte, die durch lokale Institutionen durchgesetzt worden waren, und erhöhten künstlich die Kosten für die Bestimmung und Durchsetzung von Eigentumsrechten. Die Einzäunung von öffentlichem Land war dem Bemühen geschuldet, die Kontrolle der Eigentumsrechte auf eine weniger kostenträchtige Weise sicherzustellen als durch Instandbesetzungen. Doch als Antwort auf solche Einzäunungen wurden 1885 Gesetze verabschiedet, die Folgendes besagten:

Tabelle 9.3

Illegale Einzäunungen in den elf westlichsten Bundesstaaten 1883-1908

	Gesamtfläche in Acre
1883	2.157.000[a]
1884	2.975.000[a]
1885	1.221.000[b]
1886	6.400.000[b]
1887	8.579.000[b]
1888-1900	keine Daten
1901	2.488.000[b]
1902	3.953.000[b]
1903	2.605.000[b]
1904	1.355.000[b]
1905	363.000[b]
1906	2.000.000[b]
1907	800.000[b]
1908	1.323.000[b]

Quelle: Libecap 1981, S. 20.
a nur Colorado.
b unter Einschluss von Nebraska, North Dakota, South Dakota und Kansas.

„Keine Person darf mittels Gewalt, Drohungen, Einschüchterung oder durch Einzäunung oder Eingrenzung oder irgendeine andere ungesetzliche Maßnahme irgendeine Person, auch nicht in Zusammenarbeit mit anderen Personen, daran hindern, auf friedliche Weise eine Siedlung oder eine Heimstätte zu betreten, die sich auf öffentlichem Land befindet, das Gegenstand der öffentlichen Landgesetze der Vereinigten Staaten ist, und sie darf auch nicht die freie Durchfahrt oder Durchreise über öffentliches Land behindern."[516]

Dieses Gesetz kodifizierte im Wesentlichen den freien Zugang zu öffentlichem Land. 14 Monate nach der Verabschiedung des gegen die Einzäunung gerichteten „Anti-Fencing Act" von 1885 „wurden 375 ungesetzliche Eingrenzungen auf öffentlichem Land mit insgesamt 6.410.000 Acre den zuständigen Beamten angezeigt, es wurden Vorkehrungen für die erzwungene Entfernung von Zäunen in 83 Fällen mit einer betroffenen Fläche von 2.250.000 Acre empfohlen, und rechtskräftige Bescheide zur Entfernung von Zäunen ergingen in 13 Fällen, was eine Fläche von einer Million Acre ausmachte".[517] In einigen Fällen wurde das Militär eingesetzt, um illegale Zäune zu entfernen.[518]

Die Homestead-Gesetze erhöhten auch künstlich die Kosten der Festlegung und Durchsetzung von Eigentumsrechten, und zwar in mehrerlei Hinsicht: Durch die Festlegung einer bestimmten Landanspruchsgröße, die allgemein hinsichtlich der Trockenheit des Landes im Frontier nicht angemessen war, durch die Forderung des Verbleibs auf dem Land für die Dauer von fünf Jahren sowie durch die Forderung nach Verbesserung des Landes, was nicht gerade wirtschaftlich war.[519] Wenn das Land zum Verkauf gestanden hätte, wäre es zu dem Zeitpunkt gekauft worden, wo sein diskontierter aktueller Wert gerade positiv wurde (siehe Kapitel 2),[520] doch es wäre nicht für die Produktion genutzt worden, solange nicht die jährlichen Erträge aus dieser Produktion einen positiven Saldo versprochen hätten (t* in Diagramm 2.1). Doch die Homesteading-Regeln verlangten von den Anspruchstellern, das Land auf der Grundlage ihrer ständigen Anwesenheit auf ihm und der Verbesserung dieses Landes zu beanspruchen und nicht etwa auf der Basis der für dieses Land gezahlten Dollars. Unter den Homestead-Gesetzen war der Zeitpunkt für die Beschlagnahme und die Bewirtschaftung des Landes also nicht der Zeitpunkt, an dem die jährlichen Erträge ins Positive drehten, sondern schon früher, nämlich als der diskontierte Nettowert des Landes gerade erst positiv wurde.[521]

Mit anderen Worten: Die Homestead-Gesetze führten zu einer zu frühen Besiedlung, was zumindest einen Teil des Wertes der Eigentumsrechte am Land zerrinnen ließ[522] und im äußersten Fall womöglich sogar den Gesamtwert des Landes durch das Rennen um Eigentumsrechte auflöste.

Die exakte Berechnung dieser Werte war jedem Einzelnen vorbehalten und variierte je nach den Erwartungen an die Produktivität des Landes, die Regenmenge, die geeigneten Nutzpflanzen, die Outputpreise und die Transportkosten. Doch wie auch immer die besten Schätzungen dieser Unbekannten aussahen, erforderte das Rennen um Eigentumsrechte eine Besiedlung noch bevor der Nettowert der Erträge aus dem Land positiv wurde. Und wenn die Homesteader unangemessen optimistisch über das produktive Potenzial ihres Landes waren, was bei vielen auch der Fall war (sie dachten also, dass die Renten früher ins Positive drehen würden), dann nahmen sie eben mehr Mühsal und Anstrengungen auf sich. Gary Libecap und Barbara Hansen folgern, dass dieser Optimismus „zu viele Menschen dazu verleitete, in dieser Region zu siedeln und auf trockenem Gelände zu viele kleine Weizenfarmen zu gründen".[523]

Im Ergebnis schufen die Homestead-Gesetze für viele Homesteader eine „Zeit des Darbens". Die dem Zuteilungsprozess innewohnende Unsicherheit und der Druck auf vorzeitige Einrichtung von Eigentumsrechten zeigten sich deutlich in dem Anteil der Misserfolge beim Homesteading. Fletcher berichtet, dass 80 Prozent der ursprünglichen Homestead-Niederlassungen im Benchland District nördlich des Musselshell River in Zentral-Montana aufgegeben wurden.[524] Von den 70.000 bis 80.000 Menschen, die sich im Rahmen des Homesteading zwischen 1909 und 1918 in Montana niederließen, „hatten bis 1922 ungefähr 66.000 beziehungsweise 88 Prozent Hunger gelitten oder aufgegeben".[525]

Und weniger als die Hälfte der 88.687 Homestead-Einträge, die in Wyoming zwischen 1910 und 1934 eingetragen worden waren, wurden auch realisiert.[526] Der renommierte Landhistoriker Benjamin Hibbard drückte es so aus: „Die große Schwäche des ‚Homestead Act' war und ist seine äußerste Unangepasstheit an jene Landesteile, für die er nicht konzipiert worden war. Die Idee von kleinflächigen Farmen in der semi-ariden Region war ambitioniert, aber unhaltbar. Sie erwies sich in der Praxis sogar als ziemlich schlimm.“[527]

Ein typisches Beispiel für das Rennen um Eigentumsrechte ist der Oklahoma Land Rush von 1893.[528] „The Outlet“, auch bekannt als „Cherokee Strip“,[529] war ein etwa 360 Kilometer mal 93 Kilometer großes Gebiet (8,4 Millionen Acre) im heutigen Nordwest-Oklahoma.[530] Aufgrund vorhergehender Zuteilungen an Indianerstämme waren nur sechs Millionen der 8,4 Millionen Acre für die Inanspruchnahme verfügbar. The Outlet war in einem Abschnitt eines 1828 abgeschlossenen Vertrags mit dem Stamm der Cherokee entstanden, in dem es darum ging, den Indianern Zugang zu Jagdgründen zu geben, doch nach 1866 wurde das Gebiet durch einen Nachfolgevertrag begrenzt.[531]

Der Stamm erhielt jedoch seine Eigentumsrechte an dem Gebiet zurück und versuchte, diese Rechte gegen Übergriffe zu verteidigen, die zunächst von durchziehenden Herden und dann durch benachbarte Rancher erfolgten.[532] In den ersten Jahren zogen die Cherokee geringe Steuern auf Vieh im Outlet ein und gingen dann nach 1878 dazu über, Land an Rancher zu verpachten.

Um niedrigere Verhandlungs- und Durchsetzungskosten zu erzielen, bildeten die Rancher 1993 die Cherokee Strip Livestock Association und ermächtigten diese, mit dem Indianerstamm einen Pachtvertrag abzuschließen und dann an die Mitglieds-Rancher unterzuverpachten.[533] Der ursprüngliche Pachtvertrag zwischen dieser Vereinigung und dem Stamm hatte eine Laufzeit von fünf Jahren und sah eine jährliche Zahlung von 100.000 Dollar vor.[534] Da sie davon ausgingen, dass ihre Eigentumsrechte relativ sicher waren, errichteten die Rancher Zäune und nahmen andere Verbesserungen im Outlet vor.

Die Bundesregierung verkündete 1888, dass sie Pachtverträge zwischen den Cherokee und den Ranchern nicht mehr anerkennen würde, und 1889 verabschiedete der Kongress ein Gesetz, um The Outlet zum Preis von 1,25 Dollar pro Acre zu kaufen. Im Oktober jenes Jahres sagte der Innenminister den Ranchern, dass sie ihr Vieh vom Outlet zu entfernen hätten.[535] Der Stamm war einverstanden, seine Rechte an die Bundesregierung zum Preis von 8,6 Millionen Dollar zu veräußern.[536] Er tat dies ungeachtet der Tatsache, dass er von den Ranchern bereits Angebote über 30 Millionen Dollar erhalten hatte. Offenbar erkannten die Cherokee, dass eine Enteignung durch den Staat durchaus im Bereich des Möglichen lag, und der Verkauf für 8,6 Millionen Dollar erschien besser, als das Land einfach so abgenommen zu bekommen.

Der Staat wollte die Kontrolle über das Outlet erlangen, da es politischen Druck gab, das Land für Siedler zu öffnen, die es im Rahmen des Homesteading zu beanspruchen trachteten.[537] Sobald der Kauf vollzogen war, stieg der Druck, das Land für die Besiedlung zu öffnen. Doch der Umstand, dass bereits besiedeltes Land den großen Block verfügbaren Landes umschloss, bedeutete, dass Regeln darüber aufgestellt werden mussten, wer und wann dieses Land betreten durfte. Am 19. August 1893 veröffentlichte Präsident Grover Cleveland eine 15.000 Wörter umfassende Proklamation, die die Bedingungen für die Beanspruchung von Land im Outlet im Detail regelte.[538]

Die Gegend sollte ab dem Mittag des 16. September zur Verfügung stehen, und vor dieser Zeit sollten keine Ansprüche zugelassen werden. Die Proklamation legte fest, dass das Land entweder von der nördlichen oder der südlichen Grenze des Streifens aus betreten werden musste. Es wurden zudem neun Registrierungsstellen bereitgestellt, vier an der südlichen und fünf an der nördlichen Grenze. Diese Registrierungsstellen waren erforderlich, weil potenzielle Anspruchsteller ein Zertifikat erhalten mussten, um am Rennen teilnehmen zu dürfen. Nachdem sie ein Claim-Gebiet gefunden hatte, musste die betreffende Person dies einem Grundstücksamt melden, ihren Claim anmelden und sich das Zertifikat aushändigen lassen. Mehreren Eisenbahnlinien, die das Outlet durchquerten, wurde es erlaubt, Züge für die Anspruchsteller fahren zu lassen, solange sie nicht mehr als 24 Stundenkilometer fuhren und nicht an Orten hielten, die mehr als acht Kilometer entfernt lagen.[539]

Die Presse berichtete viel über das Wettrennen um das Land, und Reporter kamen von weit her und sorgten so dafür, dass die Kunde über das Rennen weiterverbreitet wurde. Sobald die Registrierungsstellen eingerichtet worden waren, wurden sie von Antragstellern belagert. Irene Lefebvre berichtet: „Die Buden eröffneten ihren Betrieb am Montagmorgen um sieben Uhr vor dem Rennen am Samstag, dem 16. In Arkansas City standen die Menschen Schlange und verharrten zwei Tage und Nächte lang auf ihren Plätzen. …

Die Schlange in Orlando auf dem Territorium von Oklahoma war mindestens 1.500 Kopf stark, als die Registrierungsstelle öffnete, und jede Stunde kamen Hunderte nach. … Jeden Tag nahm die Zahl der Leute zu, bis 10.000 Männer und Frauen in der drückenden Hitze und im dicken Staub standen.“[540]

Laut D. Earl Newsom „glich die Grenze des Landstreifens bis Anfang September fast einem riesigen Lager. Die Lebensbedingungen waren kaum erträglich. Wasser war drei Kilometer weit entfernt. Viele Grundstücksanwärter hatten nur magere Vorräte und wenig Geld. Die Toilettenvorrichtungen waren primitiv. Die Sonne und der Staub waren unerbittlich.“[541] Eine Zeitung berichtete von mehreren Toten: „In Arkansas City erlitten an jenem Tag mehr als 50 Menschen einen Hitzschlag, und sechs davon starben noch vor Anbruch der Nacht. In Caldwell erlitten 20 Menschen einen Sonnenstich, von denen zwei starben. In Orlando meldete man 22 Sonnenstiche und zwei Tote und in Hennessy 18 Sonnenstiche und einen Toten.“[542]

In der Schlange zu warten war nur eine Art der Rentenverschwendung; es gab auch Versuche, sich im Rennen einen Vorteil zu verschaffen. Ganze Zugladungen mit schnellen Pferden wurden herbeigefahren. Um andere abzuhalten, erzählten Gerüchtemacher von möglichen Gefahren und Regeländerungen, die die Kosten des Rennens erhöhten. Das Militär war sehr damit beschäftigt, Siedler zu vertreiben, die versuchten, sich vor dem Start des Rennens in die Region hineinzuschleichen, um das beste Land ausfindig zu machen.

Schließlich, am Morgen des 16. September, versammelten sich zwischen 100.000 und 150.000 Teilnehmer an der Grenze – drei bis vier Mal mehr, als Claims verfügbar waren.[543] Soldaten mit Gewehren standen ungefähr alle 600 Meter Wache, um jeden aufzuhalten, der vor dem Signal aufbrechen wollte. Eine taube Person dachte, das Signal vernommen zu haben, und wurde nach einem zu frühen Fehlstart vom Sattel geschossen. Als das Signal um Mittag gegeben wurde, stürmten alle Beteiligten voran, und die Züge, die mit teilweise auch außen an den Waggons hängenden Passagieren vollgestopft waren, lösten ihre Bremsen. Es entstand ein Tumult, als die Menschen zu Pferde und in den Wagen losstürmten, um ihre Claims abzustecken. Pferde brachen sich die Beine, und Wagen überschlugen sich auf dem holprigen Gelände. Über die ganze Prärie verstreut lag Wagenzubehör wie Kocher, Eimer und Kisten herum. Diejenigen, die meinten, zu Fuß das Rennen machen zu können, wurden von Pferden zertrampelt und von Wagen überfahren. Wer an Bord eines Zuges war, riskierte, sich die Beine zu brechen, wenn er vom fahrenden Zug sprang, um den anderen zuvorzukommen.[544]

„E. C. (Evalyn) Aldrich aus Chambersville, Montana, überquerte die Linie auf einem Cowboy-Pony. Nach etwa zweieinhalb Kilometern machte er eine Pause und zählte 40 Rennpferde, die kollabiert und an Hitze, Durst und Überanstrengung gestorben waren."[545] Diejenigen, die vor dem Startpfiff losrannten, liefen Gefahr, erschossen zu werden, und hörten im Hintergrund Rufe wie: „Da sind Sooner, Frühstarter! Erschießt die Mistkerle."[546] Der Landsturm von Oklahoma unterschied sich vom Homesteading darin, dass das Rennen erst stattfand, als das Land so weit war, einen positiven Jahresertrag generieren zu können (t* in Abbildung 2.1), doch der Zuteilungsprozess vergeudete deutlich einen Teil des Wertes dieses Landes. Die wichtige Lektion daraus ist, ähnlich wie bei den Homestead-Gesetzen, dass die Regeln für die Einrichtung von Eigentumsrechten mit höherer Wahrscheinlichkeit den Wert des Eigentums schmälern, wenn diese Regeln von Personen oder Gruppen diktiert werden, die kein direktes materielles Interesse am Ausgang des Prozesses haben. Da die Eigentumsrechte am Cherokee-Streifen bereits gut eingerichtet waren, gab es eigentlich keinen Grund, gebrochene Beine, unzivilisiertes Benehmen und Tod billigend in Kauf zu nehmen.

Schlussfolgerungen

Die Verschwendung von Ressourcen, die aufgrund der Regeln für die Festlegung und Durchsetzung von Eigentumsrechten unter den bundesweiten Landgesetzen erfolgte, stand im schroffen Gegensatz zur Wirtschaftlichkeit, die durch die Regeln für die Einrichtung von Eigentumsrechten durch Landanspruchs-Clubs und Viehzüchtervereinigungen aufgestellt worden waren. Diese Gruppen beschränkten sich auf die Investition in Aktivitäten zur Festlegung und Durchsetzung von Eigentumsrechten. Der Grund für den Unterschied zwischen den örtlich festgelegten informellen Eigentumsinstitutionen und den staatlich bestimmten formellen Gesetzen ist der, dass die ersteren von Individuen mit einem materiellen Interesse am Ausgang des Prozesses stammten und diese Individuen daher einen Anreiz hatten, lediglich Ressourcen zu investieren, die auf den Prozess der Festlegung und Durchsetzung von Eigentumsrechten abzielten. Die Homestead-Gesetze dagegen wurden von Mitgliedern des Kongresses geschaffen, die nur wenig Anspruch auf irgendwelche Renten hatten, die vielleicht durch effizientere Festlegungs- und Durchsetzungsprozesse gesichert worden wären. Im Gegenteil gewannen Politiker an Popularität, indem sie „kostenloses Land" verkündeten,[547] und die lokalen Grundstücksbürokratien, die Druck auf diese Politiker ausübten, standen bereit, um sich ein paar Mittel vom Homesteading-Prozess abzuzweigen.[548]

Jonathan Raban beschreibt, wie lokale Regierungsmitarbeiter Profit aus dem bundesweiten Landzuteilungssystem schlagen konnten: „Eine kurze Mitarbeit in einem Überwachungsteam konnte zu einer profitablen Karriere im Immobilienbereich führen. Und die meisten Verpächter, die in ihren Pferdewagen immer dann an den Eisenbahnstationen auftauchten, wenn ein Siedler erwartet wurde, hatten etwas Zeit beim Liegenschaftskataster verbracht. Für einen einfachen Mann bedeutete das Ortungsgeschäft schnelles Geld, nämlich 25 Dollar für einen einzigen Morgen Arbeit."[549]

Weil die bundesweiten Landgesetze die Transaktionskosten der Einrichtung von Eigentumsrechten künstlich erhöhten, überrascht es nicht, dass der Druck wuchs, ein effizienteres System einzuführen. Die Rancher stellten fest, dass die Homestead-Gesetze wahrscheinlich nicht aufgehoben werden würden, hofften aber auf ein Pachtsystem, das ihnen die Kontrolle über das noch im öffentlichen Besitz stehende Land geben würde. 1884 lobbyierte die National Cattle Growers' Association beim Kongress, um „solche Gesetze zu erlassen, die es den Viehzüchtern des Westens ermöglichten, das Recht zu erwerben, auf noch unbesetztem Gebiet zu weiden".[550] Die politische Macht der Ostküste setzte sich jedoch durch, und dem Kongress gelang es lange nicht, irgendeine Pachtgesetzgebung durchzusetzen, bis 1934 der „Taylor Grazing Act" verabschiedet wurde. Zu dieser Zeit gab es immer noch 165 Millionen Acre an nicht angeeignetem und nichtreserviertem öffentlichen Land in elf westlichen Staaten, was Zeugnis ablegt von der Schwierigkeit, Eigentumsrechte durch Homesteading einzuführen.[551]

Dem Westen wurde ein ineffizientes System für die Etablierung von Eigentumsrechten auch deswegen aufgesattelt, weil die Gesetzesmacher im Osten nicht dieselben Informationen und Anreize aufwiesen, die die Eigentumsrechteunternehmer im Frontier hatten. Genau das stellte Walter Prescott Webb fest, als er [der Mann im Westen] zu seinem Nachbarn und Gesetzgeber aus dem Osten über seine Bedürfnisse sprach und Letzterer sich oft einer unverständlichen Sprache bediente. Der Westmann drückte sich auf eine Weise aus, die der Ostmann nicht verstehen konnte, da er und seine Eltern nicht die Erfahrung besaßen, um die neuen Probleme richtig einzuschätzen. Der Ostmann war also zurückhaltend darin, die vom Westmann gemachten Vorschläge für die neuen Institutionen im Westen aufzugreifen.[552]

Die bundesweiten Landgesetze beförderten nicht nur eine Rückkehr zur Tragik der Allmende, sie begünstigten auch ein Rennen um Eigentumsrechte, das zumindest einen Teil der Erträge aus der Privatisierung zunichtemachte, die zuvor durch freiwillige Vereinigungen erzielt worden waren.

Kapitel 10

Die Wüste blühen lassen

Als in der zweiten Hälfte des 19. Jahrhunderts die agrarische Besiedlung in die Region westlich des 100. Breitengrads vorstieß, wurde offensichtlich, dass die Trockenheit das entscheidende Merkmal dieser Region war. Viele Beobachter stellten in Frage, dass der Westen – vor allem die Region der Großen Ebene, die auch als die „Große Amerikanische Wüste" bezeichnet wurde – irgendein wirtschaftliches Potenzial barg. 1837 schrieb Washington Irving:

„Die große Bergkette der Chippewyan-Indianer und die sandigen und vulkanischen Ebenen, die sich auf beiden Seiten der Kette erstrecken, stellen sich so dar, als seien sie für eine Urbarmachung nicht geeignet. Das Weideland, das dort eine gewisse Zeit im Jahr existiert, verwelkt unter der Trockenheit der Atmosphäre und hinterlässt nichts als eine trostlose Einöde. Ein immenser Gürtel aus felsigen Bergen und vulkanischen Ebenen, mehrere Hundert Kilometer breit, muss für immer eine unerschlossene Wildnis bleiben, die sich zwischen die Verweilstätten der Zivilisation schiebt und einen letzten Zufluchtsort für die Indianer bietet. Hier können umherstreifende Stämme von Jägern, die in Zelten oder Hütten leben und den Wanderungen der Beutetiere folgen, ein Dasein in wilder Unabhängigkeit fristen, dort, wo es für die Gier des weißen Mannes keinerlei Versuchungen gibt."[553]

Sogar noch 1875 behauptete W.B. Hazen, ein im Westen dienender Armeeoffizier, dass das gesamte Indianerland zwischen dem 100. Breitengrad und der Sierra Nevada unbewohnbar sei. „Hinter dieser Linie sollten wir von einer Einwanderung in diese als unkultivierbar bekannten Gebiete dringend abraten", meinte er.[554]

Ungeachtet solchen Pessimismus sahen viele Menschen durchaus Potenzial für eine produktive Landwirtschaft, vor allem wenn das Land bewässert werden konnte. Optimismus wurde zum Teil auch von Werbern verbreitet, etwa im Auftrag der Bundesregierung und der Eisenbahngesellschaften, die die Farmer dazu ermunterten, sich des „freien" Landes zu bedienen, und die sogar falsche Behauptungen in die Welt setzten, um Siedler anzulocken. Ein Agrarwissenschaftler ging sogar so weit, zu behaupten, dass es häufiger leichten Niederschlag geben würde, wenn die Farmer die Region besiedelten und nur zehn von 160 Morgen Land bewässerten, was die Gegend in ein wahres Füllhorn landwirtschaftlicher Produktion verwandeln würde.[555]

Obgleich das Rennen um die Landnahme zweifellos auch viele Fälle voreiliger Besiedlung verursachte (siehe Kapitel 8), wurde der Ackerbau schließlich wirtschaftlich, vor allem dort, wo die Siedler das Land bewässerten. Aus diesem Grund hingen Renditen aus dem Ackerbau eng zusammen mit der Verfügbarkeit von Wasser auf dem Landbesitz. Folgerichtig betrieben institutionelle Unternehmer einen erheblichen Aufwand für die Festlegung, Neuorganisation und Umverteilung von Wasserrechten.

Aufgrund der vergänglichen Natur von Wasser entwickelten sich die Regeln bezüglich der Eigentümerschaft an dieser Ressource auf eine andere Weise als dies bei üblichen Ressourcen der Fall war. Von seinem Blickwinkel im feuchten England aus behauptete der große Jurist des englischen Gewohnheitsrechts William Blackstone, dass „Wasser ein bewegliches und flüchtiges Ding und notwendigerweise vom Naturrecht her etwas Gewöhnliches ist, so dass man nur ein vorübergehendes und vergängliches Nutznießereigentum daran hat".[556]

Daher gab die Flussanrainer-Doktrin, die sich im englischen Gewohnheitsrecht entwickelt hatte, den Landbesitzern entlang eines Wasserlaufs das Recht, eine unbegrenzte Menge an Wasser zu entnehmen. Die Flussanrainer-Doktrin funktionierte dort gut, wo das Wasser hauptsächlich für häusliche Zwecke, für Vieh oder für den Betrieb von Wassermühlen verwendet wurde und wo eine Ableitung für Bewässerungszwecke nicht nötig war. Unter diesen Bedingungen konnten flussanrainende Landbesitzer ihr Recht auf Wasserentnahme ausüben, ohne Eigentümer am unteren Flusslauf zu schädigen.

Doch in einer trockenen Region war die Nutzung von Wasser mit Umleitungen verbunden, und Wasserableitungen in größeren Mengen, als dies für Haushalt und Vieh erforderlich war, beeinträchtigten die Anrainer weiter flussabwärts. Diese Beschränkungen wurden zuerst beim Bergbau offensichtlich, als große Wassermengen über beträchtliche Entfernungen abgeleitet werden mussten, um Waschrinnen und Hochdruckschläuche für den hydraulischen Bergbau zu betreiben. Solche Ableitungen von einem Wasserlauf hinderten die Nutzer flussabwärts daran, Wasser in ausreichender Menge und Qualität zu erhalten. Und darüber hinaus gab es von Jahr zu Jahr erhebliche Schwankungen bei den Wasserständen, so dass unvermeidlich der Zeitpunkt kam, an dem die Wasserversorgung zu knapp wurde, um den Bedarf aller Anrainer decken zu können.

Unter diesen Umständen entwickelte sich im Westen die Doktrin der Erstaneignung als Alternative zur Flussanrainerdoktrin:

„Diese Regeln und Regulierungen der Schürfer … waren sehr einfach und was Eigentumsrechte betraf waren sie verbunden mit Erwerb, Arbeit und Beibehaltung von Schürfrechtsansprüchen sowie mit der Aneignung sowie Ableitung von Wasser als Arbeitsmittel. … Bei alledem wurde ein Prinzip verinnerlicht, auf dem auch die ‚Doktrin der trockenen Regionen' über das Eigentum und die Nutzung von Wasser beruhte, nämlich die Anerkenntnis der Entdeckung, gefolgt durch die Erstaneignung sowie die Aufnahme eines Eigentumstitels und die Entwicklung durch Bearbeitung des Claim-Landstrichs als Bedingung für die Beibehaltung dieses Anspruchs."[557]

Diese Doktrin stellte eine klare Abweichung vom englischen Gewohnheitsrecht dar, und zwar in vierfacher Hinsicht. Erstens garantierte sie dem Erstaneigner ein Exklusivrecht auf das Wasser und war die Grundlage für weitere Rechte, die aus diesen Erstrechten hervorgingen. Zweitens erlaubte sie die Ableitung von Wasser hin zu Gebieten, die an keinen eigenen Wasserlauf grenzten. Drittens begrenzte sie die zu beanspruchende Wassermenge, die für eine vorteilhafte Nutzung verwendet werden konnte. Und schließlich erlaubte sie den freiwilligen Austausch von Wasserrechten. Diese Änderungen stellten allesamt neue Merkmale von Eigentumsrechten dar, die an Bedeutung gewannen, als Wasser an Wert gewann.

Die Bedeutung der Wasserknappheit als treibende Kraft bei der Annahme der Erstaneignungsdoktrin wird in Karte 5 illustriert. Die Bundesstaaten, die die Erstaneignungsdoktrin in vollem Umfang angenommen hatten, lagen eindeutig in der trockenen Großen Ebene, und die Staaten, die eine modifizierte Version der Anrainerdoktrin annahmen, wiesen eine höhere Niederschlagsmenge auf.[558]

Die Vermengung von Wasser und Kapital

Die Ableitung von kleinen Mengen Wassers für eine kleine Wasserrinne oder für die Bewässerung von wasserlaufanrainenden Feldern erforderte nur wenig Infrastruktur, doch weiträumigere Ableitungen erforderten die Koordination von Arbeitskraft und Kapital. Um Skaleneffekte durch größere Rinnen oder hydraulisches Schürfen zu realisieren, mussten die Bergleute Dämme bauen, um Wasser zu stauen und abzuleiten sowie um Wasserrinnen zu bauen, die das Wasser den Schleusen und Schläuchen zuführten. In einigen Fällen leiteten sie sogar ganze Wasserläufe von ihren eigentlichen Betten ab, so dass diese minenwirtschaftlich bearbeitet werden konnten. Auf ähnliche Weise mussten auch Farmer, die von einem Wasserlauf aus gesehen etwas abgelegenes Land kultivieren wollten, Ableitungsdämme und Gräben bauen. Die Suche nach einer angemessenen Organisation für die Stauung und Zuführung von Wasser, vor allem zum Zwecke der Bewässerung, zog drei bedeutende Arten von Transaktionskosten nach sich.

Zunächst musste ein Bewässerungsunternehmen, das Wasser entlang eines Versorgungskanals verkaufte, mit vielen Bewässerern Verträge abschließen und sie davon überzeugen, dass man nach Vertragsabschluss nicht den Wasserpreis erhöhen würde. Zweitens würde ein Unternehmen, das einen Kanal mitten durch Gebiete bauen wollte, die einzelnen Individuen gehörten, seine Erträge durch jeden Grundstückseigner gefährdet sehen, der einen direkten Kanaldurchgang verweigerte, solange er dafür nicht einen höheren Preis bekommen würde. Und schließlich sahen sich Einzelpersonen, die den Bau und den Erhalt einer Bewässerungseinrichtung zu koordinieren versuchten, mit dem Trittbrettfahrerproblem konfrontiert, insofern als Nutzer am oberen Wasserlauf nur wenig Anreiz hatten, sich um die Versorgung weiter flussabwärts zu kümmern.

Institutionelle Unternehmer reagierten auf die Herausforderung durch diese Transaktionskosten, indem sie Ableitungs- und Speicherdämme sowie Hunderte Kilometer von Schwemmrinnen, Kanälen und Gräben bauten.[559] Wie aus Tabelle 10.1 hervorgeht, wurden Millionen von Acre Land durch private Wasserentwicklung bewässert, was weit über die Fläche hinausging, die durch staatliche Projekte bewässert wurde. Die Organisation für diese privaten Bewässerungsprojekte nahm vielerlei Formen an.

Private Bewässerungsfirmen

Die einfachste Organisationsform war eine private Firma als Besitzerin der Bewässerungseinrichtungen. In den 1880er Jahren wurden in den westlichen Staaten viele private Bewässerungsunternehmen gegründet.[560] Diese Firmen bauten und unterhielten Ableitungsdämme, Zufuhr- und Zubringerkanäle und schlossen Verträge ab, um das Wasser an die Farmer zu liefern, die Anrainer dieser Kanäle waren.

Dieses einfache Vertragsarrangement brachte Probleme sowohl für die Firma als auch für den Farmer mit sich. Zunächst musste die Bewässerungsfirma sich die Rechte am Verlaufsweg der Kanäle sichern. Ohne die Macht zum Enteignen sahen sich die Unternehmen mit dem Problem der Verweigerung konfrontiert: Ein Landbesitzer, dessen Eigentum der Kanal durchqueren sollte, konnte einen exorbitanten Preis für die Rechte am Verlaufsweg erzielen, wenn er ansonsten seine Erlaubnis für die Landnutzung zurückhalten würde. Der Bewässerungsunternehmer ohne alternativen Wasserzugang sah sich einem Monopolproblem gegenüber: Eine Firma mit exklusiver Kontrolle über die Wasserzufuhr in der Gegend konnte für ihre Dienstleistungen Preise verlangen, für die es keine Konkurrenz gab, und sie konnte den widerspenstigen Landbesitzern mit Wasserentzug drohen.

Indem sie den Besitz von Bewässerungsvorrichtungen mit dem Besitz von Land verbanden, konnten Unternehmer diese Probleme umgehen.[561] Wenn eine einzelne Firma das Land besaß, auf dem der Kanal gebaut werden sollte, dann gab es keine Probleme mit Verweigerern oder mit hohen Vertragskosten bei der Installierung von Bewässerungsvorrichtungen. Wenn die Firma auch das zu bewässernde Land besaß, dann würden die Erträge aus dem Land und die Erträge aus dem Wasser ein und derselben Firma zugutekommen, so dass es keinen Anreiz gäbe, den Wasserfluss zu begrenzen, um einen höheren Monopolpreis zu erzielen. Zahlreiche Versuche, solche Koordinationsprobleme durch die Integration von Land- und Wasserbesitz zu lösen, waren erfolgreich, darunter auch mehrere in Kalifornien. Zum Beispiel bildeten 1857 50 deutsche Siedler eine Gesellschaft mit gemeinsamem Kapital und erwarben eine große Ranch auf einem Gebiet mit spanischer Landzuweisung. Als „Anaheim-Kolonie" bekannt, war diese Gesellschaft in der Frühzeit der kalifornischen Landwirtschaft eines der erfolgreichen Unternehmen mit weitflächiger Bewässerung. Diese Gesellschaft mit gemeinsamem Kapital besaß und unterhielt die Bewässerungseinrichtungen, während das Eigentum den Koloniemitgliedern per Los zugeteilt wurde.[562]

Auch die Southern California Colony Association in Riverside wurde gegründet, um Landbesitz und Bewässerungsvorrichtungen zu integrieren. 1870 kaufte Richter John Wesley North große Landstriche von der Roubidoux-Ranch und der Gurapo-Ranch.[563] Die Vereinigung entwickelte ein Bewässerungsprojekt mit Wasser vom Santa-Ana-Fluss und verkaufte das Land dann an Siedler. Mehrere weitere Projekte folgten. 1872 kaufte eine Gruppe von Investoren 8.000 Acre der Cucamonga-Ranch und erhielt die Wasserrechte am San Antonio Creek.[564] 1875 kaufte eine andere Gruppe 5.600 Acre von der San-José-Ranch. Die San Gabriel Orange Grove Association unter der Führung von D.N. Berry kaufte 2.800 Acre Land etwa sechs Kilometer von Los Angeles entfernt, entwickelte Bewässerungsvorrichtungen und teilte wiederum Landparzellen Mitgliedern per Los zu.[565]

Tabelle 10.1

Bewässerungsentwicklung in 17 westlichen Bundesstaaten 1890-1950 (Acre)

	Mit staatlichem Wasser bewässert	Durch private Projekte bewässert	Bewässerte Fläche insgesamt
1890	—	3.631.381	3.631.381
1900	—	7.527.690	7.527.690
1902	—	8.875.090	8.875.090
1910	568.558	13.456.774	14.025.332
1920	2.388.199	16.204.769	18.592.988
1930	3.049.970	15.894.886	18.944.856
1940	3.800.239	16.594.804	20.395.043
1950	5.700.000	19.169.000	24.869.000

Quelle: Golze 1952, S. 14.

Homogene religiöse und quasi-religiöse Organisationen sorgten für einen weiteren privaten Mechanismus zur Verringerung von Transaktionskosten, die mit der privaten Wasserentwicklung verbunden waren. Am bemerkenswertesten war die Erfahrung der Mormonen in Utah.

Nachdem sie im Sommer 1847 das Tal des Großen Salzsees erreicht hatten, bewässerten die Mormonen bis 1848 5.000 Acre Land für Feldfrüchte, und im Jahre 1865 waren es bereits150.000 Acre.[566] Der Gruppenzusammenhalt und die hierarchische Struktur der Mormonengemeinde ließen sie die Transaktionskosten überwinden: „Dämme und Gräben wurden auf Gemeinschaftsbasis gebaut, und eine öffentliche Behörde wurde eingerichtet, um die Zuteilung von Wasser für den Verzehr sowie für industrielle und landwirtschaftliche Zwecke zu überwachen. … Wenn eine Gruppe von Familien in Wassernot geriet oder mehr Wasser brauchte, um ihre Farmen und Gärten zu bewässern, arrangierte der Bischof eine Inspektion und organisierte Männer für einen Bautrupp. Jeder Mann war gefordert, Arbeit in dem Maße beizutragen, wie er zu bewässerndes Land hatte. Nach Vollendung des Projekts wurde das Wasser von einem Wasserbeamten je nach Arbeitsbeitrag zugeteilt. Die für die Instandhaltung des Kanals nötige Arbeit wurde in gleicher Weise gehandhabt, und zwar im Einklang mit Regelungen, die in den regelmäßigen Sonntagsgottesdiensten oder Priestertreffen getroffen wurden.“[567]

Die Bewässerungsarbeiten wurden gemeinschaftlich entwickelt, um Skaleneffekte zu erzielen, doch das Land befand sich in Privateigentum, damit Anreize für die Produktion aufrechterhalten wurden.[568] Andere religiöse Organisationen hatten mit ihren Bewässerungsprojekten weniger Erfolg, da sie kein Anreizsystem aufwiesen. Im Jahre 1898 etwa errichtete die Heilsarmee zwei Kolonien, eine am Fort Amity im Tal des Arkansas-Flusses in Colorado, etwa 400 Kilometer östlich von Denver, und eine nahe Soledad im Salinas Valley in Kalifornien.[569] Da diese Bewässerungskolonien darauf abzielten, Möglichkeiten für mittellose Farmerfamilien zu bieten und nicht Glaubensgemeinschaften wie den Mormonen, zogen sie bald Bedürftige an. Doch die städtischen Armen, die zu diesen Projekten strömten, hatten weder Erfahrung in der Landwirtschaft, noch hatten sie einheitliche Ziele. Das führte dazu, dass beide Projekte 1907 aufgegeben wurden.

Horace Greeley initiierte ein weiteres soziales Experiment an der Stelle des später „Greeley" getauften Ortes in Colorado. 1869 leitete Nathan Cook Meeker, ein Angestellter des Projekts, die Errichtung einer Bewässerungskolonie etwa 80 Kilometer nördlich von Denver am Delta der Flüsse South Platte und Cache la Poudre.[570] Greeley veröffentlichte einen Werbeprospekt über die Kolonie in der „New York Tribune", für die er als Landwirtschaftsjournalist arbeitete. Die Kolonie kaufte der Denver Pacific Railroad 12.000 Acre privates Land ab und setzte ein Städtchen und ein Bewässerungssystem für anliegende Farmen auf. Diese Gemeinde zog schnell Siedler an, und das Land wurde bald verkauft. Doch die Gründer hatten die Kosten der Bewässerungskanäle unterschätzt, und die Kolonie wollte nicht gedeihen.

Bewässerungsgesellschaften mit gegenseitigem Nutzen

Um Kapital für großangelegte Bewässerungsvorrichtungen aufzutreiben und um das Problem der Marktbeherrschung seitens des Besitzers der Bewässerungsvorrichtung zu überwinden, gründeten einzelne Farmer Bewässerungsgesellschaften mit gegenseitigem Nutzen.[571] Tabelle 10.2 zeigt die relative Bedeutung verschiedener Organisationsformen von Bewässerungsunternehmen in Kalifornien zwischen 1920 und 1950. Neben dem Einzelfarm-Unternehmen bildete die Bewässerungsgesellschaft mit gegenseitigem Nutzen im Jahre 1920 die vorherrschende Organisationsform, doch das änderte sich dramatisch im darauffolgenden Jahrzehnt, als sich öffentliche Bewässerungsdistrikte immer mehr durchsetzten.

Tabelle 10.2

Bewässerte Fläche in Kalifornien nach Unternehmensart 1920-1950 (in Tausend bewässerte Acre)

	1920[a]	1930[a]	1940[b]	1950[b]
Einzelfarm	1.503	1.735	2353	4.260
gegenseitige Bewässerung	1.216	854	898	889
kommerziell	813	312	392	296
öffentlicher Bewässerungsdistrikt	577	1.599	1.779	1.821

Quelle: Smith 1983, S. 172.
a U.S. Department of Agriculture (1930, S. 87).
b U.S. Department of Agriculture (1950, S. 85).

Die Unternehmen mit gegenseitigem Nutzen sammelten nicht nur Kapital, sondern halfen den Farmern auch, das Trittbrettfahrerproblem zu lösen, das mit dem Betrieb und der Instandhaltung der Bewässerungsvorrichtungen einherging. Sobald der Zufuhrkanal gebaut worden war, hatten die Anrainer am Kopf des Kanals nämlich nur wenig Anreize, zu dessen Betrieb und Instandhaltung beizutragen, wie Elwood Mead beschreibt:

„Enthusiasmus und der Bedarfsdruck würden zwar ausreichen, um partnerschaftlich Gräben auszuheben, doch der nachfolgende Betrieb würde Unstimmigkeiten nach sich ziehen. Dann würde sich die menschliche Selbstsucht durchsetzen. Der Mann, dessen Land nahe am Beginn des Grabens lag, hatte es nicht nötig, den Kanal zu reparieren. Solange das Wasser für alle anderen an seinem Grundstück vorbeifließt, würden nur die Leute weiter unten am Kanal auf dessen Instandhaltung achten oder anderweitig zurechtkommen müssen. Der Bewässerer, der eine günstige Lage aufwiese, würde zudem einigen Erfindungsreichtum an den Tag legen, um seine Abzweigkanäle zu manipulieren, um mehr als seinen Wasseranteil zu erhaschen, während der unglückliche Bewässerer am unteren Ende des Grabens viel mehr Arbeit hätte und weniger rausbekommen würde als die anderen Mitglieder der Gemeinschaft. Bis die Farmer lernten, dass sie die Kontrolle ihres Grabens in die Hand eines einzigen Menschen legen sollten, gab es im Herzen jedes Mitglieds der Partnerschaft Mord oder Selbstmord.“[572]

Der Wirtschaftswissenschaftler Rodney Smith kommt zu dem Schluss, dass Unternehmen mit gegenseitigem Bewässerungsnutzen auf effektive Weise Kapital ansammeln und das Trittbrettfahrerproblem umgehen konnten und Verträge abschlossen, um etwaige Probleme durch Monopolpreise zu vermeiden.[573] Doch trotz ihres effizienzsteigernden Potenzials verloren Unternehmen mit gegenseitiger Bewässerungsnutzung Boden gegenüber öffentlichen Bewässerungsdistrikten. Smith erklärt den relativen Niedergang der Unternehmen mit gegenseitiger Nutzung durch die Fähigkeit der öffentlichen Distrikte, „Steuern auf Land zu erheben, um den Wasserverbrauch querzusubventionieren, was der lokalen Regierung die Macht der Einkommensumverteilung verlieh, was wiederum einen wichtigen Anreiz für einige Grundbesitzer darstellte, eine öffentliche Eigentümerschaft der Bewässerungsanlagen zu bevorzugen".[574]

Bewässerungsdistrikte

Die von bundesstaatlichen Regierungen in den 1880er und 1890er Jahren geschaffenen Bewässerungsdistrikte wurden mit Besteuerungs- und Verpfändungsvollmachten ausgestattet mit dem Ziel, Bewässerungsvorrichtungen zu bauen, zu unterhalten und instand zu halten. Zuerst entwarf Kalifornien ein Prozedere für die Schaffung von Bewässerungsdistrikten mit der Verabschiedung des „Wright Act" im Jahre 1887. Andere Staaten, darunter Washington 1890, Kansas und Nevada 1891, Idaho, Nebraska und Oregon 1895 und Colorado 1901, folgten bald mit einer ähnlichen Gesetzgebung.[575] Unter dem auch für andere Bundesstaaten typischen kalifornischen Recht war es so, dass, wenn 50 oder mehr Landbesitzer in einer Region einen Distrikt bilden wollten, sie beim Inspektionsbüro ihres Countys eine Petition einreichen mussten. Dann wurde eine Sonderwahl abgehalten, bei der alle Wahlberechtigten, nicht nur Landbesitzer, stimmberechtigt waren, und für die Errichtung eines Bewässerungsdistrikts war eine Zweidrittelmehrheit erforderlich. Sobald der Distrikt gebildet worden war, konnte eine einfache Mehrheit der Wähler der Ausgabe von Bewässerungsanleihen zustimmen. Das ganze Land im Distrikt, nicht nur das bewässerte Land, wurde dann zur Besteuerung herangezogen, um die Schulden abzutragen.[576]

Die Bewässerungsdistrikte boten eine Möglichkeit, die Transaktionskosten dort zu vermindern, wo der Landbesitz fragmentiert war. Einige vertikal integrierte Projekte waren zwar, wie bereits dargestellt, versucht worden, doch waren diese nur dort möglich, wo größere spanische Landzuweisungen die Transaktionskosten für das Zusammenlegen größerer Landblöcke herabsetzten. Bei zahlreichen kleinen Farmen jedoch waren die entsprechenden Transaktionskosten weitaus höher, was Bewässerungsdistrikte zu einer sinnvollen Institution für das Verhindern des Trittbrettfahrer- und Verweigerungsproblems machte.

Geringere Transaktionskosten erlaubten es den Bewässerungsdistrikten auch, negative externe Probleme zu lösen. Wenn zum Beispiel ein Bewässerungsdistrikt wuchs, konnte die Drainage eines Feldes ein anderes Feld beeinträchtigen und die Wasserqualität beeinflussen. Die Bewässerung erhöhte auch den Grundwasserspiegel und verminderte die Kosten der Wasserförderung aus Brunnen. Dazu kam, dass Bewässerungswasser-Reservoirs als Überschwemmungskontrolle ein öffentliches Gut darstellten. Durch die Zentralisierung von Entscheidungsfindungen und die Macht der Besteuerung konnten die Distrikte die Kosten internalisieren und im Zusammenhang mit der Bewässerung Vorteile bieten.

Trotz dieser Vorteile wurde in der Frühzeit der Bewässerungsdistrikte auf diese Weise nur sehr wenig Land bewässert, und zwar aufgrund der Beschränkungen der Anleihefinanzierung. Die kalifornische Gesetzgebung beispielsweise setzte den Anleihezins auf sechs Prozent und legte fest, dass die Anleihen für nicht weniger als 90 Prozent des Nominalwertes verkauft werden durften. 1897 wurden diese Einschränkungen noch belastender, als der Anleihezins auf fünf Prozent herabgesetzt wurde und keine Verkäufe unterhalb des Nominalwertes mehr gestattet wurden.[577] Darüber hinaus wurden die Anleihen nicht durch ein Pfandrecht auf Bewässerungsarbeiten oder anderes Eigentum unterstützt, stattdessen konnten die Anleihenbesitzer nur solches Land beanspruchen, für das noch keine Bewässerungsdistriktsteuern bezahlt worden waren.[578]

Der Erfolg des Bewässerungsdistrikts als einer Organisation für die Förderung der Bewässerung änderte sich im frühen 20. Jahrhundert auf dramatische Weise. Bis 1930 hatte Kalifornien 169 Distrikte mit 3.110.305 Acre bewässertem Land.[579] Die Bewässerungsdistrikte in Kalifornien schuldeten ihren Erfolg zwischen 1910 und 1930 zum Teil einem beträchtlichen Preisanstieg bei den Feldfrüchten sowie der Einrichtung des Anleihezertifizierungskomitees (Bond Certifications Committee, BCC) durch die kalifornische Gesetzgebung im Jahre 1911.[580]

Das BCC setzte die Kosten für die Kapitalbeschaffung herab, indem es Informationen über die Seriosität von

Anleihen verschiedener Bewässerungsdistrikte lieferte. Diese Informationen waren deswegen wertvoll, da private Rating-Agenturen wie Moody's erst in den 1920er Jahren damit begannen, Bewässerungsanleihen zu bewerten.[581]

Ein weiterer Grund für den zunehmenden Erfolg der Bewässerungsdistrikte war die staatliche Regulierung privater Bewässerungsunternehmen. Die Eisenbahnkommission des Staates Kalifornien, 1911 gegründet, regulierte die Preise privater Einrichtungen, darunter auch die privater Bewässerungsunternehmen, regulierte jedoch nicht die Preise, die von Unternehmen für gegenseitige Bewässerung oder von Bewässerungsdistrikten erhoben wurden.[582]

Die oben genannten Argumente legen zwar nahe, dass Bewässerungsdistrikte Beispiele für die Verminderung von Transaktionskosten durch staatliche Macht darstellen, doch hatte eben diese Macht auch die Möglichkeit, aus Bewässerungsprojekten erwirtschaftete Erträge umzuverteilen. Wenn distriktweise Steuern für die Unterstützung der Bewässerung verwendet werden, dann ist die Finanzierung der Bewässerungsvorrichtungen von den Erträgen abgekoppelt. Rodney Smith meint, dass diese Besteuerungsmacht zu einer Umverteilung der Kosten von einer Gruppe von Landbesitzern hin zu einer anderen Gruppe von Landbesitzern führte,[583] vor allem wenn Landbesitzer einen unterschiedlichen Wasserbedarf pro Acre aufwiesen. Wenn andererseits die Bewässerungsdistrikte klein und homogen waren, bestanden geringere Möglichkeiten der Umverteilung, da deren Mitglieder aus den verbliebenen Anspruchstellern bestanden und es leichter war, die für das Kollektiv arbeitenden Angestellten zu überwachen.

Belege dafür, dass eine Umverteilung nicht in großem Umfang stattfand, finden sich in den Wahlaufzeichnungen der Bewässerungsdistrikte. James Buchanan und Gorden Tullock meinen, dass die Möglichkeiten für eine zwangsweise Umverteilung begrenzt sind, wenn eine gemeinsame Übereinkunft sich der Einstimmigkeit nähert.[584] Tabelle 10.3 listet die Wahlergebnisse der 46 Bewässerungsdistrikte auf, die zwischen 1915 und 1925 gebildet worden waren. Das durchschnittliche „Ja"-Votum zugunsten einer Distriktbildung betrug 92,2 Prozent, was einen hohen Grad an Übereinstimmung für einen Bewässerungsdistrikt bedeutete. Darüber hinaus gibt es keinen Negativtrend bei der Rate der „Ja"-Stimmen, was man aber erwarten würde, wenn die Leute, die von einem Projekt nicht profitieren, erfuhren, dass sie andere Landbesitzer subventionieren würden.[585]

Ein weiterer Faktor, der gegen eine Umverteilung sprach, war die Möglichkeit, Land von einem Distrikt auszuschließen. Eine entsprechende Gesetzgebung erlaubte es, dass, wenn Landbesitzer eine Petition einreichten und zeigen konnten, dass ihr Landbesitz von der Bewässerung nicht profitieren würde, die Distriktdirektoren in diesem Falle angehalten waren, dieses Land aus dem Distrikt und somit auch aus der Besteuerung auszuschließen. Bei der Bildung des Glenn-Colusa-Distrikts beispielsweise forderte das Organisationskomitee einige opponierende Landbesitzer dazu auf, 10.000 Acre Land von der Gesamtfläche von 121.592 Acre auszuschließen, um die Wahrscheinlichkeit zu erhöhen, dass ein Bewässerungsdistrikt geschaffen werden würde.[586] Die Tatsache, dass ähnliche

Ausschlussoptionen in zahlreichen Fällen ausgeführt wurden, deutet an, dass die Landbesitzer sich einer Umverteilung widersetzen konnten und dies auch taten, indem sie einfach austraten.

Künstliche Transaktionskosten

Wie wir gesehen haben, sahen sich institutionelle Unternehmer, die Wasserrechte und Bewässerungsprojekte im Westen entwickeln wollten, mit hohen Transaktionskosten konfrontiert, die zu tun hatten mit Problemen durch Verweigerer, was die Erlangung von Baurechten anging, mit Trittbrettfahrerproblemen beim Bau und der Instandhaltung der Versorgungssysteme sowie mit der Kontrolle monopolisierter Macht. Wenn das Land in großen Parzellen gehalten wurde, waren diese Kosten geringer, da die Probleme internalisiert wurden; ein einzelner Landbesitzer, der ein Projekt entwickelt, kann sich selbst keine Wegbaurechte verweigern und nicht gegenüber sich selbst als Trittbrettfahrer auftreten oder von sich selbst überhöhte Preise verlangen.[587] Als die Zahl der Landbesitzer, die ihr Land gemeinsam bewässern wollten, anstieg, stiegen indes auch die Transaktionskosten an. Unglücklicherweise wurde diese Fragmentierung der Eigentümerschaft durch eine Reihe von staatlichen Gesetzesakten erschwert, wodurch die Transaktionskosten künstlich erhöht wurden.

Die Homestead-Gesetze

Ab 1862 wurde dem Westen durch eine Reihe von sogenannten „Heimstatt-Gesetzen“ („Homestead Acts“) die Vision kleiner Familienfarmbetriebe auferlegt (siehe Kapitel 9). Mit den Worten des Historikers Benjamin Hibbard „war die Idee von kleinflächigen Farmen in semiariden Regionen kühn, aber unhaltbar“.[588] Das Homesteading, die staatlich geförderte Besiedlung mit kleinen Farmen, beinhaltete die Pflicht zum ständigen Aufenthalt auf der Farm, was ein Rennen um Eigentumsrechte sowie Flächenbegrenzungen nach sich zog, so dass die Farmen in der Regel zu klein für eine effiziente landwirtschaftliche Produktion waren. Diese Auflagen verteuerten die Kapitalbeschaffung für Bewässerungsprojekte, da die einzelnen Farmer, die ihr Land bewässern wollten, Investitionen tätigen mussten, ohne sichere Eigentumsrechte am Land zu haben, oder sie die auferlegte Aufenthaltsfrist auf der Farm einhalten mussten, bevor sie investieren konnten. Landeigentumstitel wurden nicht verliehen, solange das Land nicht dauerhaft bewirtschaftet wurde.[589] Daher hatte jemand, der die Bewässerung des Landes entwickeln wollte, nicht die Option, mit einem Kreditgeber einen rechtsverbindlichen Vertrag in Bezug auf sein Eigentum einzugehen. Wenn für eine erfolgreiche Bewirtschaftung eine Bewässerung vonnöten und dafür fremdes Kapital erforderlich war, hatte der Farmer ein schier unlösbares Problem. Er konnte nicht die Aufenthalts- und Bewirtschaftungsauflagen erfüllen, solange er das Land nicht bewässerte, und andererseits konnte er das Land nicht bewässern, solange er nicht ausreichend Kapital hatte, wofür er wiederum kreditwürdig sein musste.

Tabelle 10.3

Wahlergebnisse in den Bewässerungsdistrikten

Bewässerungsdistrikt	Datum der Gründung	Bruttogröße in Acre	„Ja"-Stimmen	„Nein"-Stimmen	Prozentsatz „Ja"
Alpaugh	1915	8.175	71	14	83,5
Anderson-Cottonwood	1914	32.113	483	17	96,5
Banta Carbona	1921	14.349	73	22	76,8
Beaumont	1919	4.141	307	114	72,9
Byron-Bethany	1919	17.200	173	14	92,5
Carmichael	1916	3.121	45	3	93,7
Citrus Height	1920	3.076	65	0	100,0
Compton Devel	1920	2.652	10	0	100,0
Consolidated	1921	149.047	1.121	62	94,7
Corcoran	1919	51.606	111	2	98,2
Cordua	1919	5.461	7	0	100,0
El Camino	1921	7.548	7	2	77,7
El Dorado	1925	30.703	679	141	82,8
Fairoaks	1917	3.900	184	16	92,0
Fallbrook	1925	10.216	186	0	100,0
Foothill	1920	50.687	356	3	99,1
Fresno	1920	241.300	1.438	184	88,6
Glenn-Colusa	1920	121.592	287	12	95,9
Grenada	1921	4.948	74	1	98,6
Hot Springs	1919	9.497	21	0	100,0
Imperial	1911	605.000	1.304	360	78,3
Island No. 3	1921	4.620	88	13	87,1
Jacinto	1917	11.554	103	28	78,6
James	1920	26.265	8	0	100,0
Laguana	1920	34.858	251	4	98,4
La Mesa	1913	18.000	397	3	99,2
Lindsay-Strathmore	1915	15.250	150	20	88,2
Lucerne	1925	33.407	138	26	84,1

Madera	1920	352.000	1.642	47	97,2
Maxwell	1918	8.819	9	0	100,0
Merced	1919	189.682	1.967	922	68,0
Montague	1925	26.117	198	2	99,0
Naglee Burk	1920	2.871	13	0	100,0
Nevada	1921	268.500	636	168	79,1
Oakdale	1909	74.240	349	27	92,8
Potter Valley	1924	5.042	110	3	97,3
Provident	1918	22.805	13	0	100,0
South San Joaquin	1909	71.112	376	87	81,2
Table Mountain	1922	955	7	0	100,0
Thermalito	1922	3.110	135	6	95,7
Tranquility	1918	10.750	68	0	100,0
Tule-Baxter	1917	24.351	6	0	100,0
Waterford	1913	14.100	70	1	98,5
West Stanislaus	1920	21.400	115	4	96,6
Woodbridge	1924	12.430	23	6	79,3

Zusammenfassung der Ergebnisse

	Anzahl der Bewässerungsdistrikte	Anteil der „Ja"-Stimmen in Prozent
San Joaquin Valley		
Bewässerungsdistrikte mit über 50.000 Acre brutto	8	89,98
Bewässerungsdistrikte mit unter 50.000 Acre brutto	12	90,70
Alle Bewässerungsdistrikte	20	90,41
Sacramento Valley		
Bewässerungsdistrikte mit über 50.000 Acre brutto	2	87,40
Bewässerungsdistrikte mit unter 50.000 Acre brutto	14	93,97
Alle Bewässerungsdistrikte	16	93,16

Quelle: McDevitt 1994, Tabelle 3.4.

Als die Anforderungen für das Homesteading kombiniert wurden mit den Nießbrauch-Erfordernissen der Erstaneignungsdoktrin, erhöhten sich sogar die Transaktionskosten für die Bildung unabhängiger Bewässerungsunternehmen. Der Nießbrauch (Überlassung zur Nutznießung) machte es erforderlich, dass die Farmer das Wasser auch nutzten, so dass die Bewässerungsunternehmen, die das zu bewässernde Land nicht besaßen, es schwierig fanden, ein klares Eigentumsrecht an der zu vermarktenden Ressource zu haben. Mead umreißt das wesentliche Problem dabei: „Theoretisch stützt sich das Recht der Kanalfirma auf einen Nießbrauch des Wassers, und diese Verwendung muss seitens des Erwerbers erfolgen. Die Kanalfirma verkauft insofern etwas, das sie nicht besitzt."[590]

Eine vertikale Integration bot zwar theoretisch einen Weg, dieses Eigentümerproblem zu umgehen, doch war es unter den Homestead-Gesetzen mit ihren Anforderungen wie Daueranwesenheit und Landbesitzgröße schier unmöglich, diesen Weg einzuschlagen. Jemand, der nach einer Zusammenlegung von Landbesitzanteilen trachtete, sah sich hohen Transaktionskosten gegenüber, was die Verhandlungen und Vereinbarungen mit zahlreichen privaten Landbesitzern anging, oder aber er musste auf betrügerische Transaktionen durch Schein-Landanspruchsteller zurückgreifen, die zwar auf dem Land siedelten und somit die Homesteading-Anforderungen erfüllten, dann aber ihren Landtitel an die Person vergaben, für die sie von vornherein gearbeitet hatten.[591] Im Gegensatz dazu wurde die weiter oben beschriebene Bewässerungspraxis in Kalifornien durch spanische Landkonzessionen erleichtert, die große Blöcke zusammengelegten Landes ermöglichten. Für die Mormonen in Utah galten die Homestead-Gesetze nicht, und in Utah gab es bis 1869 nicht einmal ein allgemeines Landbüro. Als dieses eröffnet wurde, übten die Mormonen ausreichend Druck aus, dass existierende Eigentumstitel von der Bundesregierung anerkannt wurden.[592]

Wenn die Landkonzessionen für Eisenbahnen zusammenhängender gewesen wären, hätte dies vielleicht die Transaktionskosten für die private Wasserentwicklung herabgesetzt. Landkonzessionen an Eisenbahngesellschaften bezogen sich jedoch hauptsächlich auf sich abwechselnde Abschnitte entlang der Eisenbahntrasse, so dass die Gesellschaften daran gehindert wurden, „sich lückenlose Linienabschnitte zu sichern, um zusammenhängende Wasserprojekte zu realisieren".[593] In einem Fall, bei dem die Northern Pacific Railroad eine beträchtliche zusammenhängende Grundstücksfläche kontrollierte, führte sie ein größeres Bewässerungsprojekt durch. Die Eisenbahn gründete 1889 die Northern Pacific, Yakima and Kittitas Irrigation Company, um Land im Yakima-Tal zu bewässern.[594] Bis 1892 hatte die Gesellschaft 67 Kilometer an Wasserleitungen gebaut und 15.000 Acre Land bewässert und plante, insgesamt bis zu 85.000 Acre Land zu bewässern. Als die Eisenbahngesellschaft das vom Aquädukt bewässerte Land verkaufte, gab sie den Besitzern für jeweils zehn Acre Land eine Aktie aus, da sie verstanden hatte, dass die Kontrolle des Bewässerungsgrabens bei den Farmern liegen sollte. Die Wirtschaftskrise von 1893 jedoch verlangsamte die Besiedlung in dieser Gegend, so dass dieses Projekt bis zur Jahrhundertwende nicht weiter vorangetrieben wurde, als die Bundesregierung es in ihr Yakima-Projekt einbezog.[595]

Der „Desert Land Act" von 1877

In den 1870er Jahren war man sich in zunehmendem Maße bewusst, dass die Homestead-Gesetze private Bewässerungsprojekte im Westen abwürgten. In seiner Jahresbotschaft bemerkte Präsident Ulysses S. Grant 1876, dass die bundesweiten Landgesetze „sehr fehlerhaft" seien und dass „größere Landgebiete privat gehalten werden müssen, damit die Ausgaben der Wasserzufuhr für die Urbarmachung oder für die Beweidung gerechtfertigt sind".[596]

Um das Problem anzugehen, verabschiedete der Kongress im Jahre 1877 den „Desert Land Act" („Wüstenlandgesetz"). Dieses Gesetz bezog sich auf die Bundesstaaten Kalifornien, Oregon und Nevada sowie auf die damaligen „Territorien" Washington, Idaho, Montana, Utah, Wyoming, New Mexico und Dakota. Unter diesem Gesetz konnte ein Bewerber 25 Cent pro Acre für eine Fläche von 640 Acre erwerben und dann, wenn er Wasser zuführte und das Land innerhalb von drei Jahren für sich reklamierte, alle Rechte für einen Dollar pro Acre kaufen. Das Gesetz ließ im Unklaren, wie viel Bewässerung notwendig war, doch der Kommissar des Landbüros, J.A. Williamson, interpretierte es so, dass sämtliche 640 Acre einer Bewässerung bedurften.[597] Das erhöhte die Kosten für die Landerwerbstitel und begünstigte auch Betrügereien. „Hunderte von Bewässerungsgräben wurden nur für diesen Zweck von Parteien gebaut, die keine Absicht hatten, das Land zu kultivieren, es jedoch bewässerten, nur um den Eigentumstitel zu erwerben."[598]

Trotz seiner Bemühungen, die Bewässerung durch erweiterte Möglichkeiten des Landerwerbs anzukurbeln, hatte der Kongress immer noch vorgefertigte Meinungen über die Art und Weise der landwirtschaftlichen Bewässerung. „Genau gesagt ging der ‚Desert Land Act' nicht davon aus, dass es außer den Ansprüchen von Einzelpersonen noch weitere Arten des Landanspruchs geben könne, und auf der Grundlage dieser Annahme bestimmte er 640 Acre als Einheit."[599] Donald Pisani meint, „dass ein Stück Land von 640 Acre zu viel Land zum Bewässern für einen einzelnen Farmer war, jedoch nicht groß genug für ein Bewässerungsunternehmen, es sei denn Letzteres erwarb durch betrügerische Maßnahmen mehr als nur ein Stück Land".[600]

Wie auch die Homestead-Gesetze, so machte auch der „Desert Land Act" den Gebrauch von Land für die Sicherung von Anleihen zum Problem. „Da der Landtitel bis zum letzten Beweis beim Staat verblieb und auch nicht erworben werden konnte, bis das Wasser tatsächlich auch ankam, konnte nach der Bewässerung keine Beleihung erfolgen. Folglich wurde diese Methode der Kapitalbeschaffung für Projekte unmöglich gemacht."[601]

1891 revidierte der Kongress den „Desert Land Act", doch anstatt die Transaktionskosten abzumildern, legte die Gesetzgebung zusätzliche Restriktionen auf, die diese Kosten sogar noch erhöhten:

„Personen, die nach 1891 einen Antrag einreichten, wurden dazu angehalten, ihre Pläne für die Bewässerung des Landes offenzulegen, darunter auch die projektierten Kanäle und Gräben sowie die Herkunft des Wassers; sie mussten einen Dollar pro Acre in jedem der ersten drei Jahre für die Bewässerungsarbeiten und die Einebnung des Landes ausgeben; es wurde ihnen zwar erlaubt, sich für die Planung der Bauarbeiten zusammenzuschließen, sie mussten jedoch versichern, dass sie keinen Antrag zugunsten anderer einreichten, weder für eine Firma noch für eine Einzelperson.“[602]

Darüber hinaus wiederholte das revidierte Gesetz frühere Beschränkungen beim Landerwerb durch Fremde und begrenzte somit ausländische Investitionen, die so wichtig für die Entwicklung der Viehindustrie im Westen gewesen waren.[603] Somit trug das Gesetz, das eigentlich die durch die Homestead-Gesetze geschaffenen Probleme beheben sollte, nur wenig dazu bei, private Bewässerung auf dem großen amerikanischen Trockengebiet zu fördern.

Die Powell-Befragungen und Reservoir-Reservierungen

John Wesley Powell war einer der einflussreichsten Erforscher des Westens im 19. Jahrhundert. Er führte 1867 und 1868 Expeditionen zu bislang unkartierten Regionen, und 1869 führte er eine berühmte Reise entlang des Green River und des Colorado River durch. 1879 veröffentlichte er seinen „Report on the Lands of the Arid Region of the United States“ („Bericht über das Land der trockenen

Region der Vereinigten Staaten“). Darin stellte er sein Verständnis über die Möglichkeiten der Landwirtschaft in der Großen Ebene unter Beweis und empfahl eine Änderung der Homestead-Gesetze dahingehend, dass eine Einzelperson 2.560 Acre beanspruchen könne. Er erkannte, dass es riesige Unterschiede bei der Produktivität verschiedener Landgebiete gab, und schlug Anpassungen für die Bedingungen der Landansprüche in Abhängigkeit von der jeweiligen Produktivität des Gebiets vor. Powell verstand auch, wie wichtig es war, die Siedler in die Entscheidungen einzubeziehen, und empfahl schon frühzeitig, dass lokale Initiativen für die Entwicklung der Bewässerung anerkannt werden sollten.

Doch Powells unbedingter Glaube an die Wissenschaft und seine Auffassung, dass nur eine zentralisierte Informationsbeschaffung angemessene Kenntnisse hervorbringen würde, waren nicht vereinbar mit einer Anerkennung der Rolle, die lokale Landantragsteller bei der Bewässerungsentwicklung spielen könnten. Im Jahre 1888 stellte der Kongress der von Powell durchgeführten geologischen Untersuchung 100.000 Dollar zur Verfügung. Powell glaubte, dass „er die topographische Kartierung beenden, eine Untersuchung der Wasserreservoirs, der Einzugsbecken, der Wasserstände der Flussläufe, der Kanalstrecken sowie derjenigen Landstriche durchführen müsse, denen auf wirtschaftlichste und effizienteste Weise Wasser zugeführt werden kann, und dass er technische Forschungen anstellen müsse, um die Praktikabilität von Bauarbeiten und Kanälen bestimmen zu können“.[604] Powell fürchtete, dass ohne eine angemessene Bestimmung der Land- und

Wassercharakteristika die Siedler die falschen Landstriche bewässern würden und dass dann eine zufällige und willkürliche Entwicklung erfolgen würde. Powell wollte, dass seine Arbeit als Masterplan für die Bewässerung diente, und plädierte dafür, dass bereits bestehende Entwicklungsprojekte oder private Unternehmungen ignoriert werden sollten. Wenn dieser Untersuchungsprozess mit bereits bestehenden Privatrechten kollidieren sollte, dann sollten die dabei anfallenden Kosten eben Teil der Gesamtkosten eines wohlgeordneten Bewässerungsplans sein.[605]

Die geologische Untersuchung sollte also ergeben, welche Landstriche für eine Bewässerung und für Stauseen geeignet seien und welches Land man vom Public-Domain-Land herausnehmen könne, um es für das Homesteading verfügbar zu machen. Obwohl die Beschaffung der betreffenden Informationen enorm viel Arbeit bedeutete und mehrere Jahre dauerte, nahm Powell dieses Unterfangen mit großem Enthusiasmus auf. Innerhalb von zwei Jahren nach Beginn der geologischen Untersuchung wurden 30 Millionen Acre trockenen Landes für die Bewässerung zugänglich gemacht, und 150 Wasserspeicherstätten wurden für die Wasserentnahme bestimmt.[606] Das Land Office kooperierte, indem es vorsorglich 850 Millionen Acre dem Public-Domain-Land entzog, bis die Ergebnisse von Powells Bemühungen um die Klassifizierung des Landes feststanden. Es wies die lokalen Landbüros auch an, alle Anspruchsanträge zu annullieren, die nach dem 2. Oktober 1888 gestellt wurden und sich auf Land bezogen, das für Stauseen, Gräben oder Kanäle vorgesehen war.[607]

1889 bestimmte der US-Justizminister, dass neue Homestead-Anträge für Land, das eventuell bewässert werden musste, nicht mehr angenommen werden durften und dass alle Homestead-Claims nach 1882 für Landgebiete, die später für eine Bewässerung vorgesehen wurden, ungültig waren. Diese Maßnahmen stellten den gesamten Privatisierungsplan der Homestead-Gesetze in Frage und erhöhten in beträchtlichem Maße die Transaktionskosten für die Einrichtung von Eigentumsrechten.

Die Schließung fast der gesamten Public Domain (öffentliches Land) für eine weitere Besiedlung löste so viel Aufruhr aus, dass der Kongress 1890 dafür stimmte, das generelle Ausschließen bewässerungsfähigen Landes von der Public Domain wieder rückgängig zu machen. Dieser Beschluss beinhaltete zwar die Rücknahme von potenziellen Stauseestätten, ermöglichte jedoch auch nicht die Schaffung privater Bewässerungsreservoirs. Das war besonders wichtig, da zu dieser Zeit bereits das meiste Land, das ohne Wasserspeichervorrichtung bewässert werden konnte, bereits entwickelt worden war.

Landabtretungen an die Bundesstaaten

Auch ein weiteres Bundesgesetz, der „Carey Act" aus dem Jahre 1894, war ein Versuch zur Förderung der Bewässerung. Zusätzlich zu den 500.000 Acre, die der Kongress 1841 für jeden anerkannten US-Staat[608] reservierte, ließ der „Carey Act" eine Million weitere Acre jedem westlichen Bundesstaat abtreten, der die Bewässerung des Landes entwickelte, bevor das Land an Claim-Antragsteller verteilt wurde.[609] Leider stellte sich der Prozess der Auswahl und Ausgliederung der an die Bundesstaaten abzutretenden Länder als sehr kostspielig heraus. „Der Einwand [gegen das Gesetz] liegt in der Verzögerung und in den Ausgaben für die Ausgliederung der zu bewässernden Landstriche. Landkarten und Pläne müssen bewilligt werden, und zwar zunächst vom Bundesstaat und dann vom Innenministerium. In diesem Prozedere liegt eine schier endlose Bürokratieschleife, was Verzögerungen und Kosten mit sich bringt und somit die Zweckmäßigkeit des Gesetzes bei großen Projekten einschränkt."[610]

Sieben Bundesstaaten entschieden sich, Land im Zuge des „Carey Act" zu erwerben unter der Bedingung, dass sie die Bewässerung der abgetretenen Länder entwickeln würden. Von diesen sieben Staaten übernahmen fünf die Anforderungen des „Desert Land Act" für diese Landgebiete, die eine tatsächliche Besiedlung und Kultivierung des Landes vorsahen, bevor die Eigentümerschaft endgültig bewilligt wurde. Sie legten auch fest, dass, wenn gemeinschaftliche Bemühungen zur Bewässerung unternommen wurden, die Eigentumsrechte an jeglichen Bewässerungsunternehmen in den Händen der Farmer verbleiben mussten, und schlossen somit einen separaten Besitz von Bewässerungsvorrichtungen aus.[611] Die Ineffizienz des „Carey Act", was die Förderung der Bewässerung anging, wird erkennbar anhand der Tatsache, dass 1902 nur ein Staat, nämlich Wyoming, ein einziges Acre Land unter diesem Gesetz als Privateigentum übertragen hatte.[612]

Der „Redistribution Through Reclamation Act“

Obwohl durch private Projekte bis zum Jahre 1900 in 17 westlichen Bundesstaaten 7,5 Millionen Acre Land bewässert wurden (siehe Tabelle 10.1), richteten die Bürger in diesen westlichen Staaten ihre Aufmerksamkeit gen Washington, um Hilfe für ihre Bewässerungsentwicklungsprojekte zu erhalten. 1891 traf sich der National Irrigation Congress („Nationaler Bewässerungskongress“) in Salt Lake City, unterstützt von James J. Hill, dem Präsidenten der Great Northern Railroad, und von zahlreichen anderen Eisenbahngesellschaften, Landbevollmächtigten, Anwälten und Bauingenieuren.[613] Die Teilnehmer am Kongress kamen darin überein, dass es staatlicher Subventionen für die Bewässerung bedurfte, doch sie debattierten über den angemessenen Mechanismus für die Zuteilung solcher Subventionen. Einige plädierten für einen gesamtstaatlichen Bau großer Bewässerungsanlagen, während andere die Abtretung von Bundesland an die Bundesstaaten favorisierten, wobei die Erträge aus diesen abgetretenen Gebieten für die Unterstützung von Bewässerungsprojekten verwendet werden sollten. Der National Irrigation Congress traf sich wieder 1893 in Los Angeles und 1894 in Denver und übte weiteren Druck für eine staatliche Einmischung in die Bewässerung aus.[614] Im Jahre 1900 hatten die Befürworter einer staatlichen Bewässerungsentwicklung ausreichend politische Unterstützung generiert, so dass man sich in den Parteiprogrammen sowohl der Republikaner als auch der Demokraten für eine Wasserentwicklung im Westen durch die Bundesregierung aussprach.[615] 1901 befürwortete Präsident Theodore Roosevelt in seiner Rede zur Lage der Nation eine staatliche Urbarmachungspolitik:

„Umfangreiche Staudammarbeiten sind notwendig, um den Wasserfluss auszugleichen und Flutwasser zu sichern. Es wurde schlüssig gezeigt, dass solche Arbeiten für private Unternehmen zu aufwendig sind und sie auch nicht durch die einzelnen Staaten alleine am besten bewältigt werden können. Damit wären weitreichende zwischenbundesstaatliche Probleme verbunden, und die Ressourcen der einzelnen Staaten wären dafür unzureichend. Es ist wahrscheinlich eine nationale Aufgabe, zumindest bei einigen Aspekten. … Diese Bewässerungsarbeiten sollten durch die Bundesregierung erfolgen. … Kein Reservoir oder Kanal sollte jemals mehr gebaut werden, nur um egoistischen persönlichen oder lokalen Interessen zu dienen; diese Arbeiten sollten nur im Einklang mit dem Rat ausgebildeter Experten nach einer langen Untersuchung erfolgen.“[616]

Roosevelt hatte die Stimmung erfasst, wonach private Bewässerungsbemühungen unangemessen seien und dass eine Einmischung der Bundesregierung vonnöten sei, um „die Wüste wie eine Rose blühen zu lassen“. 1902 verabschiedete der Kongress den „Reclamation Act“, das Gesetz zur Urbarmachung, das die Planung, den Bau und die Instandhaltung von Dämmen sowie weitere Bewässerungsarbeiten in den westlichen Bundesstaaten regelte. Wie nachstehend noch erörtert wird, ergab es sich, dass durch fast alle staatlichen Urbarmachungsprojekte einzelne Farmer subventioniert wurden, ohne dass auch nur eine einfache Kosten-Nutzen-Rechnung bezüglich der wirtschaftlichen Tragbarkeit erfolgte.[617]

Bei dieser Subventionierung profitierte eine relativ kleine Zahl von Menschen im Westen auf Kosten einer großen Zahl von Steuerzahlern im Osten. Wie kam es zu dieser Umverteilung der Kosten? Ähnliche Gesetze wie der „Reclamation Act“ waren 1901 gescheitert, weil östliche und mittelwestliche Gesetzgeber den umverteilerischen Charakter des Urbarmachungsgesetzes fürchteten. Doch 1902 legte Präsident Roosevelt bei diesem Gesetz sein ganzes beträchtliches Gewicht in die Waagschale und sagte, dass diejenigen, die Wasser erhalten, verpflichtet seien, die gesamten Kosten der Projekte zu tragen.[618] Alle 26 Abgeordneten der ariden Staaten stimmten für den „Reclamation Act“, und Unterstützung aus anderen Bereichen des Landes genügten, um bei der Abstimmung im Repräsentantenhaus 146 gegen 55 Stimmen für das Gesetz zu bekommen.[619]

Doch nicht alle Mitglieder des Kongresses feierten das Gesetz. Der Abgeordnete Hepburn aus Iowa fasste die wesentlichen Einwände zusammen:

„Der Plan, der diesem Gesetz zugrundeliegt, ist der unverschämteste und unverfrorenste Diebstahlversuch, den ich je in einem Gesetzesvorschlag verkörpert sah. Was tun diese Herren? Sie bitten uns … ein Vermögen zu verschleudern, damit ihr Privateigentum wertvoll gemacht wird … Ich bestehe nun darauf, wie ich es auch zuvor getan habe, dass dies ein kaum kaschierter Versuch ist, den Staat aus seinem Haushalt für diese große Arbeit zahlen zu lassen – groß, was die Ausmaße angeht, die Kosten, jedoch nicht groß, was die Ergebnisse angeht. … Es kann da ganz bestimmt keine Rendite für die Bundesregierung bei herauskommen.“[620]

Nichtsdestotrotz passierte das Gesetz mit Leichtigkeit beide Kongresshäuser, und Präsident Roosevelt unterzeichnete es am 17. Juni 1902. Der Versuch, eine Umverteilung zu verhindern, indem man eine vollständige Rückzahlung der Kosten der Bewässerungsprojekte durch die Begünstigten forderte, scheiterte von Anfang an. Die Finanzierung von Urbarmachungsprojekten sollte aus dem Verkauf öffentlichen Landes in 16westlichen ariden Staaten erfolgen.[621] Vorher waren Einnahmen aus dem Verkauf öffentlichen Landes an die US-Schatzkammer gegangen, um damit eine Reihe von gesamtstaatlichen Initiativen zu bezahlen. Als nun die Einnahmen für die Urbarmachung verwendet wurden, musste die Finanzierung anderer gesamtstaatlicher Projekte aus anderen Quellen kommen, zumindest so lange, wie die Kosten der Urbarmachungsprojekte inklusive Zinsen wieder reingeholt wurden.

Doch es überrascht nicht, dass sich diese Kosten gar nicht auszahlten. Zunächst legte das Urbarmachungsgesetz die Rückzahlung über eine Periode von zehn Jahren fest, sagte jedoch nichts über die Verzinsung aus. Somit wurde von einer Rückzahlung ohne Zinsen ausgegangen. Die implizite Subvention der Anleihen ohne Zinsen war sehr groß und variierte zwischen 48 und 95 Prozent der ursprünglichen Kosten.[622]

Diese Zinssubvention wurde durch den Umstand noch erhöht, dass der Kongress die Rückzahlungsperiode auf über zehn Jahre ausweitete, und 1914 waren es bereits 20 Jahre, und 40 Jahre im Jahre 1926.[623] Während ungünstiger Zeiten für die Landwirtschaft, vor allem in den 1920ern und 1930ern, verschob der Kongress zudem die Zahlungen, und schließlich, im Jahre 1930, erlaubte die Behörde für Urbarmachung die Umsetzung eines Plans der „Zahlungsfähigkeit", um festzulegen, wann und ob eine Rückzahlung erfolgen solle.[624]

Der Kongress versuchte, das Ausmaß und die Verteilung der Subventionszahlungen zu begrenzen, indem er Einzelpersonen eine Höchstmenge von 160 Acre Land auferlegte, die unter dem Urbarmachungsgesetz bewässert werden konnten. Die Einzelpersonen konnten jedoch diese Maßnahme einfach umgehen, indem sie ihre Ehepartner ebenfalls 160 Acre besitzen ließen, indem sie Land an ihre Kinder übertrugen und indem sie Land verkauften und zurückpachteten. Und natürlich billigten die Behördenmitarbeiter allzu gern größere Flächen, da sie damit die Größe und somit das Budget ihrer Behörde erhöhen konnten.[625] Schließlich wurde das Ausmaß der Subventionen auch noch erhöht, als das Ingenieurs-Armeekorps begann, mit der Urbarmachungsbehörde zu konkurrieren, was die Versorgung mit Dämmen und Wasser anbetraf. Das Ingenieurskorps war bereits seit einiger Zeit im Westen zur Erleichterung der Flussschiffahrt eingesetzt, indem es Treibgut beseitigte, Ausbaggerungen durchführte und gesunkene Schiffe aus Flüssen und Häfen entfernte. Doch die Aufgaben dieses Korps im Westen wurden während der Weltwirtschaftskrise erheblich erweitert, als es mit dem Dammbau begann.[626] Gemeinden, die Dämme zur Fluteindämmung und für die Bewässerung bauen wollten, konnten die Behörde für die Urbarmachung gegen das Ingenieurskorps ausspielen. In einigen Fällen konnten Bewässerer die beiden Behörden dazu bringen, sich wiederholt einen Wettbewerb um das Privileg zu liefern, die größten Subventionen zu leisten und die größten Ausgaben zu tätigen.[627]

Genauso wie die Siedler im Frontier wählen konnten, ob sie lieber per aggressiver Eigentumsverletzung oder durch Handel mit den Indianern umgingen, sobald sie die US-Armee hinter sich wussten (siehe Kapitel 4), so konnten die Farmer im Westen ihre Möglichkeiten erweitern, indem sie sich an anderen Steuerzahlern schadlos hielten, sobald die Bundesregierung sich in die Wasserentwicklung einmischte. Weil die Gesetze auf bundesstaatlicher und nationaler Ebene geschaffen wurden und somit die Regelmacher nicht die vollen Kosten ihres Tuns zu tragen hatten, gab es nur wenig Anreize für eine institutionelle Effizienz.

Schlussfolgerungen

Die im Vergleich zu England und den östlichen Vereinigten Staaten recht große Wasserknappheit im amerikanischen Westen führte zur Entwicklung von sicheren und übertragbaren Eigentumsrechten im Rahmen der Doktrin der Erstaneignung. Unter dieser Doktrin entwickelten institutionelle Unternehmer eine Reihe von Organisationsformen, um Wasser zu speichern und es Minen und Feldern zuzuführen.

Die Bundespolitik jedoch schränkte das Potenzial für eine private Wasserentwicklung ein. Insbesondere künstliche Transaktionskosten machten es Unternehmern schwerer, Skaleneffekte zu erzielen, die bei großen Bewässerungsprojekten anfallen würden, und mit Hilfe einer vertikalen Integration Probleme wie Trittbrettfahrerei und Verweigerung zu umgehen. Die fehlende Zurverfügungstellung öffentlichen Landes und von Reservoirflächen für die Privatisierung schränkte das Potenzial für eine private Wasserentwicklung zusätzlich ein. Angesichts dieser gesamtstaatlichen Einschränkungen ist es erstaunlich, dass der private Sektor immerhin in der Lage war, bis 1890 insgesamt drei Millionen Acre Land zu bewässern.

Ab 1902 begann die Bundesregierung, die Zuteilung von Wasser im Westen auf direkte Weise vorzunehmen, und zwar durch den „Reclamation Act", das Gesetz zur Urbarmachung des Landes im Westen. Dieses Gesetz war nicht nur ein fehlgeleiteter Versuch, ein wahrgenommenes Marktversagen zu beseitigen, sondern auch eine Gelegenheit für ein umfangreiches Rent-Seeking-Verhalten durch Landbesitzer im Westen. Der Einstieg des Ingenieurskorps in die Wasserentwicklung im Westen in den 1930er Jahren eröffnete zusätzliche Umverteilungsgelegenheiten, und die Zentralisierung der Wasserzuteilung durch die Gesetzgebung und die Verwaltungsbehörden erhöhte noch die Möglichkeiten des Rent-Seekings. Zusammenfassend kann man feststellen, dass die Geschichte der Wasserversorgung im Westen sich aus einer Ära der Schaffung und

Neuorganisation von Wasserrechten hin zu einer Ära entwickelte, die von der Umverteilung dieser Rechte dominiert wurde.

Kapitel 11

Neue Frontiers

Der Frontier im Westen des 19. Jahrhunderts war eine Ideenschmiede für die Entwicklung von Eigentumsrechten. Sowohl Indianer als auch Weiße mussten neue Rechte an Land, Fauna, Bodenschätzen, Wasser und Vieh schaffen angesichts neuer technischer Möglichkeiten und einer physischen Umgebung, die sich stark von der im Osten der USA und von England unterschied, und sie mussten soziale Organisationen umstrukturieren, um die Wertschöpfung zu koordinieren. Als beispielsweise das Pferd die Große Ebene betrat, hörten die Indianer auf, in jenen großen Gruppen zu leben, die es ihnen vormals ermöglicht hatten, Skaleneffekte aus der Büffeljagd zu Fuß zu erzielen. Stattdessen bildeten sie nun kleinere Gruppen, die dazu in der Lage waren, den Wanderungen der Büffel zu folgen und die Tiere reitend zu erlegen. Diejenigen, die Pferde besaßen und die nötige Geschicklichkeit aufwiesen, in eine panisch stampfende Büffelherde zu reiten und dabei zu schießen, gelangten an die Spitze der sozialen Hierarchie. Ähnlich war auch die Organisation von Wagentrecks nötig, um Gruppen von Menschen sowie deren Ausstattung bei der Überquerung der Großen Ebene auf der Suche nach einem besseren Leben weiter im Westen zu lenken. Da der Bergbau aus Wasserläufen abzuleitendes Wasser für Waschrinnen erforderte, ersannen die Schürfer die Doktrin der Erstaneignung, die die ältere aus dem wasserreichen England mitgebrachte Ordnung der Flussanrainer ersetzte.

Brandzeichnen und die Registrierung von Brandzeichen entwickelten sich als effektive Maßnahmen zur Kennzeichnung von Eigentum an Vieh auf der Open Range, und Rancher bildeten Viehzüchtervereinigungen, um diese Range zu organisieren, bevor sie durch Stacheldraht eingehegt wurde. Beim Studium dieser Ideenschmiede haben wir bedeutende Lektionen dahingehend gelernt, wie Eigentumsrechte entstehen und welche Auswirkungen sie auf die Verantwortung für Ressourcen und für Wohlstand haben. Indem sie die Eigentümer für eine verantwortungsvolle Ressourcennutzung belohnen, verhindern Eigentumsrechte die Tragik der Allmende. Statt die Erträge aus natürlichen Ressourcen dem Raubbau zu überlassen und somit ein verschwenderisches Rent-Seeking zu fördern, bewirken Eigentumsrechte einen freiwilligen Austausch, bei dem sich beide Seiten am Ende besser stehen. Da die Festlegung und Durchsetzung von Eigentumsrechten kostspielig ist, werden Menschen sich so lange nicht dafür engagieren, wie es nicht wirtschaftlich ist. Als das Land leicht verfügbar war, wurden nur wenige Anstrengungen in die Festlegung von Grenzen mit Zeichen der Eigentümerschaft unternommen, doch als der Wert des Landes stieg, wurde mehr Mühe dafür aufgewendet, Grenzen aufzuzeichnen und sie durch Zäune zu sichern.

Wo eine gemeinschaftliche Initiative gefragt war, tendierte man dazu, Rentenverschwendung zu minimieren, da die Mitglieder kleiner Gruppen ein größeres Interesse an der Effizienz des Ergebnisses hatten. So überrascht es nicht, dass kleine privat geführte Bewässerungsdistrikte kostengünstigere Bewässerungsprojekte hinbekamen als die großangelegten Projekte der Behörde für Urbarmachung. Kleine Gruppen konnten auch Kapital aus ihrer homogeneren Kultur schlagen, was die Durchsetzung von Eigentumsrechten sowie die Förderung der Kooperation unter den Gruppenmitgliedern anging, was etwa die Viehzüchtervereinigungen unter Beweis stellten. Als indes die Bundesregierung begann, einen institutionellen Wandel zu diktieren, förderte sie eine Tendenz, Ressourcen beim Prozess der Schaffung von Eigentumsrechten zu verschwenden. Die Homestead Acts zeigen exemplarisch, wie die Menschen dann in einen Wettbewerb um die Erhaschung von Renten eintreten.

Diese Institutionengeschichte des Westens bietet ein ganz anderes als das in Hollywood-Filmen und den meisten akademischen Geschichtswerken vermittelte Bild. Dort wurde der Westen in der Regel als Ort des triumphierenden Individualismus dargestellt oder als ein von mächtigen Kapitalisten dominiertes Gebiet. Doch anders als die wilde und harsche Region, die man sich vorstellt, wo der Schnellste am Abzug oder der größte Landbesitzer alle anderen ausbeutete, war der Westen in Wirklichkeit im Allgemeinen ein friedlicher Ort, und zwar aufgrund der stabilen institutionellen Rahmenbedingungen, die von den frühen Pionieren ersonnen worden waren. Sicherlich verwendete die Bundesregierung ihre stehende Armee, um den Indianern riesige Landmengen abzunehmen. Doch als kleinere Gruppen privater Einzelpersonen die Entwicklung von Eigentumsrechten auf sich nahmen, waren solche Landnahmen bei Weitem nicht die Regel. Tatsächlich waren die ersten beiden Jahrhunderte der Beziehungen zwischen Indianern und Weißen von einem relativ friedlichen Handelstreiben geprägt, ganz im Gegensatz zu der Gewalt der späteren Indianerkriege. In den Bergbaulagern und in der Open Range diente der Revolver nur selten als das letzte Wort bei Streitigkeiten. Stattdessen errichteten die Schürfer in Lager-Meetings Regeln, und die Viehzüchter nutzten ihre Vereinigungen, um die Open Range aufzuteilen, ihr Vieh zusammenzutreiben und die Brandzeichen-Registrierung durchzusetzen. Obwohl nicht alle Versuche der Konfliktlösung erfolgreich waren, fanden institutionelle Unternehmer Wege, um Eigentumsrechte festzulegen und durchzusetzen, die Wohlstand schufen statt ihn zu vernichten. Kurzum, der Westen war wirklich nicht so wild.

Die Erkenntnisse über den amerikanischen Westen sind nicht nur historisch aufschlussreich, sondern sie liefern auch Aufschluss darüber, wie Eigentumsrechte sich entwickeln und in neuen Frontiers entwickeln werden. Der Frontier im Westen hat zwar am Ende des 19. Jahrhunderts aufgehört zu existieren, doch es eröffnen sich ständig neue Frontiers. Bei Umweltdebatten geht es im Wesentlichen um Eigentumsrechte, darüber, wer das Land, die Luft, das Wasser, das Tierleben besitzt, und wie Eigentumsrechte entstehen oder nicht entstehen werden, um eine Eigentümerschaft über diese Ressourcen zu etablieren. Die Ozeane beispielsweise stellten lange Zeit eine Allmende dar, doch in dem Maße, wie der Wert ihrer Gaben steigt, haben institutionelle Unternehmer die Wahl, entweder neue Eigentumsrechte zu ersinnen oder zuzusehen, wie die Tragik der Allmende die Ressourcen der Ozeane zerstört. Neue Technologien verändern ständig die Art und Weise, wie Eigentumsrechte festgelegt und durchgesetzt werden. So wie Stacheldraht es möglich machte, Land einzuzäunen, so ermöglichen es Satelliten, von der Erde weit entfernte Orte zu erforschen und zu überwachen. Das Internet hat einen elektronischen Frontier geschaffen, in dem Informationen ausgetauscht und genutzt werden können. Wie die Musikindustrie im Fall Napster erfahren hat, kann die neue Technologie des Internets das traditionelle Copyright an Musik aushebeln. Und das Weltall wird in kommenden Jahrhunderten vielleicht der ultimative Frontier sein.

Schauen wir uns an, wie sich die Erkenntnisse über den amerikanischen Westen auf diese neuen Frontiers anwenden lassen.

Frontiers in den Entwicklungsländern

Entwicklungsländer haben viel mit dem Frontier im amerikanischen Westen gemein. In vielen Fällen bewohnen einheimische Völker abgelegene Länder weit entfernt von modernen Technologien und modernen Institutionen. Wie wir im amerikanischen Westen gesehen haben, bilden Sitten und Gebräuche oft die Basis für Eigentumsrechte bei homogenen einheimischen Gesellschaften, doch wenn der Frontier der entwickelten Welt sich in die Territorien der Eingeborenen hineinbewegt, sind lokale Sitten und Gebräuche nicht gut zugeschnitten auf Interaktionen zwischen heterogenen Völkern und erlauben keinen Austausch von Eigentumsrechten.

Betrachten wir einmal den Frontier des Amazonas-Gebiets in Brasilien. Bei nur geringem Druck auf die Waldressourcen nutzten die einheimischen Völker ihre Bräuche und ihre Kultur, um Rechte an denjenigen Flächen des Regenwaldes zuzuteilen, die für sie einen Wert darstellten. Doch die Regierungspolitik hat die moderne Landwirtschaft im Amazonasbecken subventioniert, und sie subventionierte auch das Transportwesen, um landwirtschaftliche Produkte auf städtische Märkte zu bringen. Indem sie die Renten aus dem Land künstlich erhöhte, hat diese Politik ein Wettrennen um Eigentumsrechte befördert, um Rechte, die eine Besiedlung und eine Landentwicklung erfordern, die an das Homesteading im amerikanischen Westen erinnern.[628] Der Prozess der Landzuteilung ist hochgradig politisiert, und die Landbesetzer sind in der Lage, sich zu organisieren und private Farmen zu enteignen, was die Unsicherheit bei Landeigentumstiteln erhöht.[629] Die Ökonomen Lee Alston, Gary Libecap und Bernardo Mueller kommen zu dem Schluss, dass „widersprüchliche staatliche und bürokratische Rechtsprechungen die Bereitstellung von endgültigen Eigentumsrechten an Land verkompliziert haben“ und dass „Inkonsistenzen zwischen dem Zivilrecht und dem darin enthaltenen Landeigentumsschutz sowie dem populistischen Verfassungsrecht und seiner Betonung der Landumverteilung den Rahmen für eine gewalttätige Konfrontation zwischen Eigentümern und Landbesetzern gebildet und damit verbunden zu einem Verschwenden von Landerträgen geführt haben".[630] Wie im amerikanischen Westen fördert eine Politik von oben nach unten für die Errichtung von Eigentumsrechten auch im Frontier des Amazonas weder Effizienz noch Rechtsgleichheit.

In vielen Entwicklungswirtschaften entstehen Eigentumsrechte in städtischen Regionen auf lokaler Ebene, und zwar aufgrund der hohen künstlichen Transaktionskosten, die von den formellen staatlichen Institutionen auferlegt werden.[631] Hernando de Soto und seine Kollegen haben die Kosten für die Gründung eines Ein-Mann-Bekleidungsladens in Lima, Peru, errechnet. Insgesamt dauerte es 289 Tage, „die Formulare auszufüllen, Schlange zu stehen und die Busfahrten nach Lima zu unternehmen, um all die nötigen Dokumente für den Betrieb zusammenzubekommen".[632] Es wird geschätzt, dass in Peru normalerweise „15 Prozent des Bruttoeinkommens aus der Produktion im außergesetzlichen Sektor für Bestechung bezahlt werden, die von ‚kostenlosen Mustern' und besonderen ‚Geschenken' aus der Handelsware bis hin zu Bargeld reicht".[633]

Der Mangel an eingetragenen und durchsetzbaren Eigentumsrechten bedeutet, dass die Armen nur wenig Anreize haben, ihr Eigentum zu vergrößern, und auch Schwierigkeiten haben, ihre Häuser und ihr Land als Sicherheit für Kredite zu nutzen, um kleine Unternehmen zu gründen. In den meisten Fällen haben informelle Institutionen wie Kirchen oder Wohnbezirksorganisationen Aufzeichnungen darüber, wer welches Eigentum besitzt. So unsicher diese Eigentumstitel auch sein mögen, so schätzt de Soto doch, dass „der Gesamtwert der Immobilien, die von den Armen der Dritten Welt und früheren kommunistischen Ländern zwar gehalten, aber formell nicht rechtmäßig besessen werden, mindestens 9,3 Billionen US-Dollar beträgt". Das ist „fast genau so viel wie der Gesamtwert aller Unternehmen, die an den Hauptbörsen der 20 meistentwickelten Länder der Welt gelistet werden".[634]

De Sotos Forschungen über Eigentumsrechte gehen über Peru hinaus und beschäftigen sich genauer mit formellen und informellen Regeln in Haiti, Ägypten und auf den Philippinen. In all diesen Ländern, so findet de Soto heraus, scheitert das Rechtssystem darin, Eigentumsrechte anzuerkennen und durchzusetzen, vor allem was die Armen angeht. Ein Mangel an formellen Eintragungen schränkt die Rechtsdurchsetzung ein, schafft künstlich hohe Transaktionskosten und erhöht die Kosten für die Schaffung neuer Vertragsformen, um Waren und Dienstleistungen herzustellen und sich an neue Technologien anzupassen.

Neben seiner Forschung und seinen Schriften zu Eigentumsrechten ist de Soto auch selbst ein institutioneller Unternehmer. Er hilft den Menschen in Peru und Indonesien vor Ort, ihre lokalen informellen Systeme des Eigentumsrechts zu formalisieren, indem er sie ganz auf die gleiche Art und Weise kodifizierte, wie dies die Viehzüchter bei ihrer Brandzeichnung taten. Sobald diese Rechte offiziell beurkundet und durch das Gerichtswesen durchgesetzt werden, können Eigentümer langfristige Investitionen vornehmen, indem sie ihr Eigentum als Kreditsicherheit einsetzen. In dieser Hinsicht ist der Kontrast zwischen den entwickelten Ländern und den Entwicklungsländern dramatisch. Fast 70 Prozent der Unternehmensneugründungen in den USA erhalten ihre Sicherheiten aus einer Hypothekenbelastung.[635] Doch da 80 Prozent der Landbesitzer in den von de Soto untersuchten Ländern keine formellen oder aktuellen Landeigentumstitel aufweisen, ist es schwierig, Kapital durch Hypotheken auf das Land zu erhalten.

Das Fehlen von sicheren Eigentumsrechten und die Kontrolle der Institutionen durch Zentralregierungen ohne Rücksicht auf lokale Bedingungen sind auch eine wichtige Ursache für die Stagnation und die Konfliktdichte in ganz Afrika.[636] Während der Kolonialzeit richteten die Regierungen Eigentumsrechte ein, die die einheimischen Institutionen ignorierten und somit die Gegnerschaft der örtlichen Bevölkerung auf sich zogen. Englische, französische und belgische Kolonialherren zogen mit dem Sklavenhandel und der Ausbeutung von Bodenschätzen Wohlstand ab, wobei sie fast immer einheimische Eigentumsrechte verletzten.

Selbst nachdem die afrikanischen Länder in den 1950er und 1960er Jahren ihre Unabhängigkeit erlangt hatten, blieb eine zentralisierte Kontrolle der Institutionen die Norm. George Ayittey drückt es so aus:

„Nach der Unabhängigkeit kehrte in den Großteil Afrikas nur wenig echte Freiheit ein. Trotz der Rhetorik und der Schelte gegen den Kolonialismus hat sich in den Jahren unmittelbar nach der Unabhängigkeit nur wenig geändert. Für viele Länder bedeutete Unabhängigkeit lediglich einen Wechsel bei der Hautfarbe der Regierenden von Weiß hin zu Schwarz. Die neuen Führer begannen, auf gleiche Manier zu agieren wie die Kolonialisten. Tatsächlich waren sie vielerorts noch schlimmer als die Kolonialherren."[637]

Zum Beispiel schuf Nkrumah in Ghana sofort nach seiner Machtübernahme zahlreiche verfassungsmäßige Rechte ab. Das Gleiche gilt für Julius Nyerere, der als frischer Präsident von Tansania das Land zu einem Einparteienstaat erklärte und Oppositionsführer inhaftierte. Der berüchtigste von allen war vielleicht Mobutu Sese Seko, der von 1965 bis 1997 über Zaire herrschte. In dieser Zeit zweigte er über vier Milliarden Dollar für sich selbst ab, wovon er das meiste außer Landes brachte.[638]

Wohldefinierte und sichere Eigentumsrechte für geistiges Eigentum sind in der modernen Welt ein Schlüssel zu Wirtschaftswachstum, werden jedoch in der Dritten Welt nur selten durchgesetzt. Indem sie geistige Eigentumsrechte nicht anerkennen und durchsetzen, entmutigen die Regierungen in den Entwicklungsländern intellektuelle Investitionen sowie Technologietransfers in ihre Länder. Beispielsweise wurden im Jahre 1997 in China 96 Prozent der Software raubkopiert, in Bulgarien waren es 93 und in El Salvador sowie in Russland 89 Prozent.[639] Eine Umfrage unter US-amerikanischen Chemie- und Pharmaunternehmen im Jahre 1995 ergab, dass aufgrund unsicherer geistiger Eigentumsrechte 55 Prozent von ihnen davor zurückschreckten, ihre jüngste und beste Technologie nach Kolumbien zu transferieren, 51 Prozent waren es im Falle von Venezuela, 49 Prozent bei Argentinien, 45 Prozent bei Mexiko und 43 Prozent bei Chile.[640]

Die geschätzten Verluste für US-Unternehmen durch chinesische Softwarepiraterie betrugen alleine im Jahre 1997 1,4 Milliarden US-Dollar, in Lateinamerika „verlieren die Vereinigten Staaten jährlich geschätzte 3,45 Milliarden US-Dollar aufgrund unzureichender Durchsetzung geistiger Eigentumsrechte in informationsintensiven Sektoren wie etwa bei Medikamenten, bei Unterhaltungssoftware und bei Filmen".[641] Obwohl es für die Regierungen von Entwicklungsländern einfach ist, Verluste ausländischer Unternehmen einfach als eine Umverteilung zu Lasten reicher Kapitalisten abzutun, sind unsichere geistige Eigentumsrechte ein erhebliches Hindernis für Wirtschaftswachstum.

Wer besitzt die Umwelt?

Der erhöhte Erholungswert natürlicher Ressourcen – also ihr Wert als Quelle von Erholung und Vergnügen – bietet institutionellen Unternehmern eine Möglichkeit, Erholungsrenten einzufahren. Bereits im späten 19. Jahrhundert haben Unternehmer diesen Wert erkannt. Eisenbahnunternehmer hielten immer Ausschau nach Renten aus Land, und zwar nicht nur bezüglich einer traditionellen Produktion wie Getreide, Holz und Bodenschätzen. Sie waren die ersten, die zum Beispiel den Erholungswert des Yellowstone-Nationalparks erkannten.[642] Ein Angestellter der Pacific Railroad drückte es folgendermaßen aus:

„Wir wollen nicht sehen, wie die Wasserfälle des Yellowstone die Webstühle einer Baumwollfabrik antreiben, oder wie in den großen Geysiren Schweinefleisch für irgendeinen gigantischen Abpackbetrieb gekocht wird, sondern wir wollen sie in ihrer ursprünglichen majestätischen Größe erhalten, in der sie uns heute erscheinen und ohne eine – bislang – einzige Spur einer solchen entweihenden Veränderung, ohne irgendeine Erschließung, die ruinös wäre, oder eine Nutzung, die völlige Zerstörung bedeuten würde.“[643]

Entgegen einem beliebten Mythos wurde der Yellowstone als erster Nationalpark der Nation nicht gegründet, weil weitsichtige Naturbewahrer befürchteten, dass eine private Entwicklung die spektakulären Naturwunder der Region zerstören würde. Er wurde vielmehr errichtet, weil die Eisenbahnunternehmer die Profitmöglichkeiten erkannten, die durch die Zufuhr von Touristen in den Park sowie deren Unterbringung entstehen würden.[644] Im Wissen, dass ihre transkontinentale Strecke am Yellowstone vorbeiführen würde, finanzierte die Northern Pacific Railroad viele der frühen Expeditionen in die Region. Weil sie befürchtete, dass Homesteader Attraktionen wie die Mammoth Hot Springs oder den Geysir Old Faithful beanspruchen und dann Eintrittsgelder verlangen und somit die potenziellen Einnahmen der Eisenbahngesellschaft schmälern würden, leistete die Northern Pacific Lobbyarbeit beim Kongress, um die Region zum Nationalpark erklären zu lassen und der Northern Pacific und ihren Subunternehmen eine monopolisierte Kontrolle über den Transport und die Unterkunftsstätten im Park zu gewähren. Da sie keinem Wettbewerb durch alternative Transportarten zum Yellowstone ausgesetzt war, dafür aber das

Monopol auf alle internen Dienstleistungen innehatte, konnte die Northern Pacific auf effektive Weise die Erholungsrenten durch die den frühen Besuchern abverlangten Gebühren einheimsen. Da die Homestead-Gesetze künstlich hohe Transaktionskosten schufen, konnte die Eisenbahngesellschaft zwar keinen Eigentumstitel auf den Yellowstone erwerben, war aber imstande, diese künstlichen Transaktionskosten zu umgehen und Gewinne zu erzielen, indem sie über das Monopol über den Transport und die Dienstleistungen im Park verfügte.

Der Freizeit- und Erholungswert, der von den frühen Eisenbahnunternehmern erkannt worden war, ist seit dem Zweiten Weltkrieg sogar noch gestiegen, was institutionellen Unternehmern, die Eigentumsrechte an Land umorganisieren können, einen entsprechend größeren Gewinn beschert. Tom Bourland, ein Wildtierwelt-Manager für International Paper (IP) in den 1980ern und 1990ern, ist solch ein Unternehmer.[645] Als Mitarbeiter eines der größten Holzproduzenten in den Vereinigten Staaten erkannte er, dass der relative Wert von Holz und Erholung sich verändert hat und dass die Schaffung neuer Rechte für die Jagd und für das Camping die Einnahmen für das Unternehmen steigern würde. Zu Beginn der 1980er Jahre wurde Bourland verantwortlich für das Wildlife-Management im mittleren Süden der 1,2 Millionen Acre großen Holzproduktionsfläche von IP. Damals wurde noch wenig Aufwand betrieben, um Gebühren für den Zugang fürs Jagen, Fischen und Campen auf den IP-Ländereien zu erheben. Unter Bourlands Führung schuf das Unternehmen Rechte für solche Aktivitäten und vermarktete diese, so dass bis zum Ende der 1990er Jahre die Erholungseinnahmen 25 Prozent des Gesamtprofits aus dieser Region ausmachten.

Jahrhundertelang haben Gerichte des Gewohnheitsrechts Streitigkeiten über die Nutzung von Ressourcen behandelt und somit zur Entwicklung von Eigentumsrechten beigetragen. Wenn beispielsweise ein benachbarter Grundstückseigentümer anderer Meinung über die Grenzlinie war, dann landete man vor einem Zivilgericht, wo der Ankläger behauptete, dass der Angeklagte Schaden durch einen Übergriff auf das Eigentum des Anklägers angerichtet habe. Schon 1611 verhandelte ein englisches Gericht den „Fall William Aldred", bei dem ein Hauseigentümer, Mr. Aldred, behauptete, dass Geruch aus einer benachbarten Schweinefarm Schäden verursache. Das Gericht befand zugunsten von Aldred und stellte fest, dass „jemand sein Eigentum solcherart nutzen solle, dass niemand anderes dabei zu Schaden kommt".[646]

Seitdem sind die Gerichte dieser Logik zur Beilegung komplexer Rechtsstreite um Landeigentum gefolgt, auch was diverse Arten von Verschmutzung anging. Im Fall „Carmichael gegen die City of Texarkana" (1899) zum Beispiel entschied das Gericht zugunsten der Carmichael-Familie, die einen Schaden durch die Stadt geltend machte, da die städtischen Abwässer die Wasserzufuhr der Familie verschmutzten. Das Gericht befand, dass „die Kloake ein großes Ärgernis sei, da sie das Wasser [des Baches] verfaulte, verschmutzte, verdarb, kontaminierte und vergiftete … und sie [die Carmichaels] um die Nutzung und die Vorteile des besagten Baches brachte".[647]

Obgleich die Entwicklung der Eigentumsrechte durch das Gewohnheitsrecht gewissermaßen durch Umwelt-Statute ersetzt worden ist,[648] bieten Gerichte des Gewohnheitsrechts doch einen Verhandlungsort für die Beilegung umweltbezogener Rechtsstreitigkeiten, vor allem dort, wo neue Technologien es einfacher machen, Ursache und Wirkung von Beschädigungen zu belegen. 1982 kippte ein Gericht in Rhode Island eine Entscheidung aus dem Jahre 1934 im Fall „Wood gegen Picillo". Der frühere Gerichtsentscheid hatte die Behauptung des Anklägers abgewiesen, wonach die Abfälle des Angeklagten das Grundwasser verschmutzten, und zwar mit der Begründung, das Grundwasser sei „unendlich und obskur". Mit anderen Worten: Die Kosten der Festlegung und Durchsetzung der Eigentumsrechte am Grundwasser waren so hoch, dass eine solche Festlegung und Durchsetzung unmöglich waren. Das Gericht revidierte diese Ansicht 1982, weil „die Wissenschaft der Grundwasser-Hydrologie sowie die gesellschaftliche Sorge um den Umweltschutz sich auf dramatische Weise entwickelt haben. Es ist eine wissenschaftliche Tatsache, dass unterirdisches Wasser nicht mehr obskur oder mysteriös ist."[649]

Wissenschaftlicher und technischer Fortschritt kann das Potenzial für die Festlegung und Durchsetzung von Eigentumsrechten an Luft und Wasser verbessern und somit die Verschmutzung vermindern. Bei ihren Bemühungen, die Ursachen für die Luftverschmutzung im Gebiet des Grand Canyons zu bestimmen, nutzte ein Konsortium aus staatlichen Agenturen und Versorgungsunternehmen das Mittel der Spurenanalyse. Es errichtete eine ganze

Reihe von Luftüberwachungsstationen in der Region und versetzte den Schornsteinausstoß des Navajo-Kraftwerks mit deuteriertem Methan, einem Gas, das Schwefeldioxid nachahmt. Das Experiment ergab, dass dieses Kraftwerk für 70 bis 80 Prozent des schwefelbasierten Dunstes verantwortlich war. Nach dem Studium verschiedener Methoden zur Identifizierung von Verschmutzungsquellen kam Umweltingenieurin Anna Michalak zum Schluss, dass „die Identifizierung von Verschmutzungsquellen dabei helfen kann, die Eigentumsrechte aller durch Verschmutzung betroffener Parteien festzulegen und durchzusetzen, nicht jedoch ohne gewisse Kosten“.[650]

Ihre Arbeit zeigt, dass Wissenschaft und Technik diese Kosten verringern und die Aussichten für umweltbezogene Eigentumsrechte verbessern. Auch Eigentumsrechte an der Meeresfischerei sind im Entstehen begriffen, in diesem Falle durch die Einrichtung von individuell übertragbaren Quoten (ITQs). Jede Quote erlaubt es dem Inhaber, einen bestimmten Prozentsatz einer insgesamt erlaubten Fangmenge zu fangen, die normalerweise von einer staatlichen Agentur festgelegt wird, aber am besten auch Input von Fischern berücksichtigen sollte, die ein wirtschaftliches Interesse an der Fischerei haben. ITQs geben den Quoteninhabern Sicherheit über ihren Gesamtfang und vermeiden somit die Tragik der Allmende. Und da sie übertragbar sind, gelangen ITQs in der Regel in die Hände der effizientesten Fischer. Sowohl Neuseeland als auch Island nutzen bereits ITQs, um fast ihre gesamte Fischerei zu managen, und Australien und Kanada nutzen sie in immer größerem Maße. Der Experte für Fischereimanagement Donald Leal kommt zu dem Schluss, dass „ITQs insgesamt höhere Einkommen für Fischer generiert und die Produktqualität für die Verbraucher erhöht haben, Fangflottenexzesse reduziert und fast vollständig solche Fälle eliminiert haben, bei denen die tatsächliche Fangernte die erlaubte Gesamtfangmenge übersteigt“.[651]

Kämpfe um die Nutzung öffentlichen Landes im modernen Westen zeigen beispielhaft, was passieren kann, wenn Eigentumsrechte im Bereich der Politik ständig neu zugeordnet werden. Diese Kämpfe werden oft verstanden als Kampf des Fortschritts gegen Bewahrung, können aber zutreffender gesehen werden als Konflikte darüber, wessen Landbedarf entsprochen werden soll. Sollen wir Holzfällerei, Beweidung, Bergbau, Wandern, Jagen, ein Wildtier-Habitat, Wildnis oder irgendeine andere Verwendung zulassen? Ohne sichere und übertragbare Eigentumsrechte bedeutet der Gewinn einer Sonderinteressengruppe den Verlust einer anderen. Auf diese Weise nehmen die Konflikte natürlich weiter zu.[652]

Um zu sehen, wie eine im Frontier entstandene Institution helfen könnte, schauen wir uns die Debatten über die Beweidung auf staatlichem Land an. Umweltschützer riefen dazu auf, Rinder und Schafe von staatlich zugeteilten Beweidungsflächen zu entfernen, oder meinten, dass hier zumindest höhere Gebühren von denjenigen Ranchern zu erheben seien, deren Vieh diese Flächen beweidete, doch waren ihre Forderungen weitgehend erfolglos. Eine „nicht so wilde“ Lösung des Konflikts über die Landnutzung würde die Weideerlaubnis als sichere Eigentumsrechte anerkennen und es erlauben, diese an Umweltschützer zu veräußern, die eine Beweidung ablehnen. Tatsächlich hat eine Umweltgruppe versucht, diese Strategie anzuwenden, um Hunderttausende Acre in Utah der Beweidung zu entziehen, doch staatliche Restriktionen über den Transfer von Rechten hin zu einer nicht weidewirtschaftlichen Nutzung haben die Pläne dieser Lösung zwischen einem freiwilligen Käufer und einem freiwilligen Verkäufer zunichtegemacht.[653] Im Ergebnis werden politische Vorteilssuche und Konflikte weiterhin auch da existieren, wo Gewinne aus Handel und Kooperation zu realisieren sind.

Neue Technologien

Die Durchsetzung gewohnheitsmäßiger Weiderechte im Frontier änderte sich auf dramatische Weise mit der Erfindung des Stacheldrahtzauns. Ähnlich ändern neue Technologien auch heute ständig die Art und Weise, wie Eigentumsrechte weltweit festgelegt und durchgesetzt werden. Zum Beispiel stellen geographische Informationssysteme (GIS), kombiniert mit Luftfotographien und Satellitenbildern, kostenreduzierende Mittel für die Beurteilung von Wasserrechten und für die Beilegung umstrittener Ansprüche dar. GIS ermöglicht es den Anwendern, räumliche Informationen in ein visuelles Kartenformat zu übertragen. Die Computertechnik hat den Preis für diese Kartierung gesenkt und es vereinfacht, Verletzungen und Beweise für Wasserrechtsansprüche zu entdecken.[654] So hat der Bundesstaat Oregon GIS-Technologie verwendet, um Karten von Oberflächenrechten, Grundwasserrechten und unterirdischen Wasserläufen sowie physischen und natürlichen Gegebenheiten zu erstellen. Diese Informationen, kombiniert mit Daten über Wasserabzweigungspunkte und Pumpstationen und Vorrechtsdaten, machen es weniger kostenintensiv, Ansprüche festzulegen und durchzusetzen.

Technologie senkt auch die Kosten der Durchsetzung der oben erwähnten individuell übertragbaren Quoten (ITQs). Das Globale Navigationssatellitensystem (GPS) kann den Standort und die Aktivitäten von Fischereiflotten überwachen, und Messgeräte an Bord wie versiegelte Videokameras können die Fangmenge aufzeichnen. Durch Senkung der Durchsetzungskosten hat diese Technik Fischer mit einem entsprechenden wirtschaftlichen Interesse an der Fischerei dazu gebracht, mehr Anstrengungen in die Sicherung ihrer Ansprüche zu investieren.[655]

Der höhere Gebrauch von Mobiltelefonen hat die Frage von Eigentumsrechten im elektromagnetischen Spektrum aufgebracht. Zunächst wurden Eigentumsrechte hier durch einen politischen Prozess geschaffen, der zur Rentenverschwendung geführt hat.[656] Die bundesweite Kommunikationskommission hat Bandbreitlizenzen in Anhörungen festgelegt, in denen die Würdigkeit der Antragsteller festgestellt wurde. Die Bewerber verwendeten viel Mühe, um als „würdig" zu erscheinen, was Renten in diesem Prozess verschwendete. Der Kongress ersetzte diesen Prozess durch eine Lotterie, wobei er jede Lizenz per Zufallsverfahren unter den Antragstellern zuteilte. Da jedoch keine Begrenzung der Zahl der Anträge eingeführt worden war, wurden weitere Renten verschwendet, da sich die Antragsteller die Mühe machten, mehrfache Anträge für Lizenzen einzureichen, die eines Tages vielleicht von Wert sein würden. Einmal erhielt die Kommission über 400.000 Anträge für potenzielle Mobilfunklizenzen.[657] Schließlich wurde ein Auktionsverfahren eingeführt, das die Rentenverschwendung drosselte.

Schlussfolgerungen

So wie der amerikanische Westen zahlreiche Beispiele dafür liefert, wie Eigentumsrechte Ressourcenverantwortung fördern und Rentenvergeudung verhindern, deuten Beispiele neuer Frontiers darauf hin, dass institutionelle Unternehmer immer noch den Schlüssel für Zusammenarbeit und Wohlstand in der Hand halten. In Entwicklungsländern, vor Gerichten nach Gewohnheitsrecht sowie durch einige staatliche Programme entstehen Eigentumsrechte, um Konflikte über die Nutzung von Ressourcen zu lösen. Doch Eigentumsrechte entwickeln sich nicht immer auf friedliche und produktive Weise, wie die Indianerkriege zeigten. Die Homestead-Gesetze und die teuren Wasserprojekte unter dem „Reclamation Act“ aus dem Jahre 1902 zeitigten zwar nicht so blutige Folgen, förderten aber einen Wettkampf um Eigentumsrechte, der Ressourcen verschwendete. Heute gibt es weiterhin Rentenverschwendung, wo Regierungen versuchen, Eigentumsrechte von oben herab zu verordnen oder, schlimmer noch, sie ständig im Zuge des politischen Prozesses neu zuzuteilen. Ein prototypisches Beispiel ist der Kampf zwischen Bewässerern, Umweltschützern und indianischen Stämmen um das

Wasser des Klamath River in Oregon. Im Jahre 2001, als es eine extreme Wasserknappheit im Klamath gab, wurden die Eigentumsrechte am Wasser beständig durch staatliche Verordnungen umverteilt.[658]

Neue Frontiers werden weiterhin entstehen, und wir werden auch in Zukunft wichtige Entscheidungen über institutionelles Design zu treffen haben. Heute ist der Mars so etwas wie der Westen, den Lewis und Clark erforscht hatten. So wie viele Menschen im frühen 19. Jahrhundert es für unvorstellbar hielten, dass die oberen Bereiche des Missouri River jemals besiedelt und entwickelt werden würden, können sich die Menschen heute keine wirtschaftlich tragbare Entwicklung des Mars vorstellen. Doch zweifellos werden der Mars und andere Planeten die neuen Frontiers des 21. Jahrhunderts sein, wenn die Technologien sich verbessern und die Werte von Ressourcen sich ändern. Wenn das passiert, können wir spekulieren, wie sich die Eigentumsrechte entwickeln werden. Am 11. September 2002 zitierte die Nachrichtenagentur Reuters einen führenden britischen Astronomen, der sagte: „Der Mars könnte dem gesetzlosen Wilden Westen ähneln, wenn privat finanzierte Abenteurer den Planeten ausbeuten, bevor Staaten es tun.“ Unsere Geschichte des amerikanischen Westens legt eine viel positivere Vorhersage nahe über das, was als „gesetzloses“ Vakuum im Weltall entstehen könnte. Wenn wirklich Staaten dort eher hingelangen als „privat finanzierte Abenteurer“, dann könnte vielmehr der Wert des neuen Frontiers vergeudet werden, als dass er durch Zusammenarbeit erhalten bleibt.

Der westliche Frontier hat seine Helden in den institutionellen Unternehmern, die Eigentumsrechte an Land, Wasser, Vieh, Bodenschätzen und sogar Nationalparks ersonnen haben. Ebenso werden neue Frontiers ihre institutionellen Helden hervorbringen. Die Lektion, die wir aus dem „nicht so wilden Westen“ lernen sollten, ist die, dass sichere und übertragbare Eigentumsrechte zwar nicht so einfach zu entwickeln sind, dass sie aber eine Notwendigkeit darstellen, um Konflikte durch Kooperation zu ersetzen. Egal ob wir traditionelle Ressourcennutzungen in der Dritten Welt, Umweltfragen in der entwickelten Welt oder ein Wettrennen im All betrachten: Wir haben stets die Wahl zwischen wild und nicht so wild.

Endnoten

1 Turner 1894, S. 199.

2 Dippie 1991, S. 114.

3 Für eine umfangreiche Diskussion über Turners Sicht auf die Rolle der Gewalt im Westen sowie in anderen Zusammenhängen, siehe Faragher 1994, S. 230-232.

4 Für eine Zusammenfassung der verschiedenen Aspekte dieses neuen Ansatzes, siehe Limerick, Milner und Rankin 1991.

5 Siehe Limerick 1991 und Robbins 1991, S. 191.

6 Limerick 1987, S. 26.

7 Für eine nützliche Zusammenfassung der neuen Institutionenökonomie siehe Eggertsson 1990 und Furubotn und Richter 1997.

8 Hardin 1968.

9 Siehe Gwartney und Lawson 2002 und O'Driscoll, Holmes und O'Grady 2002.

10 Norton 1998, S. 44.

11 De Soto 2000, S. 148-149.

12 Tocqueville 1835.

13 Es handelt sich hier um eine ökonomische Definition, die sich vom herkömmlichen Verständnis des Frontier als einem Ort unterscheidet, der gerade beginnt, besiedelt zu werden (Turner 1894). Bei unserer Definition hingegen haben wir es dann mit einem Frontier zu tun, wenn der Wert des Landes in den positiven Bereich gelangt. Nach unserem Begriff kann auch ein beträchtliches Ausmaß an Besiedlung erfolgen, bevor der Wert positiv wird – mit anderen Worten also Besiedlung auf Landgebieten, die sich noch in einem Vor-Frontier-Zustand befinden. Ob dies passiert, hängt von den Institutionen ab, die bestimmen, wie die Eigentumsrechte an Land festgelegt werden. Wie wir später noch erörtern werden, können unangemessene Regeln für die Errichtung ei-

ner Eigentümerschaft eine vorschnelle Besiedlung herbeiführen.

14 Ob der Wert spiritueller oder produktiver Natur ist, ist für unsere Analyse nicht besonders von Belang.

15 Obgleich der Fachbegriff für diese Spezies „Bison" ist, verwenden wir den Begriff „Büffelsprung", da dies die gebräuchliche Bezeichnung für die Klippen ist, über die die in Panik versetzten Bisons in den Tod getrieben wurden.

16 Für eine umfassende Erörterung darüber, wie Renten bei der Bildung von Eigentumsrechten verschwendet werden können, siehe T. Anderson und Hill 1983.

17 Genaueres dazu unter T. Anderson und Hill 1990.

18 Für eine umfassende Abhandlung über den Frontier zwischen Indianern und Nichtindianern siehe T. Anderson und McChesney 1994.

19 Für eine gründliche Erörterung zu Transaktionskosten siehe Eggertsson 1990, S. 15.

20 Für eine interessante Erörterung über die Evolution moralischer Beschränkungen, siehe Ridley 1997 und Ellickson 2001.

21 Novak Kapor, um den es in Kapitel 1 ging, war aktives Mitglied der „Serbian Lodge", einer Organisation, die serbische Landsleute zwecks gegenseitiger Unterstützung zusammenführte.

22 Die Reduzierung der Durchsetzungskosten von Eigentumsrechten wird in diesem Kapitel später noch gründlicher erörtert.

23 Siehe T. Anderson und Snyder 1995.

24 Siehe Schumpeter 1934, S. 66.

25 Williamson 1985.

26 Siehe Wellman 1967 [1939], S. 111.

27 Siehe Skaggs 1973, S. 123.

28 Für eine genauere Erörterung der Entstehung von Eigentumsrechten siehe T. Anderson/ Hill 1975.

29 Baumol 1990, S. 894.

30 Im vorliegenden Zusammenhang soll der Begriff des „institutionellen Unternehmers“ eine große Bandbreite an Akteuren beinhalten, die die Regeln in Bezug auf Eigentumsrechte einer Veränderung unterziehen. So ist beispielsweise ein Bürokrat oder ein mit institutionellem Wandel beschäftigter Politiker ebenso ein Unternehmer wie auch ein Angehöriger des privaten Sektors dies ist, der vertragsbezogene Innovationen nutzt, um Rechte zu schaffen oder zuzuteilen. Insofern enthält der Begriff des „institutionellen Unternehmers“ an sich keine Bewertung. Die durch solch einen Unternehmer geschaffenen Institutionen können eine Ressourcenallokation sowohl verbessern als auch verschlechtern und soziale Kooperation befördern oder verhindern.

31 Rentensucher können den Staat um des eigenen Vorteils willen sowohl für einen gesicherten Transfer von Eigentumsrechten als auch für die Beschränkung des Wettbewerbs benutzen. Zum Beispiel sind Taxi-Dienstleistungen nicht einzigartig, doch ist der Zutritt zum Taxigewerbe oft vom Staat reglementiert, so dass Gewinne nur durch eine begrenzte Zahl von Akteuren erzielt werden können. Diese Profite sind nicht das Ergebnis einzigartiger Ideen, Produkte oder Ressourcen, sondern von Wettbewerbsbeschränkungen, die durch staatliche Regulierung erzwungen wurden.

32 Siehe Rucker/Fishback 1983.

33 Eine ausgezeichnete Abhandlung dazu findet sich bei Libecap 1981.

34 Siehe McChesney 1997.

35 Siehe Kirzner 1973 für eine sehr gute Abhandlung über das Unternehmertum.

36 T. Anderson 1995, S. 57; siehe auch Holder 1970, Kap. 3.

37 Siehe T. Anderson 1995, S. 55-58.

38 Denig 1930, S. 533; Henry und Thompson 1965, S. 520.

39 Siehe T. Anderson 1995, S. 58-64.

40 Zu Details zum Handelsaustausch siehe Haddock 1997.

41 Produktionsmethoden hängen stark von der vorhandenen Technik ab. Daher wird die geographische Größe von der Technik beeinflusst.

42 Für eine Erörterung des potenziellen Einflusses der Tragödie der Allmende, die von der Schnittstelle zwischen Stammes- und Büffelterritorien herrührt, siehe Martin und Szuter 1999. Siehe auch Lueck 1989 für eine Abhandlung darüber, warum die optimale Größe von Produktionseinheiten die Transaktionskosten beeinflusst.

43 Siehe Ellickson 1993 für eine ausgezeichnete Ausführung über den Einfluss der optimalen Größe eines Kollektivs.

44 Die Anwendung von Gewalt innerhalb eines Kollektivs ist notwendig, um das von Ökonomen so bezeichnete Trittbrettfahrerproblem zu verhindern, wie weiter oben in diesem Kapitel beschrieben haben.

45 Für eine formelle Interpretation dieses Arguments bezogen auf Bergbaulager, siehe Umbeck 1981.

46 Siehe T. Anderson und McChesney 1994, S. 68-71.

47 Fachsprachlich ausgedrückt würde dies bedeuten, dass der diskontierte Wert der Negativrente vor dem Zeitpunkt t* einfach nur den diskontierten positiven Renten nach dem Zeitpunkt t* entspricht. Für eine formale Diskussion über diese Möglichkeit siehe T. Anderson und Hill 1990.

48 Für eine genauere Erörterung der Rolle, die Normen bei der Festlegung und Durchsetzung von Eigentumsrechten spielen können, siehe Ellickson 1991.

49 Die Kosten gerichtlich verhandelter Streitigkeiten sind in einer kulturell homogenen Gruppe wahrscheinlich auch geringer. Normen legen fest, was richtig und was falsch ist, und liefern kostengünstige Wege der Streitbeilegung. Und wenn Individuen innerhalb einer Gruppe es mit Konflikten über Eigentumsrechte zu tun haben, wird die Tradition zu einer Methode, Gerichtskosten zu sparen. Daher entwickelt sich das Gewohnheitsrecht durch die Kategorisierung von Ähnlichkeiten

zwischen verschiedenen Konflikten und die Verwendung dieser Ähnlichkeiten zur Schaffung von Regeln zu Eigentum und Haftung.

50 Siehe Libecap 1989, S. 20-21 für eine weitere Abhandlung über die verteilungsbezogenen Folgen der Gruppenhomogenität.

51 Siehe Kapitel 3 und 4 in T. Anderson 1995.

52 Für eine umfangreiche Darstellung des Mythos von Häuptling Seattle, siehe Wilson 1992.

53 Wilson 1992, S. 1457.

54 Timmons 1980, S. ix.

55 Farb 1968, S. 6.

56 Bailey 1992, S. 183.

57 Huffman 1992, S. 907.

58 Goldsmidt 1951, S. 511.

59 Hoebel 1954, S. 294.

60 Posner 1980, S. 53.

61 Copper 1949, S. 1.

62 Steward 1938, S. 253. Wie wir im nächsten Kapitel sehen werden, wiesen indianische Gesellschaften keine Eigentumsrechte an natürlichen Ressourcen auf, da diese in ihrem „Rohzustand“ nicht knapp waren. Da diese Ressourcen im Überfluss vorhanden waren, lohnte sich der Aufwand der Bestimmung von Eigentumsrechten nicht. Adlernester waren vielleicht deswegen eine Ausnahme, weil sie knapp waren und daher ein sparsamer Umgang mit ihnen vonnöten war.

63 Ibid.

64 Ellis 1979, S. 355.

65 Kennard 1979, S. 554.

66 Forde 1931, S. 367.

67 Ebd., S. 369. Fordes Artikel stellt eine ausführliche Behandlung des Ackerbaus und des Landeigentums bei den Hopi dar.

68 Ebd., S. 399.

69 Für Details dazu siehe Kennard 1979, S. 554-557, und Forde 1931.

70 Fowler 1986, S. 65.

71 Steward 1941, S. 240.

72 Ebd., S. 254.

73 Steward 1934, S. 252.

74 Steward 1938, S. 258.

75 Lowie 1940, S. 303.

76 Ebd.

77 Beschrieben in Steward 1934, S. 305. Für eine ausführliche Behandlung der Eigentumsrechte an Pinyon-Kiefern siehe Lowie 1940.

78 Steward 1934, S. 253.

79 Siehe Demsetz 1967.

80 Basso 1970, S. 5.

81 Langdon 1989, S. 306.

82 Ausführlicheres dazu bei Higgs 1982.

83 Netboy 1958, S. 11.

84 Higgs 1982, S. 59.

85 Siehe Oberg 1973 und De Laguna 1972.

86 De Laguna 1972, S. 464.

87 Siehe Olson 1967.

88 Higgs 1982, S. 59.

89 „United States v. Washington", 384 F. Supp. 312, S. 352-353 (1974).

90 Speck 1939, S. 258-259.

91 Ebd., S. 259. Dieses Prinzip ähnelt der Lockeschen Klausel. Ironischerweise jedoch ignorierte Locke, als er seine Theorie zum ersten Mal vorbrachte, offensichtlich ihre Anwendung auf die indianische Kultur, als er behauptete, dass Amerika sich vor der Ankunft des weißen Mannes in einem Naturzustand befunden und nur darauf gewartet habe, dass der Weiße es besiedelte und seinen Anspruch geltend machte. Siehe Chase 1986, S. 110-111.

92 Freed 1960, S. 351.

93 Fowler 1986, S. 82. Obwohl es keine anthropologischen Belege zu geben scheint, um zu erklären, warum Organisatoren, Führer oder Netzbesitzer einen größeren Anteil bekommen hätten, ist es wahrscheinlich, dass es einen Unterschied ausmachte, ob jemand einen größeren Beitrag für die Jagd geleistet hatte. Das legt nahe, dass die Indianer nicht unbedingt egalitär ausgerichtet waren und dass Belohnungen für bestimmte Mühen auf dem Wert des Beitrags einer Person basierten.

94 Bailey 1992, S. 187. Da der letzte Punkt mehr auf Afrika anwendbar ist, wo es viel wahrscheinlicher ist, dass Raubtiere, vor allem Großkatzen, die Jagdbeute an sich reißen, wird er an dieser Stelle übergangen.

95 Dieser Punkt passt zu Posners (1980) Theorie der Informationskosten in primitiven Gesellschaften.

96 Bailey 1992, S. 188.

97 Im Kontext dieser Diskussion kann ein Unternehmen als kommunale Institution verstanden werden, obwohl der ortsansässige Anspruchsberechtigte normalerweise klarer identifiziert werden kann als bei traditionelleren kommunalen Institutionen. Für eine Abhandlung über ein Unternehmen in diesem Kontext siehe Alchian und Demsetz 1972.

98 Barsness 1985, S. 53.

99 Sass 1936, S. 5.

100 Ewers 1969, S. 303.

101 Die Pirsch zu Fuß vermied auch einiges der Koordinationskosten einer gemeinschaftlichen Jagd, insofern als eine kleinere Zahl von an der Pirsch beteiligten Personen mit geringerer Wahrscheinlichkeit als bei einer großen gemeinschaftlichen Jagdgruppe Gefahr lief, die Büffelherde aufzuschrecken. Wenn an der Jagd zu Fuß zu viele Jäger beteiligt waren, konnten sie die Herde viel eher verscheuchen, bevor auch nur ein Tier erlegt werden konnte.

102 Siehe Arthur 1975, S. 64, und Hornaday 1889, S. 423.

103 Siehe Simpson 1843, S. 404, und Denig 1961, S. 160.

104 Siehe Barsness 1985, S. 45-46.

105 Siehe Reher und Frison 1980, S. 8.

106 Barsness 1985, S. 44.

107 Ebd., S. 37.

108 Siehe Schaeffer 1978, S. 247, sowie Henry und Thompson 1965, S. 725.

109 Carter 1990, S. 27.

110 Grinnell 1962, S. 234.

111 In der Fachliteratur wird allgemein kein Unterschied bei der Gruppengröße zwischen den Indianern der Großen Ebene und anderen nordamerikanischen Stämmen genannt. John White (1979, S. 76) gibt allgemein 100 bis 300 Personen an. Doch etwas früher schreibt er: „Als beste Gruppengröße schätzte man in der Regel 100 bis 150 Personen, doch waren es oft viel weniger. Wenn die Gruppe anschwoll und ungefähr 200 erreichte, bekam man ein ernsthaftes Problem mit der Versorgung, und dann war die übliche Lösung eine Aufteilung“ (J. White 1979, S. 55). Wissler (1966, S. 261) schreibt: „Eine indianische Gemeinschaft bestand selten aus mehr als 100 Personen jeglichen Alters.“

112 Diese Zusammenkünfte erfolgten nicht immer wegen der Jagd. Die Schoschonen organisierten nur Zusammenschlüsse, um auf Aggressionen der Schwarzfußindianer zu antworten. Als die Macht der Schwarzfüße 1850 zurückging, endeten auch die regelmäßigen Zusammenkünfte (Madsen 1980, S. 24-25).

113 Siehe Wissler 1966, S. 261.

114 Siehe Roe 1955, S. 191.

115 Wyman 1945, S. 70.

116 Steckel und Prince (2001) berichten, dass die Indianer der Großen Ebene im 19. Jahrhundert möglicherweise den weltweit höchsten Kör-

perwuchs aufwiesen. Der hohe Proteingehalt ihres büffeldominierten Speiseplans trug beträchtlich zu ihrer Nährwertgrundlage bei.

117 Ewers 1969, S. 168-169. Siehe auch Baden, Stroup und Thurman 1981 zu Reaktionen der Indianer auf relative Preise.

118 Faegre 1979, S. 152.

119 Barsness 1985, S. 50.

120 Siehe J. White 1979, S. 71-72, und Wissler 1966, S. 289.

121 Siehe Barsness 1985, S. 50.

122 Lavender 1992, S. 22.

123 Ewers 1969, S. 304.

124 Ebd., S. 305.

125 Lowie 1982, S. 42.

126 Siehe Maximilian 1902, S. 351, und Farnham 1843, S. 82.

127 Carter 1990, S. 27.

128 Wyman 1945, S. 74.

129 Carter 1990, S. 35.

130 Shimkin 1986, S. 309.

131 Ewers 1969, S. 172.

132 Ebd., S. 175.

133 Barsness 1985, S. 53.

134 Steward 1938, S. 248-249. Es sollte angemerkt werden, dass diese Kriegsinstitutionen sich aus einer entsprechenden Notwendigkeit heraus entwickelten und daher auch verschwanden, als die Indianer von den Weißen unterjocht worden waren. „Das Stammesamt und seine Aufgaben, zu denen es bei den eingeborenen Institutionen keinerlei Vorläufer gab, waren in Umfang und Dauer begrenzt. Sie existierten zu kurz, um allgemeinen Respekt und Unterstützung erfahren zu können. Als die Kriege aufhörten, war auch der Bedarf an Organisation weitgehend verschwunden und die Häuptlinge verloren an Autorität“ (ebd., S. 249).

135 Schultz 1907, S. 152.

136 Ewers 1969, S. 22.

137 Siehe T. Anderson und McChesney 1994.

138 Für eine gründlichere und vollständige Erörterung der folgenden Analyse siehe T. Anderson und McChesney 1994.

139 Natürlich ist uns klar, dass es keine Indianergemeinschaft gab, die das Land zwischen den Ozeanen allein beherrschte. Doch die gleiche Analyse kann angewendet werden, um über Konfliktzonen zwischen verschiedenen Indianergruppen nachzudenken.

140 Hughes 1976, S. 35.

141 Roosevelt 1889, S. 90.

142 Russell 1973, S. 42.

143 Zitiert in Prucha 1962, S. 139.

144 Zitiert in Washburn 1971, S. 56.

145 Kickingbird und Ducheneaus 1973, S. 7.

146 Jefferson, zitiert in Washburn 1971, S. 39.

147 Jefferson 1955 [1787], S. 96.

148 Roback 1992, S. 11.

149 Washburn 1971, S. 49.

150 Utley 1984, S. xx.

151 Zitiert in Prucha 1962, S. 139.

152 Ebd., S. 143.

153 Ebd., S. 145.

154 Cohen 1947, S. 32.

155 Debo 1970, S. 16.

156 Zitiert in Utley 1984, S. 61.

157 Ebd., S. 11.

158 Roback 1992, S. 5.

159 Utley 1984, S. 7-8.

160 Ebd., S. 44.

161 Der Sioux-Aufstand von 1862 in Minnesota begann, als eine Gruppe indianischer Jugendlicher fünf Weiße tötete. „Die Tat war nicht geplant worden. Einer hatte den anderen dazu angestachelt, sein Mütchen zu kühlen“ (Utley 1984, S. 78). Das Washita-Massaker geschah, weil Black Kettle, ein Cheyenne-Häuptling, der ständig mit den Weißen um Frieden rang, „es schwerhatte, seine jungen Männer unter Kontrolle zu halten“ (ebd., S. 125). Als eine Gruppe von Kriegern sich davonmachte, um weiße Siedlungen zu überfallen, führte ihre Spur im Schnee zum Dorf von Black Kettle. Die Kavallerie unter General Custer folgte der Spur, stürmte das Dorf und tötete mehr als 100 Cheyenne, darunter auch Black Kettle.

162 Zitiert in Prucha 1962, S, 156.

163 Webb 1971, S. 169.

164 Zitiert in Debo 1970, S. 221.

165 Utley 1967, S. 7.

166 Axtell 1988, S. 140.

167 Utley 1984, S. 105.

168 Für eine Erörterung der falschen Informationen Custers über die Stärke der Indianer, siehe Connell 1988, S. 263-264.

169 Chapel 1961, S. 259.

170 Zitiert in Webb 1971, S. 174.

171 Ebd., S. 175.

172 Beers 1975, S. 173.

173 Utley 1967, S. 2-3.

174 Ebd., S. 110-111.

175 Zitiert in Debo 1970, S. 215.

176 Russell 1973, S. 47.

177 Für Weiteres dazu, siehe Utley 1967, S. 14-17.

178 Gegen diesen Befund könnte man einwenden, dass die Indianer, während die Armee sich irgendwo anders im Kampf befand, diese Abwe-

senheit als Gelegenheit nutzten, die Angriffe auf Weiße zu verstärken, woraufhin die Armee letztendlich zurückkehrte, um die Stämme zu unterwerfen. Doch tatsächlich erhöhte sich während des Bürgerkriegs die Zahl der Truppen im Westen sogar noch.

179 Für eine ausführliche Abhandlung dieser Regressionsanalyse siehe T. Anderson und Mc-Chesney 1994.

180 Carlson 1992, S. 74.

181 Hurt 1987, S. 230.

182 Ebd., S. 75.

183 Zitiert in Otis 1973, S. 10-11.

184 Bethell 1998 oder Pipes 1999.

185 De Soto 2000.

186 Carlson 1981, S. 10, kommentiert: „Die Abtretung überschüssigen Landes an die Regierung musste durch den Stamm gebilligt werden, obwohl in der Praxis der Staat bei solchen Verhandlungen eine starke Position hatte. Die Rolle der Stämme wurde 1903 noch weiter reduziert, als Gerichte festlegten, dass die Zustimmung eines Stammes für die Zurverfügungstellung überschüssigen Landes nicht notwendig war. Die Erlöse aus dem Landverkauf wurden für den Stamm treuhänderisch verwaltet."

187 Ebd., S. 18.

188 Ebd., S. 44.

189 Ebd., S. 174.

190 Ebd., S. 43.

191 Ebd.

192 Ebd., S. 44.

193 Prucha 1984, S. 716.

194 Ebd., S. 671.

195 McChesney 1992, S. 114-115.

196 Niskanen 1971 meint, dass eine Budget-Maximierung durch Büro-

kratien diese sich selbst erhalten lässt, und in der jüngeren Literatur geht man davon aus, dass Personalgröße, Gehälter und Macht allesamt dazu beitragen, dass Bürokratien sich aufblähen. Siehe Johnson und Libecap 1994 für eine ausgezeichnete Zusammenfassung der verschiedenen Theorien über das bürokratische Wachstum.

197 Zitiert in McChesney 1992, S. 127.

198 Prucha 1984, S. 864.

199 Schmeckebier 1927, S. 81.

200 McChesney 1992, S. 125, 127.

201 Ebd., S. 123.

202 Ebd., S. 135.

203 Die Theorien und Daten in diesem Bereich stammen hauptsächlich aus T. Anderson und Lueck 1992.

204 Libecap und Johnson 1980, S. 83.

205 Dieser Gesichtspunkt wurde erstmals von Trosper (1978) vorgebracht.

206 Bei einem Mittelwert von 0,54 und einer Standardabweichung von 0,495 kann die Hypothese, dass treuhänderisch verwaltetes und privates Land gleich produktiv seien, mit 99-prozentiger Sicherheit zurückgewiesen werden.

207 T. Anderson und Lueck 1992.

208 Zu Details dieser Regressionsanalyse, siehe T. Anderson und Lueck 1992, S. 446-448.

209 Siehe Lueck 1995.

210 Siehe Martin und Szuter 1999.

211 Higgs 1982.

212 „Pelze" bezieht sich hier auf Felle verschiedener Arten kleiner Tiere wie Füchse, Nerze, Dachse und so weiter, doch Biber stellten die Hauptquelle dar. „Robes" (Büffelfelle) bezieht sich auf Büffelhäute mit Haar dran; „hides" (Häute) bezieht sich einfach auf das Leder vom Büffel oder vom Rotwild, entweder roh oder gegerbt.

213 Wishart 1979, S. 212.

214 Die Aufzeichnungen verschiedener Handelsposten und Forts aus den 1820er und 1830er Jahren registrierten die Verkäufe der Pelze von Füchsen, Präriehunden, Bären, Bisamratten, Ottern, Wölfen, Dachsen, Hasen, Nerzen und Mardern sowie Bibern (Wishart 1979, S. 58-59). Chittenden führt Pelze von Füchsen, Ottern, Nerzen, Waschbären, Eichhörnchen, Iltissen und Bisamratten als regelmäßigen Teil des Pelzhandels mit St. Louis an.

215 Utley 1997, S. 11-12.

216 Wishart 1979, S. 45.

217 Maguire, Wild und Barclay 1997, S. 2-3.

218 Siehe Wishart 1979, S. 161, und Sunder 1965, S. 11-12.

219 Wishart 1979, S. 166.

220 Wishart schätzt, dass „der Transport von Pelzen und Tieren von St. Louis nach New York ungefähr vier Wochen dauerte, und dass die Hin- und Zurück-Seereise zwischen New York und Liverpool im Jahre 1839 im Durchschnitt 56,2 Tage dauerte“. (ebd., S. 79).

221 1832 schaffte es das erste Dampfschiff bis Fort Union (wo der Yellowstone River in den Missouri fließt). Danach war das Dampfschiff eine regelmäßige und bedeutende Komponente des Pelzhandels, wobei es Vorräte flussaufwärts brachte und auf dem Rückweg Pelze und Büffelfelle nach St. Louis transportierte.

222 Utley 1997, S. 45.

223 Ebd.

224 Zitiert in ebd., S. 64.

225 Sandoz 1964, S. 233-234.

226 Ebd., S. 234-235.

227 Ebd., S. 235.

228 Für eine Abhandlung der Frage, wie effektiv die Hudson‘s Bay Com-

pany die Tragik der Allmende überwinden konnte, siehe Carlos und Lewis 1995.

229 Siehe Utley 1997, S. 135.

230 Ebd., S. 135.

231 Ebd.

232 Wishart 1979, S. 64.

233 Siehe ebd., S. 100-102.

234 Zitiert in Utley 1997, S. 64, kursiv im Original.

235 T. Anderson und McChesney 1994.

236 Ashleys Gruppe wurde am oberen Missouri von den Arikara angegriffen. Mit Unterstützung von 230 Infanteristen und 750 Sioux, angeführt von Colonel Leavenworth, wurde die Offensive der Arikara abgewehrt.

237 Utley 1997, S. 65.

238 Siehe Martin und Szuter 1999.

239 Sandoz 1964, S. 242.

240 Einen ausgezeichneten Bericht über die Bemühungen zur Errichtung von Forts an den Three Forks liefert Sandoz 1964, Kapitel 4.

241 Wishart 1979, S. 29 und S. 45.

242 Ebd., S. 46.

243 Ebd., S. 119.

244 Ebd., S. 50.

245 Ebd., S. 79.

246 Siehe ebd., S. 81.

247 Siehe Wimmer 2001.

248 Wishart 1979, S. 82.

249 Utley 1997, S. 86.

250 Siehe Wishart 1979, S. 125, und Utley 1997, S. 87-88.

251 Beck und Haase 1989, S. 26.

252 Wishart 1979, S. 194.

253 Der South Pass, eine breite Passmulde im Süden der Wind River Mountains, bot einen wichtigen und einfachen Zugang zu den Fallengründen im ferneren Westen. Robert Stuart überquerte ihn 1812 und war wahrscheinlich der erste weiße Amerikaner, der über den Pass kam, doch erst nach der Wiederentdeckung durch Smith im Jahre 1824 wurde er Teil der regulären Route durch die Rocky Mountains.

254 Wishart 1979, S. 195.

255 Gowans 1985, S. 106.

256 Siehe Maguire, Wild und Barclay 1997, S. 165-191, und Gowans 1985.

257 Chittenden 1954, 1: S. 68.

258 Morgan 1953, S. 307.

259 Zitiert in Utley 1997, S. 175.

260 Zitiert in Wishart 1979, S. 65.

261 Ebd., S. 143 und 161.

262 Zitiert in Maguire, Wild und Barclay 1997, S. 194-195.

263 Utley 1997, S. xiv.

264 Wishart 1979, S. 142.

265 Sunder 1965, S. 10.

266 Wishart 1979, S. 149.

267 Zitiert ebd., S. 150.

268 Zitiert ebd., S. 32.

269 Carlos und Lewis 1993 und 1995.

270 Sandoz 1964, S. 272.

271 Zitiert in D. White 1996, 1: S. 296.

272 Zitiert in Utley 1997, S. 97.

273 Siehe ebd., S. 71.

274 Weber 1971, S. 206-207.

275 Siehe Utley 1997, S. 109.

276 Wishart 1979, S. 54.

277 Ebd., S. 71.

278 Sandoz 1964, S. 273.

279 Siehe etwa Burt und Cummings 1970.

280 Die in Tabelle 5.1 aufgeführten Preise beziehen sich auf alle Pelze. Es gibt keine konsistenten Zahlen für die Biberpreise, doch es gibt zerstreute Beobachtungen, aus denen allesamt hervorgeht, dass der Preisabsturz in Tabelle 5.1 den tatsächlichen Preisverfall bei Biberpelzen noch untertreibt (Wishart 1979, S. 125, 140-141, 161, Burger 1968, S. 168).

281 Zitiert in Wishart 1979, S. 66.

282 Flores (1991) verwendet den landwirtschaftlichen Viehzensus in der Großen Ebene, um zu seiner Schätzung von 28 bis 30 Millionen zu gelangen. Frühere Schätzungen, die auf zeitgenössischen Schätzungen der großen Herden basierten, setzten die Zahl weit höher an – zwischen 60 und 100 Millionen. Siehe Roe 1970 und Hornaday 1889.

283 Isenberg 2000, S. 163.

284 Ebd., S. 197-198.

285 Siehe Hornaday 1889, S. 441-442, und Hanner 1981, S. 246. Manchmal wird argumentiert, dass während dieser Zeit die Indianer die Büffel nicht überjagt hatten und dass die Ausrottung erst erfolgte, als die weißen Jäger in den Markt eintraten. Frank Roe (1970) war der führende Vertreter dieser Position. Eine ähnliche Argumentation gibt Branch 1929. Für eine allgemeinere Behauptung, dass die Indianer in Harmonie mit der Natur lebten, siehe Barreiro1988, S. vii-xi. Jüngere Arbeiten legen nahe, dass das Schicksal der Büffel besiegelt war, sobald die Indianer über Pferde und Gewehre verfügten (siehe Flores 1991 und Isenberg 2000, S. 94).

286 Sunder 1965, S. 17.

287 Rister 1929, S. 44.

288 Hornaday 1889, S. 499.

289 Hanner 1981, S. 239.

290 Hornaday 1889, S. 512.

291 Ebd., S. 509.

292 Isenberg 2000, S. 157.

293 Siehe Smits 1994.

294 Ebd., S. 332.

295 Hanner 1981, S. 269.

296 Geist 1996, S. 96.

297 Siehe Diamond 1999 für eine Diskussion über die Bedeutung domestizierter großer Säugetiere für die wirtschaftliche Entwicklung.

298 Roe 1970, S. 712-713.

299 Seton 1927, S. 671.

300 Hanner 1981, S. 247.

301 Bison- und Hausrinderhäute stellten offenbar einen guten Ersatz füreinander dar (Hanner1981, S. 253-254). Und da die Zahl der von Gerbern verwendeten Hausrinderhäute bei Weitem die Zahl der Büffelhäute überstieg, gab es keinen signifikanten Einfluss auf die Preise für Häute, als der Ertrag an Büffelhäuten 1884 dramatisch sank (ebd., S. 253, Tabelle 1).

302 Hanner (1981, S. 253) berichtet, dass die Büffelhautpreise im Norden in den Jahren 1880 bis 1884 zwischen 2,85 Dollar und 3,34 Dollar lagen, im Durchschnitt bei 3,07 Dollar. Das US-Landwirtschaftsministerium sammelte Statistiken über die Werte pro Stück Rind in den Farmen in der letzten Hälfte des 19. Jahrhunderts, und gemäß diesen Daten war ein Stück Rind in Montana im Jahr 1883, dem frühesten Berichtsjahr, 25,10 Dollar wert (U.S. Departmentof Agriculture 1927). Aufzeichnungen von nationalen Rinderpreisen von 1880 bis 1884 (Strauss und Bean 1940, S. 110) deuten darauf hin, dass die Rinderpreise in dieser Zeit beträchtlich schwankten, wobei der niedrigste

Preis bei 82 Prozent des Preises von 1883 lag. 82 Prozent von 25,10 Dollar sind 20,58 Dollar.

303 Isenberg 2000, S. 141.

304 Hanner 1981, S. 261.

305 Isenberg 2000, S. 182.

306 Ebd., S. 189.

307 McGrath 1984, S. 247.

308 Gates 1968, S. 701.

309 Ebd., S. 702.

310 Shinn 1948, S. 50.

311 Umbeck 1981, S. 69.

312 Gates 1991, S. 251.

313 Davis 1902, S. 11.

314 Shinn 1948, S. 168.

315 Robinson 1948, S. 134.

316 Paul 1947, S. 25.

317 Ebd., S. 43.

318 Zitiert in Zerbe und Anderson 2001, S. 114.

319 Zitiert in ebd., S. 115.

320 Für eine Abhandlung über eine Kalkulation zur Entscheidung entweder zum Kampf um Eigentumsrechte oder zur friedlichen Konfliktbeilegung, siehe Anderson und McChesney 1994. Ihre Analyse gleicht derjenigen von Umbeck (1981) bei der Erklärung, warum Bergarbeiter im Allgemeinen eine friedliche Beilegung von Konflikten gegenüber Eigentumsrechten bevorzugten.

321 Einen hervorragenden Überblick über diese Literatur bieten Cooter und Rubinfeld 1989.

322 Umbeck 1981.

323 Umbeck 1977, S. 430.

324 Zerbe und Anderson 2001, S. 115-116.

325 Siehe Lueck 2003.

326 Umbeck 1981, S. 88.

327 Paul 1947, S. 198.

328 Robinson 1948, S. 138-139; Umbeck 1981, S. 92-98.

329 Siehe Umbeck 1981, S. 94.

330 Zitiert in Davis 1902, S. 20.

331 Umbeck 1981.

332 Ebd., S. 108-109.

333 Davis 1902, S. 22.

334 Umbeck 1981, S. 123-125.

335 Rohrbough 1997, S. 89.

336 Shinn 1948, S. 168-169.

337 Paul 1947, S. 203; Davis 1902, S. 31.

338 Shinn 1948, S. 105.

339 Paul 1947, S. 224.

340 Rohrbough 1997, S. 203.

341 Paul 1947, S. 164.

342 Ebd., S. 127.

343 Umbeck 1981, S. 89.

344 Davis 1902, S. 33.

345 Leshy 1987, S. 18; „Sparrow v. Strong", 70 U.S. (3Wall.) 97, S. 104 (1865).

346 Gates 1968, S. 720.

347 Leshy 1987, S. 26-27.

348 Siehe Royce 1886, S. 366-367; Caughey 1948, S. 194; Shinn 1948, S. 234.

349 Zitiert in Paul 1947, S. 108-109.

350 Choy 1971, S. 270.

351 Obgleich die Steuern für ausländische Bergarbeiter schließlich auf drei Dollar pro Monat herabgesetzt wurden und nur gelegentlich eingetrie-

ben wurden, vor allem von chinesischen Bergarbeitern, trugen sie dennoch zu 20 Prozent zu den Staatseinnahmen zwischen 1853 und 1859 bei (Clay und Wright 1998, S. 21).

352 Shinn 1948, S. 164.

353 Zerbe und Anderson 2001, S. 115.

354 Libecap 1978, S. 342.

355 Gates 1968, S. 711.

356 Libecap 1978, S. 339.

357 Gesetze zum Vorkaufsrecht, die normalerweise typisch für einen Bundesstaat oder ein Territorium waren, verliehen das Erstkaufrecht an Land denjenigen, die eine Region besiedelten, bevor sie offiziell erschlossen wurde.

358 Leshy 1987, S. 10.

359 Libecap 1978, S. 343.

360 Leshy 1987, S. 170.

361 Davis 1902, S. 14.

362 Libecap 1978, S. 345-346.

363 Libecap 1989, S. 41.

364 Libecap 1978, S. 346.

365 Leshy 1987, S. 21.

366 Libecap 1978, S. 347.

367 Ebd., S. 361, 356.

368 1870 lag der Wert der Gold- und Silberproduktion zehn Mal höher als der Wert der Agrarproduktion (Libecap 1978, S. 33). Daher hatten die meisten Gesetzgeber der Bundesstaaten ein Interesse an der Schaffung effektiver Institutionen für die Regelung des Bergbaus.

369 Unruh 1979, S. 403.

370 Wie weiter oben in Kapitel 5 beschrieben, fanden in den 1820er und 1830er Jahren durchweg solche Treffen in den Rockies statt, auf denen die Tracker zusammenkamen, um Pelze gegen Versorgungsgüter zu

handeln. Die Unternehmer, die die Handelsgüter zu den Treffpunkten brachten, begründeten den ersten Abschnitt des Oregon- und California-Trails.

371 Siehe Reid 1997a, S. 1.

372 Siehe Unruh 1979, S. 408-409.

373 Reid 1997a, S. 157.

374 Zitiert in Hansen 1937, S. 1.

375 Ebd., „Appendix".

376 Siehe Reid 1997a, S. 128-136.

377 Siehe Hansen 1937, S. 20.

378 Siehe ebd., S. 30.

379 Reid 1997a, S. 131.

380 Zitiert ebd.

381 Ebd., S. 133-134.

382 Siehe ebd., S. 128, und Unruh 1979, S. 97.

383 Zitiert in Reid 1997a, S. 287.

384 Unruh 1979, S. 106.

385 Reid 1997a, S. 84.

386 Hansen 1937, S. 105-106.

387 Siehe Reid 1997b, S. 91, 94, 96.

388 Zitiert in Reid 1997b, S. 104.

389 Ebd., S. 157.

390 Reid 1997a, S. 171.

391 Buchanan und Tullock 1962, S. 68-72.

392 Reid 1997b, S. 103.

393 Hansen 1937, S. 123.

394 Reid 1997a, S. 174-175.

395 Ebd., S. 186.

396 Ebd., S. 200.

397 Unruh 1979, S. 120.

398 Siehe Lamar 1998, S. 738.

399 Stegner 1981 [1964], S. 174.

400 Siehe Reid 1997a, S. 29, 177, 188, und Unruh 1979, S. 105, 139.

401 Zitiert in Reid 1997b, S. 19-20.

402 Unruh 1979, S. 156-157.

403 Reid 1997a, S. 329.

404 Unruh 1979, S. 244.

405 Zitiert in ebd., S. 245.

406 Ebd., S. 247.

407 Ebd., S. 110.

408 Reid 1997a, S. 117.

409 Siehe ebd., S. 116-117, und Unruh 1979, S. 110-111.

410 Unruh 1979, S. 111.

411 Reid 1997a, S. 324.

412 Unruh 1979, S. 347.

413 Ebd., S. 260, 281.

414 Ebd., S. 303.

415 Reid 1997a, S. 213.

416 Jordan 1993, S. 222.

417 Osgood 1929, 32, 33.

418 Zitiert ebd.

419 Wellman 1967 [1939], S. 114.

420 McCoy 1932 [1874], S. 56.

421 Zitiert in Osgood 1929, S. 33.

422 Wellman 1967 [1939], S. 113.

423 Siehe Barzel 1984.

424 Wellman 1967 [1939], S. 130; McCoy 1932 [1874], S. 78-79; Dale 1960, S. 33; Skaggs 1973, S. 30.

425 Wellman 1967 [1939], S. 96-97.

426 Ebd., S. 100.

427 Skaggs 1973, S. 10.

428 Ebd., S. 54.

429 Ebd., S. 123.

430 Ebd., S. 53.

431 Wellman 1967 [1939], S. 111.

432 Ebd.

433 Brayer und Brayer 1952, S. 89.

434 Dale 1960, S. 51.

435 Das Fieber war ein nur vorübergehendes Phänomen, das durch die Ankunft von Vieh in einer Region verursacht wurde. Sobald das Vieh dort überwintert hatte, wurden die eingeschleppten Flöhe durch das frostige Wetter vernichtet und stellten dann keine Gefahr mehr dar.

436 Berichtet in Skaggs 1973, S. 106.

437 McCoy 1932 [1874], S. 44.

438 Wellman 1967 [1939], S. 133.

439 McCoy 1932 [1874], S. 115.

440 Wellman 1967 [1939], S. 139.

441 Dykstra 1968, S, 83.

442 McCoy 1932 [1874], S. 73.

443 Dykstra 1968, S. 79.

444 McCoy 1932 [1874], S. 64-65.

445 Zitiert ebd., S. 65.

446 Osgood 1929, S. 37.

447 McCoy 1932 [1874], S. 125.

448 Dykstra 1968, S. 155.

449 Dykstra sagt, dass es unklar ist, „ob dies eine mit dem Staat ausgehandelte Bürgschaft in Übereinstimmung mit dem Quarantänegesetz von 1867 war, oder ob es sich um eine freiwillige Maßnahme handelte" (ebd., S. 154).

450 Ebd.

451 Skaggs 1973, S. 107.

452 Siehe ebd., S. 96, und Osgood 1929, S. 162-164. Während dieser Periode versuchte die Bundesregierung auch, ein weiteres Gesundheitsproblem in den Griff zu bekommen, nämlich die Lungenentzündung (Pleuropneumonie). In den 1880er Jahren drohten die Briten damit, US-amerikanisches Vieh aufgrund der wahrgenommenen Bedrohung mit einem Embargo zu belegen. In der Folge davon wurde 1884 das staatliche „Bureau of Animal Industry" geschaffen, um die Bewegung von infiziertem Vieh zu regulieren (Osgood 1929, S. 172).

453 Siehe weiter oben, Hypothesen 6 und 7 in Kapitel 2.

454 Osgood 1929, S. 170.

455 Ebd.; Meiners und Morriss 2003, S. 24.

456 Cheney 1990, S. 1-7.

457 Siehe Osgood 1929, S. 125-126.

458 Ebd., S. 137.

459 Ebd., S. 151-152.

460 Fletcher 1960, S. 142.

461 Stuart 1967 [1925], 2: S. 166.

462 Osgood 1929, S. 136.

463 Stuart 1967 [1925], 2: S. 196. Obwohl Stuart für eine harte Strafe plädierte, stellte er sich gegen Bemühungen, eine Armee aufzustellen und die Viehdiebe anzugreifen. Er fand eine solche Aktion zu verwegen, da sie wahrscheinlich zu einem großen Blutvergießen geführt hätte. Doch später unterstützte er die weiter unten beschriebenen Aktionen der Viehzüchter von Montana, die eine diskretere Gruppe von „Detektiven" organisierten, die den Viehdieben nachstellten und einige von ihnen töteten.

464 Zitiert in Fletcher 1960, S. 59.

465 Stuart 1967 [1925], 2: S. 209.

466 H. Smith 1966, S. 224.

467 Osgood 1929, S. 28.

468 Fulton 1982, S. 112, 135.

469 Der Autor bezieht sich auf die beständige Arbeit mit dem Vieh, das sein Weiden so sehr unterbrach und es physisch so sehr auf Trab hielt, dass es an Gewicht verlor.

470 Zitiert in Osgood 1929, S. 120.

471 Abbott und Smith 1939, S. 86.

472 Fletcher 1960, S. 75-78.

473 Zitiert in Brown und Felton 1956, S. 173.

474 Meiners and Morriss 2003. Die Kontrolle über den Lungenrotz war nicht ganz eine private Operation, da der Bundesstaat die Rancher für infizierte und vernichtete Pferde entschädigte.

475 Osgood 1929, S. 140.

476 Die mit einem Zusammentrieb verbundene Arbeit gliederte sich in eine klare Hierarchie von Aufgaben, und diese wurden genutzt, um Anreize für angemessene Fertigkeiten zu geben. Cheney (1990, S. 19) berichtet, dass die das Tier fesselnden Arbeiter nach dem passenden Brandzeichen für ein Kalb rufen mussten, bevor das Brandsiegel ins Feuer gelegt wurde. Wenn dieses Kalb dann aufstand und einer Mutterkuh mit einem anderen Brandzeichen folgte, was bedeutete, dass es falsch identifiziert worden war, wurde der entsprechende Arbeiter dem am wenigsten begehrten Job zugeteilt, nämlich die Herde zusammenzuhalten.

477 Cheney 1990, S. 31.

478 Ebd., S. 79; Fletcher 1960, S. 54.

479 Gressley 1966.

480 Ebd., S. 37, 71.

481 Ebd., S. 109.

482 Ebd., S. 137-139. Eine Zeitlang galt bei den Viehzüchtervereinigungen eine ähnliche Regel für Hilfskräfte, denen es verboten war, eigenes

Vieh zu besitzen. Die Vereinigungen glaubten, dass diese Einschränkung die Anreize für Viehdiebstahl reduzieren würde. Doch mehrere Rancher wandten protestierend ein, dass diese Regel jene Cowboy-Hilfskräfte diskriminiere, die über ausreichend Unternehmergeist verfügten, indem sie ihre Gehälter zu sparen versuchten, um eine eigene Herde aufzubauen. Infolgedessen war diese Regel nur kurzlebig (Osgood 1929, S. 148).

483 Im Jahre 1880 wurden in Montana nur 56.000 Acre Land mit Heu bepflanzt, doch 1900 war die Zahl schon auf 712.000 Acre angestiegen (Fletcher 1960, S. 111).

484 Zitiert in Fletcher 1960, S. 115.

485 Gressley 1966, S. 111.

486 Fletcher 1960, S. 139.

487 Siehe Shambaugh 1900.

488 Bogue 1963, S. 51.

489 Nachdem die Homestead-Gesetze verabschiedet worden waren, hörten Land-Claim-Clubs auf, eine gangbare Option für die Einrichtung von Eigentumsrechten zu sein, da ihre Funktion darin bestand, Vorkaufsrechte einzuführen.

490 Osgood 1929, S. 182-183.

491 Stuart 1967 [1925], 2: S. 185-188.

492 Osgood 1929, S. 105.

493 Ebd., S. 183.

494 Im Jahre 1910 wurde ein Sheriff aus Belle Fourche, South Dakota, gerufen, um einen Streit zwischen Schafhirten und Rinderranchern auf der Open Range zu schlichten. Er entschied, dass die Viehzüchter zuerst da waren und dass die Schafe deswegen das Gebiet zu verlassen hätten (Rumph 1993, S. 7).

495 Zitiert in Osgood 1929, S. 183.

496 Siehe Wellman 1967 [1939], S. 229.

497 Siehe Stuart 1967 [1925], 2: S. 146-149, und Roosevelt 1968, S. 29-30.

498 Osgood 1929, S. 115.

499 Malone und Roeder 1976, S. 124.

500 Brands 1997, S. 186.

501 Ebd., S. 183.

502 Zitiert in Dennen 1976, S. 426-427.

503 Zitiert ebd., S. 427.

504 Ebd., S. 434.

505 Osgood 1929, S. 189, 230.

506 Siehe Thaden 1989, S. 5.

507 Fulton 1982, S. 42-43.

508 Osgood 1929, S. 189.

509 McCallum und McCallum 1965, S. 27.

510 Ebd., S. 111.

511 Ebd., S. 124-127.

512 Libecap 1981, S. 23.

513 Für eine Historie der Kontroversen um die Verfügung über Land, siehe Gates 1968 und G. Anderson und Martin 1987.

514 Siehe Kanazawa 1996c.

515 Siehe Gates 1968, S. 395.

516 Zitiert in McCallum und McCallum 1965, S. 177-178.

517 Gates 1968, S. 468.

518 Siehe Libecap 1981, S. 33-34.

519 Nach dem ursprünglichen „Homestead Act" war es erforderlich, dass das Land gepflügt sein musste, damit ein voller Landtitel vergeben werden konnte. Selbst wenn die maximale Größe im Gesetz von 1909 auf 320 Acre und im Gesetz von 1916 auf 640 Acre erhöht wurde, berücksichtigten die Gesetze nicht, dass ein Großteil des Landes nur für eine Beweidung geeignet war, nicht jedoch für den Ackerbau. Die

erlaubte Größe erreichte nie ein brauchbares Ausmaß. In der Großen Ebene braucht man oft 20 bis 30 Acre, um ein Jahr lang eine Kuh zu unterhalten. Doch selbst unter dem Homestead-Gesetz zur Viehzucht im Jahre 1916 konnte eine solche Heimstätte nur 20 bis 30 Kühe aushalten, was weit unter der nötigen Zahl für das Überleben einer Ranch lag.

520 Im Kontext unserer Frontier-Definition wird der gegenwärtige Wert positiv, bevor die jährlichen Einnahmen aus dem Land in den Positivbereich drehen. Daher würde das Land gekauft werden, noch bevor es produktiv würde.

521 Dieser Wert wird bestimmt durch den diskontierten Wert der Negativrenten, die entstehen, wenn das Land vor t* besiedelt wird und wenn man dies vom diskontierten Wert der Positivrenten von t* an aufwärts abzieht. Für eine formale Präsentation dieser Kalkulation siehe T. Anderson und Hill 1990.

522 Das Land zu besetzen in der Hoffnung auf Erhalt eines Vorkaufsrechts verschwendete auch Renten aufgrund eines verfrühten Zutritts von Antragstellern, die es für erforderlich hielten, sich auf dem Land vor dem Punkt t* aufzuhalten, um ihren Claim zu stellen (siehe Kanazawa 1996c). Doch die Landbesetzung erfolgte oft im Kontext von Landclaim-Clubs oder anderen gemeinsamen Aktionen, die darauf abzielten, das Ausmaß der verfrühten Aktivitäten und somit die damit verbundene Rentenverschwendung im Rahmen eines Wettrennens um Eigentum zu verhindern.

523 Libecap und Hansen 2000, S. 33.

524 Fletcher 1960, S. 146.

525 Fulton 1982, S. 66.

526 Gates 1968, S. 505.

527 Hibbard 1924, S. 409.

528 Der hier behandelte ist der größte und berühmteste dieser „Runs“. Ein

früherer Run umfasste 50.000 Menschen und 1,9 Millionen Acre im „Unassigned District“ (Campbell 1997, S. 1).

529 Der Name „Cherokee Strip“ bezog sich ursprünglich auf ein schmales Stück Land (vier Kilometer breit und 440 Kilometer lang), das im Zuge einer Anpassung an Oklahoma abgetreten wurde, und zwar infolge einer Kontroverse über die Grenze zwischen Kansas und Oklahoma (Newsom 1992, S. 1). Doch die Begriffe „Outlet“ und „Strip“ kamen gleichermaßen in Gebrauch, um die hier beschriebene größere Region zu bezeichnen.

530 Lefebvre 1993, S. 87.

531 Siehe Newsom 1992, S. 2, und Savage 1990, S. 19.

532 Newsom 1992, S. 18, schätzt, dass zwischen 1866 und 1884 4,8 Millionen Stück texanische Rinder durch das Outlet getrieben wurden.

533 Savage 1990, S. 47.

534 Ebd., S. 60.

535 Savage 1990, S. 108-116.

536 Ebd., S. 123.

537 Siehe Alston und Spiller 1992, S. 94.

538 Newsom 1992, S. 29.

539 Siehe ebd., S. 31. Die Beschränkungen waren dafür gedacht, einen unfairen Wettstreit mit Berittenen zu vermeiden.

540 Lefebvre 1993, S. 74-75.

541 Newsom 1992, S. 38.

542 Zitiert in Lefebvre 1993, S. 76.

543 Jeder Siedler konnte 160 Acre beanspruchen. Bei 5.740.000 verfügbaren Acre (Newsom 1992, S. 29) gab es nur 35.875 potenzielle Claim-Flächen.

544 Siehe Newsom 1992 und Lefebvre 1993.

545 Newsom 1992, S. 50.

546 Ebd., S. 43.

547 Siehe G. Anderson und Martin 1987.

548 Siehe McChesney 1992 und 1997.

549 Raban 1996, S. 59.

550 Webb 1971, S. 201.

551 Gates 1968, S. 612. Das schließt nicht das Land ein, das vom U.S. Forest Service gemanagt wurde.

552 Webb 1971, S. 386.

553 Zitiert in Pisani 1992, S. 70.

554 Zitiert ebd.

555 Zitiert ebd., S. 74, und Raban 1996, S. 30-33.

556 Zitiert in Webb 1971, S. 434.

557 Kinney 1912, Abschnitt 598.

558 Webb 1971, S. 438. Kanazawa (1996b) bringt vor, dass in Fällen, in denen die Flussanrainerregeln fortbestanden, jedoch einen effizienten Wassergebrauch verhinderten, die Gerichte eine Weiterentwicklung der Regel des vernünftigen Gebrauchs (ein Teil der Flussanrainerdoktrin) erlaubten, um mehr Wasserableitungen zu ermöglichen.

559 Die ersten organisatorischen Bemühungen erfolgten im Bergbau, gefolgt von ähnlichen institutionellen Neuerungen beim Ackerbau. Im Winter 1852 etwa organisierten Bergbauunternehmer entlang des Yuba in Kalifornien 20 Unternehmen entlang eines sechs Kilometer langen Abschnitts des Wasserlaufs. Die Mitgliederzahl in diesen Unternehmen variierte zwischen acht und 30, und die Ableitungsdämme kosteten zwischen 50.000 und 80.000 Dollar (Pisani 1992, S. 16). Immer größere Wasserreservoirs mit langen Schwemmkanälen wurden gebaut, um eine ganzjährige Wasserversorgung zu gewährleisten und um Druck für den hydraulischen Bergbau zu erzeugen. Die Minenlager in Kalifornien verwendeten als Unternehmensform meistens Partnerschaften und Kapitalgesellschaften. 1870 gab es bereits über 10.000

Kilometer an Gräben, die den Claim-Grundstücken Wasser zuführten (Pisani 1992, S. 18).

560 Ganoe 1937.

561 Demsetz 2002.

562 Winther 1953, S. 95. Hier sollte angemerkt werden, dass eine Lotterie ein mit der Zuteilung von Eigentumsrechten an Land verbundenes Rent-Seeking ausschließt, da sie jegliche Möglichkeit einer Vorteilsgewinnung bei der Zuteilung verhindert.

563 Ebd.

564 Ebd., S. 96.

565 Ebd., S. 97.

566 Wahl 1989, S. 13.

567 Arrington 1958, S. 53.

568 In ihrer Frühzeit experimentierte die Kirche der Mormonen mit einer viel ausgefeilteren kommunalen Eigentumsordnung. 1831 wandte sie das „Law of Consecration and Stewardships“ an, um Eigentum innerhalb der Kirchengemeinde zu regeln. Nach diesem Gesetz sollte alles Eigentum der Kirche gewidmet werden, wobei jedoch vieles wieder dem ursprünglichen Eigentümer als Verwalter zugeteilt wurde. Trotzdem forderte das Gesetz eine jährliche Vergesellschaftung aller Überschüsse, die über dem „Allernötigsten“ der Familie lagen. Dieses Gesetz wurde 1834 abgeschafft, und Privateigentum, verbunden mit der strengen Maßgabe zur Zahlung des Zehnten, wurde zur vorherrschenden Eigentumsform (Bullock und Baden 1977).

569 Pisani 1992, S. 82-83.

570 Ebd., S. 79.

571 In der Tat sahen sich die weiter oben beschriebenen vertikal integrierten Bewässerungsgesellschaften mit dem Problem der Marktbeherrschung konfrontiert, nachdem das Land einmal an Einzelpersonen verteilt worden war. Langfristige Verträge, die geschaffen wurden, als

das Land an neue Eigentümer verteilt wurde, konnten diese Gefahr zwar vermindern, doch solche Verträge erlaubten immer noch das Entstehen einer Marktbeherrschung, nachdem sie ausgelaufen waren. Um dieses Problem zu vermeiden, bildete man Bewässerungsdistrikte zu gegenseitigem Nutzen, um Bewässerungsunternehmen zu erwerben.

572 Mead 1907, S. 52-53.

573 R. Smith 1983.

574 Ebd., S. 173.

575 Pisani 1992, S. 103.

576 Ebd., S. 102.

577 McDevitt 1994, S. 190.

578 Ebd., S. 191.

579 Ebd., Tabelle 3.1.

580 Ebd., S. 194.

581 Ebd., S. 98.

582 McDevitt meint, dass die Regeln gegen einen zweiteiligen Tarif – also eine fixe Anfangs-Servicegebühr sowie eine zweite variable Gebühr für das verbrauchte Wasser – die Wirtschaftlichkeit der privaten Firmen herabsetzten (ebd., S. 173).

583 R. Smith 1983.

584 Buchanan und Tullock 1962.

585 Ein Rückgang des Anteils der Ja-Stimmen im Laufe dieser Zeit zeigt einen Koeffizienten von 0,1509 mit einem t-Wert von 0,421, was darauf hindeutet, dass dieser Trend nicht signifikant höher als null liegt.

586 McDevitt 1994, S. 88-89.

587 Für eine Diskussion der Beziehung zwischen Transaktionskosten und Firmengröße siehe Demsetz 2002. Siehe auch Lueck 1995 für eine Diskussion darüber, wie die Parzellengröße sich zu den Transaktionskosten verhält, die bei der Organisation wirtschaftlicher Aktivitäten in Bezug auf Jagdtiere anfallen.

588 Hibbard 1924, S. 409.

589 Unter dem ursprünglichen „Homestead Act“ erforderte dies eine Anwesenheit von fünf Jahren, wobei diese Periode später auf drei Jahre herabgesetzt wurde, und zahlreiche aufweichende Regelungen erlaubten den Kauf nach einer noch kürzeren Zeitspanne.

590 Mead 1907, S. 93.

591 Für eine Diskussion der öffentliches Land besetzenden Claim-Anwärter im Falle von Waldgebieten siehe Libecap und Johnson 1979.

592 Arrington 1958, S. 249; Gates 1968, S. 421, 428.

593 Pisani 1992, S. 87.

594 Ebd., S. 86.

595 Ebd., S. 87.

596 Zitiert ebd., S. 88.

597 Gates 1968, S. 639.

598 Ebd., S. 641.

599 Ganoe 1937, S. 151.

600 Pisani 1992, S. 89.

601 Ganoe 1937, S. 152.

602 Gates 1968, S. 642.

603 Für eine Erörterung ausländischer Investitionen in die Rinderzucht, siehe Gressley 1966.

604 Stegner 1953, S. 305-306.

605 Ebd., S. 309.

606 Gates 1968, S. 642.

607 Stegner 1953, S. 318-319.

608 Hibbard 1924, S. 190.

609 Ebd., S. 436.

610 Mead 1907, S. 26.

611 Gates 1968, S. 648.

612 Kanazawa 1996a.

613 Gates 1968, S. 648.

614 Ebd.

615 Mayhew und Gardner 1994, S. 71.

616 Zitiert in Gates 1968, S. 652.

617 Mayhew und Gardner 1994.

618 Gates 1968, S. 655; Mayhew und Gardner 1994, S. 76.

619 Siehe Golze 1952, S. 25.

620 „Congressional Record" 1902, S. 6742, 6762.

621 Gates 1968, S. 655.

622 Wahl 1989, Tabelle 2.1.

623 Ebd., S. 30.

624 Ebd., S. 28-33.

625 Siehe Rucker und Fishback 1983, S. 63-79.

626 Reisner 1993, S. 173.

627 Ebd., S. 174-190.

628 Alston, Libecap und Mueller 1999; Mahar 1989.

629 Alston, Libecap und Mueller 1999, S. 20.

630 Ebd., S. 195.

631 de Soto 2000.

632 de Soto 2000, S. 18.

633 Ebd., S. 155.

634 Ebd., S, 35.

635 Ebd., S. 84.

636 Ayittey 1992.

637 Ayittey 1992, S. 100.

638 „Facts on File, World News Digest" 1997.

639 Buscaglia und Ratliff 2000, S. 20.

640 Ebd., S. 26.

641 Ebd., S. 21.

642 T. Anderson und Hill 1994.

643 Zitiert in Runte 1990, S. 23.

644 Der Yellowstone-Nationalpark war nicht der einzige Park, dessen Wert erkannt und teilweise von Eisenbahngesellschaften genutzt wurde. Größere Eisenbahngesellschaften interessierten sich für den Mt. Rainier, den Grand Canyon, das Yosemite-Gebiet, die Rocky Mountains allgemein und den Crater Lake, um nur einige zu nennen. Siehe Runte 1990.

645 T. Anderson und Leal 1997, S. 4-8.

646 Zitiert in Yandle 1997, S. 89.

647 Zitiert ebd., S. 96.

648 Ebd., Kap. 6.

649 Zitiert ebd., S. 112.

650 Michalak 2001, S. 143.

651 Leal 2002, S. 9.

652 Nelson 1995.

653 Thayer 2003.

654 Landry 2001, S. 23-37.

655 Huppert und Knapp 2001, S. 79-100.

656 McMillan 1994, S. 145-162.

657 Ebd., S. 146.

658 Meiners und Kosnik 2003.

Literatur

Abbott, E. C./Huntington Smith, Helena 1939, „We Pointed Them North: Recollections of a Cowpuncher“, Norman: University of Oklahoma Press.

Alchian, Armen A./Demsetz, Harold 1972, „Production, Information Costs, and Economic Organization“, „American Economic Review“ 62 (5): 777-795.

Alston, Lee J./Libecap, Gary D./Mueller, Bernardo 1999, „Titles, Conflict, and Resource Use“, Ann Arbor: University of Michigan Press.

Alston, Lee J./ Spiller, Pablo 1992, „A Congressional Theory of Indian Property Rights: The Cherokee Outlet“, in: Anderson, Terry L. (Hrsg.), „Property Rights in Indian Economies“, Lanham, Md.: Rowman and Littlefield.

Anderson, Gary M./Martin, Dolores T. 1987, „The Public Domain and Nineteenth Century Transfer Policy“, „Cato Journal“ 6 (3): 905-923.

Anderson, Terry L. 1995, „Sovereign Nations or Indian Reservations? An Economic History of American Indians“, San Francisco: Pacific Research Institute for Public Policy.

Anderson, Terry L./Hill, Peter J. 1975, „The Evolution of Property Rights: A Study of the American West“, „Journal of Law and Economics“ 18: 163-179.

Anderson, Terry L./Hill, Peter J. 1980, „The Birth of a Transfer Society“, Stanford, Calif.: Hoover Institution Press.

Anderson, Terry L./Hill, Peter J. 1983, „Privatizing the Commons: An Improvement?“, „Southern Economic Journal“ 50 (2): 438-450.

Anderson, Terry L./Hill, Peter J. 1990, „The Race for Property Rights“, „Journal of Law and Economics“ 33 (April): 177-197.

Anderson, Terry L./Hill, Peter J. 1994, „Rents from Amenity Resources: A Case Study of Yellowstone National Park“, in: Anderson, Terry L./

Hill, Peter J. (Hrsg.), „The Political Economy of the American West“, Lanham, Md.: Rowman and Littlefield.

Anderson, Terry L./Leal, Donald R. 1997, „Enviro-Capitalists: Doing Good While Doing Well“, Lanham, Md.: Rowman and Littlefield.

Anderson, Terry L./Leal, Donald R. 2001, „Free Market Environmentalism: Revised Edition“, New York: Palgrave.

Anderson, Terry L./Lueck, Dean 1992, „Land Tenure and Agricultural Productivity on Indian Reservations“, „Journal of Law and Economics“ 35 (Oktober): 427-454.

Anderson, Terry L./McChesney, Fred 1994, „Raid or Trade? An Economic Model of Indian-White Relations“, „Journal of Law and Economics“ 37 (April): 39-74.

Anderson, Terry L./Snyder, Pamela A. 1995, „Water Markets: Priming the Invisible Pump“, Washington, D. C.: Cato Institute.

Arrington, Leonard J 1958, „Great Basin Kingdom: An Economic History of the Latter-Day Saints, 1830-1900“, Cambridge, Mass.: Harvard University Press.

Arthur, George W 1975, „An Introduction to the Ecology of Early Historic Communal Bison Hunting Among the Northern Plains Indians“, National Museum of Man Mercury Series, Archaeological Survey of Canada, Paper No. 37, Ottawa: National Museums of Canada.

Axtell, James 1988, „Through Another Glass Darkly: Early Indian Views of Euro¬peans“, in: „After Columbus: Essays in the Ethno-History of Colonial North America“, New York: Oxford University Press.

Ayittey, George B. N. 1992, „Africa Betrayed“, New York: St. Martin‘s.

Baden, John/Stroup, Richard/ Thurman Walter A. 1981, „Myths, Admonitions, and Rationality: The American Indian as a Resource Manager“, „Economic Inquiry“ 19 (1): 132-143.

Bailey, Martin J. 1992, „Approximate Optimality of Aboriginal Property Rights“, „Journal of Law and Economics“ 35 (April): 183-198.

Barreiro, Jose (Hrsg.) 1988, „Indian Roots of American Democracy“, Ithaca, N.Y.: American Indian Program, Cornell University.

Barsness, Larry 1985, „Heads, Hides, and Horns“, Fort Worth: Texas Christian University Press.

Barzel, Yoram 1984, „The Entrepreneur‘s Reward for Self-Policing“, „Economic Inquiry“ 25: 103-116.

Basso, Keith H. 1970, „The Cibecue Apache“, New York: Holt, Rinehart and Winston.

Baumol, William J. 1990, „Entrepreneurship: Productive, Unproductive, and Destructive“, „Journal of Political Economy“ 98 (5, 1): 893-921.

Beck, Warren A./Haase, Ynez D. 1989, „Historical Atlas of the American West“, Norman: University of Oklahoma Press.

Beers, Henry P. 1975, „The Military Frontier 1815-46“, Philadelphia: Porcupine.

Bethell, Tom 1998, „The Noblest Triumph: Property and Prosperity Through the Ages“, New York: St. Martin‘s.

Blue, Ted Franklin 1996, „The Long Hunt: Death of the Buffalo East of the Mississippi“, Mechanicsburg, Pa.: Stackpole Books.

Bogue, Allan G. 1963, „The Iowa Claim Clubs: Symbol and Substance“, in: Carstensen, Vernon (Hrsg.), „The Public Lands“, Madison: University of Wisconsin Press.

Branch, Douglas E. 1929, „The Hunting of the Buffalo“, New York: D. Appleton.

Brands, H. W. 1997, „T. R.: The Last Romantic“, New York: Basic Books.

Brayer, Garnet M./Brayer, Herbert O. 1952, „American Cattle Trails 1540-1900“, Bayside, N.Y.: Western Range Cattle Industry Study, in cooperation with the American Pioneer Trails Association.

Brown, Mark H./Felton, W. R. 1956, „Before Barbed Wire“, New York: Bramhall House.

Buchanan, James M./Tullock, Gordon 1962, „The Calculus of Consent", Ann Arbor: University of Michigan Press.

Bullock, Kari/Baden, John 1977, „Communes and the Logic of the Commons", in: Hardin, Garrett/Baden, John (Hrsg.), „Managing the Commons", San Francisco: W. H. Freeman.

Burger, Carl 1968, „Beaver Skins and Mountain Men", New York: E. P. Dutton.

Burt, Oscar/Cummings, Ronald G. 1970, „Production and Investment in Natural Resource Industries", „American Economic Review" 60 (4): 576-590.

Buscaglia, Edgardo/Ratliff, William 2000, „Law and Economics in Developing Countries", Stanford, Calif.: Hoover Institution Press.

Campbell, Noel D. 1997, „There Goes the Neighborhood: White Settlement in the Unassigned District", Dissertation, George Mason University, Fairfax, Virginia.

Carlos, Ann M./Lewis, Frank D. 1993, „Indians, the Beaver and the Bay: The Economics of Depletion in the Lands of the Hudson's Bay Company, 1700-1763", „Journal of Economic History" 53: 465-494.

Carlos, Ann M./Lewis, Frank D. 1995, „Strategic Pricing in the Fur Trade: The Hudson's Bay Company, 1700-1763", in: Anderson, Terry L./Hill, Peter J. (Hrsg.), „Wildlife in the Marketplace", Lanham, Md.: Rowman and Littlefield.

Carlson, Leonard A. 1981, „Indians, Bureaucrats, and the Land: The Dawes Act and the Decline of Indian Farming", Westport, Conn.: Greenwood.

Carlson, Leonard A. 1992, „Learning to Farm: Indian Land Tenure and Farming Before the Dawes Act", in: Anderson, Terry L. (Hrsg.), „Property Rights and Indian Economies", Lanham, Md.: Rowman and Littlefield.

Carter, Sarah 1990, „Lost Harvests: Prairie Indian Reserve Farmers and Government Policy", Montreal/Kingston: McGill-Queen's University Press.

Caughey, John Walton 1948, „Gold Is the Cornerstone“, Berkeley: University of California Press.

Chapel, Charles Edward 1961, „Guns of the Old West“, New York: Coward-McCann.

Chase, Alston 1986, „Playing God in Yellowstone“, Boston: Atlantic Monthly Press.

Cheney, Truman McGiffin 1990, „So Long, Cowboys of the Open Range“, Helena, Mont.: Falcon.

Chittenden, Hiram Martin 1954, „The American Fur Trade of the Far West“, 2 Bde., Stanford, Calif.: Academic Reprints.

Choy, Philip P. 1971, „Golden Mountains of Lead, the Chinese Experience in California“, „California Historical Quarterly“ 50 (3): 267-276.

Clay, Karen/Wright, Gavin 1998, „Property Rights in California Gold“, unveröff. Manuskript, Stanford University, Stanford, Calif.

Cohen, Felix 1947, „Original Indian Title“, „Minnesota Law Review“ 32: 28-59.

Congressional Record 1902, 57th Cong., first sess., vol. 35.

Connell, Evan S. 1988, „Cavalier in Buckskin“, Norman: University of Oklahoma Press.

Cooter, Robert D./Rubinfeld, Daniel L. 1989, „Economic Analysis of Legal Disputes and Their Resolution“, „Journal of Economic Literature“ 27 (1989): 1067-1097.

Copper, John M. 1949, „Indian Land Tenure Systems“, in: „Indians of the United States: Contributions by Members of the Delegation, and by Advisers to the Policy Board of the National Indian Institute, for the Second Inter-American Conference on Indian Life, Convened at Cuzco, Peru, June 24-July 4, 1949“, o. O.

Dale, Edward Everett 1960, „The Range Cattle Industry: Ranching on the Great Plains from 1865 to 1925“, Norman: University of Oklahoma Press.

Davis, John F. 1902, „Historical Sketch of the Mining Law in California“, Los Angeles: Commercial Printing House.

Debo, Angie 1970, „A History of the Indians of the United States“, Norman: University of Oklahoma Press.

De Laguna, Frederica 1972, „The Story of a Tlingit Community“, Bureau of American Ethnology Bulletin 1972. Washington, D.C.: Government Printing Office.

Demsetz, Harold 1967, „Toward a Theory of Property Rights“, „American Economic Review“ 57 (2): 347-359.

Demsetz, Harold 2002, „Ownership and the Externality Problem“, in: Anderson, Terry L./McChesney, Fred S. (Hrsg.), „Property Rights: Coopera¬tion, Conflict, and Law“, Princeton, N.J.: Princeton University Press.

Denig, Edwin T. 1930, „Indian Tribes of the Upper Missouri“, in: Hewitt, J. N. B. (Hrsg.), „46th Annual Report (1928-29), Bureau of American Ethnology“, Washington, D.C.: U.S. Government Printing Office.

Denig, Edwin T. 1961, „Five Indian Tribes of the Upper Missouri“, herausgegeben von John C. Ewers, Norman: University of Oklahoma Press.

Dennen, R. Taylor 1976, „Cattlemen‘s Associations and Property Rights in Land in the American West“, „Explorations in Economic History“ 13: 423-436.

de Soto, Hernando 2000, „The Mystery of Capital: Why Capitalism Triumphs in the West and Fails Everywhere Else“, New York: Basic Books.

Diamond, Jared 1999, „Guns, Germs, and Steel“, New York: W. W. Norton.

Dippie, Brian W. 1991, „American Wests: Historiographical Perspectives“, in: Limerick, Patricia Nelson/Milner II, Clyde A./Rankin, Charles E. (Hrsg.), „Trails: Toward a New Western History“, Lawrence: University Press of Kansas.

Dykstra, Robert R. 1968, „The Cattle Towns", Lincoln: University of Nebraska Press.

Eggertsson, Thráinn 1990, „Economic Behavior and Institutions", Cambridge, UK: Cambridge University Press.

Ellickson, Robert C. 1991, „Order Without Law: How Neighbors Settle Disputes", Cam¬bridge, Mass.: Harvard University Press.

Ellickson, Robert C. 1993, „Property in Land", „Yale Law Journal" 102 (April): 1315-1400.

Ellickson, Robert C. 2001, „The Market for Social Norms", „American Law and Economic Review" 1: 1-49.

Ellis, Florence Hawley 1979, „Isleta Pueblo", in: „Handbook of North American Indians" 9, Washington, D.C.: Smithsonian Institution.

Ewers, John C. 1969, „The Horse in Blackfoot Indian Culture", Washington, D.C.: Smithsonian Institution Press.

Faegre, Torvald 1979, „Tents: Architecture of the Nomads", Garden City, N.Y.: Anchor Press/Doubleday.

Faragher, John Mack 1994, „Afterword", in: „Rereading Frederick Jackson Turner", New York: Henry Holt.

Farb, Peter 1968, „Man's Rise to Civilization as Shown by the Indians of North America", New York: Dutton.

Farnham, Thomas J. 1843, „Travels in the Great Western Prairies, the Anahuac and Rocky Mountains, and in the Oregon Territory", New York: Greeley and McElrath.

Fletcher, Robert H. 1960, „Free Grass to Fences: The Montana Cattle Range Story", New York: University Publishers Incorporated.

Flores, Dan 1991, „Bison Ecology and Bison Diplomacy: The Southern Plains from 1800 to 1850", „Journal of American History" 78 (September): 465-485.

Forde, C. Daryll 1931, „Hopi Agriculture and Land Ownership“, „Journal of the Royal Anthropological Institute of Great Britain and Ireland“ 61: 357-405.

Fowler, Catherine S. 1986, „Handbook of North American Indians – Great Basin“ 11, Washington, D.C.: Smithsonian Institution.

Freed, Stanley A. 1960, „Changing Washo Kinship“, „Anthropological Records“ 14 (6): 349-418.

Fulton, Dan 1982, „Failure on the Plains: A Rancher‘s View of the Public Lands Problem“, Bozeman: Big Sky Books, Montana State University.

Furubotn, Eirik G./Richter, Rudolf 1997, „Institutions and Economic Theory“, Ann Arbor: University of Michigan Press.

Ganoe, John T. 1937, „The Desert Land Act in Operation, 1877-1891“, „Agricultural History“ 9: 142-157.

Gates, Paul W. 1968, „History of Public Land Law Development“, Washington, D.C.: Public Land Law Review Commission.

Gates, Paul W. 1991, „Land and Law in California: Essays on Land Policies“, Ames: Iowa State University Press.

Geist, Valerius 1996, „Buffalo Nation: History and Legend of the North American Bison“, Stillwater, Minn.: Voyageur.

Goldsmidt, Walter 1951, „Ethics and the Structure of Society: An Ethnological Contribution to the Sociology of Knowledge“, „American Anthropologist“ 53: 506-524.

Golze, Alfred R. 1952, „Reclamation in the United States“, New York: McGraw Hill.

Gowans, Fred R. 1985, „Rocky Mountain Rendezvous: A History of the Fur Trade Rendezvous, 1825-1840“, Layton, Utah: Peregrine Smith Books.

Gressley, Gene M. 1966, „Bankers and Cattlemen“, Lincoln: University of Nebraska Press.

Grinnell, George Bird 1962, „Blackfoot Lodge Tales“, Lincoln: University of Nebraska Press.

Gwartney, James/Lawson, Robert 2002, „Economic Freedom of the World: Annual Report 2002“, Vancouver, B.C.: The Fraser Institute.

Haddock, David D. 1997, „Must Water Regulation Be Centralized?“, in: Anderson, Terry L./ Hill, Peter J. (Hrsg.), „Water Marketing – The Next Generation“, Lanham, Md.: Rowman and Littlefield.

Hanner, John 1981, „Government Response to the Buffalo Hide Trade, 1871-1883“, „Journal of Law and Economics“ 24 (Oktober): 239-271.

Hansen, Barbara Julia 1937, „Wagon Train Governments“, Master‘s thesis, University of Colorado.

Hardin, Garrett 1968, „The Tragedy of the Commons“, „Science“ 162: 1243-1248, The American Association for the Advancement of Science.

Henry, Alexander/Thompson, David 1965, „New Light on the Early History of the Greater Northwest: The Manuscripts and Journals of Alexander Henry and David Thompson, 1799-1814“, Bd. 2, herausgegeben von Elliott Coues, Minneapolis: Ross and Haines.

Hibbard, Benjamin H. 1924, „A History of the Public Land Policies“, New York: Macmillan.

Higgs, Robert 1982, „Legally Induced Technical Regress in the Washington Salmon Fishery“, „Research in Economic History“ 7: 55-86.

Hoebel, E. Adamson 1954, „The Law of Primitive Man“, Cambridge, Mass.: Harvard University Press.

Holder, Preston 1970, „The Hoe and the Horse on the Plains: A Study of Cultural Development Among North American Indians“, Lincoln: University of Nebraska Press.

Hornaday, William T. 1889, „The Extermination of the American Bison“, Washington, D.C.: Report of the National Museum.

Huffman, James L. 1992, „An Exploratory Essay on Native Americans and Environmentalism“, „University of Colorado Law Review“ 63 (4): 901-920.

Hughes, Jonathan R. T. 1976, „Social Control in the Colonial Economy“, Charlottesville: University of North Carolina Press.

Huppert, Daniel/Knapp, Gunnar 2001, „Technology and Property Rights in Fisheries Management“, in: Anderson, Terry L./Hill, Peter J. (Hrsg.), „The Technology of Property Rights“, Lanham, Md.: Rowman and Littlefield.

Hurt, F. Douglas 1987, „Indian Agriculture in America: Prehistory to the Present“, Lawrence: University of Kansas Press.

Isenberg, Andrew C. 2000, „Destruction of the Bison: An Environmental History, 1750-1920“, New York: Cambridge University Press.

Jefferson, Thomas 1955 [1787], „Notes on the State of Virginia (1787)“, herausgegeben von William Peden, Chapel Hill: University of North Carolina Press.

Johnson, Ronald N./Libecap, Gary 1994, „The Federal Service System and the Problem of Bureaucracy: The Economics and Politics of Institutional Change“, NBER Series, Chicago: University of Chicago Press.

Jordan, Terry G. 1993, „North American Cattle-Ranching Frontiers: Origins, Diffusion, and Differentiation“, Albuquerque: University of New Mexico Press.

Kanazawa, Mark T. 1996a, „Federal Reclamation versus Cession: The Origins of the Reclamation Act“, unveröffentlichtes Manuskript, Carleton College, Northfield, Minn.

Kanazawa, Mark T. 1996b, „Financing Water Development and the Growth of Irrigated Agriculture in California, 1900-1929“, unveröffentlichtes Manuskript, Carleton College, Northfield, Minn.

Kanazawa, Mark T. 1996c, „Possession Is Nine Points of Law: The Political Economy of Early Public Land Disposal“, „Explorations in Economic History“ 33: 227-249.

Kennard, Edward A. 1979, „Hopi Economy and Subsistence“, in: „Handbook of North American Indians“ 9, Washington, D.C.: Smithsonian Institution.

Kennett, David 2001, „A New View of Comparative Economic Systems“, Fort Worth, Tex.: Hartcourt.

Kickingbird, Kirke/Ducheneaus, Karen 1973, „One Hundred Million Acres“, New York: Macmillan.

Kinney, Clesson S. 1912, „A Treatise on the Law of Irrigation and Water Rights“, San Francisco: Bender-Moss.

Kirzner, Israel M. 1973, „Competition and Entrepreneurship“, Chicago: University of Chicago Press.

Lamar, Howard R. (Hrsg.) 1998, „The New Encyclopedia of the American West“, New Haven: Yale University Press.

Landry, Clay J. 2001, „Technology and Property Rights in Fisheries Management“, in: Anderson, Terry L./ Hill, Peter J. (Hrsg.), „The Technology of Property Rights“, Lanham, Md.: Rowman and Littlefield.

Langdon, Steve 1989, „From Communal Property to Common Property of Limited Entry: Historical Ironies in the Management of Southeast Alaska Salmon“, in: Cordell, John (Hrsg.), „A Sea of Small Boats“, Cambridge, Mass.: Cultural Survival.

Lavender, David Sievert 1992, „Let Me Be Free: The Nez Perce Tragedy“, New York: Doubleday.

Leal, Donald R. 2002, „Fencing the Fishery: A Primer on Ending the Race for Fish“, Bozeman Mont.: PERC – The Center for Free Market Environmentalism.

Lefebvre, Irene Sturm 1993, „Cherokee Strip in Transition“, Enid, Okla.: Cherokee Strip Centennial Foundation.

Leshy, John D. 1987, „The Mining Law: A Study in Perpetual Motion“, Washington, D.C.: Resources for the Future.

Libecap, Gary D. 1978, „Economic Variables and the Development of the Law: The Case of Western Mineral Rights“, „Journal of Economic History“ 38 (2): 338-362.

Libecap, Gary D. 1981, „Locking Up the Range: Federal Land Controls and Grazing“, San Francisco: Pacific Institute for Public Policy Research; Cambridge, Mass.: Ballinger.

Libecap, Gary D. 1989, „Contracting for Property Rights“, New York: Cambridge University Press.

Libecap, Gary D./Hansen, Zeynep Kocabiyik 2000, „‚Rain Follows the Plow‘ and Dryfarming Doctrine: The Climate Information Problem and Homestead Failure in the Upper Great Plains, 1890-1925“, unveröffentlichtes Manuskript, Department of Economics, University of Arizona, Tucson, Arizona.

Libecap, Gary D./Johnson, Ronald N. 1979, „Property Rights, Nineteenth-Century Federal Timber Policy, and the Conservation Movement“, „Journal of Economic History“ 39 (1): 129-142.

Libecap, Gary D./Johnson, Ronald N. 1980, „Legislating Commons: The Navaho Tribal Council and the Navaho Range“, „Economic Inquiry“ 18: 69-86.

Limerick, Patricia Nelson 1987, „The Legacy of Conquest“, New York: W. W. Norton.

Limerick, Patricia Nelson 1991, „What on Earth Is the New Western History?“, in: Limerick, Patricia Nelson/Milner II, Clyde A./Rankin, Charles E. (Hrsg.), „Trails: Toward a New Western History“, Lawrence: University Press of Kansas.

Limerick, Patricia Nelson/Milner II, Clyde A./Rankin, Charles E. (Hrsg.), „Trails: Toward a New Western History“, Lawrence: University Press of Kansas.

Lowie, Robert H. 1940, „Ethnographic Notes on the Washo“, „American Archaeology and Ethnology“ 36: 301-351.

Lowie, Robert H. 1982, „Indians of the Plains“, Lincoln: University of Nebraska Press.

Lueck, Dean 1989, „The Economic Nature of Wildlife Law“, „Journal of Legal Studies“ 18 (2): 291-324.

Lueck, Dean 1995, „The Economic Organization of Wildlife Institutions“, in: Anderson, Terry L./Hill, Peter J. (Hrsg.), „Wildlife in the Marketplace“, Lanham, Md.: Rowman and Littlefield.

Lueck, Dean 2003, „First Possession as the Basis of Property“, in: Anderson, Terry L./McChesney, Fred S. (Hrsg.), „Property Rights: Cooperation, Conflict and Law“, Princeton, N.J.: Princeton University Press.

Madsen, Brigham D. 1980, „The Northern Shoshoni“, Caldwell, Idaho: Caxton Printers.

Maguire, James H./Wild, Peter/Barclay, Donald A. (Hrsg.) 1997, „A Rendezvous Reader: Tall, Tangled, and True Tales of the Mountain Men 1805-1850“, Salt Lake City: University of Utah Press.

Mahar, Dennis J. 1989, „Government Policies and Deforestation in Brazil‘s Amazon Region“, Washington, D.C.: World Bank.

Malone, Michael P./Roeder, Richard B. 1976, „Montana: A History of Two Cen¬turies“, Seattle: University of Washington Press.

Martin, Paul S./Szuter, Christine R. 1999, „War Zones and Game Sinks in Lewis and Clark‘s West“, „Conservation Biology“ 13 (1): 36-45.

Wied, Maximilian Prinz zu 2011 [1839], „Reise in das Innere Nord-america in den Jahren 1832 bis 1834“, 2 Bände, Saarbrücken: Fines Mundi.

Mayhew, Stewart/Gardner, B. Delworth 1994, „The Political Economy of Early Federal Reclamation in the West“, in: Anderson, Terry L./Hill, Peter J. (Hrsg.), „The Political Economy of the American West“, Lanham, Md.: Rowman and Littlefield.

McCallum, Henry D./McCallum, Frances T. 1965, „The Wire That Fenced the West“, Norman: University of Oklahoma Press.

McChesney, Fred S. 1992, „Government as Definer of Property Rights: Indian Lands, Ethnic Externalities, and Bureaucratic Budgets“, in: Anderson, Terry L. (Hrsg.), „Property Rights and Indian Economies“, Lanham, Md.: Rowman and Littlefield.

McChesney, Fred S. 1997, „Money for Nothing: Politicians, Rent Extraction, and Political Extortion“, Cambridge, Mass.: Harvard University Press.

McCoy, Joseph G. 1932 [1874], „Historic Sketches of the Cattle Trade of the West and Southwest“, Washington, D.C.: The Rare Book Shop.

McDevitt, Edward Paul 1994, „The Evolution of Irrigation Institutions in California: The Rise of the Irrigation District“, Dissertation, Department of Economics, University of California, Los Angeles.

McGrath, Roger D. 1984, „Gunfighters, Highwaymen, and Vigilantes: Violence on the Frontier“, Berkeley: University of California Press.

McMillan, John 1994, „Selling Spectrum Rights“, „Journal of Economic Perspectives“ 8 (Summer): 145-162.

Mead, Elwood 1907, „Irrigation Institutions“, New York: McMillan.

Meiners, Roger/Kosnik, Lea-Rachel 2003, „Restoring Harmony in the Klamath Basin“, PERC Policy Series PS-27, Bozeman, Mont.: PERC—The Center for Free Market Environmentalism.

Meiners, Roger/Morriss, Andrew 2003, „Agricultural Commons Problems and Responses: Sick Hogs at the Trough“, in: Meiners, Roger/Yandle, Bruce (Hrsg.), „Environmental Policy and Agriculture: Conflicts, Prospects, and Implications“, Lanham, Md.: Rowman and Littlefield.

Michalak, A. M. 2001, „Feasibility of Contaminant Source Identification for Property Rights Enforcement“, in: Anderson, Terry L./Hill, Peter J. (Hrsg.), „The Technology of Property Rights“, Lanham, Md.: Rowman and Littlefield.

Morgan, Dale 1953, „Jedediah Smith and the Opening of West“, Indianapolis: Bobbs-Merrill.

Nelson, Robert H. 1995, „Public Lands and Private Rights: The Failure of Scientific Management“, Lanham, Md.: Rowman and Littlefield.

Netboy, Anthony 1958, „Salmon of the Pacific Northwest: Fish vs. Dams“, Portland, Ore.: Binfords and Mort.

Newsom, D. Earl 1992, „The Cherokee Strip: Its History and Grand Opening“, Stillwater, Okla.: New Forums Press.

Niskanen, William 1971, „Bureaucracy and Representative Government“, Chicago: Aldine, Atherton.

Norton, Seth W. 1998, „Property Rights and the Environment“, in: Hill, Peter J./Meiners, Roger E., „Who Owns the Environment“, Lanham, Md.: Rowman and Littlefield.

Oberg, K. 1973, „The Social Economy of the Tlingit Indians“, American Ethnological Society Monograph 55, Seattle: University of Washington Press.

O‘Driscoll, Gerald P./Holmes, Kim R./O‘Grady, Mary Anastasia 2002, „2002 Index of Economic Freedom“, Washington, D.C.: The Heritage Foundation.

Olson, R. L. 1967, „Social Structure and Social Life of the Tlingit in Alaska“, „Anthropological Records“ 26, Berkeley: University of California Press.

Osgood, Ernest Staples 1929, „The Day of the Cattleman“, Chicago: University of Chicago Press.

Otis, Delos Sacket 1973, „The Dawes Act and the Allotment of Indian Lands", herausgegeben von Francis Paul Prucha, Norman: University of Oklahoma Press.

Paul, Rodman 1947, „California Gold: The Beginning of Mining in the Far West", Cambridge, Mass.: Harvard University Press.

Pipes, Richard 1999, „Property and Freedom: The Story of How Through the Centuries Private Ownership Has Promoted Liberty and the Rule of Law", New York: Alfred A. Knopf.

Pisani, Donald J. 1992, „To Reclaim a Divided West: Water-Law, and Public Policy, 1848-1902", Albuquerque: University of New Mexico Press.

Posner, Richard A. 1980, „A Theory of Primitive Society with Special Reference to Primitive Law", „Journal of Law and Economics" 23 (1): 1-54.

Prucha, Francis Paul 1962, „American Indian Policy in the Formative Years: The Indian Trade and Intercourse Acts, 1790-1834", Cambridge, Mass.: Harvard University Press.

Prucha, Francis Paul 1984, „The Great Father: The United States Government and the American Indians", Lincoln: University of Nebraska Press.

Raban, Jonathan 1996, „Bad Land", New York: Vintage Books.

Reher, Charles A./Frison, George C. 1980, „The Vore Site, 48CK302, a Stratified Buffalo Jump in the Wyoming Black Hills", „Plains Anthropologist: Journal of the Plains Conference" 25 (88): 1-190.

Reid, John Phillip 1997a, „Law for the Elephant: Property and Social Behavior on the Overland Trail", San Marino, Calif.: Huntington Library.

Reid, John Phillip 1997b, „Policing the Elephant: Crime, Punishment, and Social Behavior on the Overland Trail", San Marino, Calif.: Huntington Library.

Reisner, Marc 1993, „Cadillac Desert: The American West and Its Disappearing Water", New York: Penguin.

Ridley, Matt 1997, „The Origins of Virtue: Human Instincts and the Evolution of Cooperation", New York: Penguin Book.

Rister, C. C. 1929, „The Significance of the Destruction of the Buffalo in the Southwest", „Southwestern Historical Quarterly" 3: 34-49.

Roback, Jennifer 1992, „Exchange, Sovereignty, and Indian-Anglo Relations", in: Anderson, Terry L. (Hrsg.), „Property Rights and Indian Economies", Lanham, Md.: Rowman and Littlefield.

Robbins, William G. 1991, „Laying Siege to Western History: The Emergence of New Paradigms", in: Limerick, Patricia Nelson/Milner II, Clyde A./Rankin, Charles E. (Hrsg.), „Trails: Toward a New Western History", Lawrence: University Press of Kansas.

Robinson, W. W. 1948, „Land in California", Berkeley: University of California Press.

Roe, Frank Gilbert 1955, „The Indian and the Horse", Norman: University of Oklahoma Press.

Roe, Frank Gilbert 1970, „The North American Buffalo", Toronto, Canada: University of Toronto Press.

Rohrbough, Malcolm J. 1997, „Days of Gold: The California Gold Rush and the American Nation", Berkeley: University of California Press.

Roosevelt, Theodore 1889, „The Winning of the West 1", New York: G. P. Putnam's Sons.

Roosevelt, Theodore 1968, „Ranch Life in the Far West", Flagstaff, Ariz.: Northland.

Royce, Josiah 1886, „California, from the Conquest in 1846 to the Second Vigilance Committee", in: „San Francisco: A Study of the American Character", Boston, New York: Houghton Mifflin.

Rucker, Randall R./Fishback, Price V. 1983, „The Federal Reclamation Program: An Analysis of Rent-Seeking Behavior", in: Anderson, Terry L. (Hrsg.), „Water Rights: Scarce Resource Allocation, Bureaucracy, and the Environment", San Francisco: Pacific Institute for Public Policy

Research.
Rumph, Dick 1993, „Biddle History Presented“, „Powder River Examiner“, 7. Januar, 6-7.
Runte, Alfred 1990, „Trains of Discovery“, Niwot, Colo.: Robert Rinehart.
Russell, Don 1973, „How Many Indians Were Killed?“, „American West“ 10 (4): 42-47.
Sandoz, Mari 1964, „The Beaver Men: Spearheads of Empire“, New York: Hastings House.
Sass, H. R. 1936, „Hoofs on the Prairie“, „Country Gentleman“ (Juli): 5-6, 68-69.
Savage, William W. 1990, „The Cherokee Strip Live Stock Association“, Norman: University of Oklahoma Press.
Schaeffer, Claude E. 1978, „The Bison River of the Blackfoot Indians“, „Plains Anthropologist: Journal of the Plains Conference“ 23 (82, pt. 2): 243-248.
Schemeckebier, Laurence R. 1927, „The Office of Indian Affairs“, Baltimore: The Johns Hopkins University Press.
Schultz, James Willard 1907, „My Life as an Indian: The Story of a Red Woman and a White Man in the Lodges of the Blackfeet“, Boston: Houghton Mifflin.
Schumpeter, Joseph A. 2006 [1912], „Theorie der wirtschaftlichen Entwicklung“, Berlin: Duncker & Humblot.
Seton, Ernest Thompson 1927, „Lives of Game Animals III“, Garden City, N.Y.: Doubleday, Doran.
Shambaugh, Benjamin F. 1900, „Frontier Land Clubs, or Claim Associations“, „Annual Report of the American Historical Association“ 1, 67-84.
Shimkin, Demitri B. 1986, „Eastern Shoshone“, in: „Handbook of North American Indians“ 11, Washington, D.C.: Smithsonian Institution.

Shinn, Charles Howard 1948, „Mining Camps: A Study in American Frontier Government“, New York: Alfred Knopf.

Simpson, Thomas 1843, „Narrative of the Discoveries on the North Coast of America“, London: Richard Bentley.

Skaggs, Jimmy M. 1973, „The Cattle-Trailing Industry: Between Supply and Demand, 1866-1890“, Lawrence: University Press of Kansas.

Smith, Helena Huntington 1966, „The War on the Powder River“, Lincoln: University of Nebraska Press.

Smith, Rodney T. 1983, „The Economic Determinants and Consequences of Private and Public Ownership of Local Irrigation Facilities“, in: Anderson, Terry L. (Hrsg.), „Water Rights: Scarce Resource Allocation, Bureaucracy, and the Environment“, San Francisco: Pacific Institute for Public Policy Research.

Smits, David D. 1994, „The Frontier Army and the Destruction of the Buffalo: 1865-1883“, „Western Historical Quarterly“ (Autumn): 313-338.

Speck, Frank G. 1939, „Aboriginal Conservators“, „Bird Lore“ 40: 258-261.

Steckel, Richard H./Prince, Joseph M. 2001, „Tallest in the World: Native Americans of the Great Plains in the Nineteenth Century“, „American Economic Review“ 91 (1): 287-294.

Stegner, Wallace 1953, „Beyond the Hundredth Meridian: John Wesley Powell and the Second Opening of the West“, Boston: Houghton Mifflin.

Stegner, Wallace 1981 [1964], „The Gathering of Zion: The Story of the Mormon Trail“, Lincoln: University of Nebraska Press.

Steward, Julian H. 1934, „Ethnography of the Owens Valley Paiute“, „American Archaeology and Ethnology“ 33 (1): 233-324.

Steward, Julian H. 1938, „Basin-Plateau Aboriginal Sociopolitical Groups“, Smithsonian Institution, Bureau of American Ethnology, Bulletin 120, Washington, D.C.: Government Printing Office.

Steward, Julian H. 1941, „Cultural Element Distributions: XIII Nevada Shoshoni“, „Anthropological Records“ 4 (2): 209-259.

Strauss, Frederick/Bean, Louis H. 1940, „Gross Farm Income and Indices of Farm Production and Prices in the United States, 1869-1937“, U. S. Department of Agri¬culture, Technical Bulletin No. 703, December.

Stuart, Granville 1967 [1925], „Forty Years on the Frontier as Seen in the Journals and Reminiscences of Granville Stuart“, herausgegeben von Paul C. Phillips, zwei Bände in einem, Glendale, Calif.: Arthur H. Clark.

Sunder, John E. 1965, „The Fur Trade on the Upper Missouri, 1840-1865“, Norman: University of Oklahoma Press.

Thaden, Robert L., Jr. (Hrsg.) 1989, „Faded Hoof Prints – Bygone Dreams“, Zusammenstellung Maude L. Beech, Interview mit W. H. Goodspeed, Undersheriff von Powder River County, von Maude L. Beech 1941, Broadus, Mont.: Powder River Historical Society.

Thayer, Toni 2003, „Grazing on Public Lands: Here to Stay or Gone Forever?“, „The Sierra Times“, 9. Februar.

Timmons, Boyce D. 1980, „Foreword“, in: Hoig, Stan (Hrsg.), „The Peace Chiefs of the Cheyennes“, Norman: University of Oklahoma Press.

Tocqueville, Alexis de 1835, „Democracy in America“, London: Saunders and Otley.

Trosper, Ronald L. 1978, „American Indian Relative Ranching Efficiency“, „American Economic Review“ 68 (4): 503-516.

Turner, Frederick J. 1894, „The Significance of the Frontier in American History“, Jahresbericht der American Historical Association, 1893. Washington, D.C.: Government Printing Office.

Umbeck, John R. 1977, „A Theory of Contract Choice and the California Gold Rush“, „Journal of Law and Economics“ 20 (2): 421-437.

Umbeck, John R. 1981, „A Theory of Property Rights: With Application to the California Gold Rush“, Ames: Iowa State University Press.

U.S. Bureau of the Census 1960, „Historical Statistics of the United States: Colonial Times to 1957“, Washington, D.C.

U.S. Bureau of the Census 1975, „Historical Statistics of the United States: Colonial Times to 1970“, Vol. 1, Washington, D.C.

U.S. Department of Agriculture 1927, „Price of Farm Products Received by Producers. The Mountain and Pacific States“, Statistical Bulletin 17, März.

U.S. Department of Agriculture 1930, „Irrigation of Agricultural Lands“, Washington, D.C.: Government Printing Office.

U.S. Department of Agriculture 1950, „Census of Irrigation“, Washington, D.C.: Government Printing Office.

U.S. Department of Agriculture, Agricultural Economics Bureau 1938, „Livestock on Farms, January 1, 1867-1935“, Washington, D.C.: Government Printing Office.

Unruh, John D., Jr. 1979, „The Plains Across: The Overland Emigrants and the Trans-Mississippi West, 1840-60“, Urbana/Chicago: University of Illinois Press.

Utley, Robert M. 1967, „Frontiersmen in Blue: The United States Army and the Indian, 1848-1865“, Lincoln: University of Nebraska Press.

Utley, Robert M. 1984, „The Indian Frontier of the American West 1846-1890“, Albuquerque: New Mexico Press.

Utley, Robert M. 1997, „A Life Wild and Perilous: Mountain Men and the Paths to the Pacific“, New York: Henry Holt.

Wahl, Richard W. 1989, „Markets for Federal Water: Subsidies, Property Rights, and the Bureau of Reclamation“, Washington, D.C.: Resources for the Future.

Washburn, Wilcomb E. 1971, „Red Man‘s Land/White Man‘s Law“, New York: Charles Scribner‘s Sons.

Webb, Walter Prescott 1971 [1931], „The Great Plains“, New York: Grosset and Dunlap; Nachdruck New York: Ginn.

Weber, D. J. 1971, „The Taos Trappers: The Fur Trade in the Far Southwest, 1540-1846", Norman: University of Oklahoma Press.

Wellman, Paul I. 1967 [1939], „The Trampling Herd: The Story of the Cattle Range in America", Lincoln: University of Nebraska Press.

White, David A. 1996, „News of the Plains and Rockies 1803-1865", Vol. 1, Spokane, Wash.: Arthur H. Clark.

White, John Manchip 1979, „Everyday Life of North American Indians", New York: Indian Head Books.

Williamson, Oliver E. 1985, „The Economic Institutions of Capitalism: Firms, Markets, Relational Contracting", New York: Free Press.

Wilson, Paul S. 1992, „What Chief Seattle Said", „Environmental Law" 22: 1451-1468.

Wimmer, Linda 2001. „‚Give Us Good Black Tobacco': Brazilian Tobacco, Indigenous Consumer Demand and Cross-Cultural Exchange in the Hudson's Bay Company's Fur Trade, 1750-1800", Working paper, Southwest State University, Marshall, Minnesota.

Winther, Oscar Osburn 1953, „The Colony System of Southern California", „Agricultural History" 27: 94-102.

Wishart, David J. 1979, „The Fur Trade of the American West 1807-1840", Lincoln: University of Nebraska Press.

Wissler, Clark 1966, „Indians of the United States", New York: Doubleday.

Wyman, Walker D. 1945, „The Wild Horse of the West", Lincoln: University of Nebraska Press.

Yandle, Bruce 1997, „Common Sense and Common Law for the Environment", Lanham, Md.: Rowman and Littlefield.

Yergin, Daniel/Stanislaw, Joseph 1998, „The Commanding Heights", New York: Touchstone.

Zerbe, Richard O., Jr./Anderson, C. Leigh 2001, „Culture and Fairness in the Development of Institutions in the California Gold Fields", „Journal of Economic History" 61 (1): 114-143.

Zontek, Ken 1995, „Hunt, Capture, Raze, Increase: The People Who Saved the Bison“, „Great Plains Quarterly“ 15 (Frühling): 133-149.

eigentüm

Eigentum

und Recht

und Freiheit

lich frei